W0356115

wertschätzende Kommunikation

Texte formal, inhaltlich und sprachlich überarbeiten

Projektarbeit einüben

Textinhalte als Mind-Map oder Cluster darstellen

Präsentations-techniken einsetzen

mit Textver-arbeitungs-programmen umgehen

verschiedene Medien reflektiert nutzen

Informationsquellen nutzen

Quellennachweise angeben

Lesemethoden anwenden

Kultur und Literatur wertschätzen

Tabellen und Grafiken auswerten

Lesen – mit Texten und Medien umgehen

- Texte lesen
- Sach- und Informationstexte verstehen und nutzen
- verschiedene Informationsquellen nutzen und auswerten
- Literaturkenntnisse erwerben
- Medien in Präsentationen und Referaten nutzen

11.

- Kenntnisse und Fertigkeiten selbstständig bei neuen Situationen und Aufgaben anwenden
- Sprachverständnis vertiefen

12.

- Übergang in ein Arbeitsverhältnis
- schulische/berufliche Weiterbildung

Kritik-, Konflikt- und Teamfähigkeit / Werteorientierung

Themenfeld Deutsch

Berufskompetenz durch Lernsituationen

von

Franz Fuchs
Evi Gäng
Walther Hiebl
Alexandra Lehnert-Branz
Klaus Nußbaumer

Winklers

Das Buch folgt der aktuell gültigen Rechtschreibung. Ausnahmen bilden Texte, bei denen urheberrechtliche Gründe einer Änderung entgegenstehen. Diese Texte sind im Autoren- und Quellenverzeichnis mit (R) gekennzeichnet.

1. Auflage, 2009
Druck 1, Herstellungsjahr 2009

Postfach 33 20, 38023 Braunschweig
Telefon: 01805 996696* Fax: 0531 708-664
service@winklers.de
www.winklers.de

Lektorat: Sandra Wuttke-Baschek, Recklinghausen
Druck: westermann druck GmbH, Braunschweig
ISBN 978-3-8045-**4401**-7

* 14 ct/min aus dem deutschen Festnetz, abweichende Preise aus den Mobilfunknetzen

Auf verschiedenen Seiten dieses Buches befinden sich Verweise (Links) auf Internetadressen.
Haftungshinweis: Trotz sorgfältiger inhaltlicher Kontrolle wird die Haftung für die Inhalte der externen Seiten ausgeschlossen. Für den Inhalt dieser externen Seiten sind ausschließlich deren Betreiber verantwortlich. Sollten Sie bei dem angegebenen Inhalt des Anbieters dieser Seite auf kostenpflichtige, illegale oder anstößige Inhalte treffen, so bedauern wir dies ausdrücklich und bitten Sie, uns umgehend per E-Mail davon in Kenntnis zu setzen, damit beim Nachdruck der Verweis gelöscht wird.

Literatur

Rechtschreibung und Grammatik

Info- und Trainingspool

Sprechen, Zuhören, Schreiben

Wie arbeite ich mit dem Buch

Grundlagen für neue Arbeitswelten
- sich in einer neuen Lerngruppe zurechtfinden
- grundlegende Methoden und Arbeitstechniken erwerben
- über die Berufswelt reflektieren

Lernsituationen
- notwendige Kompetenzen erwerben und trainieren
- praxisnahe und motivierende Aufgabenstellung in Form von geeigneten Lernsituationen
- Handlungsanlässe bündeln die Kompetenzanforderungen

Literatur
- Einblicke in epische, lyrische und dramatische Texte gewinnen
- einen Überblick über die literarischen Epochen gewinnen
- das Thema „Beruf" in der Literatur untersuchen
- Literaturverfilmungen analysieren
- mit Bibliotheken arbeiten

Rechtschreibung und Grammatik
- zentrale Teilbereiche aus der Rechtschreibung, Zeichensetzung und Grammatik trainieren
- eigene Schwächen erkennen und gezielt nacharbeiten

Info- und Trainingspool
- Kompetenzen sichern und erweitern
- Kompetenzen nachschlagen und nacharbeiten
- sich über Untersuchungsschwerpunkte, methodische Zugriffe und Fachbegriffe informieren
- mit zahlreichem Übungsmaterial eigenständig üben und wiederholen

Module

Einstiegsseiten
- Bild- und Textimpulse zur Hinführung

Info-Kästen
- Erläuterungen zu Fachbegriffen und Methodenkompetenzen

Tafelbilder
- Überblick über zentrale Lerninhalte

Querverweise
- In den Aufgabenstellungen (farbliche Kennzeichnung) zu den Info-Kästen oder inhaltlich vergleichbaren Texten/Kapiteln

Grundlagen für neue Arbeitswelten

Spätestens mit dem Eintritt in das Berufsleben wird deutlich, dass Schule nicht Selbstzweck ist, sondern für die Bewältigung des Lebensalltags notwendige Kompetenzen vermittelt. Es hat sich herauskristallisiert, dass sowohl die bloße Wiedergabe von Wissen als auch handwerkliches Können allein für das erfolgreiche Bestehen im Beruf nicht mehr ausreichen. Die Fähigkeit zu selbstständiger Entscheidung wird ebenso gefordert wie die aufgrund der steigenden Komplexität der Arbeitsprozesse notwendige kollegiale Zusammenarbeit. Nicht nur dort, sondern auch im Umgang mit Vorgesetzten und auch Kunden wird situationsgerechtes Kommunikationsverhalten als selbstverständlich vorausgesetzt. Im Bedarfsfall muss der Mitarbeiter auch in der Lage sein, schwierige Konfliktsituationen zu bewältigen. Die Beherrschung der deutschen Sprache in Wort und Schrift ist für all dies Grundvoraussetzung, je höher man in einer Betriebshierarchie aufsteigt, desto bedeutsamer. Es sollte aber darauf geachtet werden, dass der Beruf nicht zu sehr vereinnahmt. Auch eine vielseitige Allgemeinbildung prägt unsere Persönlichkeitsentwicklung, die wiederum in das Verhalten im Beruf einfließt. Diese Grundlagen sind die Voraussetzung für Erfolg im Beruf.

Ich habe gehört, ihr wollt nichts lernen

Ich habe gehört, ihr wollt nichts lernen.
Daraus entnehme ich: ihr seid Millionäre.
Eure Zukunft ist gesichert – sie liegt
Vor euch im Licht. Eure Eltern
Haben dafür gesorgt, daß eure Füße
An keinen Stein stoßen. Da mußt du
Nichts lernen. So wie du bist
Kannst du bleiben.

Sollte es dann noch Schwierigkeiten geben,
da doch die Zeiten, wie ich gehört habe, unsicher sind.
Hast du deine Führer, die dir genau sagen
was du zu machen hast, damit es euch gut geht.
Sie haben nachgelesen bei denen
Welche die Wahrheiten wissen,
Die für alle Zeiten Gültigkeit haben
Und die Rezepte, die immer helfen.

Wo so viele für dich sind
Brauchst du keinen Finger zu rühren.
Freilich, wenn es anders wäre
Müßtest du lernen.

Bertolt Brecht

In Gruppen zusammenarbeiten

In der Schule gibt es verschiedene Arbeitsformen: Einzelarbeit, Partnerarbeit, Gruppenarbeit oder Plenumsgespräche. Sie werden alle diese Vorgehensweisen schon erlebt haben, die einen besonders mögen und andere weniger gerne ausführen. Meist haben sich die Lehrer und Lehrerinnen zu Hause Gedanken gemacht, welche Form der Zusammenarbeit für die Bewältigung der jeweiligen Aufgabe einen besonderen Erfolg verspricht. Häufig wird die Gruppenarbeit ausgesucht, weil dies die Zusammenarbeit trainieren und auch die Selbstständigkeit der Schüler/-innen untereinander fördern soll. Nicht immer sind alle Mitglieder der Klasse in dieser Form der Zusammenarbeit trainiert. Der Pädagoge Heinz Klippert hat ein ganzes Buch „Teamentwicklung in der Klasse" verfasst, in dem er viele Übungen anbietet, um gut miteinander auskommen zu können. Mit der folgenden Aufgabe können Sie die wichtigsten Forderungen an eine gelingende Gruppenarbeit noch einmal klarstellen.

1 **Aus den folgenden Satzteilen können mindestens acht Regeln zusammengestellt werden, die angeben, wie sich Gruppenmitglieder gut verhalten können. Tragen Sie die gefundenen Regeln in eine Liste ein. Jede Regel sollte mit dem Satzanfang: „Die Gruppenmitglieder ..." beginnen:**

argumentieren – die aufgestellten – engagiert mit – den Arbeitsprozess voran – helfen und motivieren – bleiben konsequent – übernehmen Verantwortung und arbeiten – tolerieren – Vorschläge – sich gegenseitig – hören zu und – und sachlich – beim Thema – andere Meinungen und – beachten – arbeiten zügig und – in der Gruppe offen an – bringen mit ihren Ideen – fair – aufeinander ein – Regeln – gehen – sprechen – Missstände – achten auf die Zeit

Feedback geben

Wenn die Zusammenarbeit in einer Gruppe verbessert werden soll, ist es notwendig, das Gesprächsverhalten miteinander abzugleichen. Das gilt nicht nur bei der Beantwortung von Fragen der Lehrer/-innen oder bei Wortmeldungen im Unterricht, sondern auch bei Diskussionen und Debatten zu ungeklärten Situationen, gerade, wenn die Positionen störend oder unangenehm empfunden worden sind. Das Austauschen solcher Rückmeldungen nennt man „Feedback". Hierbei kann ich aktiv sein und jemand anderem ein Feedback geben oder aber auch von jemand anderem mir ein Feedback einholen. Wichtig bei jeder Art von Feedback ist es, den anderen nicht zu beschuldigen oder ihn bloßzustellen. Denken Sie daran, jeder braucht nach einem Fehler eine Brücke, über die er (zurück-) gehen kann. Sprechen Sie von sich (*„Ich habe bemerkt, dass mir ganz ... wurde ..."* oder *„Das macht mich ärgerlich, wenn ich höre, dass ..."*). Wenn Sie sofort mit „DU!" anfangen, bleibt die Möglichkeit für ein unbelastetes Gespräch auf der Strecke. Bleiben Sie beim Sachverhalt und thematisieren Sie nicht sofort die Beziehungsebene.

1 **Trainieren Sie das Feedback-Geben und -Nehmen mit Hilfe der Informationen (→ S. 246f). Gehen Sie z. B. von folgenden Situationen aus:**
a) Ihr Mitschüler hat vergessen, Ihnen heute die ausgeliehene CD, die Sie heute zurückgeben müssen, mitzubringen.
b) Eine Mitschülerin hat eine gute Freundin schlechtgemacht.
Gestalten Sie die Situationen zu einem Dialog unter Berücksichtigung der Hinweise zu einem gelungenen Feedback aus. Erarbeiten Sie diesen als Rollenspiel.

Eigene Ziele festlegen und erreichen

Nun soll es darum gehen, Wege kennen zu lernen, wie man sich über eigene Vorstellungen klar wird. Sich Ziele zu setzen und diese systematisch umzusetzen, ist eines der notwendigsten Instrumente einer aktiven Schul- und Lebensgestaltung. Fragen sind eine gute Möglichkeit, ein Thema tiefer zu beleuchten und wertvolle Erkenntnisse zu gewinnen. Noch besser geht es, wenn man die Fragen visualisiert, also mit Hilfe eines Diagramms darstellt.

DIE ERFOLGSSKALA

Im Abstand von ca. 5 Zentimetern werden drei Geraden von je 12 Zentimetern auf ein Blatt gezeichnet und in 10 Abschnitte, die von 1 bis 10 reichen geteilt.
1 bedeutet „schwach“ oder „wenig“ oder „schlecht“, 10 bedeutet „supergut“ oder „sehr gerne“.

sehr wenig — besonders gut

Aufgabenbeispiel:

- Auf der ersten Geraden bewerten Sie die Sportarten, die Sie besonders mögen und ausüben möchten. Wo liegt z. B. die Sportart Handball?
- Auf der zweiten Geraden bewerten Sie Teilaspekte einer bei Ihnen beliebten Sportart. Wo liegt z. B. die Erreichbarkeit der Sportanlagen, die notwendigen Geldinvestitionen oder der eigene Fitnessgrad oder …? Dies kann für zwei oder drei andere Sportarten, die infrage kommen, zum Vergleich ebenfalls gemacht werden.
- Auf der dritten Skala zeichnen Sie nun die Bereiche der Sportart auf, in denen Sie sich nur wenig oder mittel oder sehr viel verbessern müssen.

Aus der letzten Frage heraus soll ein **realistisches Ziel** formuliert werden. Je konkreter das Ziel, desto leichter ist es zu erreichen!

Ziel:
„Bis zum … werde ich … (z. B. meine Laufleistung pro Stunde) so trainieren, dass ich … (mindestens 6,5 km) schaffen werde.“

1 Zeichnen Sie untereinander im Abstand von ca. 5 Zentimetern drei Geraden von je 15 Zentimetern auf ein Blatt und teilen Sie sie in 10 Abschnitte, die von 1 bis 10 reichen. 1 bedeutet „schwach“ oder „wenig“ oder „schlecht“, 10 bedeutet „supergut“

- Auf der ersten Geraden bewerten Sie die Fächer, die Sie in der neuen Klasse haben, nach Ihrer Vorliebe. Wo liegt das Fach Deutsch?
- Auf der zweiten Geraden bewerten Sie Teilgebiete des Faches Deutsch nach Ihrer Selbsteinschätzung, wie gut Sie darin sind. Wo liegt z. B. „das Lesen“ oder „einen Bericht schreiben“?
- Auf der dritten Skala zeichnen Sie bitte die Gebiete des Faches Deutsch auf, in denen Sie sich „wenig“, „mittel“ oder „sehr“ verbessern müssen. Welches Gebiet scheint dringend wiederholungsbedürftig zu sein?
- Aus der letzen Frage heraus sollten Sie ein konkretes und realistisches Ziel formulieren: „Bis zum … werde ich … (z. B. die Schreibung der s-Laute) üben, sodass ich in einem Test nur noch max. (einen) Fehler machen werde.“
- Sprechen Sie Ihre(n) Lehrer(in) auf Unterstützung an.

Was kann ich tun, um diese Ziele zu erreichen?

Meist kann man gut Unterstützung gebrauchen, um ein Ziel zu erreichen. Das sind nicht nur Bücher, Freunde und Fachleute, sondern auch oft methodische Hilfen, die aus ungeordneten Gedanken eine sichtbare Hilfe entstehen lassen. Aus der Automobilindustrie stammt ein Weg, mit dem geplante Vorhaben konkretisiert werden können und nach seinem Erfinder, Diplomingenieur T. Ishakawa von „Toyota Industries“, benannt ist. Er hat dazu eine Grafik entwickelt, die hilft, Gedanken, Wege und Möglichkeiten sinnvoll zu visualisieren. Da das Ganze wie eine Fischgräte aussieht, hat man auch den Namen „Fischgräten-Diagramm“ dafür geprägt. Jede große Gräte enthält einen Oberbegriff, der dann auf diesem Zweig in kleine (Teil-)Gräten unterteilt und mit Unterpunkten versehen werden kann.

2 **Wählen Sie ein sehr konkretes Ziel, vielleicht das zeitlich nächste, das Sie oben benannt haben, und schreiben Sie zunächst eine ungeordnete Liste von Wegen, die eventuell zum Ziel führen könnten. Dabei ist zunächst einmal nichts falsch oder unsinnig! Wichtig ist, dass Ihnen viele Möglichkeiten einfallen. Unterstreichen Sie die wichtigsten und Erfolg versprechendsten Wege zum Erreichen Ihres Ziels.**

3 **Haben Sie das Ziel noch im Blick? Nutzen Sie das im Folgenden dargestellte Ishakawa-Diagramm, um nun eine Struktur in Ihre gefundenen Wege und Möglichkeiten zu bringen. Schreiben Sie das Ziel in den „Wirkungskasten“. Finden Sie zunächst die Oberbegriffe der von Ihnen gefundenen möglichen Wege und legen Sie max. sechs Gräten an. Die weiteren Begriffe ordnen Sie als Unterpunkte den einzelnen Gräten zu.**

DAS ISHAKAWADIAGRAMM

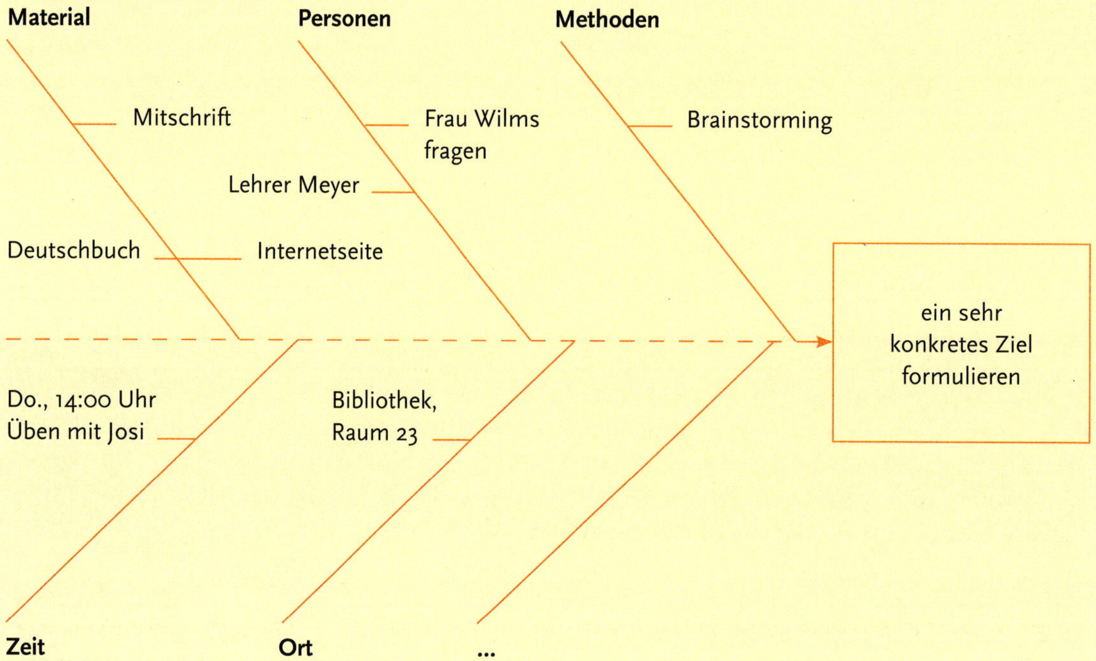

viele Ursachen (Wege) → → **um eine Wirkung** zu erzielen

Selbstbild – Fremdbild

Wie ein Mensch sich selbst wahrnimmt, muss nicht unbedingt in allen Einzelheiten damit übereinstimmen, wie andere ihn sehen und charakterisieren. Manche Menschen denken, sie würden auf andere unsympathisch oder abstoßend wirken. Würden sie diese Annahme in der Gruppe überprüfen, käme vielleicht ein ganz anderes Ergebnis heraus, z. B., dass man diesen Menschen als besonders schüchtern und zurückhaltend empfindet.
Das Selbstbild, also das Bild, das sich jemand von sich selbst macht, kann ein anderes sein als das Fremdbild, also das Bild, das andere von einem Menschen haben.
Über Kommunikation kann man das Selbst- und das Fremdbild in größere Übereinstimmung bringen und damit viele Unsicherheiten oder sogar Konflikte im zwischenmenschlichen Bereich vermeiden oder überwinden.
Manchmal kommt es vor, dass sich jemand zu sehr mit seinem Idol identifiziert. Das kann zu einer Verfremdung des Selbstbildes führen. Testen Sie zu zweit Ihr Fremd- und Selbstbild.
Alle Aspekte in diesem Test beziehen sich auf die inneren Werte, Einstellungen und Eigenschaften einer Person. Die Fragen zu Äußerlichkeiten, wie z. B. das Aussehen oder die Kleidung, gehören zur Technik der Personenbeschreibung. Die äußere Beschreibung einer Person verbunden mit einer Darstellung seiner Charaktereigenschaften ergibt eine Charakterisierung einer Person.

1 **Sammeln Sie „Spiegel-Bilder“ aus Zeitschriften, Bildbänden usw. Wählen Sie eines Ihrer oder der nebenstehenden Bilder und verfassen Sie dazu eine Bildbeschreibung.**

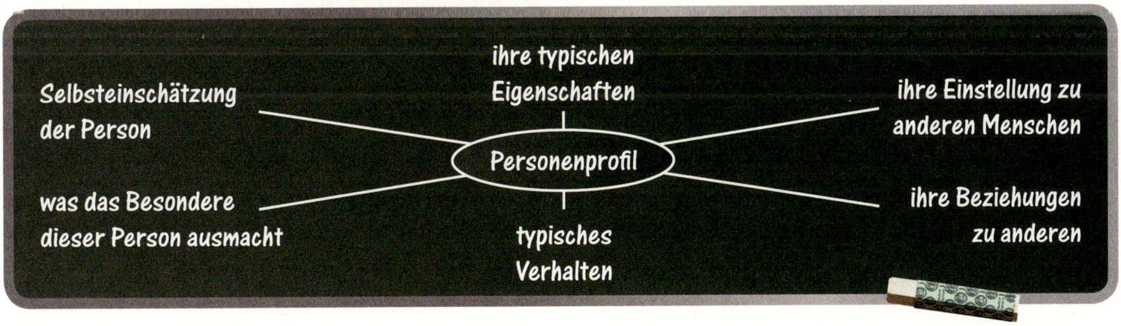

1 **Suchen Sie sich eine Partnerin/einen Partner, möglichst jemanden, mit dem Sie nicht oft in einer Gruppe zusammenarbeiten. Schreiben Sie von sich vier gute Eigenschaften auf. Danach schreiben Sie vier gute Eigenschaften von Ihrer Gesprächspartnerin/Ihrem Gesprächspartner auf.**

2 **Tauschen Sie sich über Ihr jeweiliges Selbst- und Fremdbild aus.**

Sie können mit Hilfe des folgenden umfangreichen Tests Ihr Selbst- und Fremdbild überprüfen. Fragebögen, die die persönlichen Eigenschaften eines Menschen, mit dem man täglich zusammenarbeitet, zum Thema haben, sind ein sensibles Feld. Der angebotene Fragebogen sollte nicht dazu verwendet werden, Mitschülerinnen und Mitschüler zu verletzen oder vor den Kopf zu stoßen. Es geht eher darum, Missverständnisse und Kommunikationsstörungen im täglichen Umgang miteinander abzubauen.

SELBSTBILD/FREMDBILD

Mein Symbol:

?

Fragebogen

Kategorie	Selbstbild					Fremdbild				
	++	+	o	–	– –	++	+	o	–	– –
freundlich	?	?	?	?	?	?	?	?	?	?
zuverlässig	?	?	?	?	?	?	?	?	?	?
kontaktfreudig	?	?	?	?	?	?	?	?	?	?
selbstbewusst	?	?	?	?	?	?	?	?	?	?
tolerant	?	?	?	?	?	?	?	?	?	?
ausgeglichen	?	?	?	?	?	?	?	?	?	?
kann zuhören	?	?	?	?	?	?	?	?	?	?
kann sich gut zurücknehmen	?	?	?	?	?	?	?	?	?	?
akzeptiert andere Meinungen	?	?	?	?	?	?	?	?	?	?
fleißig	?	?	?	?	?	?	?	?	?	?
belastbar	?	?	?	?	?	?	?	?	?	?
organisierend	?	?	?	?	?	?	?	?	?	?
gruppenfähig	?	?	?	?	?	?	?	?	?	?
zielstrebig	?	?	?	?	?	?	?	?	?	?
ehrgeizig	?	?	?	?	?	?	?	?	?	?

Zurückerhalten am:

Mein Fazit/meine Wertung:

1 **Welche Übereinstimmungen zeigen sich? Wo unterscheiden sich Selbstbild und Fremdbild?**

2 **Wie sind die Unterschiede zu erklären? Haben sie Auswirkungen auf das Verhalten?**

Jugendliche über ihre Ausbildung

Anja Brandt, Auszubildende zur Zerspanungsmechanikerin, Fachrichtung Drehtechnik, berichtet von ihren Erfahrungen.

„Selbstständigkeit und Teamarbeit sind gefragt."

Für mich stand schon während meiner Realschulzeit fest: „Ich mache eine Ausbildung in einem technischen Beruf."

Über die Ausbildung kann ich nur Positives berichten. In jeder Abteilung, die ich während meiner Ausbildung kennen lernte (z. B. Werkzeugbau, Zentralwerkstatt, Fremdfirma), wurde ich gut aufgenommen und konnte viel von den Facharbeitern lernen. Dass ich als Frau einen technischen Beruf erlerne, war dabei vollkommen in Ordnung – meine Sorge, dass es dadurch schwieriger sein würde, stellte sich als unbegründet heraus.

Ich konnte jetzt schon fast drei Jahre Erfahrungen hier sammeln und kann sagen, dass mir immer mein eigener Weg zum optimalen Lernen gelassen wurde. Je nach Situation hat sich bei schwierigen Aufgaben jemand Zeit für mich genommen oder es wurde mir Zeit gelassen, das Problem zu analysieren und einen eigenen Lösungsweg zu finden.

Mir gefällt besonders gut, dass ich sehr genau arbeiten muss und dadurch viel Fingerspitzengefühl und Konzentrationsfähigkeit unter Beweis stellen kann.

Es wird allerdings nicht nur Wert auf Selbstständigkeit gelegt, sondern auch ganz besonders auf Teamfähigkeit in der Lehrwerkstatt. Um diese zu fördern und das Arbeiten in der Gruppe zu erleichtern, werden Seminare, wie z. B. das „Oktoberseminar", das „Einführungsseminar" und das „Umweltseminar", veranstaltet, bei denen wir Auszubildenden uns besser kennen lernen und gemeinsam Aufgaben lösen.

Ich bin froh, den Beruf der Zerspanungsmechanikerin Fachrichtung Drehtechnik kennen gelernt zu haben, und freue mich, meine Ausbildung bald abschließen zu können.

1 **Diskutieren Sie, warum die Auszubildende Anja Brandt nur Positives über ihre Ausbildung berichten kann. (→ „Diskussionen führen", S. 228 f.)**

2 **Sie sind an der Ausbildung zum/zur Zerspanungsmechaniker/-in interessiert. Hilft Ihnen der Erfahrungsbericht weiter? Begründen Sie Ihre Entscheidung.**

3 **Verfassen Sie in Anlehnung an den Bericht von A. Brandt einen Bericht über Ihre Ausbildung. (→ „Berichten", S. 212 f.)**

4 **Überarbeiten Sie Ihren Bericht anschließend. (→ „Texte schreiben", S. 241)**

Arbeit und Stress

Problembewältigung durch
- Ressourcen in der Situation (Handlungsspielraum, soziale Unterstützung)
- Ressourcen in der Person (Qualifikation, Problemlösekompetenz, Bewältigungsstrategien)

objektive Stressoren
- körperliche Belastungen (Lärm, Hitze usw.)
- zeitliche Belastungen (Schicht-, Nachtarbeit)
- kognitive Belastungen (Zeitdruck, organisatorische Probleme)
- soziale Belastungen (Mobbing, privater Stress)
- emotionale Belastungen (Arbeitsplatzunsicherheit)

kurzfristige Stressreaktionen

physiologisch:
- erhöhte Herzfrequenz
- steigender Blutdruck
- Adrenalinausschüttung

psychologisch:
- Anspannung
- Frustration
- Gereiztheit
- Ermüdung
- Sättigungsgefühle

Verhalten:
- Leistungsschwankungen
- Fehler
- schlechte Koordination

langfristige Stressreaktionen

physiologisch:
- psychosomatische Beschwerden
- organische Krankheiten

psychologisch:
- Ängstlichkeit
- Depressivität
- Burn-out-Syndrom
- Arbeitsunzufriedenheit

Verhalten:
- Leistungszurückhaltung, Nikotin
- Alkohol, Tabletten

1 **Analysieren Sie in Partnerarbeit das Schaubild „Arbeit und Stress" und formulieren Sie einen kleinen Text, der die wesentlichen Inhalte des Schaubildes wiedergibt (→ „Schaubilder auswerten und gestalten", S. 262 f.).**

2 **Beschreiben Sie, wie Sie sich – ausgehend von Ihren Berufswünschen – Ihren idealen Arbeitsplatz vorstellen.**

Stress mit dem Chef – dem Ausbildungsabbruch vorbeugen

Jeder vierte Ausbildungsvertrag wird vorzeitig gelöst.

München/Bremen – Laut einer Befragung des Bundesinstituts für Berufsbildung (BIBB) in Bonn geht die Initiative dazu in mehr als der Hälfte aller Fälle von den Auszubildenden aus.

Für 60 Prozent dieser Jugendlichen waren Konflikte mit Ausbilder oder Chef ausschlaggebend. Was Stefanie Döbl vom Ausbildungs-Zukunftsbüro azuro in München den Chefs attestiert, klingt wenig schmeichelhaft: „Wir beobachten erhebliche und grobe Pflichtverletzungen, was die Vermittlung der Inhalte angeht", sagt die Sozialpädagogin. Statt in den Fertigkeiten ihres zukünftigen Berufes angeleitet zu werden, müssten Jugendliche manchmal stundenlang putzen oder Überstunden ohne Ausgleich leisten.

Ganz anders stellt sich für Stephanie Hülck die Situation dar. Konfliktstoff liefert ihrer Erfahrung nach eher der Azubi: „Häufiger Grund ist mangelndes Engagement", so die Ausbildungsleiterin für kaufmännische Berufe bei der IHK Nord Westfalen in Münster. Dies zeige sich etwa in Form von Fehlzeiten in der Berufsschule oder häufigem Zuspätkommen. Bestehen zwischen Lehrherr und Lehrling zudem Kommunikationsschwierigkeiten, verhärten sich die Fronten schnell.

„Zwischen Anspruch und Wirklichkeit existiert eine Verständigungslücke – auf beiden Seiten", stellt Eva Quante-Brandt, Leiterin des Projekts „Bleib dran" an der Universität Bremen, fest. Um Störungen des Ausbildungsverhältnisses zu verhindern, sei mehr Transparenz hinsichtlich der Erwartungen aller notwendig: Was wünscht sich der Betrieb? Was möchte der Jugendliche? „Jugendliche und Ausbilder thematisieren Konflikte zu spät oder überhaupt nicht", bemängelt die Privatdozentin. „Irgendwann geht dann der Deckel hoch."

„Treten Konflikte auf, sollte in jedem Fall ein klärendes Gespräch stattfinden", rät Eva Peters von der Arbeitsagentur Frankfurt/Main. Um sich Rückenstärkung zu holen, können sich Azubis an einen Ausbildungsberater der Kammern oder einen Berufsberater wenden. Es helfe auch oft, fehlende Inhalte höflich, aber bestimmt einzufordern, sagt Peters. Wenn auch dies nichts nützt, bleibe nur der Weg zur Kammer. Der Arbeitgeber müsse die Ausbildungsordnung einhalten. „Sonst kann ihm die Ausbildungsberechtigung entzogen werden."

Kommt es tatsächlich zum Ausbildungsabbruch, neigten Jugendliche dazu, das Kind mit dem Bade auszuschütten, bedauert Peters. „Sie wählen ein völlig anderes Berufsziel, selbst wenn sie für die ursprünglich angestrebte Ausbildung gut geeignet sind."

Ein Abbruch sei immer ein Angriff auf das Selbstbewusstsein der Jugendlichen, so Peters. „Zwei Reaktionen sind typisch: Die einen wollen dem neuen Arbeitgeber zeigen, was wirklich in ihnen steckt." Andere trauten sich nach einer demütigenden Erfahrung nichts mehr zu.

„Wer seinen Ausbildungsvertrag lösen möchte, sollte sich grundsätzlich vorher bewerben und für eine Perspektive sorgen", rät Stefanie Döbl. Auch wenn der Vertrag gelöst wird, sollte der Azubi versuchen, den Konflikt zu klären, rät Peters. Denn möglicherweise erkundigt sich der neue Arbeitgeber bei seinem Kollegen: „Bekommt er dann nur eine Negativ-Tirade zu hören, wird er kaum gewillt sein, dem Bewerber eine Chance zu geben."

1 **Fassen Sie den Text „Stress mit dem Chef" zusammen.**

2 **Arbeitgeber haben ebenfalls Vorstellungen, wie ihre Mitarbeiter/Auszubildenden/Praktikanten sein sollen. Erstellen Sie eine Tabelle, in der Sie Erwartungen von Arbeitgebern und Arbeitnehmern gegenüberstellen. Nehmen Sie die Texte zum Thema „Bewerbung" als Anregung.**

	Arbeitgeber	Arbeitnehmer
Erwartungen	• Engagement • …	• … • …

3 **Formulieren Sie gemeinschaftlich Tipps zur Bewältigung von Stress am Ausbildungsplatz. Gestalten Sie hierzu ein Wandplakat.**

Ein Berichtsheft führen

Es ist in den meisten Ausbildungsordnungen vorgeschrieben, dass Auszubildende ein Berichtsheft führen müssen. Darin werden in knapper Form ausgeführte Tätigkeiten, Unterweisungen und Unterrichtsinhalte der Berufsschule eingetragen. Es dient als Ausbildungsnachweis und muss vorliegen, damit sie zur Prüfung zugelassen werden. Für Sie selbst ist es ein Beweisstück, dass alle relevanten Ausbildungsinhalte erfüllt wurden. Nicht zuletzt eignet es sich hervorragend zur Prüfungsvorbereitung – vorausgesetzt, Sie haben es ordentlich geführt.
Die Berichte können arbeitstäglich oder wochenweise geschrieben werden.

Mein Berichtsheft vom 4.04.-8.04.2008 Marie-Luise Lemke

Wie ich meinen ersten Termin vereinbarte, einen kleinen Teil der Buchführung lernte und endlich den Computer einrichtete

Nun da bin ich wieder zurück aus dem ITW. Die Woche war sehr angenehm dort. Diesmal wurde die Klasse geteilt, so hatten wir eine Hälfte Englisch am Tag und die andere Hälfte Verhaltenstraining. Im Verhaltenstraining haben wir unsere Hemmschwellen abgebaut und ein paar Regeln zu Höflichkeit, Respekt und Beschwerdemangement gelernt.

Jetzt war ich wieder im Büro von Frau Kressl. Am ersten Tag lag viel Post in meinem Eingang, die ich mit Herrn Rousta durchging. Doch dann ging es richtig los. Herr Rousta gab mir den Auftrag, die Kontoauszüge durchzusehen und aufzulisten, wer von den Abgeordneten seine Fotos von meiner Vertragsunterzeichnung schon bezahlt hatte, um dann denjenigen, die nicht bezahlt hatten, einen Brief zu schreiben. Die Kontoauszüge durchzusehen war noch ein Kinderspiel, doch die Briefe zu schreiben nicht mehr. Denn wie schreibt man einen Brief der an eine Zahlung erinnern soll, ohne dass er sich wie eine Mahnung anhört? Dafür habe ich erst mal eine Weile gebraucht. Aber mit dem Endergebnis war Herr Rousta zufrieden. So lernte ich einen kleinen Aspekt der Buchführung kennen.

Den restlichen Tag verbrachte ich damit den Bericht für die Homepage zu schreiben, Büromaterial für den Wahlkreis zu bestellen und einige Briefe zu schreiben.

Am darauf folgenden Tag bat mich Herr Rousta, in Kooperation mit Herrn Engelke einen Fototermin für Frau Kressl zu vereinbaren. Was auch eine kleine Herausforderung war, denn ich musste abschätzen, wann Frau Kressl Zeit dazu hat und wann sie nicht zu sehr unter Termindruck gerät. Natürlich habe ich den Termin auch mit Frau Kressl abgesprochen, und so haben wir einen geeigneten Tag und eine geeignete Uhrzeit gefunden.

Danach machte ich die Wahlkreispost, schrieb Briefe und arbeitete an meiner Homepage. Herr Rousta gab mir ein paar Tipps, wie ich meinen Büroablauf besser koordinieren kann, denn wenn ich einen Vorgang, also eine Anfrage, bearbeite, dann muss ich ihn auch weiterverfolgen, auch wenn ich ihn an einen Kollegen weitergeleitet habe. Und damit das besser klappt, überlege ich mir noch, was ich da am besten tun kann. Mittwoch rief dann Frau Lenz aus dem Büro von Herrn Rainer Arnold an, einer „meiner Abgeordneten“, und bat mich, ihr ein Foto und einen kleinen Text von mir zu schicken, da sie das gerne auf Herrn Arnolds Homepage veröffentlichen will. Natürlich machte ich mich sofort daran.

Danach schickte ich eine paar Porträtfotos in den Wahlkreis, denn einige Bürger möchten ein Autogramm von Frau Kressl. Als ich damit fertig war, besprach ich mit Herrn Rousta meine Homepage und ihm fiel auf, dass ich viel über meine Kollegen schreibe, aber niemand konkret weiß, welche Aufgaben sie in den jeweiligen Büros haben. So beschlossen wir, meine Kollegen auch auf meine Homepage zu setzen. Also machte ich mich daran, zu jedem Mitarbeiter einen kleinen Text zu schreiben, und dann war der Tag auch schon fast um.

Am Donnerstag sollte ich dann bei dem Besucherdienst anrufen, um ihnen mitzuteilen, dass es einige Änderungen bezüglich einer Besuchergruppe gibt. Herr Rousta gab mir dann die Aufgabe, Herrn Fazlic anzurufen, um ihn zu fragen, ob er heute Zeit hat, mit mir den Computer einzurichten. So ging ich um 14:00 Uhr rüber in das Büro von Herrn Tauss. Herr Fazlic hatte noch etwas zu tun, sodass ich den Computer selbst ausgepackt und angeschlossen habe. Anschließend fingen wir an, das Betriebssystem zu installieren, was einige Zeit in Anspruch genommen hat, und Herr Fazlic erklärte mir nebenbei, was „partitionieren" ist. Danach installierten wir einige wichtige Programme wie zum Beispiel einen Webbrowser. Ich konnte zwar dadurch nicht pünktlich Feierabend machen, aber so ist das nun mal im Berufsleben. Da wir noch einige Programme nicht installiert hatten, bin ich am nächsten Tag gleich in das Büro von Herrn Taus um die restlichen Programme zu installieren. Wir waren schnell fertig, und so konnte ich noch rüber zu Frau Kressl ins Büro, wo ich dann an meinen Bericht für die Homepage weiter gearbeitet und an den Texten zu meinen Kolleginnen und Kollegen geschrieben habe. Als ich damit fertig war, haben Herr Rousta und ich das Wochenabschlussgespräch geführt, wonach ich dann Feierabend hatte.

So ist wieder eine Woche vergangen. Ich melde mich nächste Woche wieder aus dem Büro von Frau Kressl und dann berichte ich euch, wie ich lernte einen Termin vorzubereiten und Besucher zu empfangen.

1 **Was fällt Ihnen auf und welche Verbesserungsvorschläge haben Sie für diesen Bericht?**

2 **Überarbeiten Sie den Bericht – auch im Hinblick auf Rechtschreibung und Zeichensetzung – mit Hilfe der Methode der Schreibkonferenz oder der Textlupe und schreiben Sie ihn neu.**

SCHREIBKONFERENZ

Kein Text ist nach dem Schreiben schon perfekt. Deshalb sollten eigene Texte immer überarbeitet werden. Dies kann man auch im Team in einer so genannten Schreibkonferenz. Dazu werden Kleingruppen gebildet, die die vorliegenden Texte zunächst lesen. Dann schreibt jeder Einzelne seine Bemerkungen an den Rand und reicht den Text an das nächste Gruppenmitglied weiter, bis jeder den Text überprüft hat. Am Ende erhält der Verfasser den Text zurück und arbeitet die Korrekturen bzw. Verbesserungsvorschläge ein, soweit er es selbst für sinnvoll erachtet.

TEXTLUPE

Auch die Textlupe ist eine kooperative Methode der Textüberarbeitung. Die von den Schülern verfassten Texte werden dabei von den Mitschülern „unter die Lupe" genommen. Die Textentwürfe werden in der Klasse verteilt. Jeder Text bekommt einen Rückmeldezettel (die „Textlupe") mit auf den Weg. In Lesegruppen von max. 5 Schülern werden die Texte gelesen, auf dem Rückmeldezettel mit kurzen Kommentaren versehen und weitergereicht. Die Zettel werden an den Verfasser zur Bearbeitung zurückgegeben.

Lernsituationen

Eine wichtige Voraussetzung für das Lösen von Aufgaben und Problemen im Berufsleben ist der Erwerb von notwendigen Kompetenzen. Die Vielschichtigkeit der heutigen Problemstellungen erfordert eine praxisnahe und motivierende Aufgabenstellung in Form von geeigneten Lernsituationen.
In diesem Kapitel werden Handlungsanlässe aufgezeigt, welche möglichst viele Kompetenzanforderungen bündeln und exemplarisch abhandeln. Die Lernsituationen können nach Bedarf mit Aufgaben und Beispielen aus den anderen Kapiteln dieses Buches ergänzt und vertieft werden.

Zu und mit anderen sprechen

Hörverständnis entwickeln

Sprechen und Zuhören

Vor anderen sprechen

Texte planen und entwerfen

Texte überarbeiten

Schreiben

Gestalterisch schreiben

Richtig schreiben

Informationen aus neuen Medien in Präsentationen und Referaten nutzen

Literarische Texte verstehen und nutzen

Sprache und Sprachgebrauch untersuchen

Lineare und nichtlineare Texte in Medien verstehen und nutzen

Texte lesen

Lesen – mit Texten und Medien umgehen

Sprache zur Verständigung gebrauchen und sie als System verstehen

Medien verstehen und nutzen

Textbeschaffenheit analysieren und reflektieren

Allgemeine und berufliche Sach- und Informationstexte verstehen und nutzen

Äußerungen / Texte untersuchen und gestalten

Verschiedene Informationsquellen nutzen und auswerten

Mit Lernsituationen umgehen

Ein wichtiges Ziel des Lernens ist, Kompetenzen zu erwerben, um Probleme lösen zu können. Die besten Erkenntnisse und Erfahrungen sammelt man bei Tätigkeiten, die sich aus den alltäglichen Problemen und Schwierigkeiten ergeben. Auch im Berufsleben erwirbt man nachhaltig Kompetenzen durch geplantes Handeln in realen Lernsituationen. In diesem Kapitel werden mögliche Handlungsanlässe aufgezeigt, die auf einen nachhaltigen, individuellen Kompetenzerwerb abzielen.
Es geht auch wie gewohnt: Die Lehrerin oder der Lehrer kommt in den Unterricht, fragt nach den Inhalten der letzten Stunde, überprüft vielleicht einige Einzelheiten, erklärt und erläutert die nächsten Schritte und dann werden Aufgaben oder andere Erarbeitungsaufträge vergeben.

Bei der Arbeit mit Lernsituationen ist manches anders!
Man kann davon ausgehen, dass im späteren (Berufs-)Leben viele Situationen entstehen, in denen die Menschen verschiedenste Kompetenzen benötigen, um den darin gelagerten Problembereich zu lösen. In solchen Situationen gibt es niemanden, der das Problem schon analysiert, in Teile aufgelöst und eine maßgeschneiderte Aufgabe daraus gebildet hat. Dies muss dann der oder die Einzelne selbstständig vollbringen. Und hier setzt die Arbeit mit Lernsituationen an. In fünf Schritten ist es meist möglich, die Lernsituation für eigenes, selbstständiges Lernen zu nutzen.

MIT LERNSITUATIONEN ARBEITEN

1. Schritt: Informieren
Welches Problem erkenne ich in der dargestellten Situation? Was kenne ich schon? Was ist mir fremd? Welche Bücher/Unterlagen/Hilfen brauche ich zum Erkennen der Hintergründe?
Also: Brainstorming durchführen, Notizen machen, Fragen aufschreiben, Infomaterial besorgen, evtl. Skizzen anfertigen ...

2. Schritt: Planen
Was fällt mir an Lösungen für die Problematik ein? Kenne ich eine oder mehrere Strategien zur Bearbeitung? Wie formuliere ich mein Arbeitsziel? Welche Methoden setze ich ein?
Also: einen (Zeit-)Plan entwerfen, Schritte festlegen, evtl. Hilfe einfordern, vielleicht eine Mind-Map oder einen Netzplan einsetzen ...

3. Schritt: Entscheiden
Wie entscheide ich mich vorzugehen? Wie sind meine Schritte? Welche Kriterien lege ich an?
Also: eine Entscheidungstabelle anlegen, ein Flussdiagramm anfertigen, Termine setzen, evtl. Aufgaben verteilen ...

4. Schritt: Durchführen
Wie gehe ich nun Schritt für Schritt vor? Halte ich die Zeiten ein? Gibt es neue Ideen, die eingebaut werden können? Wie präsentiere ich meine Ergebnisse?
Also: das Flussdiagramm nutzen, den Zeitplan einhalten, sauber und geordnet arbeiten, übersichtlich vorgehen, richtig dokumentieren ...

5. Schritt: Kontrollieren, Bewerten
Wie sieht mein Produkt/mein Ergebnis aus? Habe ich mein Arbeitsziel (s. Schritt 2) erreicht? Ist alles übersichtlich und sauber dargestellt? Wie bewerte ich selbst mein Ergebnis? Welche Kriterien hat es erfüllt?
Also: ruhig stolz auf das Erreichte sein, aber auch kritisch nachfragen!

Man sieht, das Arbeiten ist sehr selbstständig und erfordert doch schon eine Menge Konzentration. Aber es macht auch viel Freude, nach eigenen Ideen vorzugehen und zu einem Ergebnis zu kommen. In vielen Fällen wird die Arbeit an Lernsituationen in Gruppen durchgeführt. Dies erleichtert und erschwert die Arbeit gleichermaßen. Einerseits wissen mehrere immer mehr als ein Einzelner und meist macht die Arbeit in der Gruppe auch mehr Freude, aber man muss auch darauf achten, dass alle gleichermaßen aktiv und lernbereit sind. Für die Vorgehensweise bedeutet dies, dass immer dort, wo in dem Ablauf „ich“ steht, ein „wir“ hinmuss und dass die Maßgaben zur Gruppenarbeit beherzigt werden müssen.

Beispiel-Lernsituationen

- **Kompetenzbereich Sprechen**
  Kommunikation ist alles – nicht nur die Sprache ist ein Mittel der Verständigung:
  - „Hey, was ist das Grüne in der Sauce?“ „Geh doch zu deiner Mutter, wenn es dir nicht schmeckt.“
  - Andreas möchte am kommenden Freitag freihaben, um mit seinem Handballverein zum Auswärtsspiel fahren zu können. Er geht zu seinem Meister.
- **Kompetenzbereich Berichten**
  Berichten und dokumentieren muss man in vielen Lebenslagen:
  - Sie haben ein Konzert besucht. Da gibt es verschiedene Perspektiven, anderen zu berichten.
  - Der Meister möchte Ihr Berichtsheft sehen.
- **Kompetenzbereich Beschreibung**
  Das muss näher beschrieben werden! Von der Beobachtung zur Beschreibung:
  - Ihr Chef beauftragt Sie, für den geplanten Verkauf des Faxgerätes bei Ebay eine Beschreibung anzufertigen.
  - Nur eine geeignete Suchmeldung nach einer Person oder einem Gegenstand hat Erfolg.
- **Kompetenzbereich Texte analysieren**
  Texte stellen Beziehungen her:
  - Zum Themenbereich „Geschwindigkeitsbeschränkung auf Autobahnen“ finden Sie mehrere Texte in Zeitungen, Büchern usw. und stellen Exzerpte zusammen. Sie erstellen ein Kurzreferat.
- **Kompetenzbereich Argumentieren**
  Sich informieren und argumentieren:
  - Gerade noch rechtzeitig: Sie haben den Flughafen und den Eincheckschalter erreicht. Sie hören, dass die Maschine überbucht ist   fünf Leute stehen am Schalter, drei Plätze sind noch frei.
  - Jemand hat behauptet: „Ich gehe nicht arbeiten. Das lohnt sich nicht, ich bekomme doch Unterstützung vom Staat.“
- **Kompetenzbereich Text und Bild analysieren**
  Werbung kennen – Werbung durchschauen – Werbung nutzen:
  - Eine Woche jeden Tag mindestens drei Werbeblöcke schauen und die Produkte, die Inhalte, die Musik und die Kommentare in einer Tabelle zusammenstellen. Jede Gruppe wählt einen anderen Sender.
  - Gleiche Produkte (z. B. Eis, Handy ...) und so unterschiedliche Werbeseiten! Sie wollten immer schon einmal den Unterschied in Bezug auf Bild- und Sprachgestaltung wissen.
- **Kompetenzbereich Mediennutzung**
  Medien sinnvoll nutzen und mit Medien umgehen:
  - Welche Medien werden in Ihrer Schule im Tagesverlauf wie häufig genutzt? Sie wollen das Ergebnis in der Pausenhalle präsentieren.
  - Sie sind die Zeitungsredaktion „NewsIT“ im Jahre 2045. Für den morgigen Tag sollen Sie mehrere Artikel schreiben.

„Das fliegende Klassenzimmer“ – eine Klassenfahrt planen

Situation: Endlich ist es wieder so weit: Die 11. Klasse einer Berufsschule wird den „grauen Schulalltag“ für einen Tag hinter sich lassen – eine Klassenfahrt wird geplant. Statt Vorfreude gibt es allerdings erst einmal Diskussionen. Jeder wünscht sich ein anderes Ziel.

Hamburg, Nürnberg, Hintertupfingen – ein Ziel finden

Situation: **Herr Kleiber:** „Wo wollt ihr denn hinfahren? Macht ein Ziel aus und sagt mir Bescheid!"
Kevin: „Allianz-Arena!"
Philip: „So ein Schwachsinn! Was bringt denn das – ohne Spiel!"
Julia: „Kloster Andechs!"
Metin: „Mallorca!"
Julia: „An einem Tag oder was?"
Rilent: „Jetzt mal schön der Reihe nach! So funktioniert das doch nicht! Wer ein Ziel vorschlägt, muss auch begründen, warum es sinnvoll wäre, dorthin zu fahren. Lasst uns erst einmal Vorschläge sammeln."

Ist dieses Gespräch hilfreich, wenn es darum geht, das Ziel einer Klassenfahrt zu bestimmen? Was könnte verbessert werden?

1 **Wählen Sie aus Ihrer Klasse einen „Moderator", der die folgende erste Ideensammlung leitet.**

2 **Schreiben Sie Ihre Anregungen bzw. Wünsche für das Ziel der Klassenfahrt an die Tafel (Brainstorming). Dabei sollte möglichst jeder eine Idee liefern.**

3 **Anschließend leitet der Moderator ein Gespräch, in dessen Verlauf zunächst die offensichtlich völlig abwegigen Ziele gestrichen werden. Wer sich meldet oder aufgerufen wird, muss überzeugend begründen können, wieso ein Ziel von der Liste gestrichen werden sollte.**

Wer die Wahl hat, hat die Qual – eine eigene Meinung haben und begründen

1 **Partnerarbeit: Besprechen Sie mit Ihrem Banknachbarn, welches Ziel Ihrer Meinung nach ausgewählt werden sollte. Überlegen Sie dabei, welche Kriterien eine Rolle spielen und wie Sie Ihre Mitschüler überzeugen können.**

Mögliche Argumente: Entfernung, Erreichbarkeit mit öffentlichen Verkehrsmitteln, Bedeutung als Arbeitgeber für die Region, Sammeln neuer Erfahrungen, Kennenlernen eines Museums u. v. m.

2 **Erarbeiten Sie dann mit Ihrem Mitschüler eine kurze Stellungnahme, um Ihre Meinung knapp, aber gut begründet der Klasse vorzustellen (Stichwortzettel).**

3 **Der Moderator bittet abschließend einige Schüler, ihre Meinung zu äußern, und führt mit der Klasse eine Diskussion durch, die mit einer Abstimmung endet.**

Informationen sammeln und Texte exzerpieren

Situation: Endlich hat sich die Klasse auf ein Ziel geeinigt. Die Klassenfahrt soll nach Nürnberg gehen, wo außer der Stadt auch die Kaiserburg und das Dokumentationszentrum Reichsparteitagsgelände besichtigt werden sollen. Lesen Sie den nachfolgenden Informationstext, auf den die Schüler der Klasse auf der Homepage des Dokumentationszentrums gestoßen sind:

Allgemeines zum Dokumentationszentrum Reichsparteitagsgelände

Noch heute zeugen auf dem ehemaligen Reichsparteitagsgelände im Süden Nürnbergs gigantische Baureste vom Größenwahn des nationalsozialistischen Regimes. Auf elf Quadratkilometern sollte hier eine monumentale Kulisse für die Selbstinszenierung der NSDAP entstehen.

Das Dokumentationszentrum Reichsparteitagsgelände, umgangssprachlich Doku-Zentrum genannt, befindet sich im Nordflügel der von den Nationalsozialisten für 50 000 Menschen konzipierten, unvollendet gebliebenen Kongresshalle. Mit seinem „Pfeil aus Glas und Stahl", der sich durch den Nordflügel bohrt, setzt das Dokumentationszentrum auch von außen ein weithin sichtbares architektonisches Zeichen.

Auf 1300 m² befasst sich die Dauerausstellung „Faszination und Gewalt" mit den Ursachen, Zusammenhängen und Folgen der nationalsozialistischen Gewaltherrschaft.

Dabei stehen jene Themen, die einen direkten Bezug zu Nürnberg aufweisen, im Mittelpunkt der 19 chronologisch strukturierten Ausstellungsbereiche: die Geschichte der Reichsparteitage, die Bauten des Reichsparteitagsgeländes, die „Nürnberger Gesetze" von 1935, der „Nürnberger Prozess" gegen Hauptverantwortliche der NS-Verbrechen 1945/46 und seine zwölf Nachfolgeprozesse sowie der schwierige Umgang mit dem nationalsozialistischen Architekturerbe nach 1945. Neben der Dauerausstellung besitzt das angegliederte Studienforum zentrale Bedeutung für die pädagogische Arbeit des Dokumentationszentrums Reichsparteitagsgelände. [...] In speziellen Seminarräumen auf dem Dach der Kongresshalle bieten die Museen der Stadt Nürnberg gemeinsam mit Partnern ein vertieftes pädagogisches Programm für Schulklassen, Jugend- und Erwachsenengruppen an. Das Angebot reicht von der 45-minütigen Nachbereitung des Ausstellungsbesuchs bis hin zu Seminartagen.

Seit Mai 2006 bietet ein umfassendes Informationssystem auf dem ehemaligen Reichsparteitagsgelände allen Besuchern die Möglichkeit, sich vor Ort mit den NS-Parteitagen auseinanderzusetzen.

1 **Was ist im Dokumentationszentrum Reichsparteitagsgelände zu entdecken?**

2 **Welche Möglichkeiten bietet das Museum für Schüler außer dem Besuch der Ausstellung?**

3 **Erklären Sie, aus welchem Grund die Ausstellung wohl „Faszination und Gewalt" heißt.**

Eine Führung durch ein Museum organisieren – ein Telefonat führen

Um einen Museumsbesuch oder Ähnliches für die Klassenfahrt zu organisieren, ist meist ein Telefonat nötig. Lesen Sie das folgende Telefonat zwischen Jonathan Schmitt aus der 11. Klasse einer Berufsschule und dem Dokumentationszentrum Reichsparteitagsgelände in Nürnberg.

Situation:

Frau Ebertzeder: Hier ist das Dokumentationszentrum Reichsparteitagsgelände in Nürnberg, Frau Erbertzeder, womit kann ich Ihnen helfen?
Jonathan: Hallo.
Frau Ebertzeder: Hallo?
Jonathan: Ja, hallöchen, hier ist der Jonathan.
Frau Ebertzeder: Hallo. Was kann ich für dich tun?
Jonathan: Ja, also, wir wollten mal das Museum besuchen.
Frau Ebertzeder: Das ist bestimmt eine gute Idee! Wer ist denn „wir"?
Jonathan: Also die 11 a von der Berufsschule.
Frau Ebertzeder: Schön. Und warum rufst du also an?
Jonathan: Tja, na ja, also, puh, äh, wir wollten eine Führung.
Frau Ebertzeder: Ach so! Und wann wollt ihr die? Für wie viele Personen?
Jonathan: Jetzt muss ich mal zählen ... also der Heiko, die Ina ...
Frau Ebertzeder: Vielleicht solltest du dir erst einmal aufschreiben, wie viele ihr seid, wie alt, wann ihr kommen wollt, um wie viel Uhr, ob ihr 2 Stunden Zeit habt und 2,50 € pro Person ausgeben wollt, und DANN rufst du noch einmal an, ja?
Jonathan: Gute Idee, mach ich, also tschüss dann.

1 **Schreiben Sie das Gespräch um und formulieren Sie es so, dass Jonathan von Anfang an gezielt die richtigen Informationen erhält.**

2 **Was macht ein „gutes" Telefongespräch, was ein „schlechtes" Telefonat aus?**

3 **Formulieren Sie die Anfrage Jonathans als E-Mail anstelle eines Telefongesprächs.**

4 **Was sind in diesem Fall die Vorteile, was die Nachteile einer E-Mail gegenüber einem persönlichen Gespräch? Welche der beiden Möglichkeiten würden Sie bevorzugen? Begründen Sie!**

Telefongespräche sinnvoll führen

Vorstellung des Anrufers mit Namen und Anliegen
klares Formulieren des Anliegens
Vorbereiten des Gesprächs: Beantwortung aller Fragen des Angerufenen (hier z. B. Zahl der Teilnehmer, Datum und Uhrzeit der Anreise usw.)
Klärung aller Sachverhalte im Gespräch, nichts vergessen!
angemessene Sprachwahl
höfliches Auftreten
freundliche Verabschiedung und Bedankung

Die Anreise – warum denn einfach, wenn es auch kompliziert geht?!

Die Parallelklasse hat sich für eine Fahrt an den Ammersee entschieden. Hier soll eine Bootstour unternommen werden. Drei der Schüler sollen den Tag organisieren, aber das ist nicht so einfach! Die Klasse will um 10:30 Uhr mit dem Bus in Herrsching ankommen und von dort per Schiff nach Schondorf fahren. Nach einem Aufenthalt in Schondorf mit anschließender Gelegenheit zum Baden und einer Wanderung planen die Schüler, ca. 3 Stunden nach Ankunft in Schondorf von Stegen aus mit dem Schiff zurück nach Herrsching zu gelangen.

1 **Lesen Sie den Fahrplan und suchen Sie die passende Schiffsverbindung heraus. Wann werden die Schüler wieder in Herrsching ankommen?**

Fahrplan Schifffahrt Ammersee

vom 12. April bis 18. Oktober 2009

BAYERISCHE SEEN-SCHIFFFAHRT AMMERSEE

Linie:

A = **vom 12.04. bis 18.10.2009 täglich** (wird in der Regel von einem Raddampfer bedient)

B = **vom 01.05. bis 27.09.2009 täglich** (An manchen Tagen wird die Linie B von dem Schiff UTTING bedient. Bewirtung und Radtransport ist dann nur eingeschränkt möglich.)

C = **vom 12.04. bis 30.04. und 28.09. bis 18.10.2009 täglich;**
vom 01.05. bis 27.09.2009 nur Sonn- und Feiertags

D = **vom 30.05. bis 08.09.2009 täglich**

Fahrtroute Große Rundfahrt

Steg:		Linie: B	A	B	A	B	D	C	C	C
Stegen ab	Nördl. Rundf.	**08:15**	**10:25**	**11:55**	**14:10**	**15:45**	**18:05**	**11:05**		
Buch				12:06		15:56				
Schondorf		08:31	10:42		14:27		18:21	11:22		
Breitbrunn		08:43		12:19		16:09		11:35		
Utting		08:57	11:00	12:34	14:45	16:24	18:37	11:49		
Holzhausen			11:10	12:43	14:55		18:45			
Herrsching an		**09:23**	**11:33**	**13:05**	**15:18**	**16:50**	**19:06**	**12:15**		
Herrsching ab	Südl. RF	**09:30**	**11:45**	**13:15**	**15:28**	**17:00**	**19:08**	**12:25**	**13:45**	**15:00**
Dießen an		09:55	12:11	13:40	15:54	17:25	19:33	12:51	14:11	15:26
Dießen ab		10:00	12:20	13:48	16:05	17:30	19:35	12:56	14:16	15:35
Riederau		10:17	12:39	14:06	16:24	17:48		13:14	14:33	15:52
Herrsching an		**10:39**	**13:00**	**14:27**	**16:45**	**18:10**	**20:00**	**13:35**	**14:54**	**16:13**
Herrsching ab	Nördl. Rundf.	**10:45**	**13:10**	**14:35**	**16:55**	**18:20**	**20:02**			**16:20**
Holzhausen		11:07		14:57		18:42				16:43
Utting		11:16		15:06	17:21	18:51	20:28			16:52
Breitbrunn			13:37		17:35					17:07
Schondorf		11:32		15:23		19:07				17:21
Buch			13:49		17:47					
Stegen an		**11:47**	**13:59**	**15:38**	**17:57**	**19:22**	**20:53**			**17:36**
weiter Stegen ab		11:55	14:10	15:45	18:05					18:05

Bier am Morgen bringt Kummer und Sorgen – Probleme auf der Klassenfahrt

Zwar ist das Ziel – der Ammersee – jetzt klar, aber die Meinungen über Verhalten, das erlaubt bzw. auf einer Schulveranstaltung nicht angemessen ist, gehen weit auseinander. Die Lehrerin Frau Kleiner will noch einen Verhaltenskodex festlegen. Manche der Schüler empfinden das als lächerlich: Sie sind, so finden sie, alt genug, um selbst zu entscheiden. Frau Kleiner macht anhand von einem Fall, den sie selbst erlebt hat, ihre Grundsätze deutlich. Lesen Sie die folgende um Rat suchende E-Mail.

Hallo zusammen!

Ich bitte um etwas Rat bei folgender Situation: Ich und zwei Klassenkameraden wurden mit je einer Flasche 2,5 %igen Biers kurz vor der Schule erwischt, vor Schulbeginn, da die erste Stunde ausfiel.

Leider das auch noch von einer Lehrerin, die nicht nur mit dem falschen Fuß zuerst aufgestanden war, sondern einer, die grundsätzlich die Menschheit oder zumindest die gesamte Schülerschaft zu hassen scheint.

Das Bier haben wir entgegen der von der Lehrerin geäußerten Vermutung nicht aus Coolness-Gründen gekauft, sondern weil diese Sorte gerade gekühlt wirklich gut schmeckt und eigentlich eher Limonade mit etwas Alkohol darstellt als ein echtes Bier.

Ich bin eigentlich jemand, der Alkohol eher ablehnt, und etwas mit mehr als 2,5 % bzw. mit mehr Inhalt hätte ich mir vor der Schule auch nicht gegönnt.

Jedenfalls wird uns jetzt die Hölle heißgemacht. Wir rechnen mit dem 1. Verweis und wissen noch nicht einmal, warum eigentlich. Wir sind nämlich nicht mal alkoholisiert im Unterricht erschienen, weil wir die Getränke sofort weggekippt hatten, nachdem wir erwischt wurden, und bis dahin nur je einen einzigen Schluck getrunken hatten, wobei ich bezweifle, dass wir viel mehr gemerkt hätten, hätten wir alles getrunken.

In der Hausordnung wird übrigens mit keinem Wort Alkohol erwähnt, auch nicht indirekt durch eine Verallgemeinerung. Die für unsere Klasse zuständige Lehrerin hat noch kein Gespräch mit uns gehalten, d. h., sie hat den Sachverhalt nur von ihrer Kollegin geschildert bekommen, die uns erwischt hat, nicht aber uns gefragt. Auch hat sie natürlich schon bei unseren Eltern angerufen und denen erst mal erzählt, wie Alkohol ja die „Einstiegsdroge“ sei und man gar nicht erst anfangen sollte.

Einen Verweis halte ich für völlig ungerechtfertigt!

Wir befinden uns alle im Alter zwischen 16 und 17, gehen auf eine Berufsschule und sind durchschnittlich gute Schüler.

Meine Frage an euch: Wie sollten wir argumentieren, um möglichst milde aus der Lage zu kommen? Vielleicht mit Rechtshinweisen und -ausschnitten?

Dankbar für jeden Vorschlag ☺

Start

1 **In welcher Situation, wo und wann wurden die Jugendlichen erwischt? Welche Konsequenzen fürchtet der Betroffene?**

2 **Aus welchen Gründen hält sich der Schüler für „unschuldig“?**

3 **Formulieren Sie eine Antwort auf die Frage aus der Sicht der Lehrerin, die die Schüler entdeckt hat.**

4 **Der betreffende Schüler wurde zwar in der Nähe des Schulgebäudes „erwischt“. Das Problem ist jedoch auch schon auf Klassenfahrten aufgetreten. Ist der Konsum von Alkohol auf Klassenfahrten erlaubt oder nicht?**

Die Frage wird von mehreren, dem Betroffenen unbekannten Personen „objektiv“ beantwortet, darunter ist auch eine Lehrerin. Vergleichen Sie deren Antwort mit der, die Sie selbst anstelle einer Lehrkraft gegeben haben.

Ich bin Lehrerin ... und ich hasse meine Schüler nicht (auch die Welt nicht).

Ich glaub, dass die Schilderung, die du hier reingestellt hast, als Verteidigungsstrategie nicht wirklich erfolgreich sein wird (wenn ich von mir auf andere schließe). Ums mal milde zu sagen: Viele Erwachsene in verantwortlichen Positionen, und dazu zähle ich den Lehrberuf, haben eine Einstellung zu Alkohol am frühen Morgen, die dich möglicherweise überrascht. Mir geht es so, dass ich Alkohol am frühen Morgen eher als Zeichen für beginnenden Alkoholismus werte, wenn ich nicht ein milderes Urteil nahegelegt bekomme (ich finde, mit Coolness ist die Lehrkraft euch eher entgegengekommen).

Viele Erwachsene sehen es auch so, dass Alkohol (auch in geringen Mengen) die Leistungsfähigkeit beeinträchtigt, dass es deshalb unstatthaft ist, vor der Arbeit Alkohol zu sich zu nehmen. Na ja, ich denk, eure Lehrkräfte wollen euch auch auf ein späteres Berufsleben vorbereiten, ganz ehrlich: In der Probezeit brauchst du da nicht mit einer Alkoholfahne in der Früh aufzutauchen, ist auch völlig egal, ob die von einer Alk-Limo oder von was wirklich Hochprozentigem kommt.

Ich würde eher versuchen:
a) Einsicht zu zeigen (vielleicht hilft dir dabei ja, was ich oben angedeutet habe),
b) keinesfalls die Lehrkraft, die euch erwischt hat, zu kritisieren, sondern sachlich zu bleiben,
c) euch gemeinsam einen Grund zu überlegen, der überzeugender ist als der, dass ihr Mitte Februar (!!!) bei Temperaturen knapp um die null Grad ein dringendes Bedürfnis nach gekühlter Limonade gehabt hättet und dass gerade dieses Bier verfügbar war – möglich wäre eine Wette, irgendetwas, was ihr feiern wolltet o. Ä.
d) Besserung von euch aus zu geloben (nach dem Motto: Ich werde morgens, vormittags, tagsüber usw. nicht mehr Alkohol trinken, weil ich drüber nachgedacht habe und gemerkt habe, dass ...)
e) die Gesetze außen vor zu lassen. Bei den meisten Lehrkräften ist das Abschweifen auf Gesetzestexte, wenn es um Fehlverhalten geht, kontraproduktiv.

Ein persönlicher Tipp: Erzähl nicht, dass du eher Alkohol ablehnst, wenn du im selben Atemzug erwähnst, dass du morgens Alkohol trinkst – es wirkt sehr unglaubwürdig, weil ja Tatsache ist: Auch 2,5 % sind Alkohol und egal ob 0,33 oder 0,5 Liter: Bier ist Bier. Da stellt sich halt die Frage: Wenn du Alkohol ablehnst, wieso zum Teufel trinkst du ihn dann? Um den Rest der Welt davor zu schützen?

Falls du wissen willst, warum du den ersten Verweis kriegst (möglicherweise): Wärst du mein Schüler und ich würde dich mit 16/17 vor Schulbeginn mit einem Bier erwischen, würde ich mir wirklich echte Sorgen um dich machen. Ich hätte Angst, dass du nicht nur in diesem Moment zufällig trinkst, sondern dass du regelmäßig trinkst, dass du nicht nur leichtes Bier trinkst, sondern dass du mit fortschreitender Zeit (vor allem abends) auch zu den harten Sachen greifst … dass du vielleicht schon Pegeltrinker bist. Weißt du, morgens trinken … das löst ein Vorurteil aus, mir passiert es hier und da, wenn ich morgens mit der U-Bahn zur Arbeit fahre, dass mir gegenüber jemand steht, der eine Alkoholfahne hat (um halb acht in der Früh) … es kommt bei mir echt Abscheu hoch und auch Aggression (weil mir dann unweigerlich etwas übel wird, der Geruch vor dem Frühstück ist ein Hammer). Ich würde auch von mir aus das Gespräch mit der Klassenleitung suchen.

Start

1 **In der E-Mail zeigt sich, dass hier unterschiedliche Einstellungen vorliegen. Wie beurteilt die Lehrerin die Gründe des Jugendlichen dafür, dass er morgens Alkohol trinkt?**

2 **Wie erklärt sie die Reaktion der Lehrerin, die die Schüler erwischt hat, und wie hätte sie selbst reagiert?**

3 **Informieren Sie sich: Wie ist die gesetzliche Regelung zu Alkohol und Rauchen auf Schulveranstaltungen, auch wenn die Schüler bereits 18 Jahre oder älter sind? (→ „Informationsquellen nutzen“, S. 218 f.)**

Ich suche eine Wohnung – Konsumwünsche und Konsumfallen

Situation: Mike wohnte bis Ende des vergangenen Monats in Neu-Ulm bei seinen Eltern. Vor vier Monaten hat er eine Ausbildung in Augsburg in der Holz verarbeitenden Industrie begonnen, wo er auch 1 ½ Tage pro Woche die Berufsschule besucht.
Die ersten Wochen nach Beginn seiner Ausbildung wohnte er noch bei den Eltern. Aber die tägliche Pendelei vom Wohnort zum Arbeitsplatz und zur Schule belastete ihn immer deutlicher. Er wollte schließlich die viele Zeit auf der Strecke nicht mehr akzeptieren. Viel lieber wollte er seine inzwischen ohnehin knapp gewordene Freizeit mit Moni, einem Mädchen aus seiner Schulklasse, verbringen, in die er sich gleich zu Beginn seiner Ausbildung verliebt hatte.
Kurz entschlossen zieht er mit ihr zusammen in eine Zweizimmer-Wohnung in Augsburg. Sie hatten das Wohnungsangebot im Internet entdeckt. Alle Kosten wollen sie sich teilen.

Situation: Da die Wohnung etwas außerhalb des Stadtzentrums liegt, planen sie in absehbarer Zeit die Anschaffung eines gemeinsamen Gebrauchtwagens. Sie hatten allerdings nicht bedacht, dass sie mit dem Umzug in finanzielle Schwierigkeiten geraten könnten.

Maisonette-Wohnung, 2 Zimmer, Baujahr 1988, 60 m^2, verfügbar ab 01.02., Kaltmiete: 450,00 €, 2 Monatsmieten Kaution

1 **Recherchieren Sie, welche einmaligen Kosten in welcher Höhe anfallen:**

- durch einen Umzug in eine eigene Wohnung,
- durch Renovierungsarbeiten vor dem Einzug.

Dokumentieren Sie Ihre Ergebnisse.

2 **Recherchieren Sie, welche Nebenkosten zu der Kaltmiete einer Wohnung monatlich veranschlagt werden müssen. Listen Sie darüber hinaus auf, welche Kosten zusätzlich zusammenkommen.**

3 **Informieren Sie sich in der Tagespresse und im Internet nach den ortsüblichen Mietpreisen für Zimmer und für Wohnungen in verschiedenen Größen an Ihrem Wohnort, an Ihrem Schulort und dort, wo Sie arbeiten. Machen Sie die Miethöhen in einer Art „Mietspiegel“ sichtbar.**
(→ „Informationsquellen nutzen“, S. 218 f.)

BEISPIEL

Mietspiegel	München (Stand: 01.01.2007)
Einwohner	1 294 608
Anzahl der Wohnungen	734 741
Vergleichsmiete in Euro je Quadratmeter	
Baujahr 1905	9,88
Baujahr 1925	9,88
Baujahr 1955	9,15
Baujahr 1975	8,98
Baujahr 2005	9,69

Was Wohnen in Deutschland kostet

Wenn Mieter und Eigentümer streiten, ob eine Mieterhöhung rechtens ist, zählt der Mietspiegel vor Gericht als Beweismittel erster Wahl. Ein Blick auf die amtliche Preisübersicht lohnt aber auch für alle, die auf Wohnungssuche sind.

So etwas hat der Hamburger Banker und Hauseigentümer noch nie erlebt: Nicht nur, dass sich mehr als 100 Interessenten auf seine Wohnungsanzeige meldeten, „einer wollte sogar den Vertrag unterschreiben, ohne die Wohnung überhaupt gesehen zu haben“. Wohl dem also, der in der Hafenstadt schon eine Bleibe hat. Vor steigenden Mieten allerdings ist auch der nicht gefeit: Eigentümer dürfen in regelmäßigen Abständen die Miete der allgemeinen Marktentwicklung anpassen – allerdings setzt ihnen der Gesetzgeber enge Grenzen. Markiert werden diese durch den amtlichen Mietspiegel – jedenfalls dort, wo es ihn gibt. Und das ist immerhin in 326 deutschen Städten mit mehr als 20 000 Einwohnern

der Fall.
Als Datengrundlage bei der Erstellung dienen alle in den jeweils vier zurückliegenden Jahren neu abgeschlossenen Verträge. Weitere Unterscheidungskriterien sind das Baujahr des Gebäudes, seine Lage und die Ausstattung der Wohnung. [...]
Mit der Unterschrift des Vertrags hat der Mieter erst einmal Rechtssicherheit. „Mieterhöhungen während des ersten Jahres der Vertragslaufzeit sind verboten", sagt Experte Ropertz. Doch auch, wenn diese Sperrfrist verstrichen ist, können die Hausherren nicht nach Belieben an der Preisschraube drehen. [Denn es gilt die] Bindung an den Mietspiegel.
Immobilienbesitzer dürfen die Miete nur bis zur ortsüblichen Vergleichsmiete erhöhen, also das verlangen, was für Wohnraum vergleichbarer Größe, Lage und Art gezahlt wird. Wie hoch diese Vergleichsmiete ist, ergibt sich aus dem Mietspiegel des Wohnortes.

Dreimonatige Kündigungsfrist für Mieter

Für Mieter gilt grundsätzlich eine dreimonatige Kündigungsfrist, unabhängig von der Dauer des Mietverhältnisses. Der Mieter kann ein Mietverhältnis über Wohnräume in der Regel bis zum 3. Werktag des Monats für das Ende des übernächsten Monats kündigen. Eine Kündigung ist schriftlich mitzuteilen und muss unterzeichnet sein. Ist ein Mietvertrag von mehreren Personen abgeschlossen worden, so gilt die Kündigung nur von und gegen alle.
Dies gilt für unbefristete Mietverträge und nicht, wenn im Mietvertrag eine Mindestmietdauer oder sonstige Befristung (z. B. zwei Jahre) vereinbart wurde.
Bei Beendigung des Mietverhältnisses gelten alle Vereinbarungen des Vertrags, wie z. B. Renovierungsarbeiten.

1 **Entnehmen Sie aus dem Text „Was Wohnen in Deutschland kostet", wofür man einen Mietspiegel heranziehen kann.**

2 **Entnehmen Sie aus beiden Texten die Rechte bzw. Pflichten der Vermieter und Mieter und halten Sie diese in einer geeigneten Darstellung fest.**

3 **Verfassen Sie einen Dialog zwischen einem Berater des Mietervereins und einem Mieter, der sein zweijähriges Mietverhältnis zum nächsten Monatsanfang kündigen will.**

4 **Verfassen Sie ein Schreiben, in dem Sie Interesse an der Wohnung (S. 33) äußern.**

Tipps zum Mietvertrag

Wer einen Mietvertrag unterschreibt, sollte Folgendes beachten:
- Vertragliche Verpflichtungen sind verbindlich (für Mieter und Vermieter).
- Finanzielle Aspekte (Miethöhe, Nebenkosten, Lebenshaltungskosten) sollten geklärt sein.

Was kostet das Leben?

Neben Wohnungskosten und Nebenkosten fallen auch die so genannten Lebenshaltungskosten an.

1 **Machen Sie eine Aufstellung aller regelmäßigen Ausgaben für die allgemeine Lebensführung, die ein junger Erwachsener mit eigener Wohnung hat und schätzen Sie die Kosten.**

Denken Sie
- an regelmäßige Kosten für Lebensmittel, Drogerieartikel, Telefon, Handy, Internet, Fahrtkosten ...,
- an gelegentliche Kosten für Kleidung, Schulausstattung/Ausstattung für die Arbeit ...,
- an Freizeitkosten z. B. für Kino, Disco, Hobbys, Party ...

2 **Machen Sie eine Gesamtaufstellung aller monatlichen Ausgaben und vergleichen Sie diese mit Ihren Einkünften. Sprechen Sie in Gruppen über Ihre Erkenntnisse.**

Lehrlingsgehälter nach Branchen: Vergütungen im ersten Lehrjahr

Branche	Vergütung West	Vergütung Ost
Holz & Kunststoff Ind.	593,00 €	496,00 €
Bankgewerbe	717,00 €	717,00 €
Bauhauptgewerbe	554,00 €	490,00 €
Einzelhandel	604,00 €	537,00 €
Öffentlicher Dienst	617,00 €	571,00 €
Druckindustrie	763,00 €	763,00 €
Hotel- und Gaststättengewerbe	467,00 €	385,00 €
Kfz-Gewerbe	453,00 €	391,00 €
Landwirtschaft	434,00 €	450,00 €

(Quelle: Hans Böckler Stiftung/WSI Tarif-Archiv 2006)

1 **Untersuchen Sie die Tabelle mit den Ausbildungsvergütungen von 2006.**

2 **Erstellen Sie eine Einkommenspyramide, aus der hervorgeht, welche Branchen ihren Auszubildenden am meisten zahlen und welche Branchen besonders wenig vergüten.**

3 **Recherchieren und aktualisieren Sie die Zahlen. Was hat sich verändert?**

Situation: Mike diskutiert mit seiner Freundin Moni über die schwierige finanzielle Situation. Das gemeinsame Auto ist in weite Ferne gerückt. Sie überlegen gemeinsam, wie sie das finanzielle Problem in den Griff bekommen könnten. Nach einer ersten Übersicht über ihre monatlichen Ausgaben erwägen Sie andere Wohnformen und listen Pro und Kontra auf.

1 **Erstellen Sie unter Berücksichtigung Ihrer bisherigen Arbeitsergebnisse eine Pro- und Kontra-Liste.**

2 **Verfassen Sie den Dialog zwischen Mike und Moni. Überlegen Sie, wie Mike das Gespräch beginnt. Wie wird Moni auf die verschiedenen Vorschläge reagieren, welche wird sie selbst machen? Welches Ergebnis könnte der Dialog haben?**

Vorsicht vor der Schuldenfalle

„Geld macht glücklich!“ Karl-Heinz Stucht

Verschuldungsproblematik Jugendlicher und Ansätze zur Prävention

Immer mehr Haushalte in Deutschland geraten in die Schuldenfalle. Nach einer Studie des Bundesfamilienministeriums gibt es rund 2,8 Milliarden Haushalte, die überschuldet sind und ihren Zahlungsverpflichtungen nicht nachkommen können. Die Tendenz ist steigend. Die Gründe dafür, dass die Haushalte vor einem unüberwindbaren Schuldenberg stehen, waren in jedem fünften Haushalt Unerfahrenheit und Naivität gegenüber Kredit- und Kaufangeboten.

Das Überschuldungsproblem betrifft nicht ausschließlich soziale Randlagen (die klassischen Armutsschuldner), sondern dehnt sich auf weitere Bevölkerungsschichten aus. [...]

Nach Schätzungen des Bielefelder Jugendforschers Elmar Lange haben 850 Tausend junge Deutsche zwischen 15 und 20 Jahren Schulden. Die Kölner Diakonie mit ihren Schuldnerberatungen schätzt etwa 6 % der Jugendlichen zwischen 16 und 20 Jahren bereits als kaufsüchtig. Kinder und Jugendliche sind eine kaufkräftige und damit umworbene Gruppe. Ihr Taschengeld macht sie zu milliardenschweren Konsumenten und auch auf ihren Sparkonten ruht weit mehr, als man zum Kauf von Gummibärchen und Hamburgern braucht. Nach einer repräsentativen Studie des Meinungsforschungsinstituts iconkids & youth über den Konsum von 6- bis 19-Jährigen in Deutschland werden die Brieftaschen der „Kids“ vor allem durch regelmäßige Einnahmen wie selbst verdientes Gehalt und Taschengeld gefüllt, zusammen 11,9 Milliarden Euro. Hinzu kommen Verdienste aus Gelegenheitsjobs und Geldgeschenke: Damit haben die jungen Leute rund 19 Milliarden Euro pro Jahr zur Verfügung, womit sie eine für die Werbung sehr interessante Zielgruppe darstellen. Verwendet werden diese Milliarden vor allem für Bekleidung und Mode (3,4 Milliarden Euro) sowie Handys und deren Zubehör (2,5 Milliarden Euro). Insgesamt geben die Jugendlichen 19,8 Milliarden Euro pro Jahr aus. Die Konsumbedürfnisse liegen damit um 800 Millionen Euro über den zur Verfügung stehenden Mitteln. Um diese Lücke zu schließen, gibt es nur wenige Möglichkeiten: Sparbücher plündern, Eltern/Großeltern anpumpen oder Schulden machen.

Die allermeisten Jugendlichen lernen weder im Elternhaus noch in der Schule den Umgang mit Geld, sie haben nur wenige Kenntnisse z. B. über Bankangebote und deren unterschiedliche Preise, Nachteile und Risiken. Zu Hause erfahren sie in der Regel, dass Geld immer verfügbar ist. Auch die Eltern tätigen ad-hoc-Anschaffungen, die zum Teil kreditfinanziert sind. Für Jugendliche ergeben sich kaum Lernfelder, in denen sie Erfahrungen sammeln können und wirtschaftliches Handeln lernen.

1 **Formulieren Sie das Thema des Textes und nennen Sie die Hauptaussagen.**

2 **Entnehmen Sie die statistischen Zahlen aus dem Text und entwerfen Sie Schaubilder**
- zur Verschuldungsproblematik der Jugendlichen,
- zur Höhe der Ausgaben, die Jugendliche tätigen.

(→ „Schaubilder auswerten und gestalten“, S. 262 f.)

Der Konsumdruck ist zu groß Sabine Hildebrandt

Das Gespräch dauert kaum drei Minuten. „Danke“, sagt der Kredithai und reißt den Kreditvertrag an sich. Erklärt hat er der 18-jährigen Frau nichts – trotzdem hat sie unterschrieben ...

Ein Raunen geht durch den Raum. Entsetzt verfolgen die Neuntklässler der Hermann-Frieb-Realschule in München, wie das kleine Rollenspiel weitergeht. 20 Jahre später, dieselbe Frau, diesmal bei der Schuldnerberatung. Sie ist verzweifelt: Aus ehemals 9.000,00 € sind 45.000,00 € Schulden geworden.

„Der Fall ist echt“, betont Rita Walko von der Caritas Schuldnerberatung – auch wenn er im Unterricht nur gespielt wird. Walko moderiert den Projekttag Schuldenprävention, den die Stadtsparkasse München ins Leben gerufen hat. Das Rollenspiel, das sie und ihre Kollegin dabei vorführen, verfehlt sein Ziel nicht: „Es soll aufrütteln“, sagt Walko. Und soll den Auftakt zum Projekttag bilden. Darüber hinaus gibt es Vorträge rund um die Themen Geld, Recht und Schulden sowie viele Projektarbeiten.

Was kostet es, ein Auto zu finanzieren oder eine Wohnung einzurichten? „Bislang“, gibt Hannah, 16, offen zu, hat sie sich „mit solchen Fragen noch nicht beschäftigt“ – und auch nicht damit, was sie selbst täglich ausgibt. Einen Monat lang hat sie jetzt einen Haushaltsplan geführt und dabei festgestellt, „dass viel zu viel Geld für so ´n Quatsch wie Essen und Trinken in der Schule“ draufgeht. Basko, 15, hat fast 100,00 € für Freizeitaktivitäten, Essen und Rauchen ausgegeben. Und Sabina, 15, findet, dass ihre Ausgaben für neue Stifte „ziemlich heftig“ waren. Geradezu entsetzt aber sind alle über die anonyme Klassenauswertung. Vielen Schülern bleibt am Ende ein dickes Minus – im Einzelfall mehrere hundert Euro.

Karin R. Fries, Leiterin des Instituts für Jugendforschung (IfJ) in München, wundert das nicht. „Immer mehr Jugendliche machen immer mehr Schulden“, lautet ihr Fazit aus langjähriger Marktforschung. Schon sechs Prozent der 13- bis 17-Jährigen sind durchschnittlich mit 370 € verschuldet, 13 Prozent der 18- bis 20-Jährigen haben 1.430 € an Verbindlichkeiten angehäuft und 16 Prozent der 21- bis 24-Jährigen sind im Schnitt bereits mit 2.170 € verschuldet. Schuldner sind dabei anfangs Eltern und Freunde, spätestens ab 18 aber kommen richtige Kreditverträge und langfristige Verbindlichkeiten hinzu.

Vor allem Handy- und Mobilfunkanbieter locken mit Angeboten, die viele Jugendliche gar nicht mehr durchschauen können, sagt Fries. Gerhard Raab, Professor für Marketing und Unternehmensführung an der Wirtschaftshochschule Ludwigshafen, teilt diese Einschätzung. Seit Jahren fordert er, dass sich mehr gesellschaftliche Institutionen und nicht zuletzt die Wirtschaft selbst mit den Schuldenproblemen junger Menschen befassen. Erfolglos. Projekte wie die in München seien die absolute Ausnahme, beklagt der Wissenschaftler. Fast immer wird die Erziehung zum richtigen Umgang mit Geld den Eltern aufgebürdet. „Allein können sie das aber nicht lösen“, so Raabs Meinung. Der Konsumdruck von außen ist einfach zu groß.

Raab hat in Krefeld gemeinsam mit der Diakonie und den örtlichen Banken ein ähnliches Projekt wie in München initiiert. Über mehrere Wochen befassen sich Schüler aller Schultypen zuerst theoretisch mit Markenzwang, Handyverträgen und Zinsrechnungen, besuchen dann einen Tag lang eine Bank und erstellen am Ende einen Projektbericht. Rund 400 Schulen haben sich seit dem Start 1997

beteiligt. […] Anthony, 16 und Teilnehmer in München, ist sich jedenfalls sicher, dass ihm so etwas wie der jungen Frau nie passieren wird. „Die hat überhaupt nichts hinterfragt“, beschreibt er die erlebte Situation. Er geht nach dem Unterricht mit dem Gefühl nach Hause: „Information ist bei Geldgeschäften das Wichtigste.“

1 **Nennen Sie das Thema des Zeitungstextes und gliedern Sie ihn in Sinnabschnitte. Geben Sie den Abschnitten passende Überschriften.**

2 **Sammeln Sie die Gründe für die Verschuldung von Jugendlichen, die in den Texten von K. H. Stucht und S. Hildebrandt genannt werden.**

Welcher Geldtyp sind Sie? Der Geld-Test

Monatsanfang: Sie haben gerade Ihr Gehalt vom Konto abgehoben und gehen jetzt mit Ihrer Clique in die Stadt zum Shopping …

a) Ich lade zuerst alle zu einer Cola oder einem Kaffee ein, danach lässt es sich viel leichter shoppen, egal was, da bin ich spontan.

b) Ich habe genaue Vorstellungen, was ich einkaufen kann, was ich brauche und welchen Betrag ich ausgeben kann.

c) Wenn ich das grüne T-Shirt, das ich mir vorstelle, nicht finde, kaufe ich etwas anderes, Hauptsache, ich bringe auch etwas mit nach Hause.

Am Abend geht Ihre Clique weg. Erst Kino, dann tanzen. Gerne würden Sie mitgehen, aber Sie haben momentan keinen Cent übrig.

a) Ich gehe einfach mal mit. Irgendwo lässt sich immer Geld auftreiben.

b) Ich spekuliere darauf, dass mich jemand einlädt.

c) Kein Geld – kein Kino. Das ist doch klar. Meine Freunde müssen das verstehen.

Ich habe einen großen Wunsch – aber mir fehlt das Geld!

a) Ich erfülle mir meinen Herzenswunsch. Das Geld dazu wird sich schon finden.

b) Ich stelle mir einen Plan zusammen, wie und in welcher Zeit ich durch Einkünfte, Sparen und Nebenjobs das Geld zusammenbekomme. Dann kann ich schnell entscheiden: Möchte ich das oder nicht?

c) Ich leihe mir das Geld zusammen und stottere es in Raten ab.

Ein Geschäftskollege, den Sie nicht näher kennen, hat einen runden Geburtstag. In Ihrer Abteilung wird ein ziemlich hoher Geldbetrag für ein unüblich großzügiges Geschenk gesammelt. Sie halten die Geldsumme für übertrieben, haben diesen Betrag auch nicht eingeplant, wissen aber nicht, wie Sie sich richtig verhalten sollen.

a) Ich lasse mir nichts anmerken und zahle zähneknirschend. Schließlich will man sein Gesicht nicht verlieren.

b) Ich rede mit dem Kollegen, der den Betrag einsammelt, unter vier Augen und biete einen Geldbetrag an, den ich für angemessen halte.

c) Ich vertröste den Kollegen, der den Betrag einsammelt, jedes Mal mit der Begründung, ich hätte das Geld heute nicht dabei.

1 **Führen Sie den „Geld-Test“ durch und diskutieren Sie in Kleingruppen über Ihr Verhalten und mögliche Folgen. (→ „Diskussionen führen“, S. 228 f.)**
Dokumentieren Sie die Ergebnisse aus der Gruppenarbeit.

Verschuldet – Überschuldet

Wer ist verschuldet? Wer ist überschuldet?

Die Beantwortung dieser Frage ist für die Beurteilung von Schuldproblemen von entscheidender Bedeutung. Es macht nämlich großen Unterschied, ob jemand noch verhältnismäßig risikolos „nur" verschuldet oder bereits existenziell bedrohlich überschuldet ist. Den Unterschied kann man leicht durch einen Selbsttest erkennen:

Verschuldet im Sinne von **Schulden haben** ist jede Person, die einen Kredit aufgenommen hat und diesen ordnungsgemäß zurückbezahlt. Dabei ist gleichgültig, ob es sich um einen Kredit für ein Auto, eine Wohnung, geliehenes Geld von Freunden oder Verwandten oder um ein Überziehen des Gehaltskontos handelt.

Im Gegensatz dazu sind alle diejenigen überschuldet oder, wie man es auch ausdrücken kann, zahlungsunfähig, die nicht mehr in der Lage sind, aus ihrem laufenden Einkommen die fälligen Verbindlichkeiten (Schulden) zu begleichen. Praktischer ausgedrückt heißt das, dass Personen, die nach Abzug der fixen Lebenshaltungskosten wie Miete, Betriebskosten, Ernährung und andere ähnliche Zahlungen nicht mehr in der Lage sind, mit dem Rest die monatlichen Raten zu begleichen.

Nach den Erfahrungen der IfS-Schuldenberatung gilt jemand als **überschuldet**, der Konsumkredite in der Höhe des etwa Zwanzigfachen seines monatlichen Einkommens überzogen hat. Bedroht ist auch derjenige, der sein Gehaltskonto um mehr als das Vier- oder Fünffache seines monatlichen Einkommens überzogen hat. Wer seinen Zahlungsverpflichtungen nur mehr nachkommen kann, indem er sein Konto überzieht oder sich die nötigen Gelder von Freunden oder Verwandten ausleiht, und bei wem dieser Zustand länger als zwei Monate dauert, der ist überschuldet und hat auch die gesetzliche Verpflichtung, dagegen etwas zu unternehmen.

Bürgschaft

Die Bürgschaft ist ein Vertrag, durch den sich ein Bürger verpflichtet, für die Schulden eines anderen einzustehen, wenn dieser nicht mehr zahlungsfähig ist. Wer sich als Bürge für einen anderen zur Verfügung stellt, sollte darauf achten, dass die Bürgschaft auf einen bestimmten Geldbetrag und für diese Schuld alleine zeitlich befristet wird. Als sittenwidrig gelten Bürgschaften, bei denen Kreditgeber Unerfahrenheit und Abhängigkeit des Bürgen zum Beispiel in jungen Jahren gegen die Eltern ausnutzen und die Absicherung von Krediten verlangen, die auch in Zukunft die finanzielle Leistungsfähigkeit des Bürgen bei Weitem übersteigt.

1 **Arbeiten Sie die Unterschiede heraus: Was bedeutet es, „verschuldet" zu sein, und was bedeutet es, „überschuldet" zu sein?**

2 **Erklären Sie, was eine Bürgschaft ist. Vertiefen Sie das Thema, indem Sie Lexika und das Internet zu Rate ziehen.**

3 **Welche Gefahren bringt eine Bürgschaft mit sich?**

Wenn man nicht mehr aus dem Minus kommt

Wer zu Birgit Braun in die Beratung kommt, dem geht es meistens schon „richtig dreckig“. Denn, so die Schuldnerberaterin des Regionalcaritasverbandes Marburg, zumeist kommen die Leute eigentlich zu spät zu ihr – erst dann nämlich, wenn sie wirklich keinen Lösungsweg mehr für ihre Probleme sehen. Dabei, unterstreicht die diplomierte Sozialpädagogin, gelange kaum einer von einem Tag zum anderen in die Schuldenfalle, bei fast allen hoch verschuldeten Menschen stehe das Beratungsgespräch bei der Caritas am Ende eines längeren Prozesses: das Konto permanent im Minus, Rechnungen, deren Raten nicht mehr bezahlt werden, Mahnkosten, Pfändungen. Wenn dann noch sicher geglaubte Einnahmen wegbrechen, ist die Schuldnerberatung der einzige Rettungsanker, den die Betroffenen im übergroßen Schuldenmeer noch sehen.

Warum keiner früher kommt? Birgit Braun lächelt: „Das hat natürlich viel mit Scham zu tun, mit der Sorge, stigmatisiert zu sein, wenn man solch ein Hilfeangebot annehmen muss. Dabei sind die Gespräche selbstverständlich völlig vertraulich, und wir Beraterinnen und Berater unterliegen der strikten Schweigepflicht. Doch verständlicherweise schieben die meisten Klienten den Gang in eine solche Beratung vor sich her, so lange es geht.“

Auslöser für die Entscheidung, professionelle Hilfe in Anspruch zu nehmen, ist meist Druck von außen: Rechtliche Schritte werden gegen den Zahlungssäumigen eingeleitet, der Gerichtsvollzieher hat sich womöglich angekündigt, die Bank hat das Konto gesperrt oder sogar die Karte eingezogen. Wohnungsräumung droht wegen ausstehender Mieten. Für Birgit Braun und ihre Kollegen heißt das meist, möglichst schnell eine erste Bilanz zu ziehen: Was für Schulden gibt es, welche Einnahmen stehen dem gegenüber? Ist – über die für die Existenzsicherung notwendigen Mittel hinaus – noch Geld zur Schuldentilgung vorhanden? Gibt es Möglichkeiten, über Zahlungszeiträume und Höhe der Raten zu verhandeln?

Als Ergebnis dieser „Anamnese“ läuft es zunächst in den meisten Fällen darauf hinaus, die Gläubiger über die Situation des Schuldners aufzuklären und etwa bei ausstehenden Rechnungsbeträgen um Stundung zu bitten. „Viele Gläubiger erweisen sich dabei sogar als recht kompromissbereit, wenn sie sehen, dass der säumige Zahler sich in eine Schuldnerberatung begeben hat“, erläutert Beraterin Braun. „Sie erkennen daran, dass der Zahlungspflichtige tatsächlich zahlungswillig ist, auch wenn er im Augenblick kein Geld zur Verfügung hat. Und so besteht für die Gläubiger zumindest die Aussicht, zu einem späteren Zeitpunkt ohne komplizierten Rechtsstreit an das Geld heranzukommen.“ Natürlich gibt es manchmal auch keine Kompromisse. Das gilt etwa für viele Inkasso-Unternehmen oder auch für eine der in Deutschland vertretenen Großbanken: „Die ist berüchtigt dafür, dass auch mal abends angerufen und Druck gemacht wird!“, berichtet die Caritas-Mitarbeiterin.

Für die erste Basisberatung benötigt Birgit Braun die ganze Unterstützung ihrer Klienten: Neben einem ausführlichen Bericht über ihre Situation müssen diese möglichst lückenlose Unterlagen vorlegen, aus denen sich die finanzielle Lage und die Verbindlichkeiten herauslesen lassen. Nur so kann in den weiteren Zusammenkünften Bilanz gezogen und ein Beratungsziel definiert werden: Welche existenzsichernden Maßnahmen, in welchen Schritten zur Entschuldung, oder womöglich Verbraucherinsolvenz beantragen? „Oft ist ja die Verschuldung nur ein Teil des Problems", erläutert Birgit Braun. „Wir haben viele Menschen in unserer Schuldnerberatung, die insgesamt mit dem Leben nicht klarkommen: Partnerprobleme, Einsamkeit, alleinerziehend, Sucht, Alkohol, Arbeitslosigkeit ... Schuldnerberatung hat sich auch erst im Laufe der Zeit als spezielle Form der Hilfe aus der so genannten Allgemeinen Sozialberatung herausgebildet, aber oft – wie gesagt – lässt sich das gar nicht so genau trennen." [...]

Wirtschaftliche Unbedarftheit ist dabei nur ein Grund von vielen, aber eben auch ein gewichtiger Grund für zunehmende Geldprobleme. „Die Leute haben bündelweise Kunden- und Kreditkarten in der Tasche, machen Ratenkauf ohne jede Buchführung. Heutzutage haben die meisten Menschen aber tatsächlich weniger Geld in der Tasche als noch vor wenigen Jahren, doch ihr Konsumverhalten haben sie diesem Umstand nicht angeglichen", so die Einschätzung der Beraterin aus Marburg. Betroffen von Überschuldung sind Junge wie Alte, Frauen wie Männer.

Wunder können die Verschuldeten natürlich nicht erwarten, wenn sie zur Caritas in die Beratungsstelle kommen. Schulden loszuwerden ist wie harte Arbeit und erfordert Disziplin. „Wir laufen den Leuten nicht nach, aber wir erwarten schon, dass wir auf dem aktuellen Stand gehalten werden", betont Birgit Braun. „Wir begleiten unsere Klienten teilweise nur einige Monate, aber es gibt auch Fälle, mit denen wir bis zu sechs Jahre zu tun hatten!" Eine lange Zeit, aber die Erfolge zeigen, dass es sich lohnen kann. So berichtet Birgit Braun von einem Jugendlichen, der sage und schreibe sechs Handy-Verträge abgeschlossen hatte. Neun Monate hat es gedauert, aber es ist ihm gelungen, sich mit eigenen Einkünften und dem ihm von den Eltern zur Verfügung gestellten Kindergeld völlig zu entschulden. „In Sachen Handy hat er jetzt sehr abgeklärte, vernünftige Ansichten", betont Diplom-Sozialpädagogin Braun. Und ebenfalls in die Marburger Erfolgsbilanz gehört der Fall eines jungen Drogenabhängigen, dessen Bemühungen, sein Leben in den Griff zu bekommen, auch seitens der Gläubiger die nötige Anerkennung und Unterstützung fanden. Außer-gerichtlicher Vergleich und Umschulungsmaßnahmen ermöglichten ihm letztendlich einen echten neuen Start.

1 **Nennen Sie das Thema des Berichts.**

2 **Gliedern Sie den Artikel in Sinnabschnitte und geben Sie den Abschnitten passende Überschriften.**

3 **Beschreiben Sie mit eigenen Worten den Inhalt des Textes.**

4 **Beschreiben Sie die Wirkung des Textes und nennen Sie die Absicht des Verfassers.**

5 **Erkundigen Sie sich, wo in Ihrer Nähe eine Schuldnerberatung angeboten wird.**
- Welche Angebote macht Sie?
- Wie kann man in Kontakt mit ihr treten?

Durchschnittliche Schulden bei/aus	in Euro
Insgesamt	36874
Kreditinstituten	21402
Versandhäusern	564
öffentlichen Gläubigern	2426
Inkassobüros	2646
Telefongesellschaften	589
Vermietern	976
Unterhaltspflichtigen	355
Privatpersonen	1026
anderen Gläubigern	6890

Gründe für die Überschuldung im Jahre 2006

Hauptgrund der Überschuldung	in %
Arbeitslosigkeit	29,6
Trennung, Scheidung, Tod des Partners/der Partnerin	13,1
Erkrankung, Sucht, Unfall	8,6
unwirtschaftliche Haushaltsführung	8,5
gescheiterte Selbstständigkeit	10,3
zahlungsverpflichtung aus Bürgschaft, Übernahme der Mithaftung	1,5
gescheiterte Immobilienfinanzierung	3,8
unzureichende Art der Kredit- oder Bürgschaftsberatung	3,4
Sonstige	21,1

1 **Werten Sie das statistische Material aus, indem Sie die für Sie wichtigen Informationen beschreiben.**

2 **Malen Sie sich detailliert aus, welche Schicksale oder Verhaltensweisen hinter Begriffen wie „Erkrankung, Sucht, Unfall“ oder „unwirtschaftliche Haushaltsführung“ stehen können. Verfassen Sie dazu „Kurz-Biografien“.**

3 **Recherchieren Sie die aktuellen Zahlen. Was hat sich bis heute geändert?**

Überschuldung

- selbstverschuldet oder durch äußere Einflüsse möglich
- professionelle Hilfe zur Entschuldung notwendig (Schuldenberatung)
- Umdenken und Training beim Umgang mit Geld erforderlich

Tipps gegen die Schuldenfalle Carsten Uekötter

Ein paar finanzielle Tipps ersetzen die Schuldnerberatung.

Überall gibt es heutzutage unglaublich günstige Angebote. So sagt es zumindest die Werbung. Deshalb hier ein paar Tipps zum besseren Umgang mit dem eigenen Geld.

Das Fernsehen und die Presse sind voll von Ratgebern, Tipps und Hinweisen zum Thema Schulden und Sparen. Dabei geht es gar nicht darum, sich von fremden Beratern erklären zu lassen, wofür das eigene Geld zu verwenden ist. Im Prinzip kann jeder sein eigener Schuldenberater oder Sparkommissar werden. Mit ein paar einfachen Grundregeln, die zwar teilweise nur schweren Herzens und mit einem gehörigen Maß an Selbstdisziplin einzuhalten sind, ist es möglich, das eigene Konto im Griff zu halten und in guten Monaten darüber hinaus noch etwas für größere Ausgaben anzusparen.

Einnahmen und Ausgaben überblicken ist ein guter Weg, um Schulden zu vermeiden.

Die auf dem Papier einfachste Grundregel lautet „Nie mehr ausgeben, als eingenommen wird“ oder anders formuliert „Die Einnahmen müssen größer sein als die Ausgaben“. In vielen Fällen ist dies leichter gesagt als getan. Geht das Auto kaputt oder ein teures Haushaltsgerät, sind hohe Ausgaben nun mal nicht immer zu verhindern. Jedoch geht es hier vor allem um unnötige Ausgaben. Es reicht schon aus, wenn sich vor jeder Ausgabe die Frage gestellt wird, „Brauche ich das wirklich?“ oder „Reicht nicht das aus, was wir noch haben?“. Durch diese interne Überprüfung der Ausgaben ist es bei der nötigen Selbstdisziplin möglich, Frust- oder Impulsivkäufe zu verhindern und damit Geld zu sparen. Wer keinen Überblick über die monatlichen Ein- und Ausgaben hat, dem ist zu empfehlen, eine Liste anzulegen, auf der jede Einnahme und Ausgabe penibel dokumentiert wird. Dies führt am Monatsende oft zu überraschenden Ergebnissen und zeigt auf, für welche Punkte das meiste Geld verwendet wird.

Ratenkauf ist der erste Schritt in die Schuldenfalle

Die Fernseh- und Katalogwerbung ist voll mit angeblich attraktiven Ratenzahlungsmöglichkeiten. Hier gilt die Regel: Je minderwertiger und günstiger das gekaufte Produkt, desto risikoreicher ist die Ratenzahlung. Wird zum Beispiel ein Auto auf Ratenzahlung gekauft, so macht das Sinn. Ein Auto ist ein Wertgegenstand, der im besten Falle mehrere Jahrzehnte verwendet wird und so schnell nicht an Wert verliert. Bei einem exklusiven Handy sieht die Sache schon anders aus. Ein Handy ist ein Gebrauchsgegenstand, der durch die technische Entwicklung und das tägliche Verwenden sehr schnell an Wert verliert. Deshalb besteht gerade bei Produkten wie Handys die Gefahr, dass das Produkt schon längst nicht mehr aktuell ist oder nicht mehr funktioniert, die Ratenzahlung aber über die Lebensdauer des Produktes noch weiter zu leisten ist.

Das Konto nur im Notfall überziehen

Wird das Konto überzogen, so fallen vom ersten Tag an Überziehungszinsen an. Bei einem Dispositionskredit oder umgangssprachlichen „Limit“ liegen diese ungefähr zwischen 9 und 16 Prozent pro Jahr. Gibt es kein Limit, liegen die Überziehungszinsen deutlich höher. Viele Banken gewähren ihren Kunden automatisch zur Kontoeröffnung großzügige Dispositionskredite, teilweise auch ohne die Vorlage eines Einkommensnachweises. Dies machen Banken nicht ohne Grund, denn mit einem überzogenen Konto verdienen sie einen Teil ihres Geldes. Häufig beginnt mit einem überzogenen Konto der Einstieg in die Schuldenfalle. Zunächst ist das Konto deutlich überzogen, diese Überziehung führt zu hohen monatlichen Belastungen durch Überziehungszinsen. Meist kommt dann von der jeweiligen Bank das Angebot, diese Kontoüberziehung durch einen Ratenkredit auszugleichen. Dieser hat dann zwar im Vergleich zum Dispositionskredit einen günstigeren Zinssatz, ist jedoch mit einem monatlich festen Betrag über einen bestimmten Zeitraum abzuzahlen. Heißt also, zu den schon vorhandenen monatlichen Abzügen gesellt sich ein weiterer hinzu.

Wer diese drei Grundregeln im Hinterkopf behält, der hat schon einen großen Schritt gemacht.

1 **Nennen Sie das Thema des Textes.**

2 **Welche Tipps listet der Autor auf? Stellen Sie sie zusammen. Halten Sie die Tipps für brauchbar?**

3 **Entwerfen Sie einen Ratgeber „Tipps gegen knappe Kasse“ für Mike und Moni. Überlegen Sie sich eine ansprechende Gestaltung.**

„Das sollten wir in aller Ruhe besprechen.“

Situation: Aufgrund der positiven Erfahrungen der Vorjahre wurde auch für die diesjährigen Auszubildenden ein Tutorenprogramm erarbeitet. Bei der Bollermann GmbH ist es Tradition, dass die neuen Auszubildenden an ihrem ersten Arbeitstag ihren persönlichen Tutoren kennen lernen. Die Auszubildenden des zweiten und dritten Lehrjahres kümmern sich als Tutoren um die Probleme und Belange der neuen Auszubildenden. Um diese Aufgabe auch wahrnehmen zu können, werden alle Auszubildenden für eine so genannte Tutorenstunde in Absprache mit der Fachabteilung freigestellt. Dadurch soll gewährleistet werden, dass sich die neuen Auszubildenden schnell in das Unternehmen und die alltäglichen Betriebsabläufe integrieren.
Nach dem ersten Kennenlernen erkundigt sich Melanie, 16, Auszubildende zur Bürokauffrau, bei ihrer Tutorin Jana, 18, ob die Reden des Ausbildungsleiters Kloss immer so schwer zu verstehen seien. „Ich hatte den Eindruck, dass das gar nicht so viel mit meiner Ausbildung zu tun hat. Außerdem habe ich viele Begriffe gar nicht richtig verstanden.“

Die Begrüßung

Situation: Am ersten Arbeitstag werden die neuen Auszubildenden von der Unternehmensleitung, den Ausbildern, dem Betriebsrat und den Auszubildenden der anderen Lehrjahre begrüßt. Zur offiziellen Begrüßung gehört auch eine Rede des Ausbildungsleiters:

Rede des Ausbildungsleiters

Kommunikation beruht auf einem einfachen Modell: Der Sender A übermittelt an den Empfänger B eine Botschaft C. Das kann mündlich, schriftlich oder unter Zuhilfenahme von technischen Geräten erfolgen. Oftmals erfolgt diese Übermittlung monologisch.

Es gibt viele Ausprägungen dieses Modells, zum Beispiel die Information, die Unterrichtung, den Befehl, die Verkündigung, die Predigt, die Erzählung, den Vortrag und die Vorlesung. Nicht in jedem Fall schweigt der Empfänger, weil er schweigen muss. Auch Anteilnahme, Interesse, Neugierde usw. bewirken dieses Verhalten. Der Dialog hingegen wird als die höchste Kommunikation bezeichnet. Man kann sich zwar mit allem Möglichen verständigen: mit Händen und Füßen oder mittels einer SMS. In seltenen Fällen kann ein Augenzwinkern ausreichend sein. Aber wenn es um wirkliche Verständigung über Inhalte geht, dann kommt man damit nicht weit. Ohne Gespräch, ohne Dialog, säßen wir da ganz schön in der Klemme. Allerdings gilt zu beachten: Nicht jedes Gespräch ist auch ein Dialog. Mit manchen Menschen kann man stundenlang reden, ohne in einen Dialog zu treten. Um einen echten Dialog führen zu können, benötigen die Gesprächspartner weitreichende kommunikative Kompetenzen und Sie als unsere Mitarbeiter natürlich ein hohes Maß an Kundenorientierung.

1 **Erklären Sie mit eigenen Worten den Unterschied zwischen Monolog, Dialog und kommunikativer Kompetenz. Schlagen Sie zusätzlich in einem Wörterbuch die entsprechenden Definitionen nach.**

2 **In welchen beruflichen und außerberuflichen Situationen benötigen Sie kommunikative Kompetenzen?**

Kommunikation im Beruf

Monolog	Dialog
einer redet	zwei sprechen miteinander
Rede, Unterweisung, Predigt, Präsentation	Beratungsgespräch, Mitarbeitergespräch, Kundengespräch
bestimmte Adressaten	zur Verständigung
bestimmte Gelegenheiten	über Inhalte

Für beide Formen ist die kommunikative Kompetenz notwendig:

- Fähigkeit zur Sprachverwendung
- Berücksichtigung der Situation, des Sprachniveaus und der Absicht

Das Ziel eines Gesprächs

1 **Erstellen Sie für die Verben „reden" und „sprechen" ein Wortfeld. Setzen Sie Ihre Erklärungen zu den Wortfeldern in Beziehung. Wie unterscheiden sich die Rede und das Gespräch?**

Situation: Am nächsten Tag treffen sich die beiden Auszubildenden zufällig auf dem Flur.
Melanie: „Hallo Jana!"
Jana: „Hallo Melanie, na wie geht's?"
Melanie: „So weit ganz gut und ich habe das mit der Kommunikation auch verstanden jetzt. Allerdings weiß ich noch nicht, was hat das Ganze mit meiner Ausbildung zur Bürokauffrau zu tun hat."
Jana: „Mehr als du denkst. Ein hoher Anteil des Berufsbildes besteht doch aus der Kommunikation. Wir kommunizieren mit Kollegen, Vorgesetzten, Kunden, Lieferanten und sonstigen Stellen, wie z. B. der kommunalen Verwaltung."
Melanie: „Oh, ich dachte, wir sitzen die meiste Zeit vor dem Computer."
Jana: „Das ist richtig, aber neben dem Computer steht das Telefon und das benutzen wir auch für die Kommunikation. Die vielfältigen Adressaten brauchen auch unterschiedliche Informationen. Daraus ergeben sich ganz unterschiedliche Gesprächsziele."

2 **Überlegen Sie sich zusammen mit Ihrem Banknachbarn mögliche Gesprächsziele für berufliche Situationen. Nutzen Sie hierfür eine Mind-Map. (→ „Einen Schreibplan und eine Stoffsammlung erstellen", S. 240 f.)**

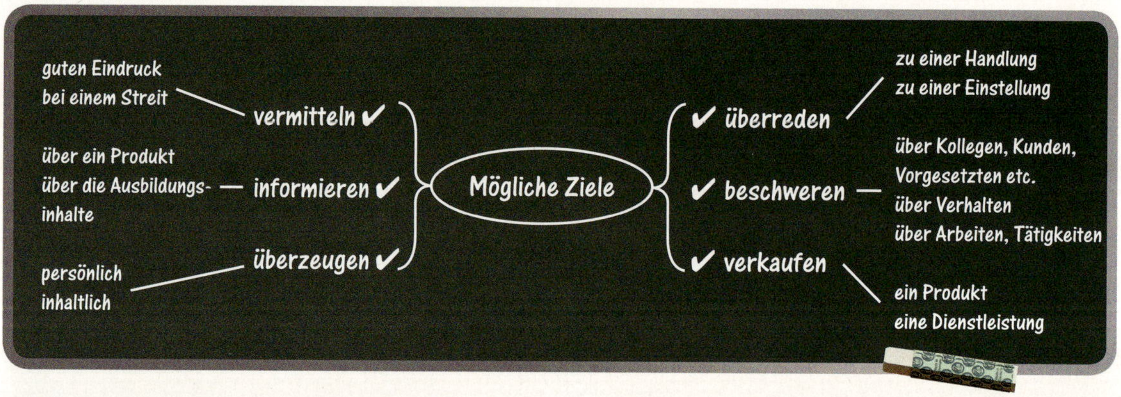

3 **Formulieren Sie, bezogen auf Ihre individuellen Gesprächsziele, zwei persönliche Ziele für ein berufliches Gespräch mit Ihrem Vorgesetzten und mit einem Kunden. Achten Sie auf eindeutige Formulierungen, z. B.:**

- Ich will den Kunden von unserem Produkt überzeugen.
- Mein Ziel ist es, den Interessenten als neuen Geschäftspartner zu gewinnen. Dazu muss ich ihn persönlich und inhaltlich überzeugen.

4 **Welche positiven Auswirkungen auf den Gesprächsverlauf kann eine sorgfältige Planung der Gesprächsinhalte haben? Diskutieren Sie zunächst in Partnerarbeit und tragen Sie Ihre Ergebnisse im Plenum zusammen.**

„Wo Inhalt ist, fügen sich die Formen von selbst." (Leo Tolstoi)

Situation: **Melanie**: „Oh, ich wusste nicht, dass Gespräche auch geplant werden. Wenn ich mich mit meinen Freunden unterhalte, da mache ich mir vorher eigentlich nie Gedanken darüber."
Jana: „Bei privaten Gesprächen gelten andere, eher informelle Regeln. Aber im Geschäftsleben, und dort findet auch deine Ausbildung statt, ist eine Planung äußerst wichtig. Damit ersparst du dir und deinem Gesprächspartner die eine oder andere Enttäuschung."
Melanie: „Und wie genau soll ich das zu Beginn meiner Ausbildung machen? Ich weiß nicht, ob ich das schaffen werde ..."
Jana: „Klar packst du das. Allerdings solltest du etwas mehr Geduld mitbringen. Mit jedem einzelnen Gespräch lernst du dazu. Und dafür bist du doch da. Was glaubst du denn, welchen Bammel ich vor meinem ersten Gespräch mit einer Kundin hatte."
Melanie: „Echt?"
Jana: „Na klar, aber meine Tutorin hat mir damals zwei sinnvolle Arbeitstechniken gezeigt, mit deren Hilfe ich mich auf die ersten Gespräche vorbereitet habe: das Wissens-ABC und das ABC-Spiel."

SPIEL Das Wissens-ABC

Legen Sie sich bitte Papier und Stift zurecht. Einigen Sie sich auf eine Bearbeitungszeit (ca. 5 Minuten, Verlängerung jederzeit möglich). Beginnen Sie mit einem senkrechten ABC am linken Rand des Blattes. Finden Sie für jeden Buchstaben einen passenden Begriff zu Ihrem Gesprächsthema.

SPIEL Das ABC-Spiel

Schätzen Sie, wie viele Begriffe Sie in fünf Minuten zum Gesprächsthema finden werden. Beginnen Sie mit einem senkrechten Alphabet am linken Rand des Blattes. Nun finden Sie passende Begriffe. Nach der Bearbeitungszeit (etwa fünf Minuten) zählen Sie die Begriffe und vergleichen Sie Einschätzung und Ergebnis.

Achtung: Das Ziel ist nicht, bei A zu beginnen und sich krampfhaft zum Z durchzubeißen.

Vorbereitung eines Gesprächs

- individuelles Ziel des Gesprächs festlegen
- Anlass und Gesprächspartner berücksichtigen
- ein prägnantes Gesprächsziel formulieren
- basierend auf dem Ziel mögliche Gesprächsinhalte/Themen finden

→ Die vorausschauende Planung eines Gesprächs vermindert enttäuschende Ergebnisse.

1 **Überlegen Sie sich weitere Anlässe und Gesprächsthemen, bei denen eine Planung notwendig ist. Begründen Sie Ihre Antworten ausführlich und berücksichtigen Sie dabei mögliche Gefahren, die auftreten können.**

Wie bitte? – missglückte Kommunikation

Situation: **Melanie**: „Ich hätte nicht gedacht, dass mir in so kurzer Zeit so viele Begriffe einfallen, die etwas mit einem Gespräch zu tun haben."

Jana: „Das ist doch toll. Mein Ergebnis war letztes Jahr nicht so überragend. Aber dennoch habe ich diese Arbeitstechnik beibehalten. Übrigens, in der Berufsschule haben wir neulich ein paar Paradebeispiele für missglückte Kommunikationsversuche besprochen. Der Hammer, was manche Leute so von sich geben. Schau dir das mal an!"

Kommunikationssituationen

1. Kundin: „Ich bin mit meinen Bewerbungsfotos unzufrieden. Die Beleuchtung ist sehr unvorteilhaft."
Auszubildende geht mit den Fotos ins Labor zum Fotografen und kehrt nach einigen Minuten zurück.
Auszubildende: „Mein Chef sagt, dass er für ihr Pfannkuchengesicht nichts könne."

2. Hotelgast: „Guten Tag. Wir haben ein Doppelzimmer reserviert. Hohenstein."
Rezeption: „Oh geil, dass Sie schon hier sind."
Hotelgast verstimmt

3. Kunde: „Mein WLAN-Router funktioniert nicht."
Angestellter: „Mein Verständnis funktioniert ebenfalls nicht. Ist es ein Hardware- oder ein Softwareproblem? Haben Sie die Kabelverbindungen überprüft? Ist der Router korrekt eingestellt? Kann nur ein Rechner nicht auf das Internet zugreifen?"
Kunde sprach- und ratlos.

4. In einer EDV-Abteilung wird einem Sachbearbeiter geraten, den Server runterzufahren und sich anschließend noch einmal zu melden.
Sachbearbeiter: „So, ich bin jetzt mit dem Server im Erdgeschoss. Und jetzt?"

2 **Warum glückt die Kommunikation nicht? Stellen Sie die beschriebenen Situationen in einem Rollenspiel nach. (→ „Kommunikationsmodelle", S. 280 f.)**

3 **Verbessern Sie die missglückte Kommunikation in einem zweiten Durchgang.**

Besser nicht – Alternativen für eine gelingende Kommunikation

Situation: **Melanie**: „Das ist ja echt unglaublich. Die Situationen nachzustellen hat aber Spaß gemacht."

Jana: „Ja, vor allem wenn man beide Seiten ohne Gefahr ausprobieren kann. Das ist in der Realität leider nicht möglich. Da kommt es schon mal vor, dass ich mich verhaspele und Sache von mir gebe, die ich im nächsten Augenblick sofort zurücknehmen möchte. Mir fällt es immer noch schwer, auf Negativ-Formulierungen zu verzichten.

Melanie: „Wir können uns ja eine List erstellen, in die wir den Negativ-Formulierungen besser klingende Ausdrücke gegenüberstellen."

Jana: „Das hört sich gut an. Und die Gedanken des Kunden ergänzen wir noch. Das ist immer das Schlimmste."

1 **Erstellen Sie für Jana und Melanie die angesprochene Liste und finden Sie für folgende Ausdrücke positive Formulierungen. Versuchen Sie auch, die Gedanken des Gesprächspartners aufzuschreiben.**

Das habe ich nicht gemeint.
Damit ich mich nicht wiederholen muss ...
Sie müssen Folgendes ...
Sie sind auf dem Holzweg.
Das sehe ich völlig anders.
Da haben Sie mich falsch verstanden.
Das können wir nicht schaffen.
Das geht nicht.
Da muss ich Sie korrigieren.
Da gibt es zwischen uns offensichtlich doch große Meinungsunterschiede.
Das ist doch logisch.
Das gibt es doch gar nicht.
Kann sein, dass ..., aber ...
Darauf kommt es nicht an.
Das ist mir egal.
In der Theorie haben Sie Recht ...
Hier liegen Sie aber gründlich daneben.

Gesprächsphasen

Situation: Beim nächsten Tutorentreffen ergibt sich folgender Dialog zwischen Melanie und Jana:
Melanie: „Mit den Negativformulierungen tue ich mich noch schwer."
Jana: „Mir geht es ähnlich. Aber mit jedem Gespräch wird es vielleicht eine weniger. Die Liste ist dazu eine gute Hilfe."
Melanie: „Gestern ist mir etwas Komisches passiert. Ich hatte einen Kunden am Telefon und er begann unvermittelt damit, seiner Unzufriedenheit mit unserem Unternehmen Ausdruck zu verleihen. Kein ‚Guten Tag' oder ‚Hallo', auch keine Vorstellung. Sehr seltsam ..."

Manchmal sind Menschen so aufgebracht, dass sie sich nicht an die üblichen Umgangsformen halten.

Guten Tag (Die Reklamation) **Wir sind Helden**

Meine Stimme gegen ein Mobiltelefon
Meine Fäuste gegen eure Nagelpflegelotion
Meine Zähne gegen die von Doktor Best und seinem Sohn
Meine Seele gegen eure sanfte Epilation

Es war im Ausverkauf im Angebot die Sonderaktion
Tausche blödes altes Leben gegen neue Version
Ich hatte es kaum zu Hause ausprobiert da wusste ich schon
an dem Produkt ist was kaputt – das ist die Reklamation

Guten Tag guten Tag ich will mein Leben zurück
Ich tausch nicht mehr ich will mein Leben zurück

Guten Tag ich gebe zu ich war am Anfang entzückt
aber euer Leben zwickt und drückt nur dann nicht
wenn man sich bückt –
Guten Tag

Meine Stimme gegen die der ganzen Talkshownation
Meine Fäuste für ein müdes Halleluja und Bohnen
Meine Zähne gegen eure zahme Revolution
Visionen gegen die totale Television
Es war im Ausverkauf im Angebot die Sonderaktion …

Guten Tag guten Tag ich will mein Leben zurück …

1 **Welche Gefühle zeigt die Sprecherin des Textes? Woran erkennen Sie diese?**

2 **Teilen Sie den Text in unterschiedliche Gesprächsphasen ein. Schreiben Sie zu jeder Phase einen erläuternden Satz.**

3 **Mit welchen sprachlichen Mitteln erreicht die Sprecherin ihr Gesprächsziel?**

4 **Zeichnen Sie einen Comic zu dem Lied! Achten Sie darauf, dass Sie nicht mehr als vier Bilder anfertigen.**

5 **Drehen Sie einen Videoclip, der sowohl das Lied als auch den angefertigten Comic angemessen berücksichtigt.**

Ablauf eines Gesprächs

notwendig: mindestens zwei daran teilnehmende Menschen als wechselnde Sprecher und Hörer

Phasen:	Anfang	Mitte	Beendigung
	Kontaktaufnahme	inhaltlich geprägt	Bewertung
	Gesprächsbereitschaft	häufige Rollenwechsel	Verabschiedung
Lied:	im Lied nicht vorhanden	beginnt unvermittelt mit der Reklamation	Gruß
allgemein:	Gesprächswunsch des Kunden	besondere Eigenschaften des Produkts oder der Firma	Vertragsabschluss Verabschiedung

6 **Beantworten Sie die Reklamation. Schreiben Sie ein Antwortlied.**

7 **Überlegen Sie sich für weitere Anlässe konkrete Gesprächsinhalte für die einzelnen Phasen (z. B. Ausbildergespräch, Telefonat mit der Schule, Lehrergespräch …).**

8 **Benutzen Sie das erstellte ABC und formulieren Sie weitere Gesprächsinhalte. Beachten Sie dabei auch unterschiedliche Zielsetzungen des Gesprächs.**

Fragetechnik und Gesprächsführung

Situation: **Melanie**: „Jana, übermorgen ist es so weit. Ein langjähriger Kunde kommt zu Besuch und will mit mir die Zusammenarbeit für die Regionalmesse WIWO besprechen. Ich bin so aufgeregt und glaube, dass ich morgen nichts mehr wissen werde."
Jana: „Quatsch, wenn du alles bedenkst, was wir immer wieder besprochen haben, dann kann doch nichts schiefgehen."
Melanie: „Hm, vielleicht hast du Recht. Mir wäre es aber schon lieber, wenn wir das Gespräch vorbereiten und simulieren könnten. Hast du so lange Zeit für mich?"
Jana: „Na klar, dafür bin ich doch da. Was müssen wir alles beachten?"

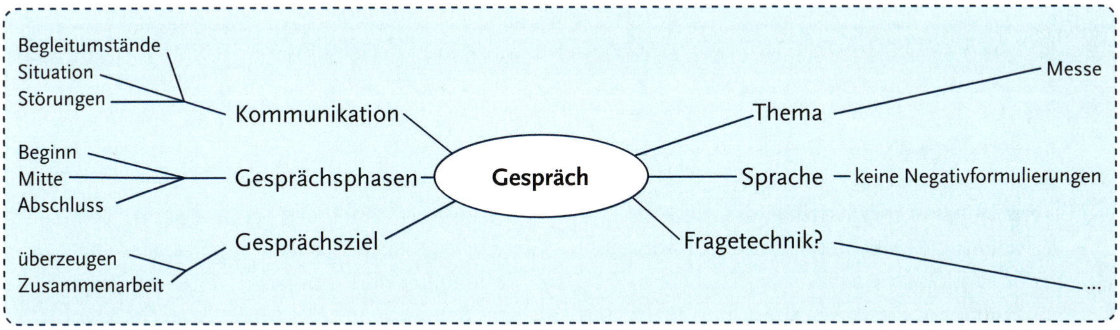

Situation: **Melanie**: „Die wichtigste Frage ist doch: Wie führe ich das Gespräch? Davon habe ich ja keine Ahnung."
Jana: „Hier musst du vor allem auf die Fragetechnik achten. Das ist aber halb so wild. Darunter versteht man im Allgemeinen den Einsatz von unterschiedlichen Fragen mit dem Ziel, dadurch das Gespräch zu steuern. In erster Linie kommt es darauf an, zu wissen, ob du etwas erfahren willst oder ob du deinen Gesprächspartner beeinflussen willst."
Melanie: „Das kann ich mir aber nicht alles merken."
Jana: „Ich kann dir ein Arbeitsblatt aus der Berufsschule geben."

1 **Überlegen Sie sich für das bevorstehende Gespräch jeweils zwei Informationsfragen und zwei Lenkungsfragen. (➜ „Diskussionen führen – Gesprächsregeln einhalten", S. 228 f.)**

2 **Versetzen Sie sich in Ihr Gegenüber und formulieren Sie auch für Ihren Gesprächspartner jeweils zwei Fragen.**

3 **Spielen Sie das bevorstehende Gespräch im Klassenzimmer nach! Beachten Sie dabei, dass Sie Ihre Fragen dem Gesprächsverlauf anpassen müssen.**

4 **Welche Gesprächsanlässe aus Ihrem Privat- und Berufsleben sind Ihnen bekannt, bei denen unterschiedliche Ziele verfolgt werden?**

5 **Diskutieren Sie, ob die Rhetorik den Menschen so manipuliert, dass er nicht mehr über sich selbst bestimmen kann.**

Welche Absichten werden verfolgt?

Informationen über ... ⟵ ⟶ Beeinflussung des Gesprächs durch ...

Informationen über ...
Wünsche, Bedarf
genaue Vorstellungen
mögliche Einwände

→ Informationsfragen
(Erkundungsfragen)
z. B.: „Wie stellen Sie sich denn eine Zusammenarbeit genau vor?"

Beeinflussung des Gesprächs durch ...
Absicht des Gegenübers
Herbeiführen einer Entscheidung
...

→ Lenkungsfragen
(taktische Fragen)
z. B.: „Sicher ist Ihnen bekannt, dass wir auf diesem Gebiet innovativ und führend sind, oder?"

Von der Mühsal, Wünsche zu wecken Gesine Braun

Bloß keine Frage stellen, die mit Nein beantwortet werden kann! Ein Training für Verkäuferinnen

Fünfzehn Frauen stehen im Kreis, die Stimmung ist nervös. Die meisten haben sich erst hier kennen gelernt, in dem Tagungshotel am Rande von Hannover. Regina von Rolbicki nimmt einen Stoffbären und wirft ihn einer der Frauen zu: „Wie schmeckt die beste Bohne?" Die Bärenfängerin lacht: „Aromatisch und elegant." Und schon landet das Stofftier in den Händen der nächsten Seminarteilnehmerin.

Es geht um Kaffee an diesem Mittwochmorgen. Aber auch um ein so altmodisches Wort wie Freundlichkeit. Denn die besten Produkte und ausgeklügeltsten Werbekampagnen nützen nichts, wenn der Kunde im Laden mit einem schnöden Kopfnicken abgekanzelt wird. Unfreundliches Personal kann sich in wirtschaftlich mauen Zeiten kein Unternehmen mehr leisten. Immer mehr Firmen schicken ihre Mitarbeiter deswegen auf Schulungen, die Kundenfreundlichkeit lehren – und ganz nebenbei auch ein bisschen Verkaufspsychologie.

Regina von Rolbicki hat längst aufgehört zu zählen, wie oft sie schon vor Gruppen wie dieser stand. Die 45-Jährige ist seit mehr als sechs Jahren fest angestellte Personaltrainerin, pro Jahr leitet sie über 120 Schulungen. Ihr Arbeitgeber ist der Kaffeeröster Tchibo. Der Konzern leistet sich ein eigenes Team von acht fest angestellten Trainern, selbst bei einer Konzerngröße von über 10000 Mitarbeitern eine Seltenheit. Rolbicki ist die Einzige im Raum, die einen Anzug trägt. Dass das nichts bedeuten soll, machen jedoch schon die auf ein Flipchart geschriebenen Regeln für das Miteinander im Kurs deutlich: „Wir lassen einander ausreden" steht dort. Und: „Versprecher dürfen sein." Auch die Wörter „Spaß" und „locker" tauchen auf. „Ein guter Coach", sagt Regina von Rolbicki, „ist Lehrer, ohne zu belehren."

Drei Tage dauert die Weiterbildung für die 15 Filialmitarbeiterinnen. Die Frauen sind aus ganz Norddeutschland angereist: Eine arbeitet in einem kleinen Laden auf Amrum, eine andere schiebt Schichtdienst in der Filiale im hannoverschen Hauptbahnhof. Die meisten von ihnen sind noch nicht lange beim Unternehmen, fast alle sind stolz, hier zu sein. „Unsere Arbeit ist denen nicht egal", sagt eine der Frauen.

Nach dem Warm-up folgen Rollenspiele: „Sonst noch was?“, fragt die junge Frau hinter einem Resopal-Hoteltisch, der den Verkaufstresen darstellen soll. „Stopp, stopp!“, unterbricht Rolbicki. „Die Frage wirkt nicht nur unhöflich, sie schreit geradezu danach, mit Nein beantwortet zu werden.“ Nachbesprechung im Kreis. Einige der Frauen naschen von einem Teller mit Bonbons und Lollis, der in der Mitte des Raumes auf dem Boden steht. „Ob ein Verkaufsgespräch gelungen ist, hängt nicht davon ab, ob der Kunde ein Produkt kauft, sondern ob er sich freundlich und kompetent beraten fühlt“, erklärt Rolbicki. „Denn nur dann kommt er wieder.“

Dass keine der Frauen ihr die Belehrungen übel nimmt, liegt auch daran, dass Rolbicki sehr genau weiß, wovon sie spricht. Sie hat früher selbst als Verkäuferin in einer Filiale gearbeitet. Die Arbeitszeiten waren gut mit ihren beiden Kindern vereinbar, auch die Kolleginnen mochte sie, doch die eigentliche Erfüllung fehlte ihr. Also büffelte Rolbicki an der Abendschule für die Prüfung als Fachkauffrau für Organisation, danach sattelte sie um auf Trainerin – „mein Traumberuf“.

„Ein Verkaufsgespräch in einer Tchibo-Filiale ist eine besondere Herausforderung“, sagt Rolbicki. Schließlich verkauft der Kaffeeröster, der mittlerweile mehr Umsatz mit Produkten wie Mikrofaserputztüchern und Sporthosen als mit Kaffeebohnen macht, in seinen Läden zwei gänzlich verschiedene Produkte: Nahrungsmittel und Konsumgüter. Wer explizit in den Laden kommt, um den Staubsauger aus dem Werbeprospekt zu kaufen, hat kein Interesse an zwei Pfund Kaffee. „Es sei denn“, sagt Rolbicki, „man schafft es, bei ihm Wünsche zu wecken.“

Wiedersehen nach der Mittagspause im Tagungssaal. Draußen scheint die Sonne, drinnen wirken die Gesichter müde. Wünsche wecken, das ist echte Arbeit. Rolbicki bittet die Seminarteilnehmerinnen, aufzustehen und laut in die Hände zu klatschen. Erst gemeinsam, dann im Kreis herum. Eine der Frauen lacht: „Wenn das nächste Mal ein unentschlossener Kunde vor mir steht, klatsche ich einfach in die Hände und sage: Kaufen Sie es doch einfach. Es tut gut, auch mal unvernünftig zu sein.“

6 **Welche Erfolgsfaktoren beeinflussen ein gelungenes Beratungsgespräch?**

7 **Lesen Sie den Text durch und teilen Sie die dort beschriebene Seminarsituation ebenfalls in die bekannten Gesprächsphasen ein.**

8 **Gliedern Sie den Text in zusammenhängende Abschnitte und formulieren Sie für jeden Abschnitt eine Kernaussage.**

9 **Verfassen Sie abschließend eine Überblicksinformation über Inhalt und Aufbau des Textes.**

10 **Teilen Sie die Ansicht, dass ein erfolgreiches Verkaufsgespräch nur von der Freundlichkeit und Kompetenz des Verkäufers abhängt? Sammeln Sie weitere Kriterien für ein erfolgreiches Verkaufsgespräch!**

Offene und geschlossene Fragen

Situation: **Melanie**: „Hm, ich sollte also darauf achten, dass ich höflich bin und die Fragen so formuliere, dass sie nicht mit einem ‚Nein‘ beantwortet werden können. Stimmt das so weit?“

Jana: „Richtig. Eine gut eingesetzte Fragetechnik ermöglicht es dir, den Gesprächsverlauf entscheidend zu steuern und für deine Ziele zu beeinflussen. Allerdings musst du dabei aufpassen. Die Wirkungen der einzelnen Fragetechniken sind sehr unterschiedlich.“

Melanie: „Das ist mir nicht ganz klar.“

Jana: „Vergleiche zunächst folgende Fragen miteinander: ‚Darf ich fragen, welche Bedenken Sie haben?‘ und ‚Haben Sie sich nun entschieden?‘“

Melanie: „Die zweite Frage ist unhöflich und setzt den Kunden unter Druck. Er muss sich sehr schnell entscheiden.“

Jana: „Stimmt. Bei der ersten Fragetechnik fühlt sich ein Kunde mit seinen Bedenken bestimmt besser aufgehoben. Allerdings muss man beim Einsatz der Fragetechniken immer auch die zugrundliegende Situation berücksichtigen.“

	Informationsfragen	
offene Fragen	Frageart	geschlossene Fragen
W-Frage: wer, was, wann, warum, wieso, wozu, wie?	Merkmal	Entscheidungsfragen, sie sind mit Ja oder Nein zu beantworten
großer Antwortspielraum	Antwort	enger Antwortspielraum
zur Bedarfsermittlung	Verwendung	für schnelle Antworten
Informationsflut, Redeschwall	Gefahr	stockendes Gespräch
„Wie kann ich Ihnen behilflich sein?“ „Wie viel Stück darf ich Ihnen mitgeben?“	Beispiel	„Haben Sie sich schon entschieden?“ „Darf ich Ihnen einen 6er- Karton mitgeben?“

1 **Versuchen Sie, ein Verkaufsgespräch zu führen, in dem Sie Ihrem Partner ganz bewusst nur geschlossene Fragen stellen, die er nur mit Ja oder Nein beantworten darf. Er hat also keine Gelegenheit, seine Antworten zu begründen. Anschließend tauschen Sie die Rollen und besprechen nach der Übung, wie Sie sich in der jeweiligen Rolle gefühlt haben.**

2 **Versuchen Sie jetzt, ein Verkaufsgespräch zu führen, in dem Sie Ihrem Partner ganz bewusst nur offene Fragen stellen, die er möglichst ausführlich beantworten muss. Anschließend tauschen Sie die Rollen und besprechen nach der Übung, wie Sie sich in der jeweiligen Rolle gefühlt haben.**
(→ „Kundengespräche führen“, S. 230 f.)

3 **Diskutieren Sie anschließend über die Vor- und Nachteile von geschlossenen bzw. offenen Fragen in einem Verkaufsgespräch!**

Lenkungsfragen und Kundenorientierung

Situation: **Melanie**: „Gar nicht so einfach, sich auf einen Fragetypus zu beschränken."
Jana: „Und vor allem nicht sinnvoll, wenn du dein Gesprächsziel erreichen willst."
Melanie: „Wie meinst du das?"
Jana: „Na ja, wenn du in erster Linie offene Fragen stellst, dann besteht die Gefahr, selbst nicht mehr zu Wort zu kommen. Dein Gesprächspartner kann dich dann in Grund und Boden reden. Und bei geschlossenen Fragen stockt das Gespräch und es geht nichts voran."
Melanie: „Was hat das mit dem Ziel zu tun?"
Jana: „Damit du dein Gesprächsziel erreichen kannst, ist es notwendig, das Gespräch in eine gewisse Richtung zu lenken. Hierfür gibt es die so genannten Lenkungsfragen. Je mehr Gespräche du führst, umso selbstverständlicher wirst du sie einsetzen."
Melanie: „Oh je, was muss man denn noch alles beachten?"

Von Mensch zu Mensch **Christian Sywottek**

Eigentlich wäre Peter Langner gern Panzer gefahren, damals in seiner Bundeswehrzeit. Aber da war die Sache mit dem Sehfehler. Heute ist er ein Mann, dem ältere Frauen selbst gestrick-te Socken bringen, aus Wolle, die er ihnen verkauft hat. [...]

Langner ist Verkäufer im Kaufhof in Essen, Abteilung „All you need". Früher hieß das Kurzwaren und Heimwerkerbedarf. „Heute ist ja alles Englisch", sagt der 59-Jährige, der seit mehr als 40 Jahren Verkäufer ist. Seine Welt liegt im Untergeschoss des Warenhauses. Rechter Hand stehen die Regale mit Wollknäueln, Stricknadeln, Druckknöpfen, Lederflicken, Hosenträgern. Links Klebstoff, Abtönfarben, Zangen, Dübel und Duschköpfe.

Jeden Tag fährt Peter Langner mit der S-Bahn zur Arbeit. Um halb zehn macht er die Kasse klar, dann gibt's Frühstück. Anschließend räumt er Regale ein und berät Kunden. Er spricht jeden Tag mit bis zu 500 Menschen. Er hat 20 Minuten Frühstückspause, 50 Minuten zur Mittagszeit und noch einmal 20 Minuten gegen 17 Uhr, wenn er bis 20 Uhr arbeitet, also dreimal die Woche. „Das macht mir nichts, das ist mein Beruf." [...]

Warum ihm das Verkaufen Spaß macht? Langner überlegt lange und greift sich ans Kinn. „Menschen haben ein Bedürfnis, wenn sie zu mir kommen", sagt er. „Mir macht es einfach Spaß, den passenden Artikel zu vermitteln, mein Wissen weiterzugeben. Ja, das ist es wohl." [...] Ein guter Verkäufer muss auch Bescheid wissen. Wollknäuel sind eigentlich nicht Langners Sache. „Selbst stricken kann ich nicht, das sag' ich auch ganz offen." Aber er hat sich eingelesen, in ruhigen Minuten, abends an der Kasse. Und mit den Fachfrauen aus der Stoffabteilung gesprochen. „Ich will schließlich beraten, und je mehr ich weiß, desto sicherer macht es mich. [...] Das Frage-Antwort-Spiel ist mir gleich leicht gefallen", erinnert sich Langner. „Nach einem halben Jahr wusste ich: Verkaufen macht Spaß." [...]

Man muss ihn beobachten, wenn er verkauft. Ein schlanker, großer Mensch, der in den Stoßzeiten vor allem deshalb in den zentralen Regalen herumräumt, damit ihn die Kunden sehen können. Der den Blicken nicht ausweicht, der sie sucht. Der dicht an die Menschen herantritt, ihnen tief in die Augen schaut, sie ausreden lässt. „Ausreden lassen, das ist überhaupt das Wichtigste. Und dann die Leute nicht vollabern mit Detailkenntnissen. Das ist

überhaupt das Schlimmste. Der Kunde steht dann dumm da. Man darf als Verkäufer nicht über den Menschen triumphieren."

Langner behandelt seine Kunden so, wie er selbst behandelt werden möchte. Fair. Er ist mit sich selbst im Reinen. Wohl auch deshalb ist er immer noch Verkäufer. Wenn er etwa eine bestimmte Taschenlampe nicht auf Lager hat, verweist er auf die Konkurrenz, denn: „Die Leute sind dankbar für jede vernünftige Antwort. Ich will helfen und Umsatz machen. Wer hilft, der schafft Verbindlichkeit."

Und nur wer nachfragt, erfährt, was der Kunde wirklich will. So wie im Weihnachtsgeschäft, als ein Mann Schokotäfelchen wollte. Für eine Betriebsfeier, wie Langner auf Nachfrage erfuhr, hunderte Packungen, mehr, als auf Lager war. Langner besorgte die Täfelchen und die Verpackung gleich mit. Er hat auch schon dutzende Mixer und Staubsauger für eine Firmen-Tombola organisiert. „Wenn ein Kunde so gezielt fragt, dann muss es bei einem Verkäufer blitzen", sagt er und lacht. Er zögert ein wenig, seine Hände beschreiben vor der Brust eine Geben-Geste: „Es macht mich ... irgendwie glücklich." [...]

Seinen Beruf versteht er als Beziehungsarbeit „von Mensch zu Mensch. Der Kunde ist König, für den König bin ich da. Ich erwarte aber, dass er sich auch wie ein König benimmt. Ein bisschen Anstand, mehr verlange ich nicht. Das fängt schon bei der Begrüßung an. Ich sage ja auch nicht: Guten Tag, du Idiot." Jeden Tag begegnen ihm Menschen, die misstrauisch sind, die herumbrüllen. „Ich lasse sie ausreden und frage dann: Was kann ich tun? Und man mag es kaum glauben – das funktioniert." [...]

1 **Welche Eigenschaften muss ein guter Verkäufer lt. Herrn Langner besitzen? Gelten diese Voraussetzungen nur für Verkäufer?**

2 **Beschreiben Sie Herrn Langners Arbeitstag mit eigenen Worten.**

3 **Formulieren Sie für jeden Lenkungsfragentypus zwei weitere Beispiele.**

4 **Erstellen Sie mit Ihrem Banknachbarn ein berufsspezifisches Rollenspiel unter Verwendung aller bislang behandelten Fragearten. Berücksichtigen Sie sowohl den Käufer als auch den Verkäufer.**

5 **Teilen Sie die Ansicht, dass Respekt/Fairness auch im Berufsleben wichtig sind?**

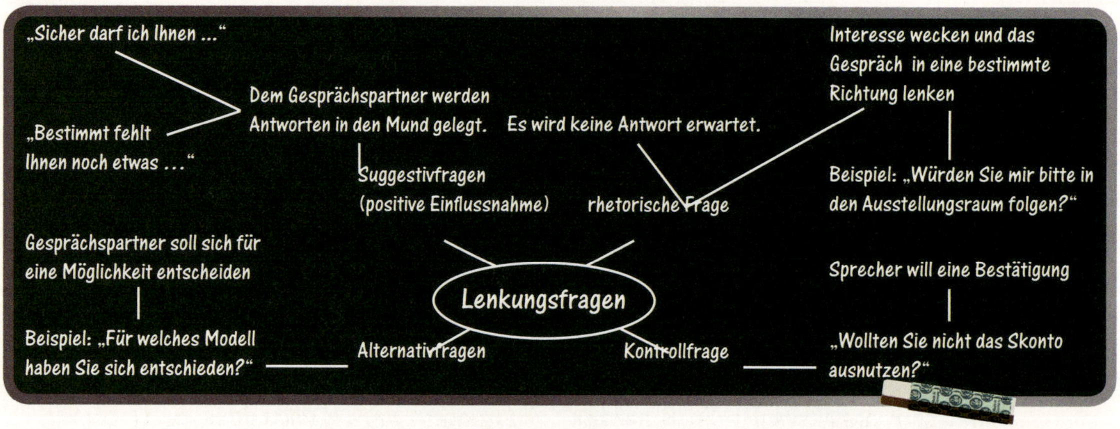

Mit Kundeneinwänden umgehen lernen

Situation: **Melanie**: „Ich hatte gestern ein Kundengespräch, das völlig in die Hose ging."
Jana: „Was war denn los?"
Melanie: „Der Kunde hat mich völlig in die Enge getrieben, sodass ich nicht mehr wusste, was ich sagen soll."
Jana: „Wie hat er das gemacht?"
Melanie: „Er meinte, ich sei ja nur die Auszubildende und hätte keine Ahnung."
Jana: „Das passiert dir so schnell nicht wieder. Für solche Situationen musst du dir ein paar mögliche Antworten überlegen, die dein Gegenüber zum Nachdenken bringen."

Gute Miene zum bösen Wort Rene Borbonus

„Das ist doch völliger Unsinn, den Sie da erzählen." „Das funktioniert doch niemals." „Sie haben wohl Ihre Hausaufgaben nicht gemacht?" Diese und ähnliche Einwände sind im Rahmen beruflicher Kommunikation keine Seltenheit und führen meist zum gleichen Ergebnis: Das „Opfer" eines Verbal-Cholerikers fühlt sich angegriffen, „schießt" vielleicht in gleicher Weise zurück und die Fronten verhärten sich immer mehr. Ein konstruktiver Austausch ist dann nicht mehr möglich.

Ruhe bewahren ist das A und O

Doch was können „Gesprächsopfer" tun, die mit unsachlichen, unfairen oder persönlichen verbalen Angriffen konfrontiert werden, um den Konflikt souverän zu lösen? In erster Linie gilt es, Ruhe zu bewahren, objektiv zu bleiben und sich auf keinen Fall auf die gleiche Kommunikationsebene locken zu lassen.

Um das zu erreichen, haben sich in der Praxis einige Methoden als besonders effektiv erwiesen. So zielt beispielsweise die „Gerade weil"-Methode darauf ab, dem schwierigen Gesprächspartner trotz aller Stichelei das Gefühl zu geben, dass er und vor allem seine Einwände ernst genommen werden – vorausgesetzt natürlich, es existiert ein Minimum an inhaltlicher Zustimmung aufseiten des Angegriffenen. Indem ein unsachlicher Kommentar aufgegriffen und in einen sachbezogeneren Kontext gestellt wird, signalisiert der Angegriffene seinem Kritiker zum einen Interesse und Verständnis. Zum anderen motiviert er ihn dazu, seinen Einwand im Zusammenhang zu betrachten und zu überdenken. Ein Beispiel: „Gerade weil Sie denken, dass das System nicht funktioniert, werden Sie die Ergebnisse umso mehr erstaunen."

Ganz ähnlich funktioniert auch die Methode der bedingten Zustimmung. Die Idee besteht darin, dem kritischen Gesprächspartner ein Stück entgegenzukommen, um auch von seiner Seite mehr Verständnis zu wecken. „Da haben Sie sicher Recht, dieses System kann nicht funktionieren, wenn wir nicht alle an einem Strang ziehen", wäre demnach eine entsprechende Reaktion, die die Bedenken des anderen akzeptiert und wertschätzt. Darüber hinaus wird durch diese Reaktion – vor allem da sie der „Angreifer" vermutlich nicht erwartet – die Beziehungsebene zwischen beiden Gesprächspartnern auf eine unpersönlichere und respektvollere Basis gebracht und ein inhaltlicher Konsens rückt näher. Denn die Beziehungsebene entscheidet letztlich, was auf der Sachebene überhaupt erst möglich ist.

Fragen können Wunder wirken

Die einfachste Möglichkeit, persönlichen Attacken souverän und sachlich zu begegnen und dem „Gegner“ dabei vor Augen zu führen, wie unnötig und unberechtigt seine Einwände unter Umständen sind, besteht darin, die geäußerte Kritik zu hinterfragen. „Worauf beziehen Sie sich genau?“ „An was denken Sie konkret?“ „Wie könnte es Ihrer Meinung nach funktionieren?“ Solche und ähnliche vertiefende (Was genau funktioniert nicht?) und weiterführende (Wie kann es funktionieren?) Fragen haben genau ein Ziel: Der „Angreifer“ muss sich plötzlich selbst mit seinen – meist sehr pauschalisierten – Attacken auseinandersetzen und diese selbst „unter die Lupe nehmen“.

Ob Fragetechnik oder Zustimmungsmethode – ein entscheidender Aspekt sollte im Umgang mit schwierigen Gesprächspartnern in keinem Fall außer Acht gelassen werden: Selbst wenn man ungerechtfertigt angegriffen wird, sollte man seinem Gegenüber immer Wertschätzung, Interesse und Verständnis entgegenbringen. Denn nur wenn Sender und Empfänger auf einer Wellenlänge liegen, kann ein sinnvoller und konstruktiver Austausch stattfinden.

1 **Wie könnte man den Text noch nennen? Finden Sie eine neue Überschrift.**

2 **Welche Taktiken im Umgang mit Kundeneinwänden unterscheidet der Autor?**

3 **Teilen Sie den Text in Sinnabschnitte auf und überlegen Sie sich jeweils eine Überschrift.**

4 **Die unten genannten Beispiele von Kundeneinwänden sind durchnummeriert. Ordnen Sie den Beispielen die jeweilige Art des Einwandes zu.**

1. „Ach, Sie sind ja nur der Azubi. Sie haben doch eh nichts zu melden!“
2. „Sie sind mit Abstand der teuerste Anbieter.“
3. „Das kann ich nicht sofort entscheiden. Ich erbitte mir Bedenkzeit.“
4. „Ihr Anfahrtsweg ist ja wohl nicht mein Problem. Warum soll ich dafür aufkommen?“
5. „Ich habe gehört, dass Ihre Firma nicht sehr zuverlässig sein soll.“
6. „Mit meinem Wissen würden Sie das nicht sagen!“

ARTEN VON EINWÄNDEN

- Objektiv gerechtfertigte Einwände: Der Kunde hat einfach Recht!
- Subjektiv gerechtfertigte Einwände: Aus seiner Sicht hat der Kunde Recht!
- Durch Dritte geprägte Einwände: Vorurteile und Klischeevorstellungen
- Vorwände und Ausreden: Der Kunde möchte aus Gründen, die der Verkäufer zu kennen glaubt, nichts kaufen.
- Unsachliche Einwände: Der Kunde versucht, den Verkäufer in die Enge zu treiben!
- Geltungseinwände: Es handelt sich um einen arroganten Besserwisser, der sich lediglich wichtigmachen will.

Situation: **Melanie**: „Dann hatte das tatsächlich nichts mit mir zu tun."
Jana: „Natürlich nicht, manche Menschen sind aus verschiedenen Gründen so unsachlich. Hierfür sind gewisse Argumentationstechniken sinnvoll."

Argumentationstechniken

Argumentation ist die sprachliche Kunst der Begründung und Beweisführung. Dabei ist es wichtig zu beachten, dass Sie stets ruhig und sachlich argumentieren.

einfache Argumentation
wenn/dann, Plus/Minus, Vorteil/Nachteil
„Wenn Sie eine sichere Verzinsung bevorzugen, dann bietet sich zurzeit ..."

Ja-Aber-Methode
ZIMT: Zustimmen – Interesse zeigen – Motive ansprechen – Transfer
Z: „Ja, ich kann Ihre Äußerung verstehen."
I: „Allerdings gilt zu beachten ..."
M: „Sie haben sicherlich an ... gedacht."
T: „Welchen Gesichtspunkt sollten wir denn besonders beachten?"

Vorwegnahme
Aus Erfahrung rechnen Sie mit einem Einwand.
Beispiel: Einwand zu hohe Preise
„Das kostet Sie pauschal nur ... und dafür bekommen Sie ..."

Umwandlungsmethode
aus einem Einwand machen Sie eine Gegenfrage
Einwand: „Auf einem Sparkonto müsste es doch mehr Zinsen geben."
„Welche Sparform meinen Sie?"

1 **Formulieren Sie sowohl Kundeneinwände als auch passende Entgegnungen darauf und tragen Sie Ihre Ergebnisse im Rollenspiel vor. Nennen Sie im Anschluss die verwendete Argumentationstechnik. (→ „Kundengespräche führen", S. 230 f., → „Argumentieren", S. 236 f.)**

Zum Schluss noch zwei Trainings-Spiele:

SPIEL Rätselspiel

Ein Spielleiter überlegt sich einen beliebigen Begriff oder eine beliebige Person, z. B. Franz Beckenbauer. Die Ratenden dürfen nur geschlossene Fragen stellen. Allerdings gibt es nicht nur zwei Kategorien Ja und Nein, sondern derer vier. Während die vierte Kategorie „Ich weiß es nicht." lautet, ist die dritte Kategorie „Leo" für diejenigen Fragen gedacht, die der Spielleiter nicht eindeutig beantworten kann („Jein.").

SPIEL Rede-Duell

Spielanleitung: Sie befinden sich in Seenot. Es ist notwendig, dass einer der Passagiere das Segelschiff verlassen muss, um den Rest zu retten. Argumentieren Sie rhetorisch geschickt, warum Sie so wichtig sind, dass einer der anderen das Schiff verlassen muss.

Variante: Es gewinnt derjenige, der es schafft, das Publikum davon zu überzeugen, dass seine Mitreisenden die Besseren sind.

Ich arbeite Mitarbeiter ein

Merdungen. Bei einem Brand zur Mittagszeit im Bürogebäude der ansässigen Reifenfabrik entstand Sachschaden in Höhe von 35.000 Euro, verletzt wurde jedoch niemand. Das Feuer konnte sich rasch ausbreiten, da niemand der zu Hilfe geholten Mitarbeiter die vorschriftsmäßig installierten Feuerlöscher fachgerecht bedienen konnte. Erst die Feuerwehr brachte den Brand unter Kontrolle.

Situation: Sie sind Angestellter einer Firma. Die Zeitungsmeldung veranlasst Ihren Chef, die Sicherheitslage in Ihrer Firma zu überdenken. Ihr Chef bittet Sie daraufhin, die Funktion des Sicherheitsbeauftragten zu übernehmen.

Es muss nicht gleich lebensgefährlich werden, aber eine schnelle, zuverlässige und effiziente Weitergabe von Informationen zwischen Mitarbeitern (inkl. Chef) ist für das Funktionieren eines Betriebs eine unerlässliche Grundlage. Sie kann im Einzelfall viel Geld, Ärger und Zeit einsparen. Sie erfolgt durch verschiedenste Formen von Beschreibungen.

BESCHREIBUNGSARTEN

Im Betriebsalltag spielen folgende Beschreibungsarten eine Rolle:
Beschreiben von Vorgängen, Funktionszusammenhängen, Gegenständen

Beispiele von Beschreibungen:
Kochrezept, Verlustanzeige, Bedienungsanleitung (Gebrauchsanleitung), Handlungsanweisung, Lexikoneintrag, Vorschrift, Verkaufsannonce, Spielregel, Aufbauanleitung, Versuchsbeschreibung, Wegbeschreibung, Schaubild

1 **Organisieren Sie Muster für die Beschreibungsarten.**

2 **Ordnen Sie die aufgeführten Beispiele einer Beschreibungsart zu! Entscheiden Sie sich bei Mischformen für die dominierende.**

Beschreibungsformen – Beschreibungsarten

Situation: Ihr Chef schickt Sie zu einem Kunden in die Neubadstraße 11. Bis Sie an Ihr Ziel gelangen, können Sie mit folgenden Beschreibungsformen zu tun gehabt haben:

BESCHREIBUNGSFORMEN

mündlich	schriftlich	grafisch	gestisch
Sprache	Schreiben	Zeichen	Gebärde
Sie fragen einen Passanten nach dem Weg.	Der Chef hat Ihnen einen Notizzettel mit detaillierten Informationen mitgegeben.	Sie haben sich einen Stadtplan besorgt.	Ein weiterer ortskundiger, aber der deutschen Sprache wenig mächtiger Passant zeigt in die Richtung des gesuchten Zieles.

Die Ausdrucksform der Mimik, d. h. die Mitteilung über den Gesichtsausdruck, spielt beim Beschreiben nahezu keine Rolle. Sie besitzt allenfalls unterstützenden Charakter. So könnte in unserem Beispiel Kopfnicken oder -schütteln die Antwort des Passanten verstärken.
Für optimale Ergebnisse können und sollen Beschreibungsformen parallel eingesetzt werden.

1 **Ordnen Sie einer Beschreibungsart zu: Gegenstandsbeschreibung – Vorgangsbeschreibung – Funktionsbeschreibung.**

A Wie bediene ich einen Feuerlöscher?
B Wie sieht ein Feuerlöscher aus?
C Wie funktioniert ein Feuerlöscher?

2 **Vervollständigen Sie die Sätze.**

- Vorgangs-, Funktions- und Gegenstandsbeschreibung werden unter dem Oberbegriff ...
- Wenn man von Beschreibungsformen spricht, meint man ...
- Die Fähigkeit, berufliche Probleme und Sachinhalte angemessen beschreiben zu können ...

3 **Führen Sie jede Beschreibungsart (s. Aufgabe 1) in allen vier Beschreibungsformen aus. Bewerten Sie die jeweilige Eignung. Erstellen Sie eine Tabelle zur übersichtlicheren Ergebnisdarstellung.**

	mündlich	schriftlich	grafisch	gestisch
A	?	?	?	?
B	?	?	?	?
C	?	?	?	?

++ = sehr gut + = gut O = zufriedenstellend – = weniger geeignet

4 **Formulieren Sie ein „Rezept": Welche Beschreibungsform(en) ist (sind) für welche Beschreibungsart(en) am besten geeignet?**

Beschreiben von Vorgängen

Das müssen Sie allgemein beim Beschreiben beachten:
- sachliche Sprache
- Fachbegriffe verwenden und je nach Adressaten erklären
- Zeitform: Gegenwart

Situation: Es sind in der Firma Schulungsunterlagen in Form von Bildkarten vorhanden, die jedoch sortiert und mit einer Textinformation versehen werden müssen.

Schulung der stabilen Seitenlage nach der vereinfachten Methode

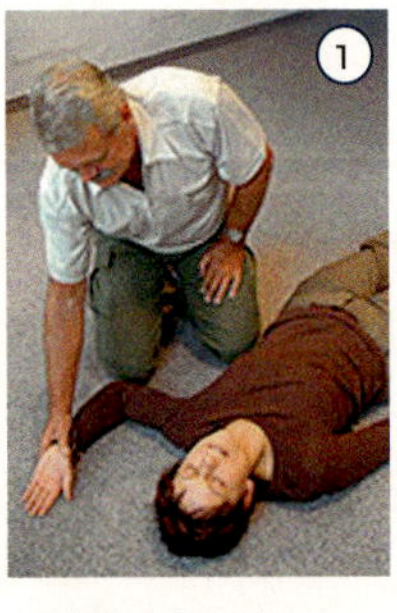

Seitlich neben dem Betroffenen knien. Beine des Betroffenen strecken. Den nahen Arm des Bewusstlosen angewinkelt nach oben legen, die Handinnenfläche zeigt dabei nach oben.

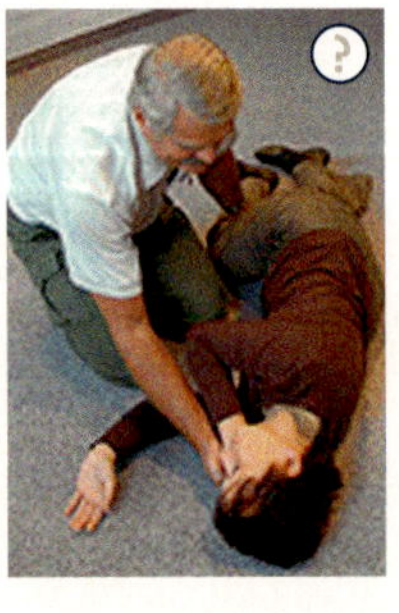

...

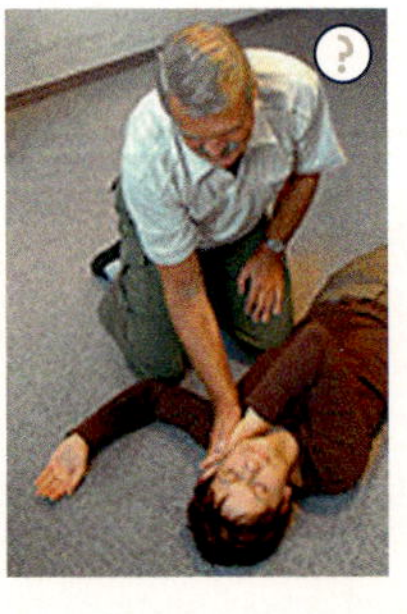

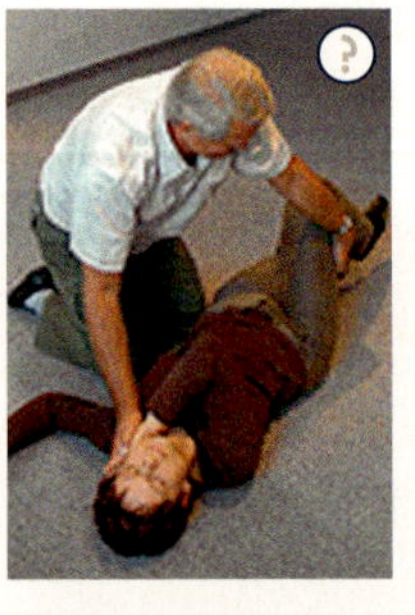

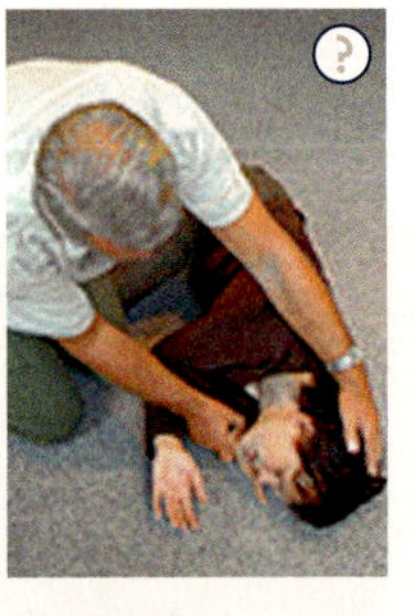

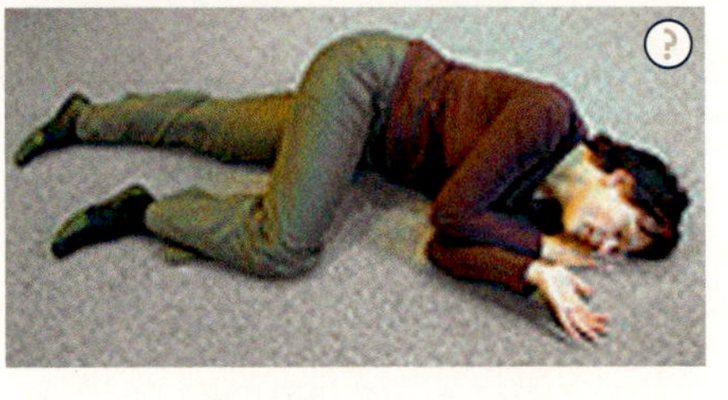

Die stabile Seitenlage

Seit August 2006 wird von Hilfsorganisationen eine vereinfachte stabile Seitenlage nach dem Schema der Bundesarbeitsgemeinschaft Erste Hilfe gelehrt. Diese Variante ist weniger schonend und weniger stabil, dafür aber leichter zu erlernen und zu erinnern. Diese Version der stabilen Seitenlage wurde ehedem bereits in einigen anderen Ländern und in Armeen der NATO (NATO-Lage) gelehrt.

Bei Anwendung der Vorgaben zur vereinfachten Variante der stabilen Seitenlage wird der dem Helfer nahe Arm nicht mehr unter den Rücken geschoben, sondern abgewinkelt in entgegengesetzter Richtung Richtung Kopf gelegt, damit er beim anschließenden Drehen nicht unter dem Brustkorb eingeklemmt wird. Der andere Arm wird, ähnlich dem Vorgehen bei der klassischen Variante, über die Brust gezogen und der Handrücken an die helfernahe Wange angelegt, wo er im Weiteren gehalten wird. Als eine zweite wesentliche Neuerung umfasst der Helfer nunmehr mit seiner freien Hand nicht mehr die Hüfte, sondern das vorher angewinkelte Knie der gegenüberliegenden Seite und zieht den gesamten Körper alleine daran zu sich herüber, um eine seitliche Lage rung zu erreichen. Dies hat den Vorteil, dass auch körperlich eher schwache Personen den Betroffenen gut drehen können (Geht wirklich sehr leicht!). Bei dergestaltigem Vorgehen wird aber die Wirbelsäule des Betroffenen verdreht, da der Oberkörper nur indirekt und daher mit Verzögerung herübergezogen wird. Die so erreichte Lagerung ihrerseits ist aus mehreren Gründen weniger stabil: Da das obere Bein angewinkelt und das untere gestreckt ist, rutscht der Betroffene sehr leicht in eine Bauchlage, kann dafür aber zumindest nicht wieder auf den Rücken rollen. Dieser Umstand ist beabsichtigt, da ein Zurückrollen in die Rückenlage nicht mehr durch einen hinter dem Rücken angewinkelten Arm verhindert werden kann, wie dies in der klassischen Variante der Fall ist. Im Gegensatz zur hinnehmbaren Bauchlage würde aber bei Rückenlage der Zungengrund des Bewusstlosen, der Schwerkraft folgend, schlaff in den Rachenraum sacken, dabei die Atemwege verlegen (Glossoptose) und so leicht zum Tod durch Erstickung führen. Im Gegenzug kann der Betroffene im Falle eines Herz-Kreislauf-Stillstandes aus dieser Lage heraus schneller auf den Rücken gedreht werden, um mit der Herz-Lungen-Wiederbelebung zu beginnen, als bei der klassischen Lagerung. Anfangs wurde auch befürchtet, die durch Zug am Oberschenkel ausgelöste Hebelwirkung könne zu Verletzungen führen, was sich in der Praxis aber nicht bestätigt hat.

1 **Ihr Ausbilder legt Ihnen die durcheinander geratenen Einzelbilder vor. Sortieren Sie die Teilschritte in der richtigen Reihenfolge.**

2 **Informieren Sie sich mit Hilfe des Textes über die stabile Seitenlage.**

3 **Formulieren Sie knappe, möglichst stichpunktartige Unterschriften gemäß Bild 1.**

4 **Erläutern Sie die Unterschiede zur klassischen Variante der stabilen Seitenlage.**

5 **Testen Sie die gestalteten Stationen im Kollegen-, Klassenkreis. Tipp: Schieben Sie die Schulbänke zu einer erhöhten Demonstrationsfläche zusammen.**

Aufbau von Steckregalen

Situation: Der Chef hat Gefallen an Ihrer Arbeit gefunden. Er erteilt einen neuen Auftrag: In nächster Zeit soll das umfassende Firmenarchiv in neuen Regalen eingelagert werden. Allerdings liegen dem Produkt als Aufbauhilfe lediglich Bildinformationen bei. Da der Aufbau jeweils durch momentan nicht ausgelastete Mitarbeiter schnell und fehlerfrei erfolgen soll, werden schriftliche Erläuterungen benötigt. Ihr Chef bietet Ihnen an, mit einem weiteren Lehrling zusammenzuarbeiten.

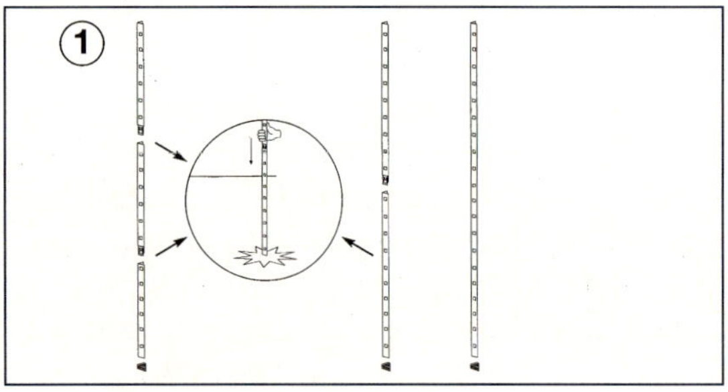

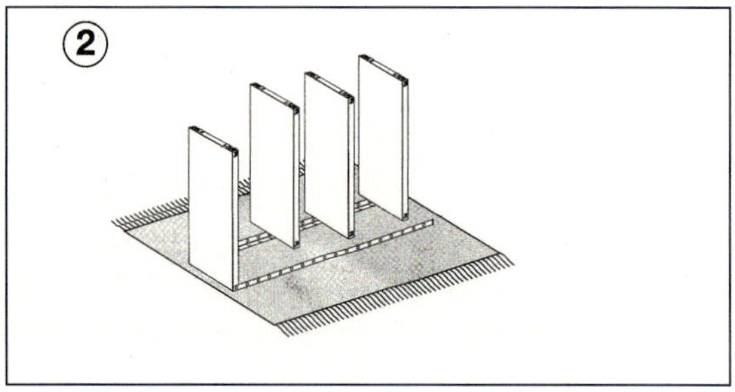

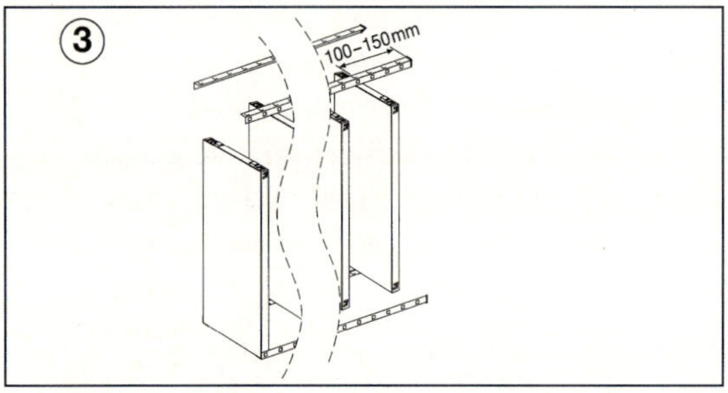

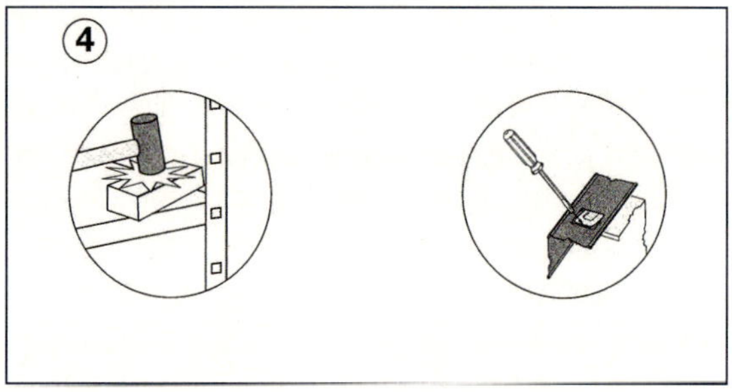

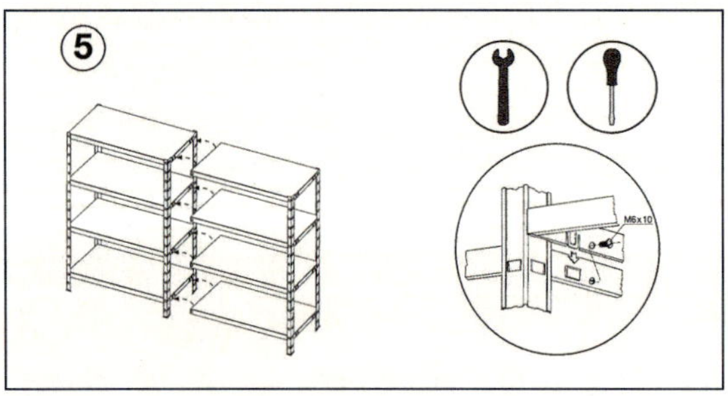

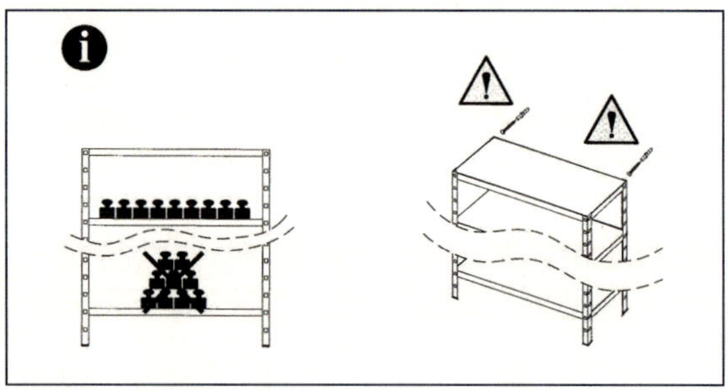

1 **Sie beschließen, die Teilvorgänge (1–5) zunächst stichpunktartig zu beschreiben. Beschränken Sie sich nach Möglichkeit je Bild auf zwei Anweisungen. Suchen Sie dabei nach präzisen Fachbegriffen.**

2 **Formulieren Sie nun in vollständigen Aussagesätzen unter Verwendung des Passivs.**

Formulierungsmuster:
Vorsichtiges Entfernen der Folienverpackung mit einem Cuttermesser → stichpunktartig
Die Folienverpackung ***wird*** vorsichtig mit einem Cuttermesser ***entfernt***. → Passivform
Beispiel (Bild 1): Drei Winkelschienen werden zu ...

Formulierungshilfen für Vorgangsbeschreibungen

Um einer Monotonie bei Vorgangsbeschreibungen entgegenzuwirken, gibt es einige Tricks:

- Wechseln Sie immer wieder von der Passivform in die „man“-Form.
  Man entfernt die Folienverpackung mit einem Cuttermesser.
- Bauen Sie gezielt Satzüberleitungen ein.
  Zuerst entfernt man ... *Danach* werden die Einzelteile auf dem Boden sortiert.
- Vermeiden Sie Hilfszeitwörter *(müssen, können, sollen etc.)*.

3 **Schreiben Sie jetzt die Anleitung neu.**

Beachten Sie speziell für das Beschreiben von Vorgängen:

- Gesamtvorgang in sinnvolle Teilschritte untergliedern
- richtige chronologische Reihenfolge einhalten
- auf sprachliche Abwechslung achten

Beschreiben von Funktionszusammenhängen

Bild **i** ist nicht als Handlungsanweisung gestaltet, sondern es beschreibt eher einen Funktionszusammenhang. Hierbei unterrichtet der Fachmann einen Laien über die Funktion eines Gerätes bzw. einen fachlichen Zusammenhang aus dem Berufsfeld.

Beachten Sie speziell für das Beschreiben von Funktionszusammenhängen:

- erfasst Gegenstände und Vorgänge
- stellt den Zusammenhang von Ursache und Wirkung heraus
- Es gibt keine handelnde Person.

Schema:

1. Beschreiben von beweglichen/festen Teilen oder eines Ausgangszustandes = B
2. Erläutern des Funktionszusammenhangs oder der Arbeitsweise = F
3. Festhalten des Ergebnisses = E

1 **Formulieren Sie entsprechende Hinweise zu Bild i.**
An dem nachfolgenden Beispiel können Sie sich orientieren.

Wie funktioniert eine Computermaus?

Die Maus ist eines der wichtigsten Eingabegeräte (Befehlsgeber) bei modernen Computern. Der Name „Mouse“ (engl.) entstand in einer Assoziation: das graue, teiloval-runde Gehäuse für die Hand (Mauskörper) mit einem grauen Kabel (Schwanz) rief den Gedanken an eine lebendige Maus hervor. Die Form der Maus hat sich im Wesentlichen bis heute nicht verändert, die Ecken sind noch ein wenig

runder geworden. Wie von Beginn an ist sie aber größtenteils aus Kunststoff, seltener aus Metall oder Holz gefertigt. (= **B**)

Die Bewegung der Maus (normalerweise mit der Hand) auf dem Tisch oder einer speziellen Unterlage, dem Mauspad, wird über einen Sensor in der Maus aufgenommen und digitalisiert und über eine Schnittstelle an den angeschlossenen Computer übertragen. Über Funktionen des Betriebssystems wird diese zweidimensionale Bewegungsinformation in eine gleichartige Bewegung des Mauszeigers auf dem Bildschirm umgesetzt. (= **F**)

Durch Betätigung der Tasten oder zusätzlicher Elemente der Maus kann der Nutzer verschiedene Aktionen in dem Betriebssystem oder Anwendungsprogramm durchführen. Die Einführung der Computermaus kann als ein entscheidender Durchbruch in der Verbesserung der Benutzerfreundlichkeit von Computern angesehen werden. Im Jahre 2005 waren bereits schätzungsweise mehr als eine Milliarde „Mäuse“ weltweit verkauft worden. (= **E**)

Beschreiben von Vorgängen und Funktionszusammenhängen

An den folgenden Beispielen können Sie das Beschreiben von Vorgängen und Funktionszusammenhängen nochmals trainieren.

1 **Wählen Sie eines der folgenden Beispiele oder suchen Sie eine geeignete Anwendung aus Ihrer Berufssituation. Verwenden Sie die Fachbegriffe.**

Für Holz-, Metall- und Elektroberufe

Vorgang beschreiben:
Wie verändere ich die Drehzahl bei einer Säulenbohrmaschine?

Funktionszusammenhang beschreiben:
Wie funktioniert ein Riementrieb?

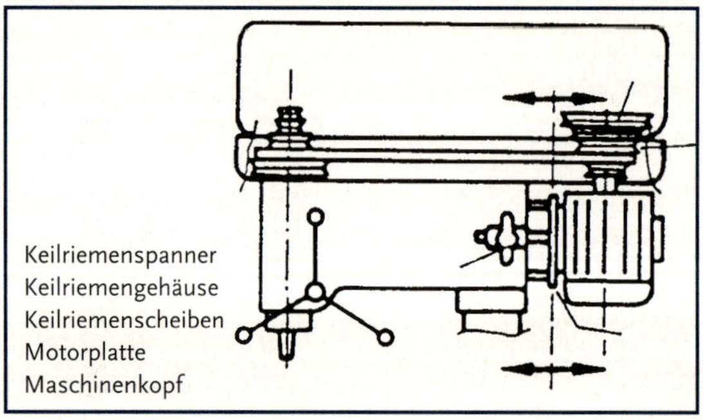

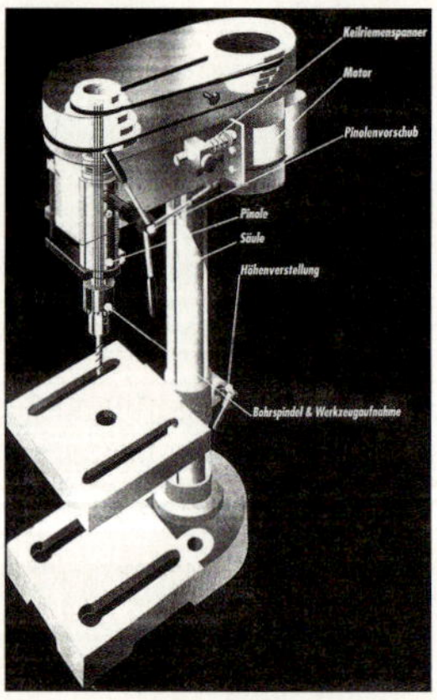

Für Nahrungsberufe

Vorgang beschreiben: Wie bediene ich ein Mikrowellengerät?

Funktionszusammenhang beschreiben: Wie funktioniert ein Mikrowellengerät?

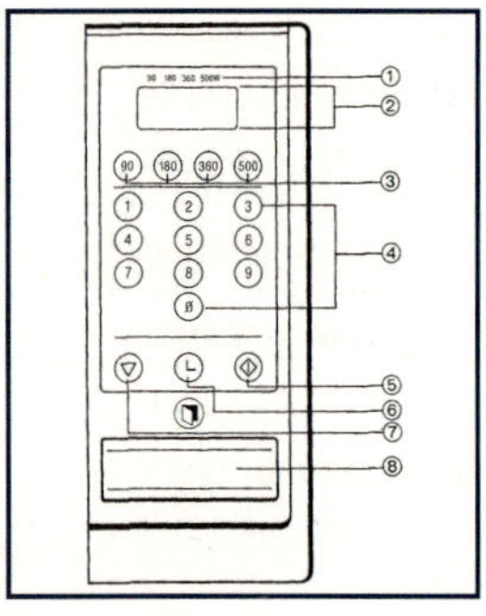

1 Kontrolllampe für 4 Leistungsstufen
2 Anzeigenfeld mit Leuchtziffern
3 Leistungswahltasten
4 Tasten für die Zeiteingabe
5 Starttaste
6 Tageszeittaste
7 Stopptaste

Für Gesundheitsberufe

Vorgang beschreiben: Wie bedient man ein Blutdruckmessgerät?

Funktionszusammenhang beschreiben: Was sagen die beiden ermittelten Werte aus?

Für kaufmännische Berufe

Vorgang beschreiben: Wie tätige ich einen Bezahlvorgang an der Registrierkasse?

Funktionszusammenhang beschreiben: Wie funktioniert ein Kassenscanner?

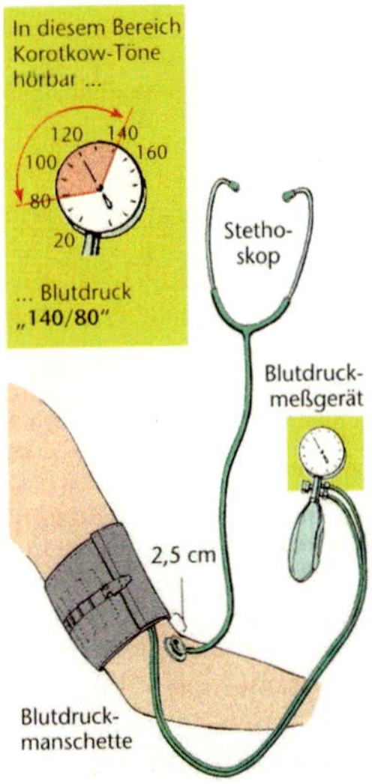

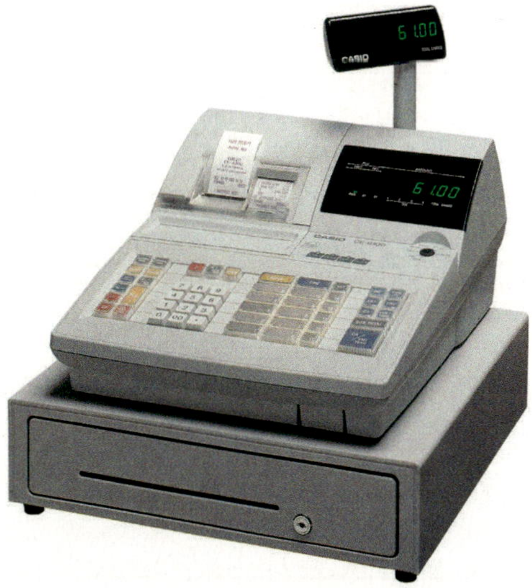

Am folgenden Beispiel können Sie erkennen, wie fehlerhaftes Beschreiben die Verständlichkeit herabsetzt.

Montageanleitung für einen Lastenträger

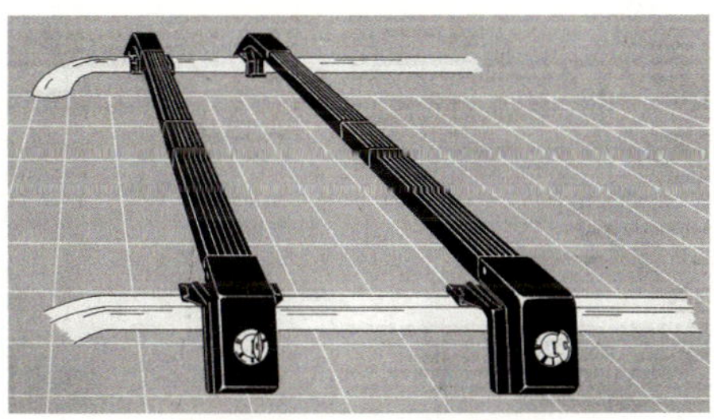

Kontrollieren Sie, dass der Träger fest auf dem Autodach sitzt! Achten Sie darauf, dass die Gepäckstücke nickt wesentlich über die Ladefläche hinausragen (hinweis StVZO). Beachten Sie, dass Sie eine gleichmässige Verteilung der Ladung auf dem Gepäckträger erhalten (möglichst niedrigem Schwerpunkt). Nach kurzer Fahrstrecke erstmals und in angemessenen Abständen, abhängig von der Fahrbahn, erneut die Schraubverbindungen, insbesondere die Dachbefestigungen kontrollieren. Achten Sie auf das veränderte Fahrverhalten des Kraftfahrzeuges (Seitenwindempfindlichkeit, Kurven- und Bremsverhalten) bei montiertem und insbesondere beladenem Lastenträger. Die zulässige Beladung von 75 kg darf nicht überschritten werden. Die Dachlastangaben des Fahrzeugherstellers sind zu beachten. Die max. Dachlast setzt sich aus dem Eigengewicht des Lastenträgers und der Beladung zusammen.

Aus Grunden der Sicherheit anderer Verkehrsteilnehmer und der Energieeinsparung soll dieser Lastenträger bei nichtbenutzung abgenommen werdet. *(aus einer Originalanleitung)*

2 **Verbessern Sie die Anleitung unter Berücksichtigung folgender Aspekte:**

- Rechtschreibung und Grammatik
- verständlicher Sprachausdruck
- einheitliche Formulierung der Anweisungen (Verwenden Sie die „Sie“-Form)
- Textkürzung
- übersichtliche äußere Form

Beschreiben von Gegenständen

Sie haben bei den bisherigen Beschreibungen sicher festgestellt, dass überzeugende Ergebnisse nur mit der Verwendung einschlägiger Fachsprache und Fachbegriffe möglich sind. Da in zahlreichen betrieblichen Situationen eine detaillierte Schilderung von Gegenständen erforderlich ist, kommt vor allem hier dem Gebrauch von Fachbegriffen eine herausragende Bedeutung zu.
(→ „Fachsprachen“, S. 278 f.)

Beachten Sie bitte speziell für das Beschreiben von Gegenständen:
- *Einhalten einer Systematik bei der Reihenfolge der Informationen*
- *Suchen von Fachbegriffen für Einzelteile*
- *Verwenden von Vergleichen*
- *Ergänzen einer kurzen Zweckbeschreibung*

MÖGLICHE ORDNUNGSKRITERIEN

Vorgehensweisen	geeigneter Gegenstand
von außen nach innen	?
von unten nach oben	?
von oben nach unten	?
vom Auffallenden zum Gewohnten	?
vom Vordergrund zum Hintergrund	?
von links nach rechts und umgekehrt	?
vom Allgemeinen zum Besonderen	?
vom Großen zum Kleinen	?
von der Mitte zu den Seiten	?

1 **Welche Vorgehensweise eignet sich für folgende Gegenstände am besten?**
Gruppenfoto – Kleidung – Haus – Baum – Blume – Arbeitsplatz – Maschine – Bühnendekoration – Zimmereinrichtung

2 **Beschreiben Sie einen Gegenstand nach verschiedenen Vorgehensweisen und vergleichen Sie.**

Beschreiben von Gegenständen und Funktionszusammenhängen

Vor allem im kaufmännischen Bereich ist der tagtägliche Umgang mit Geld berufsbestimmend. Für die Abwehr von Fälschungen ist eine genaue Kenntnis der Banknoten erforderlich, neue Mitarbeiter sind dementsprechend zu schulen.

1 **Beschreiben Sie die Vorder- und Rückseite der 50-€-Banknote (s. Abbildungen auf der vorherigen Seite). Entscheiden Sie sich vorher für ein Ordnungskriterium.**

So könnten Sie beginnen: *Die 50-€-Banknote – im Übrigen der meistgefälschte EURO-Geldschein – ist orange und misst 140 mm x 77 mm ...*

2 **Informieren Sie sich über die Sicherheitsmerkmale und erweitern Sie die Beschreibung.**

Situation: In Ihrer Firma wird mit Schnurlostelefonen (Abbildung) kommuniziert. Obwohl Ihrem neuen Kollegen wesentliche Elemente durch die Vereinheitlichung der Tastaturen geläufig sind, möchte er von Ihnen fernmündlich die Handhabung beschrieben haben.

3 **Formulieren Sie zu jedem Bedienelement des abgebildeten Telefons eine präzise Aussage bezüglich Anordnung, Aussehen und Funktion.**

Beispiel: T-Taste, Softkey-Tasten: Unterhalb des Displays befinden sich drei Tasten. Die mittlere, mit einem großen T gekennzeichnete Taste blinkt bei neuen Meldungen und bietet direkten Zugang zu neuen Einträgen in der Anrufliste, neuen SMS, neuen Nachrichten auf dem Anrufbeantworter. Links und rechts davon befinden sich die Softkey-Tasten. Sie sind einseitig halbkreisförmig abgerundet und mit einem waagerechten Balken gekennzeichnet, ihre Aufgabe besteht darin ...

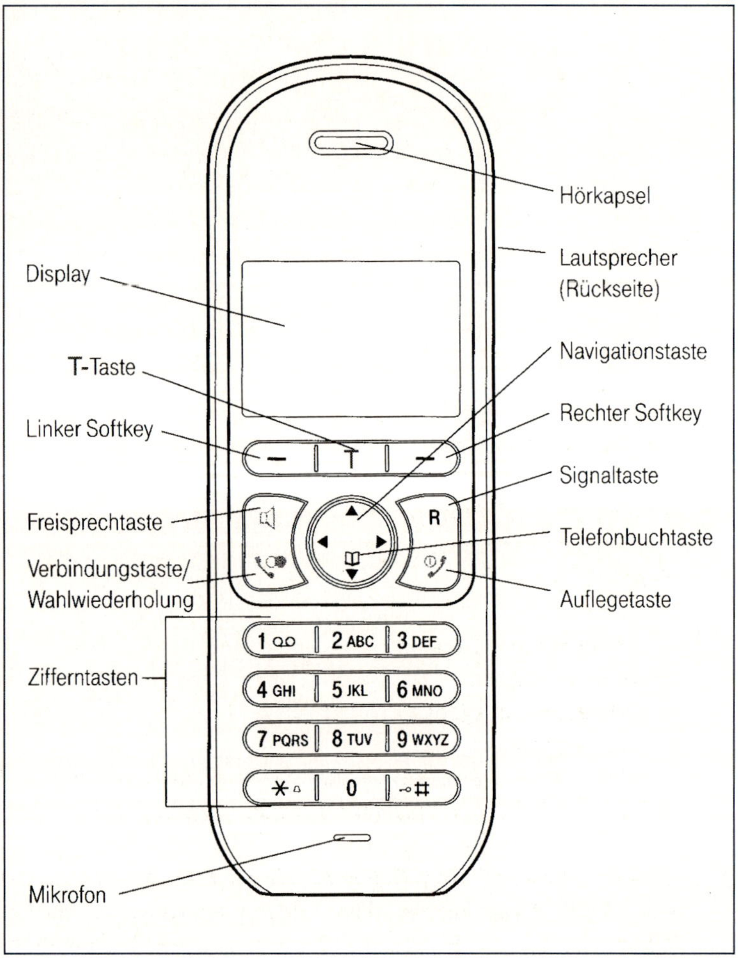

… und zum Abschluss noch eine Projektaufgabe: GPS-Navigationssysteme sind in Firmenfahrzeugen schon fast zum Standard geworden. Da können Sie mit fundierten Erklärungen schon Mitarbeiter oder gar Ihren Chef beeindrucken.

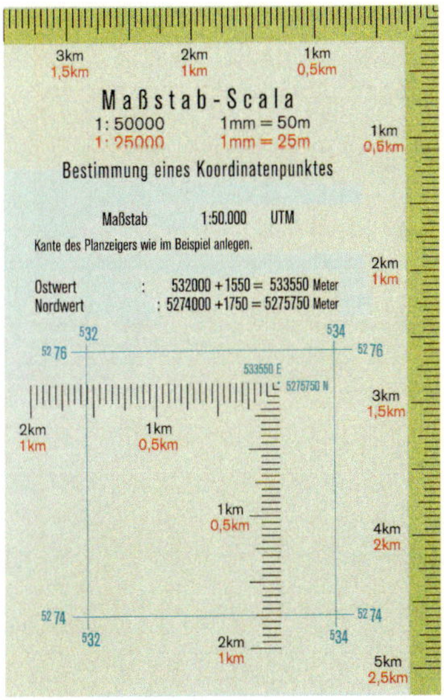

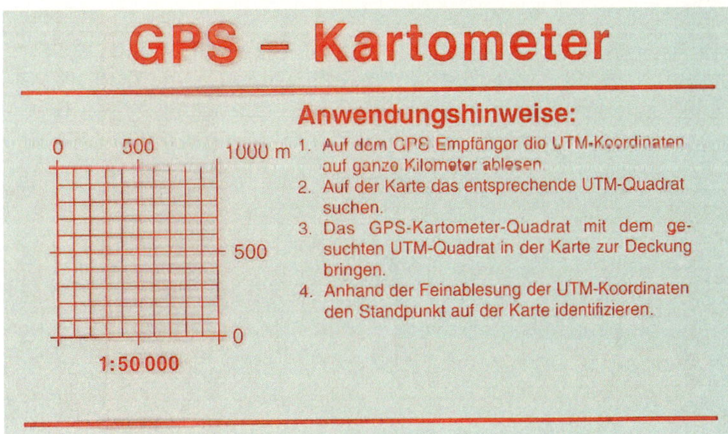

1 **Gegenstandsbeschreibung: Beschreiben Sie anhand der Abbildungen den Koordinatenaufbau des GPS-Systems.**

2 **Vorgangsbeschreibung: Ihr System hat folgende Koordinaten ausgegeben: Ostwert 678 580 m, Nordwert 537 8462 m. Beschreiben Sie, wie Sie Ihren genauen Standort ermitteln oder beschreiben Sie, wie Sie bei Ihrem Navigationssystem den Zielort Euernbach eingeben.**

3 **Funktionsbeschreibung: Geben Sie eine knappe technische Darstellung über die Funktionsweise des GPS-Systems. Recherchieren Sie mit den Ihnen zur Verfügung stehenden Möglichkeiten (Nachschlagwerke, Fachbücher, Internet …). (→ „Informationsquellen nutzen“, S. 218 f.)**

Ich bin in einer Konfliktsituation – Abmahnung gerechtfertigt?

hallo ...

nachdem ich nun eine woche krank war habe ich heute eine abmahnung per einschreiben von meinem chef erhalten.

zur vorgeschichte:
wenn ich sonst krank war, bin ich sofort frühs zum arzt, dann wieder nach hause falls ich krank geschrieben wurde und habe dann immer sofort im büro angerufen und bescheid gesagt. nicht immer meinem chef/ausbilder persöhnlich, sondern auch mitarbeitern, die das ganze dann weitergeleitet haben. den krankenschein habe ich dann immer per post zum betrieb geschickt. das war ein jahr lang völlig in ordnung so.

wie gesagt habe ich heute diese abmahnung erhalten. darin wurde mir mitgeteilt, dass eine wiederholte abmahnung zur kündigung führt. zudem habe ich meine pflicht aus §8 meines ausbildungsvertrages nicht erfüllt – also die pflicht, meinen ausbilder persönlich sofort davon in kenntnis zu setzen, dass ich krank bin. zudem wird mir vorgeworfen, dass ich keinen grund genannt habe warum ich krank bin (bin ich wirklich dazu verpflichtet ihm zu sagen, dass ich nervlich wegen ihm nicht mehr in der lage bin zu arbeiten, aus angst jede minute auf arbeit in tränen auszubrechen?). zudem wird mir vorgeworfen, mein chef habe erst am mittwoch erfahren, dass ich die ganze woche krankgeschrieben bin. dies ist nicht richtig. der krankenschein wurde persöhnlich noch am montag in den briefkasten geworfen – es ist doch sein verschulden, wenn er nicht täglich seine post durch sieht!

ich habe das gefühl, dass er mich loswerden will. zudem finde ich es wirklich übertrieben, dass er wegen einer krankmeldung (die ein jahr lang in ordnung war) sofort eine abmahnung ausspricht.
kann ich gegen diese abmahnung anderweitig vorgehen, als mit einer klage? muss ich die bei einer bewerbung in einem anderen betrieb mit erwehnen? erscheint diese in einer beurteilung?
fragen über fragen, und ich bin nervlich am ende.
danke im vorraus für die antwort
Nicole

Start

Was ist eine Abmahnung?

Lexikoneintrag: Abmahnung

Aufforderung zu vertrags- oder gesetzesgemäßem Verhalten […]. Im Arbeitsrecht bedeutet A. die Rüge eines konkret bezeichneten Fehlverhaltens, verbunden mit der Aufforderung zu vertrags- und gesetzesgemäßem Verhalten, der Warnung vor weiteren Verstößen und der Kündigungsandrohung. Auch wenn bei der Androhung rechtlicher Konsequenzen im Wiederholungsfall das Wort Kündigung nicht zwingend fallen muss, sollte für den Fall einer Kündigungsabsicht bei erneutem Vertragsverstoß diese Absicht im Interesse des Abmahnenden unmissverständlich klargestellt werden. A. unterliegen nicht der Mitbestimmung des Betriebsrats.

1 **Klären Sie mit Hilfe des Lexikoneintrags den Begriff der Abmahnung. (→ „Lexika nutzen“, S. 222 f.) Formulieren Sie mit eigenen Worten einen Erklärungssatz.**

2 **Worin unterscheidet sich der Lexikoneintrag von einem Zeitungsartikel?**

3 **Was bedeutet vertragsgemäßes Verhalten? Welche anderen Pflichtverletzungen könnten ebenfalls mit einer Abmahnung geahndet werden?**

4 **Recherchieren Sie im Internet, welche Beratungsangebote www.dr-azubi.de für Sie bereithält. Berücksichtigen Sie dabei auch, von welcher Institution das Angebot bereitgestellt wird. (→ „Das Internet als Informationsquelle nutzen“, S. 220 f.)**

5 **Suchen Sie sich ein aktuelles Beispiel zur Thematik Abmahnung bei www.dr-azubi.de und stellen Sie es der Klasse in einem freien Vortrag vor. Berücksichtigen Sie dabei sowohl den tatsächlichen Sachverhalt als auch die möglichen arbeitsrechtlichen Konsequenzen.**

6 **Ist die Abmahnung von Nicole gerechtfertigt? Begründen Sie Ihre Antwort. Überlegen Sie sich gemeinsam mit Ihrem Banknachbarn einen Antwortbeitrag**

Auch in E-Mails und Internetforen gilt die deutsche Rechtschreibung. Obwohl manche schon ihre eigenen Reformen eingeführt haben, wirken sowohl Rechtschreibfehler als auch nur in Kleinschreibung verfasste Texte wenig seriös und vermitteln einen schlampigen Eindruck.

7 **Beurteilen und verbessern Sie den Forenbeitrag von Nicole, auch im Hinblick auf Rechtschreibung und Zeichensetzung.**

Die Elemente einer Abmahnung

Auf die „gelbe“ folgt häufig die „rote Karte“

Für Fußballer gehört die gelbe Karte zum Arbeitsalltag. Aber auch „Otto-Normal-Arbeitnehmer“ kann eine Verwarnung kassieren, wenn er sich nicht an die Spielregeln im Betrieb hält. Mit der so genannten Abmahnung soll der Beschäftigte grundsätzlich die Chance bekommen, sein Fehlverhalten zu korrigieren. Sonst droht die Kündigung.

Niemand sollte die Warnung jedoch auf die leichte Schulter nehmen. In der Praxis betrachten Personalchefs die gelbe Karte oft nur als reine Formalität. Dass „rot“ zwingend folgt, ist häufig schon beschlossene Sache, berichten Arbeitsrechtler. Ohne „gelb“ wird eine Kündigung wegen Fehlverhaltens von vielen Arbeitsgerichten nämlich nicht anerkannt. Nur wenn ein Chef belegen kann, dass er vor einer verhaltens- oder leistungsbedingten Kündigung dem Betroffenen tatsächlich Gelegenheit zur „Besserung“ gegeben hat, wird der „Platzverweis“ wirksam.

Was viele nicht wissen: Eine Abmahnung muss nicht schriftlich erfolgen. Auch eine mündliche Verwarnung unter Zeugen kann genügen. Nur verstanden muss sie werden. Kann ein ausländischer Kollege nur ganz schlecht deutsch, muss sie ihm übersetzt präsentiert werden. Sonst ist sie unwirksam. Dabei muss nicht einmal der Chef höchstpersönlich mit Kündigung drohen, wenn jemand zum zehnten Mal wieder viel zu spät auf der Baustelle erscheint. Es reicht, wenn dem Montageleiter als Vorgesetztem „der Kragen platzt“ und er zur gelben Karte greift.

Eine Abmahnung geht immer in die Personalakte ein. Und dort bleibt der schwarze Fleck auf der weißen Weste eine ganze Weile registriert. Mindestens zwei Jahre dauert es, bis die gelbe Karte wieder „getilgt“ wird – je nachdem, wie schwer die Pflichtverletzung war.

1 **Sie sind Boulevard-Journalist. Formulieren Sie für jeden Absatz eine reißerische Überschrift für den Zeitungskasten.**

2 **Geben Sie einen knappen Überblick über den Inhalt des Textes. (→ „Eine Inhaltsangabe anfertigen“, S. 238 f.)**

3 **Mit welchen Konsequenzen muss Nicole aus der Ausgangssituation rechnen?**

4 **„Ein Freund hat mir gesagt, dass ich erst nach drei Abmahnungen gekündigt werden kann.“, sagt Deniz im Unterricht.**
Beurteilen Sie die Aussage mit Hilfe Ihres bisherigen Wissens.

Ermahnung und Abmahnung

Nach der Rechtsprechung liegt eine Abmahnung vor, wenn der Arbeitgeber in einer für den Arbeitnehmer hinreichend deutlich erkennbaren Art und Weise Leistungsmängel oder ein nicht vertragsgemäßes Verhalten beanstandet und damit die Warnung verbindet, bei einer Wiederholung arbeitsrechtliche Konsequenzen zu ziehen.

Bei der Ermahnung oder einer Rüge hingegen ist zwar die Hinweis-, nicht aber die Warnfunktion erfüllt. Die Abmahnung muss zu ihrer Wirksamkeit zwingend folgenden Inhalt haben:

Notwendige Elemente

Eine genaue Bezeichnung der Abmahnung als solche ist nicht erforderlich. Das relevante Fehlverhalten muss ausreichend beschrieben werden. Ort und Zeit des behaupteten Verstoßes müssen detailliert beschrieben werden. Der Hintergrund hierfür liegt in der Hinweisfunktion einer Abmahnung. Die Abmahnung kann formlos auch per E-Mail, Fax oder sogar per SMS wirksam ausgesprochen werden. Allerdings kann man derartige Abmahnungen nicht zweifelsfrei beweisen.

...
...
...
...

Abmahnung

Anrede ... Herr/Frau

konkrete Beschreibung des gerügten Fehlverhaltens unter Angabe des konkreten Sachverhaltes, Zeit und Ort, gegebenenfalls Benennung von Zeugen, Indizien usw. (NUR Tatsachen – KEINE Werturteile)

Einordnung und Begründung des Fehlverhaltens als Verstoß gegen benannte arbeitsvertragliche Pflichten

Aufforderung zu künftigem vertragsgemäßen Verhalten, Androhung von Rechtsfolgen, z. B. Kündigung, Änderungskündigung usw. für den Fall der Nichtbefolgung

Unterschrift einer weisungsbefugten Person (z. B. Ausbilder), Datum

1 **Ermahnen Sie Ihren Banknachbarn aufgrund der Verspätung nach der Pause.**

2 **Mahnen Sie Ihren Banknachbarn aufgrund einer Verspätung als sein Vorgesetzter mündlich ab.**

3 **Überlegen Sie sich weitere Pflichtverletzungen und spielen Sie eine der Situationen als mündliche Abmahnung in einem Rollenspiel nach.**

Funktionen der Abmahnung

Sinn?	Der Mitarbeiter soll sein Verhalten ändern können.
Hinweis?	Der Mitarbeiter muss daher zweifelsfrei erkennen können, welcher genaue Vorgang beanstandet worden ist.
Rüge?	Feststellung, dass das beschriebene Verhalten eine Verletzung arbeitsvertraglicher Pflichten darstellt und nicht mehr unbeanstandet vom Arbeitgeber hingenommen wird. Gleichzeitige Aufforderung dazu, das beanstandete Verhalten zu unterlassen und die arbeitsrechtlichen Pflichten voll und ganz zu erfüllen
Warnung?	Die Ankündigung arbeitsrechtlicher Konsequenzen im Wiederholungsfall
Dokumentation?	Die schriftliche Niederlegung mit dem Ziel des Nachweises in einem späteren arbeitsgerichtlichen Verfahren.

4 **Formulieren Sie selbst eine Abmahnung, in der Sie Nicole aus der Ausgangssituation auffordern, künftig die Arbeitsunfähigkeitsbescheinigung bereits am ersten Krankheitstag vorzulegen. Achten Sie insbesondere auf die Funktionen der Abmahnung.**

5 **Beurteilen Sie den nebenstehenden Textauszug:**

...
...
...
...

Abmahnung

Sehr geehrter Herr Hupf,

wir erteilen Ihnen aufgrund Ihres Fehlverhaltens im Dezember 2007 und Juli 2008 eine Abmahnung.

Hochachtungsvoll

Großhandels GmbH

Dr. R. Trumm
Geschäftsführer

6 **Verbessern Sie die vorliegende Abmahnung.**

7 **Beurteilen Sie folgende Situation:**

Der Kraftfahrer Herr Müllermann beschädigt zum wiederholten Mal beim Einfahren auf den Hof der Spedition den Außenspiegel seines LKW. Hörbar für alle Mitarbeiter schreit der Chef ihn an, der aus dem Fenster alles beobachtet hat: „Wenn das noch einmal passiert, dann schmeiß ich dich raus."

Hat der Chef eine Abmahnung ausgesprochen?

8 **Was sollte ein Arbeitnehmer tun, wenn er eine Abmahnung für ungerechtfertigt hält?**

9 **Welche Anlaufstellen oder mögliche Hilfestellungen gibt es bei beruflichen Problemen? Sammeln Sie im Plenum und gestalten Sie ein Wandplakat!**

Die Gegendarstellung – eine Stellungnahme

Wenn Sie eine in Ihren Augen ungerechtfertigte Abmahnung bekommen haben, steht Ihnen die Möglichkeit einer Gegendarstellung offen. Eine Gegendarstellung stellt den Sachverhalt aus Sicht des Arbeitnehmers bzw. Auszubildenden dar und wird ebenfalls in die Personalakte aufgenommen. Nach der Entfernung der Abmahnung, nach etwa zwei Jahren, wird auch die Gegendarstellung wieder entfernt.

Was kann ich gegen eine ungerechtfertigte Abmahnung unternehmen?

- Verfassen Sie eine schriftliche Gegendarstellung, in der Sie darlegen, dass die erhobenen Vorwürfe unberechtigt sind.
- Wenden Sie sich an die Jugend- und Auszubildendenvertretung oder den Betriebsrat.
- Die letzte Möglichkeit ist eine Klage vor dem Arbeitsgericht, um den Arbeitgeber zur Entfernung der Abmahnung aufzufordern. (gut überlegen, das Vertrauensverhältnis bleibt zerstört).

Nicole wendet sich per E-Mail an die Jugend- und Auszubildendenvertretung der Bollermann GmbH & Co KG:

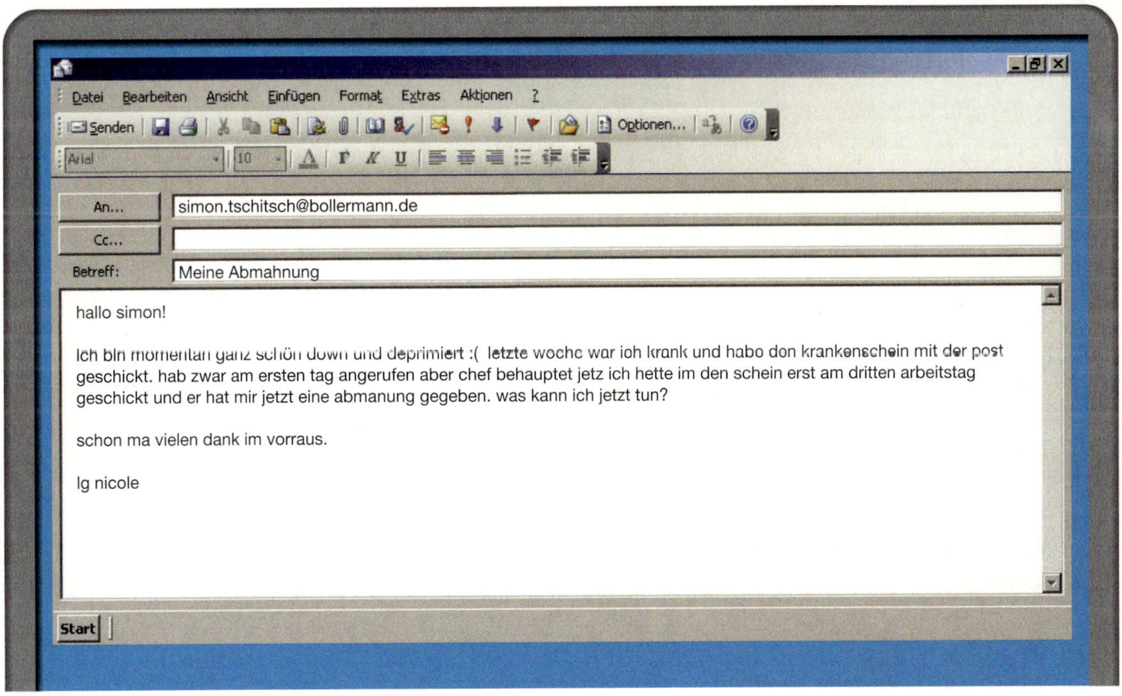

An... simon.tschitsch@bollermann.de

Cc...

Betreff: Meine Abmahnung

hallo simon!

Ich bin momentan ganz schön down und deprimiert :(letzte woche war ich krank und habe den krankenschein mit der post geschickt. hab zwar am ersten tag angerufen aber chef behauptet jetz ich hette im den schein erst am dritten arbeitstag geschickt und er hat mir jetzt eine abmanung gegeben. was kann ich jetzt tun?

schon ma vielen dank im vorraus.

lg nicole

1 **Welche Verstöße gegen die Sprachrichtigkeit können Sie in der E-Mail von Nicole an Simon erkennen? Warum sollte man derartige Schreibweisen in der Regel nicht verwenden?**

2 **Verbessern Sie die E-Mail von Nicole unter Berücksichtigung der gültigen Rechtschreibung.**

Noch am selben Tag erhält Nicole eine Antwort von der Jugend- und Auszubildendenvertretung.

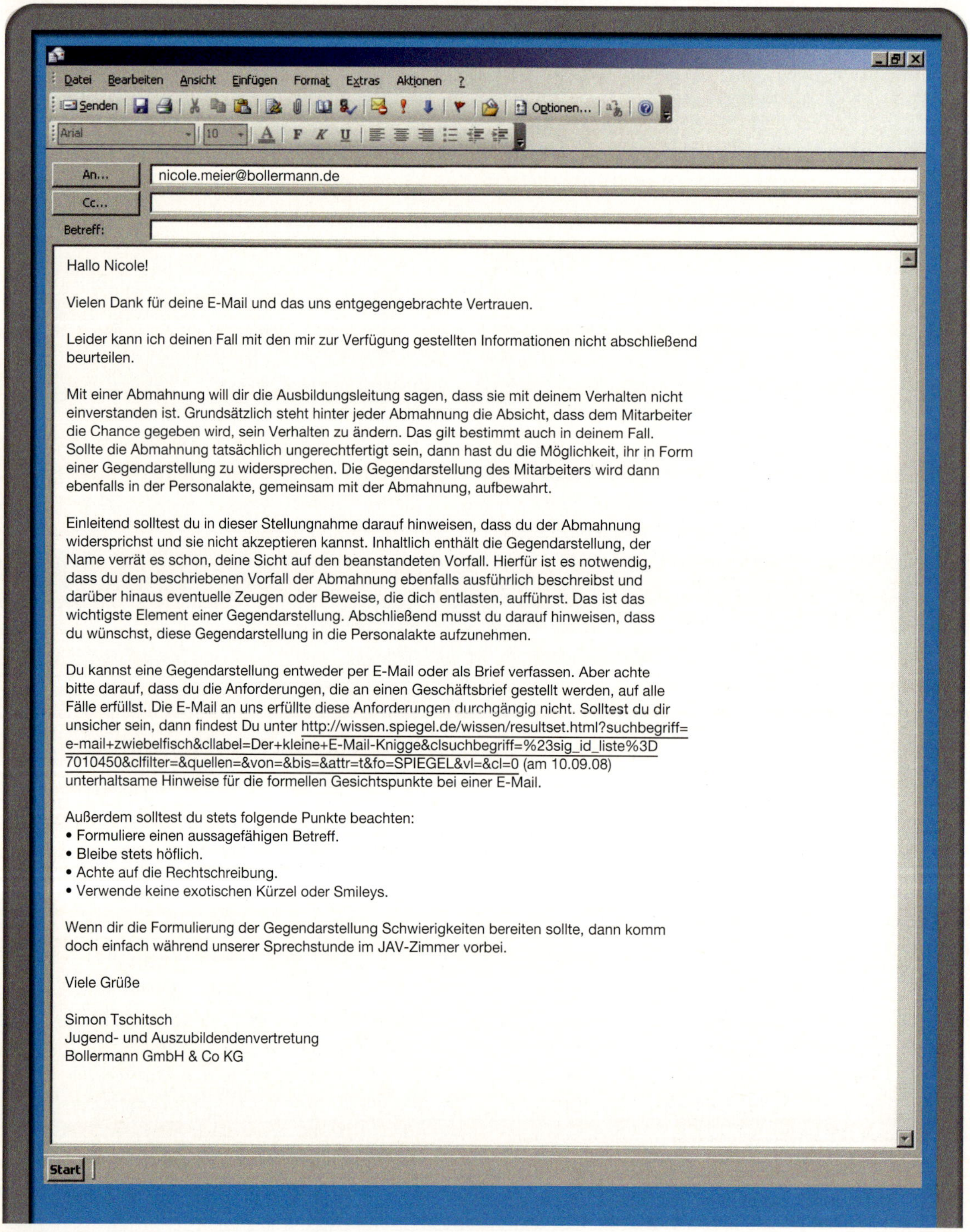

An... nicole.meier@bollermann.de

Cc...

Betreff:

Hallo Nicole!

Vielen Dank für deine E-Mail und das uns entgegengebrachte Vertrauen.

Leider kann ich deinen Fall mit den mir zur Verfügung gestellten Informationen nicht abschließend beurteilen.

Mit einer Abmahnung will dir die Ausbildungsleitung sagen, dass sie mit deinem Verhalten nicht einverstanden ist. Grundsätzlich steht hinter jeder Abmahnung die Absicht, dass dem Mitarbeiter die Chance gegeben wird, sein Verhalten zu ändern. Das gilt bestimmt auch in deinem Fall. Sollte die Abmahnung tatsächlich ungerechtfertigt sein, dann hast du die Möglichkeit, ihr in Form einer Gegendarstellung zu widersprechen. Die Gegendarstellung des Mitarbeiters wird dann ebenfalls in der Personalakte, gemeinsam mit der Abmahnung, aufbewahrt.

Einleitend solltest du in dieser Stellungnahme darauf hinweisen, dass du der Abmahnung widersprichst und sie nicht akzeptieren kannst. Inhaltlich enthält die Gegendarstellung, der Name verrät es schon, deine Sicht auf den beanstandeten Vorfall. Hierfür ist es notwendig, dass du den beschriebenen Vorfall der Abmahnung ebenfalls ausführlich beschreibst und darüber hinaus eventuelle Zeugen oder Beweise, die dich entlasten, aufführst. Das ist das wichtigste Element einer Gegendarstellung. Abschließend musst du darauf hinweisen, dass du wünschst, diese Gegendarstellung in die Personalakte aufzunehmen.

Du kannst eine Gegendarstellung entweder per E-Mail oder als Brief verfassen. Aber achte bitte darauf, dass du die Anforderungen, die an einen Geschäftsbrief gestellt werden, auf alle Fälle erfüllst. Die E-Mail an uns erfüllte diese Anforderungen durchgängig nicht. Solltest du dir unsicher sein, dann findest Du unter http://wissen.spiegel.de/wissen/resultset.html?suchbegriff=e-mail+zwiebelfisch&cllabel=Der+kleine+E-Mail-Knigge&clsuchbegriff=%23sig_id_liste%3D7010450&clfilter=&quellen=&von=&bis=&attr=t&fo=SPIEGEL&vl=&cl=0 (am 10.09.08) unterhaltsame Hinweise für die formellen Gesichtspunkte bei einer E-Mail.

Außerdem solltest du stets folgende Punkte beachten:
- Formuliere einen aussagefähigen Betreff.
- Bleibe stets höflich.
- Achte auf die Rechtschreibung.
- Verwende keine exotischen Kürzel oder Smileys.

Wenn dir die Formulierung der Gegendarstellung Schwierigkeiten bereiten sollte, dann komm doch einfach während unserer Sprechstunde im JAV-Zimmer vorbei.

Viele Grüße

Simon Tschitsch
Jugend- und Auszubildendenvertretung
Bollermann GmbH & Co KG

1 **Fassen Sie die Antwort von Simon mit eigenen Worten zusammen!**

E-Mail for you Bastian Sick

Das wird viele überraschen: Die Annahme, dass Rechtschreibung beim E-Mail-Schreiben keine Rolle spiele, ist falsch! Und Smileys ersetzen keine Interpunktion. Wie viel „Re: AW: Re: AW: Hi!" verträgt ein Mensch am Tag? Was gehört in die Betreffzeile? Und wofür steht eigentlich LOL? Ein paar Gedanken über Form und Inhalt von E-Mails. [...]

Sinn und Nutzen der Betreffzeile

Die Erfinder der E-Mail haben die wunderbare Idee gehabt, jeder E-Mail eine so genannte Betreffzeile zuzuweisen. Stellen Sie sich vor, so etwas hätte es im klassischen Briefverkehr bereits gegeben – ein Vermerk auf dem Umschlag, der den Inhalt des Schreibens bezeichnet: „Betrifft: Mahnung!" oder „Betrifft: Beschwerde!" Wie viel umständliches Öffnen von Briefumschlägen hätte man sich da sparen können! Die Betreffzeile macht es für den Empfänger leichter, die E-Mails in seinem elektronischen Postfach zu verwalten, sprich: Sie hilft, ihm zu entscheiden, ob die Mail es überhaupt wert ist, geöffnet zu werden, oder ob sie nicht gleich gelöscht werden kann.

Den Schreibenden indes stellt die Betreffzeile bisweilen vor unlösbare Probleme. Denn er ist aufgefordert, seinen Worten eine Überschrift zu geben, den Kern seiner eigenen Mitteilung zu erfassen, die Quintessenz aus seinem Anliegen zu ziehen. Viele sind damit überfordert und schreiben einfach nur „Hallo" oder gar nichts: Das ist freilich kein Verbrechen, doch muss man angesichts der enormen Werbeflut, die heute elektronische Postfächer zu verstopfen pflegt, damit rechnen, dass eine E-Mail mit leerer Betreffzeile gar nicht erst geöffnet, sondern vom Empfänger ungelesen gelöscht wird. [...]

Anrede und Signatur

Einige E-Mail-Schreiber fallen grundsätzlich mit der Tür ins Haus – sie verzichten auf die Anrede und kommen gleich zur Sache. In privater Korrespondenz mag das noch angehen („Und, wie war's gestern Abend?"), im Geschäftsverkehr ist dies jedoch ziemlich unschicklich: „Bitte schicken Sie mir umgehend ..." – Für ein „Hallo!" oder „Guten Tag!" sollte es auch bei einer eiligen Mail noch reichen.

Auch wenn die E-Mail an eine gesichtslose Adresse wie kundenservice@warehouse.com oder webmaster@yoursite.de geht und möglicherweise mit einer automatisch generierten Eingangsbestätigung erwidert wird, so gilt doch: Es sind Menschen, die diese E-Mails öffnen, lesen und bearbeiten, keine Maschinen. Menschen wie du und ich, die ein höfliches „Sehr geehrte Damen und Herren" bestimmt nicht verachten. [...]

Schöne bunte HTML-Welt!

Früher bekam man bisweilen Briefe, die mit Oblaten verziert waren. Kennen Sie das noch? So wunderbar kitschige Klebebildchen von Engeln oder Hundebabys, die links oben in der Ecke oder am unteren Rand appliziert wurden, manchmal auch mitten auf der Seite, wenn es galt, einen peinlichen Fehler zu kaschieren oder den dürftigen Inhalt zu strecken, damit die Seite irgendwie gefüllt wurde.

Heute bekommt man gelegentlich E-Mails, in die lustige Comiczeichnungen einmontiert sind. Vorzugsweise animiert, das heißt, sie bewegen sich, so wie die Personen auf den Fotos und Gemälden in „Harry Potter". In der Weihnachtszeit, zu Ostern und zum Geburtstag ist es am schlimmsten. Nichts ahnend öffnet man die Mail, die mit „Frohe Weihnachten!" oder „Herzlichen Glückwunsch!" überschrieben ist, und – zack – springt einem

ein winkender Weihnachtsmann ins Gesicht, oder ein gar luustisches Glückshäschen schlackert mit den Ohren. Man erschrickt, und reflexartig klickt man die E-Mail wieder zu. [...]

Jeder Mensch hat seine persönliche Schmerzgrenze. Bei einigen beginnt sie dort, wo es im buchstäblichen Sinne „zu bunt“ wird. Sie behelfen sich mit einem Klick auf den „Löschen“-Button.

Abkürzungen

Lol! Lol, lol, lol! Lollen Sie auch so gerne? Jeder Mensch sollte wenigstens einmal am Tag herzhaft gelollt haben, denn der chinesische Volksmund weiß: Ein Tag ohne Lol ist ein verlolenel Tag! Sie wissen nicht, wovon ich spreche? Ich wusste es bis vor Kurzem selbst nicht. Dabei werden tagtäglich zigtausende E-Mails verschickt, in denen es vor „lol“ nur so wimmelt. „Lol“ ist eine der vielen im elektronischen Verkehr gebräuchlichen Abkürzungen und bedeutet „laughing out loud“, zu deutsch: lauthals lachen. Oder, um es mit der Comicsprache zu sagen: lautlach! „Lol“ ist die Vorstufe zum berüchtigten Smiley. Früher waren Briefe von Mädchen gefürchtet, die über jedes „i“ ein Herzchen malten. Heute lacht und kichert und zwinkert es aus zahllosen E-Mails, dass einem die Haare zu Berge stehen ; –) [...]

In privater Korrespondenz darf jeder selbstverständlich so viel und so frech grinsen, wie er mag – solange er sicher ist, dass der Empfänger das nicht albern findet. In geschäftlichen Schreiben allerdings sollte man aufs Grinsen verzichten, egal ob freundlich oder frech.

Rechtschreibung und Zeichensetzung

Irgendein finsteres Wesen aus Mittelerde muss vor langer Zeit das Gerücht in Umlauf gebracht haben, dass im E-Mail-Verkehr sämtliche Regeln der deutschen Orthografie außer Kraft gesetzt seien. Die Überzeugung, man könne in E-Mails so schreiben, wie es einem gerade passt, hat sich jedenfalls weit verbreitet und hält sich hartnäckig. [...]

Wenn jemand mit einer amerikanischen Tastatur schreibt und deshalb keine Umlaute erzeugen kann, so ist auch das verzeihlich. Allerdings verfügt auch die amerikanische Tastatur über eine so genannte Shift-Taste, die man herunterdrücken kann, um Großbuchstaben zu erzeugen. Der vollständige Verzicht auf Großschreibung lässt sich also nicht mit einem Auslandsaufenthalt entschuldigen. Eigentlich lässt er sich mit gar nichts entschuldigen. [...] Ein Text, in dem alles kleingeschrieben wurde, ist nämlich weder optisch ansprechender, noch ist er leichter zu lesen als ein Text in herkömmlicher Orthografie, im Gegenteil, es bereitet dem deutschen Auge deutlich mehr Mühe, einen kleingeschriebenen Text zu entziffern.

Damit wir uns nicht falsch verstehen: In seinen privaten E-Mails kann selbstverständlich jeder so schreiben, wie es ihm beliebt, sofern es dem Empfänger genauso beliebt. Wenn Mausi in der Mittagspause schnell mal an ihr süßes Bärchen eine E-Mail schreibt, um ihm mitzuteilen, wie sehr sie sich im Büro langweilt, so ist es dem Rest der Welt ziemlich egal, ob sie Bärchen nun groß oder klein und mit „ä“ oder „ae“ schreibt.

Etwas anderes ist es mit den vielen hunderttausend Mails, die jeden Tag in offizieller Mission verschickt werden: von Geschäftsleuten an ihre Partner, von Kunden an Anbieter, von Ratsuchenden an Auskunftsstellen, von zufriedenen oder unzufriedenen Wählern an Politiker, von Lesern an Redaktionen und Verlage.

Fazit

Klarheit ist gefordert! Gute Lesbarkeit, lieber eine zu große Schrift als eine zu kleine, ganz normale Sätze mit Subjekt, Prädikat, Objekt, Kommas und einem Punkt am Ende, ein Mindestmaß an Höflichkeit und vor allem: nichts, was blinkt und grell ist, flackert oder pulsiert oder auf sonst eine Art und Weise geeignet wäre, das Auge des Empfängers zu beleidigen. Wer sich an einen ihm persönlich nicht bekannten Adressaten wendet und auf eine Antwort hofft, sollte sich um ein gewisses Maß an Verbindlichkeit bemühen. Fröhlichkeit ist dabei keinesfalls unangebracht, Förmlichkeit aber auch nicht. Eine E-Mail ist wie eine Visitenkarte, sie verrät weit mehr über uns als ihr schierer Inhalt.

Wenn man einen neuen Gedanken beginnt, schadet es nicht, dies durch einen Absatz kenntlich zu machen. Genau wie Punkte und Kommas können auch Absätze zur besseren Lesbarkeit und Verständlichkeit von E-Mails beitragen. Ein strukturierter Text lässt Rückschlüsse auf die strukturierten Gedanken des Schreibers zu.

Und wer sich vor dem Klick auf „Versenden“ kurz die Zeit nimmt, das Geschriebene noch einmal selbst zu lesen und gegebenenfalls zu korrigieren, tut nicht nur dem Empfänger, sondern auch sich selbst damit einen großen Gefallen. Eine originelle, eindeutige Betreffzeile, ein gepflegtes Schriftbild mit ausgeschriebenen Wörtern, ein klarer Name und ein klar formuliertes Anliegen erhöhen die Chance um ein Vielfaches, vom Empfänger wahr- und ernst genommen zu werden.

1 **Klären Sie Ihnen unbekannte Begriffe mit Hilfe von Lexika und Internet. (→ „Informationsquellen nutzen“, S. 218 f.)**

2 **Formulieren Sie für jeden Abschnitt eine Kernaussage und fertigen Sie dazu eine Grafik an.**

3 **Fassen Sie den E-Mail-Knigge von Bastian Sick zusammen und erstellen Sie sich eine Lernunterlage zu den Kommunikationsregeln im Internet.**

4 **Diskutieren Sie, ob die vorgegebenen Regeln auch für die Kommunikation per SMS sinnvoll sind. Überlegen Sie sich mindestens zwei Argumente für und zwei gegen die Sinnhaftigkeit der Regeln. Begründen Sie Ihre Meinung.**

5 **Stellen Sie die E-Mail-Kommunikation der Kommunikation mit SMS im Hinblick auf die Kommunikationsregeln gegenüber. Stellen Sie die jeweiligen Vor- und Nachteile zusammen.**

Das Verfassen einer Gegendarstellung

allgemein	inhaltlich
aussagefähiger Betreff	Widerspruch zur Abmahnung
Höflichkeit	Forderung der Rücknahme
Rechtschreibung	eigene Sicht auf den Vorfall
keine Smileys	evtl. Zeugen und Beweise
	Aufbewahrung in Personalakte

6 **Fertigen Sie eine vollständige Gegendarstellung zur Abmahnung von Nicole an und berücksichtigen Sie die Kommunikationsregeln für die E-Mail-Korrespondenz.**

Wir organisieren eine Betriebsfeier

Situation: In diesem Jahr sollen die Auszubildenden die Jubiläumsfeier ihres Betriebes planen und organisieren. Die Geschäftsleitung überträgt ihnen daher vollständig diesen Verantwortungsbereich, verlangt aber die Vorlage mehrerer Konzepte, in denen die Auszubildenden einen passenden Rahmen für die Durchführung präsentieren. Die Feier soll im Juli stattfinden. Es muss mindestens ein Vorschlag für eine öffentliche und einer für eine geschlossene Gesellschaft geben. Für die Erarbeitung der Konzepte werden die Auszubildenden aus verschiedenen Lehrjahren einmal wöchentlich für zwei Stunden freigestellt.

Planung

Situation: Bei ihrem ersten Treffen sammeln die Auszubildenden Ideen und überprüfen die Durchführbarkeit. Um möglichst nichts unberücksichtigt zu lassen, verschaffen sich die drei Kollegen einen allgemeinen Überblick über mögliche Arten von Feierlichkeiten und ordnen diese nach dem Unterscheidungsmerkmal öffentlich und privat.

Unterscheidungsmerkmale

öffentlich	privat
Jubiläum (beruflich)	Geburtstag
Einweihung	Hochzeit
Unternehmen vorstellen (Projektwoche)	Weihnachtsfeier

Feierlichkeiten verfolgen unterschiedliche Ziele, haben aber ähnliche Strukturen (Planung, Einladung, Durchführung, Nachbereitung).

1 **Nennen Sie Formen von Feierlichkeiten, die sich nicht eindeutig zuordnen lassen.**

2 **Welche Bedingungen und Einflussfaktoren müssen bei jeder Feier berücksichtigt werden?**

3 **Muss Feiern immer viel kosten? Erarbeiten Sie Möglichkeiten, um bei Feierlichkeiten die Kosten möglichst gering zu halten.**

Situation: Die Durchführung einer Betriebsfeier stellt das Planungsteam vor viele Probleme, die möglichst vollständig gelöst werden müssen. Es gibt immer wieder Unvorhergesehenes, aber bei guter Planung fällt keine Feier buchstäblich ins Wasser.
Damit die gefundenen Aussagen und Elemente zueinander besser in Beziehung gesetzt werden können, bedient man sich häufig einer so genannten Mind Map.
(→ „Einen Schreibplan und eine Stoffsammlung erstellen", S. 240 f.)

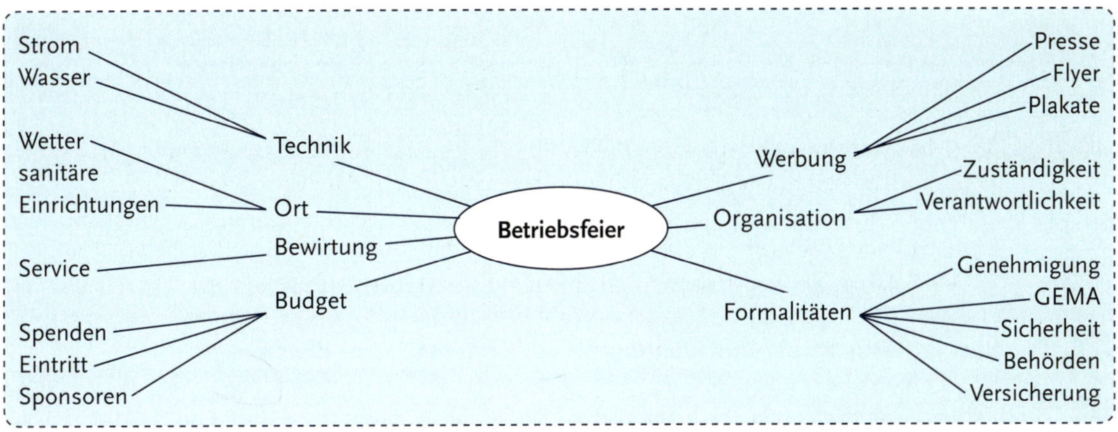

Präsentation der Zwischenergebnisse

Situation: Die Auszubildenden haben nach einigen konstruktiven Treffen vier Konzepte erarbeitet und wollen sie jetzt der Geschäftsleitung vorschlagen. Als Planungsgrundlage hatten sie folgende Fragen:
Was wollen wir erreichen? Wen wollen wir erreichen? Was wollen wir vermitteln? Wie können wir das erreichen? Für die Präsentation der Konzepte haben sie sich zusätzlich folgende Stichpunkte notiert, die geklärt werden müssen.

Vorbereitende Maßnahmen

- Termin mit der Geschäftsleitung vereinbaren
- Zeitplan erfragen (Vorgaben)
- Entscheidungsbefugnis abklären
- Dauer der Präsentation

→ zusätzlich: weitere Wünsche der Geschäftsführung berücksichtigen

Folgende Konzepte sollen der Geschäftsleitung vorgeschlagen werden:

KONZEPT A

nur Betriebsangehörige
freitags 12 bis 17 Uhr
Ort: Betriebsräume
- wichtige Lieferanten
- kleiner Rahmen
- Brotzeit
- Unkostenbeteiligung teilweise aus der Kaffeekasse

KONZEPT B

Jubiläumsfeier mit Angehörigen
samstags von 16 bis 22 Uhr
Ort: Lokal
- Ehemalige werden eingeladen
- familienfreundlich
- Menüvorschlag
- Essen wird vom Chef bezahlt, Getränke selbst

KONZEPT C

Tag der offenen Tür
samstags von 9 bis 17 Uhr
Ort: Betriebsgelände
- Einladungsliste
- Werbung für den Betrieb
- Grill, Kuchenbuffet
- Spendenkasse

KONZEPT D

Event
samstags von 12 bis 24 Uhr
Ort: Rathaus und Betriebsgelände
Motto: Megafeier für alle
- Bekanntheitsgrad steigern
- Catering
- Sponsoren

Hinweis: Beziehen Sie die Konzepte nach Möglichkeit auf Ihren Ausbildungsbetrieb.

1 **Könnte es Probleme bei der Durchführung geben? Ergänzen Sie die Konzepte.**

2 **Welcher der Vorschläge eignet sich am besten? Finden Sie Argumente für Ihre Entscheidung.**

Entscheidungsfindung

Situation: Die ersten Schritte der Planung verliefen ohne größere Unstimmigkeiten ... Die Grundideen für die Konzepte finden alle des Projektteams recht gut, aber bei der detaillierten Auswahl konnte keine eindeutige Entscheidung gefällt werden. Bevor die Konzepte der Geschäftsleitung vorgestellt werden, haben die Auszubildenden zur endgültigen Entscheidungsfindung beschlossen, eine Umfrage unter den Arbeitskollegen durchzuführen. **(→ „Umfragen durchführen und auswerten“, S. 264 f.)**
Nach Auswertung der Umfrage lässt sich die Tendenz zur Jubiläumsfeier oder Tag der offenen Tür herauslesen. Die gesammelten Informationen bilden eine wichtige Grundlage für die Entscheidung und Zustimmung durch den Betriebsleiter oder die Geschäftsführung.

Referate/Vorträge halten **(→ S. 210 f.)**

Für einen erfolgreichen freien Vortrag ist eine gründliche Vorbereitung wichtig, damit man den „roten Faden“ nicht verliert. Das Notieren von Stichwörtern auf Karteikarten oder die Vorbereitung eines Redemanuskripts gibt Sicherheit, ebenso wie das Vertrautmachen mit den Räumlichkeiten im Vorfeld des Vortrags.

Tipps zur Durchführung:
- langsam und deutlich sprechen (Füllwörter wie – äh und öh – vermeiden)
- kurze, klare Sätze formulieren
- Stimme angemessen modulieren: lauter und leiser, langsamer und schneller sprechen
- kleine Pausen zwischen den einzelnen Gedanken machen
- Sinneinheiten während der Rede kurz zusammenfassen
- Blickkontakt zu den Zuhörern herstellen; nicht die Lehrkraft, sondern alle Zuhörer ansprechen
- im Vortrag flexibel bleiben: Stocken, „Hängen-Bleiben“, Versprecher sind nicht schlimm, wenn man sich dadurch nicht völlig aus dem Konzept bringen lässt. Auch Störungen von außen mit Fassung oder gar Humor tragen.
- auf Körpersprache achten (aufrecht stehen, Atmung gleichmäßig fließen lassen, Blick zu den Zuhörer/-innen, freundliche Ausstrahlung, engagiertes Auftreten)

Bausteine eines Vortrags

Grobstruktur	Feinstruktur	Zeitanteil
Einleitung	Begrüßung und Vorstellung	15 %
	Thema darstellen	
	Vorteil herausstellen	
	Ablaufplan visualisieren	
Hauptteil	Informationen und Argumente vortragen	75 %
Schluss	wichtige Punkte wiederholen	10 %
	Abrundung des Vortrags	

Nicht nur der Inhalt, also das Gesagte, entscheidet über den Erfolg eines Vortrags. Viel wichtiger ist, dass man neben einer guten inhaltlichen Planung auf Körpersprache und das „Wie etwas gesagt wird“ achtet.

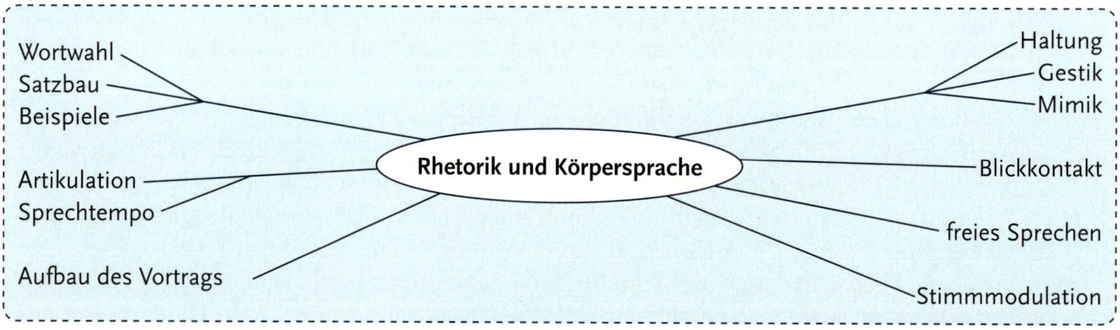

„Am meisten Vorbereitung kosten mich immer meine spontan gehaltenen, improvisierten Reden.“ (Winston Churchill)

Ratschläge für einen schlechten Redner **Kurt Tucholsky**

Sprich nicht frei – das macht einen so unruhigen Eindruck. Am besten ist es: du liest deine Rede ab. Das ist sicher, zuverlässig, auch freut es jedermann, wenn der lesende Redner nach jedem viertel Satz mißtrauisch hochblickt, ob auch noch alle da sind.

Wenn du gar nicht hören kannst, was man dir so freundlich rät, und du willst durchaus und durchum frei sprechen ... du Laie! Du lächerlicher Cicero[1]! Nimm dir doch ein Beispiel an unseren professionellen Rednern, an den Reichstagsabgeordneten – hast du die schon mal frei sprechen hören? Die schreiben sich sicherlich zu Hause auf, wann sie „Hört, hört!“ rufen ... ja, also wenn du denn frei sprechen mußt: Sprich wie du schreibst. Und ich weiß, wie du schreibst. Sprich mit langen, langen Sätzen – solchen, bei denen du, der du dich zu Hause, wo du ja die Ruhe, derer du so sehr benötigst, deiner Kinder ungeachtet, hast, vorbereitet, genau weißt, wie das Ende ist, die Nebensätze schön ineinandergeschachtelt, so daß der Hörer, ungeduldig auf seinem Sitz hin- und herträumend, sich in einem Kolleg[2] wähnend, in dem er früher so gern geschlummert hat, auf das Ende solcher Periode[3] wartet ... nun, ich habe dir eben ein Beispiel gegeben. So mußt du sprechen. [...]

Kümmere dich nicht darum, ob die Wellen, die von dir ins Publikum laufen, auch zurückkommen – das sind Kinkerlitzchen. Sprich unbekümmert um die Wirkung, um die Leute, um die Luft im Saale; immer sprich, mein Guter. Gott wird es dir lohnen.

Du mußt alles in die Nebensätze legen. Sag nie: „Die Steuern sind zu hoch.“ Das ist zu einfach. Sag: „Ich möchte zu dem, was ich soeben gesagt habe, noch kurz bemerken, daß mir die Steuern bei weitem ...“ So heißt das ...

Zu dem, was ich soeben über die Technik der Rede gesagt habe, möchte ich noch kurz bemerken, daß viel Statistik eine Rede immer sehr hebt. Das beruhigt ungemein, und da jeder imstande ist, zehn verschiedene Zahlen mühelos zu behalten, so macht das viel Spaß.

Kündige den Schluß deiner Rede lange vorher an, damit die Hörer vor Freude nicht einen Schlaganfall bekommen. [...] Kündige den Schluß an, und dann beginne deine Rede von vorn und rede noch eine halbe Stunde. Dies kann man mehrere Male wiederholen. [...]

Sprich nie unter anderthalb Stunden, sonst lohnt es gar nicht erst anzufangen. Wenn einer spricht, müssen die andern zuhören – das ist deine Gelegenheit! Mißbrauche sie.

1) Cicero: bedeutender römischer Redner und Schriftsteller, 106–43 v. Chr.

2) Kolleg: Vorlesung an einer Hochschule

3) Periode: kunstvoll gebauter langer Satz

1 **Formulieren Sie den Text von Tucholsky so um, dass er den Titel: „Ratschläge für einen guten Redner“ tragen könnte. Schreiben Sie die Ergebnisse stichpunktartig auf ein Wandplakat.**

2 **Halten Sie einen Kurzvortrag, z. B. zu einem der nachfolgenden Themen:**
- ein verpflichtendes soziales Jahr für Mädchen und Jungen einführen
- Zündhölzer sollten verboten werden!
- Ich stelle Ihnen heute das schönste deutsche Wort vor.

Werten Sie im Anschluss die Vorträge gemeinsam aus! (→ „Eine Präsentation auswerten“, S. 225)

3 **Erstellen Sie eine Kurzpräsentation für eines der Konzepte (A–D).**

Situation: Nach dem Vortrag entscheidet sich die Geschäftsleitung für einen Tag der offenen Tür. Dieser soll ein Erlebnis werden und bei den Besuchern einen bleibenden Eindruck hinterlassen. Nach dieser Entscheidung planen die Auszubildenden weitere Schritte.

Recherche

Situation: Die Auszubildenden informieren sich über den Begriff „Tag der offenen Tür“ mit Hilfe einer gängigen Informationsquelle. **(→ „Das Internet als Informationsquelle nutzen“, S. 220 f.)**

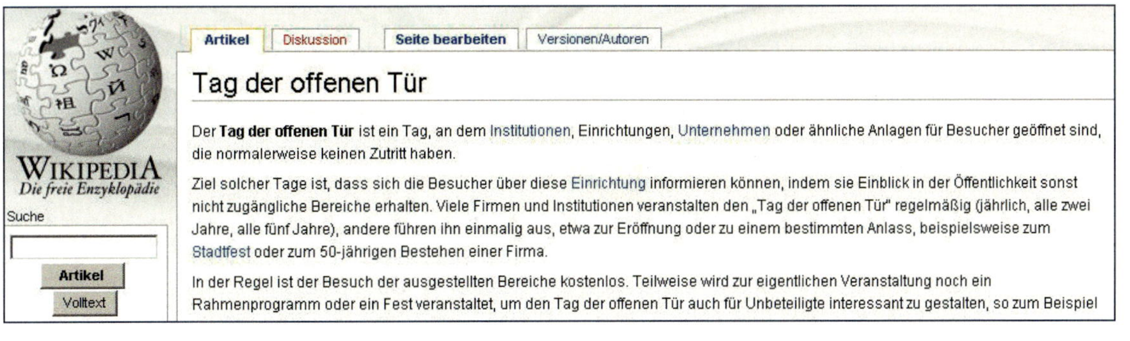

Tag der offenen Tür

Der **Tag der offenen Tür** ist ein Tag, an dem Institutionen, Einrichtungen, Unternehmen oder ähnliche Anlagen für Besucher geöffnet sind, die normalerweise keinen Zutritt haben.

Ziel solcher Tage ist, dass sich die Besucher über diese Einrichtung informieren können, indem sie Einblick in der Öffentlichkeit sonst nicht zugängliche Bereiche erhalten. Viele Firmen und Institutionen veranstalten den „Tag der offenen Tür“ regelmäßig (jährlich, alle zwei Jahre, alle fünf Jahre), andere führen ihn einmalig aus, etwa zur Eröffnung oder zu einem bestimmten Anlass, beispielsweise zum Stadtfest oder zum 50-jährigen Bestehen einer Firma.

In der Regel ist der Besuch der ausgestellten Bereiche kostenlos. Teilweise wird zur eigentlichen Veranstaltung noch ein Rahmenprogramm oder ein Fest veranstaltet, um den Tag der offenen Tür auch für Unbeteiligte interessant zu gestalten, so zum Beispiel

Situation: Einer der Auszubildenden wendet ein, dass bei dem Open-Source-Projekt Wikipedia jeder die Artikel verändern kann, und schlägt vor, eine zweite Quelle zurate zu ziehen. Sie werden bei der Industrie- und Handelskammer zu Münster fündig.

Öffentlichkeitsarbeit ist Imagepflege

Verstecken Sie sich nicht! Seien Sie direkt! Diese Aufforderungen sollten Sie sich im Bereich Öffentlichkeitsarbeit zu Herzen nehmen. Schauen Sie über die Mauern Ihres Betriebes hinweg und treten Sie mit der Bevölkerung und den Medien in Kontakt.
Mit ein paar Pressemitteilungen ist es heutzutage nicht mehr getan. Öffentlichkeitsarbeit „im Nahbereich" ist für Unternehmer zu einer gesellschaftlichen Verpflichtung geworden.

Der „Tag der offenen Tür"

Der „Tag der offenen Tür" soll dazu dienen, sich der Öffentlichkeit zu präsentieren, das Unternehmen und seine Produkte oder Dienstleistungen bekannt zu machen, Kontakte zu knüpfen oder aber die Zusammenarbeit mit Partnern und Zulieferern zu pflegen.
Auch die eigenen Mitarbeiter werden durch solch eine Veranstaltung motiviert. Der Erfolg und die Leistung des Betriebes sind natürlich Erfolg und Leistung der Mitarbeiter. Für sie ist es wichtig, die geleistete Arbeit einmal nach außen zu tragen. Es steigert das Wir-Gefühl.

Situation: Die Aufgabenverteilung steht an: Wer macht was bis wann? Das Planungsteam kann sich nun an die Durchführung der weiteren Arbeitsschritte machen.

Durchführungsschritte

Zielvereinbarung	schriftlich fixieren
Zeiteinteilung	lückenloser Zeitplan
Verantwortung	Verteilen der Aufgaben
Durchführung	Ausführen der Aufgaben
Kontrolle	durch das Planungsteam

→ Information – Planung – Entscheidung – Ausführung – Kontrolle

Einladungsschreiben verfassen

Titel

Anlass

Informationen

Datum, Zeit, Ort:

Ein wichtiges Element für den Erfolg einer Veranstaltung ist neben der geeigneten Werbung vor allem ein ansprechendes Einladungsschreiben.

Vorgehensweise

- Einladungsliste aufstellen
- Art und Form der Einladung festlegen
- Einladungen verteilen/verschicken an Anwohner, Mitarbeiter und ehemalige Mitarbeiter (mit Familienangehörigen), VIPs, Geschäftspartner, Pressevertreter

1 Unterstützen Sie das Planungsteam und lösen Sie in Gruppenarbeit die restlichen ergänzenden Arbeitsaufträge der Geschäftsleitung.

Werbung für die Veranstaltung, Wegbeschreibung/Beschilderung, Ansprache/Rede halten, Pressemitteilung schreiben, PowerPoint-Präsentation der Firma, Werbung für den Betrieb

Zeitpläne erstellen

Netzplan

Ermittlung der Vorgänge und Erstellung einer Liste: Zunächst werden die einzelnen Arbeitspakete des jeweiligen Projektes, die so genannten Vorgänge, ermittelt. Danach wird festgestellt, wie lange diese Vorgänge dauern, um anschließend die gegenseitigen Abhängigkeiten der Vorgänge untereinander zu klären. Alle diese Informationen werden in einer Vorgangsliste zusammengefasst. Auf Basis dieser Vorgangsliste wird dann der Netzplan erstellt.
Die Erstellung des Netzplans: Innerhalb des Netzplanes verbinden Ereigniskonten die einzelnen Vorgänge. Zu jedem Vorgang gibt es ein Anfangs- und ein Endergebnis. In den Ereigniskonten wird der früheste und späteste Zeitpunkt eines Ereignisses eingetragen. Der früheste Zeitpunkt gibt darüber Auskunft, wann der nächste Vorgang frühestens begonnen werden kann, nämlich dann, wenn alle seine Vorgänger beendet sind. Er wird durch eine Vorwärtsrechnung ermittelt. Der späteste Zeitpunkt gibt darüber Auskunft, wann ein Vorgang spätestens beendet sein muss. Dieser Zeitpunkt liegt dann vor, wenn der nachfolgende Vorgang spätestens beginnen muss, damit die Gesamtdauer des Projektes nicht verlängert wird. Er wird durch eine Rückwärtsrechnung ermittelt.
Pufferzeiten und der kritische Pfad: Stimmen der früheste und späteste Zeitpunkt eines Ereignisses nicht überein, so nennt man die Differenz der zwei Zeitpunkte einen Puffer. Um diesen Puffer kann man den Beginn des nachfolgenden Vorgangs nach hinten verschieben, ohne dass der Projektverlauf unnötig verlängert wird. Durch jeden Netzplan führt ein Weg, auf dem es keine Pufferzeiten gibt. Diesen Weg nennt man den kritischen Pfad. Hier würde das zeitliche Verschieben eines Vorgangs sofort zu einer „kritischen" Verlängerung des gesamten Projektes führen. Da die Projektverantwortlichkeit in der Regel genau eine solche Verlängerung des Gesamtprojektes vermeiden soll, wird sie bei Engpässen versuchen, Ressourcen aus den Projektbereichen zu erhalten, bei denen es noch Puffer gibt.

Netzplantechnik

Inhalt:
Beschreibung der Teilarbeiten von Prozessen/Projekten in der **Strukturanalyse**.

Erläuterung:
FAZ = frühester Anfangszeitpunkt
FEZ = frühester Endzeitpunkt
SAZ = spätester Anfangszeitpunkt
SEZ = spätester Endzeitpunkt
GP = Gesamtpuffer
FP = Freier Puffer
GP = SAZ – FAZ
FP = FAZ (Nachf.) – FEZ

Beispiele: Puffer für Vorgang G
GP = 26 – 20 = 6 Arbeitstage
FP = 22 – 22 = 0 Arbeitstage

Knoten:
FAZ FEZ

Vorgang	Beschreibung	
Dauer	GP	FP

SAZ SEZ

Kritischer Weg:
Weg ohne Pufferzeiten

Beispiel:
Struktur- und Zeitanalyse „Bau einer Lagerhalle"

Vorgang	Strukturanalyse		Zeitanalyse						
	Beschreibung	Folgetätigkeit	Arbeitstage	FAZ	FEZ	SAZ	SEZ	GP	FP
A	Entwurf, Planung	B, F, G	20	0	20	0	20	0	0
B	Erdaushub Fundamente	C	3	20	23	20	23	0	0
C	Ausgießen Fundamente	D	2	23	25	23	25	0	0
D	Verschalung Betonsockel	E	5	25	30	25	30	0	0
E	Betonierung Betonsockel	I	3	30	33	30	33	0	0
F	Bestellung und Auslieferung Betonteile	I	10	20	30	23	33	3	3
G	Aushub Ver- und Entsorgungsleitungen	H	2	20	22	26	28	6	0
H	Leitungsverlegung	I	5	22	27	28	33	6	6
I	Montage Lagerhalle	J	7	33	40	33	40	0	0
J	Installationsarbeiten	–	4	40	44	40	44	0	0

Aus den Angaben der Struktur- und Zeitanalyse ergibt sich der Netzplan:

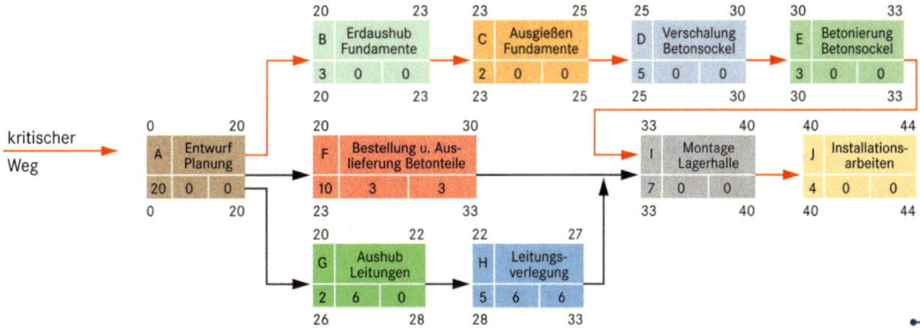

7

Checkliste	beauftragt	erledigt
Projektteam einsetzen/Agentur beauftragen	?	?
Ziele benennen und genauen Termin festlegen	?	?
Aufgaben festlegen und an Mitarbeiter verteilen	?	?
Vorlaufplanung	?	?
am Tag der Veranstaltung selbst	?	?
Einladungen	?	?
Einladungsliste aufstellen	?	?
Art und Form der Einladung festlegen	?	?
Einladungen verteilen/verschicken an:	?	?
Anwohner	?	?
Mitarbeiter und ehemalige Mitarbeiter (mit Familienangehörigen)/VIPs	?	?
Geschäftspartner	?	?
Pressevertreter	?	?
Presse- und Öffentlichkeitsarbeit	?	?
Handzettel verteilen	?	?
Artikel in der Hauszeitschrift	?	?
Presseinformationen/Pressekonferenz	?	?
Anzeigen/Beilagen/Plakate	?	?
Planung/Organisation	?	?
Streckenführung der Besichtigung	?	?
Führer verpflichten	?	?
Zeitintervalle abstecken	?	?
Sanitätsstation einrichten	?	?
Toiletten ausschildern	?	?
Presse betreuen	?	?
Pressemitteilung verschicken	?	?
Versicherung abschließen	?	?
Parkplätze bereitstellen	?	?
An- und Abfahrtswege ausschildern	?	?
Firmenpräsentation vorbereiten (Film- oder Tondiaschau, PowerPoint)	?	?
Infomaterial vorbereiten	?	?
Gastgeschenke bereitstellen	?	?
Rahmenprogramm festlegen	?	?
Resonanz prüfen	?	?
Stärken-Schwächen-Analyse bei der Organisation (Projektteam)	?	?
Pressespiegel erstellen	?	?
Meinungen von Mitarbeitern und Anwohnern einholen	?	?

1 **Wandeln Sie die vorgegebene Checkliste nach den speziellen Bedürfnissen ab.**

2 **Erstellen Sie einen Zeitplan mit einem Textverarbeitungsprogramm und der Netzplantechnik.**

Tag der Durchführung

Am Tag der Durchführung gilt es, noch wesentliche Punkte zu berücksichtigen:

Tipps für einen reibungslosen Ablauf

1. Auch wenn der genaue Ablauf- und Zeitplan feststeht (und das ist wichtig), müssen Sie am Tag selbst flexibel sein, um möglicherweise auf Wünsche der Besucher einzugehen.
2. Klären Sie die Nutzung von Flächen und die Raumgestaltung ab, d. h., weisen Sie den Weg durch Ihr Unternehmen, trennen Sie womöglich gefährliche Bereiche sichtbar ab (und klären Sie für den Fall der Fälle die Versicherungsfragen). Ein Lageplan vereinfacht die Besichtigung für die Gäste.
3. Sorgen Sie dafür, dass ausreichend Personal für die Gäste zur Verfügung steht. Denken Sie auch daran, einen Fotografen, Sicherheitsdienst, Hostessen etc. zu beauftragen.
4. Kontrollieren Sie rechtzeitig vor Beginn besonders die Technik (Rednerpult, Mikrofone, Beschallung, sogar den Bierhahn).
   Kurz vor der Veranstaltung ist es für Korrekturen oft zu spät.
5. Für dringende Telefongespräche muss ein Apparat bereitstehen. Auf Notfälle sollten Sie vorbereitet sein (Sanitäter, Erste Hilfe, Hausapotheke).

1 **Ergänzen Sie die Sprechblase mit abschließenden Worten.**

Wir bereiten eine Podiumsdiskussion vor

Situation: Am 20. April 1999 erschossen zwei Schüler bei ihrem Amoklauf in der Columbine Highschool im US-Bundesstaat Colorado zwölf ihrer Mitschüler sowie einen Lehrer. Im April 2003 tötete Robert Steinhäuser im Erfurter Gutenberg-Gymnasium bei einem Amoklauf 16 Menschen und schließlich sich selbst. Am 19. November 2006 ging Sebastian B. in seine ehemalige Geschwister-Scholl-Realschule in Emsdetten in Nordrhein-Westfalen, verletzte fünf Menschen und beging anschließend Selbstmord. Er hatte Rohrbomben, Molotow Cocktails, ein Messer sowie zwei Gewehre bei sich.
In allen drei Fällen hatten die Täter ein großes Interesse an so genannten »Killerspielen«, d. h. an PC-Spielen, bei denen Menschen umgebracht werden, auch Ego-Shooter genannt.
Im Klassenzimmer diskutieren die Jugendlichen darüber. Die Schüler entschließen sich dazu, Informationen zu sammeln und eine Podiumsdiskussion zu diesem Thema zu organisieren.

Aufgabe: Bilden Sie Gruppen und tauschen Sie sich über die Fragen der Jugendlichen aus.

Formulieren Sie eigene Fragen, die Sie anschließend besprechen.

Halten Sie Ihre zusammengefassten Ergebnisse als Wandbild fest.

Gewalt im Fernsehen und in Computerspielen

Gewaltdarstellungen im deutschen Fernsehen
- In ca. 80 % aller Sendungen ist das Thema „Gewalt“ präsent.
- Ungefähr in jeder 20. Sendeminute wird Gewalt dargestellt.
- Pro Stunde werden ca. 4 Akte schwerster Gewalt und ca. 5 Akte schwerer Körperverletzung gezeigt.
- Bei 58 % der Gewalttaten werden die Schmerzen der Opfer nicht realitätsnah gezeigt.
- Sendungen mit fiktiver Unterhaltung enthalten am häufigsten Gewalt als Thema, gefolgt von Kindersendungen.
- Bis ein Kind die Grundschule abschließt, hat es bei einem durchschnittlichen Fernsehkonsum ungefähr 8 000 Morde und 100 000 andere Gewalttaten gesehen.
- 74 % der Gewalt bleibt unbestraft.
- Die Bewertung der Gewalt ist bei einem Drittel so gestaltet, dass die Gewalttat ohne Konsequenzen bleibt, in jedem achten Fall entwickeln sich positive Folgen für den Täter.

Um statistische Informationen in eine übersichtliche Form zu bringen, kann man sie in Schaubildern darstellen. Man nennt das Visualisieren. Dafür gibt es verschiedene Möglichkeiten, z. B. in Form von Mind-Maps oder Diagrammen. (→ „Schaubilder auswerten und gestalten“, S. 262 f.)

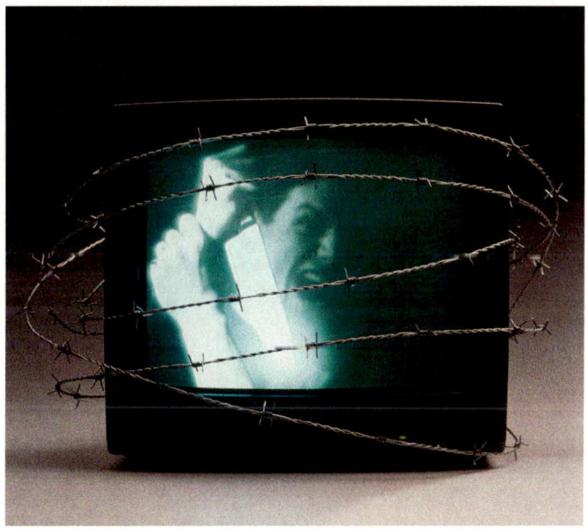

1 **Visualisieren Sie die statistischen Informationen durch eine oder mehrere Darstellungsformen.**

2 **Finden Sie selbst Schaubilder (z. B. im Internet) zum Thema „Gewalt in den Medien“.**

Wie man es sehen kann – Dialog zwischen Vater und Sohn

Vater: Ich möchte mal wissen, was an diesem Killerspiel Spaß macht. Leute abschießen und dafür noch Punkte zur Belohnung bekommen. Hast du nicht Angst, dass das bei dir allmählich einen bleibenden Schaden hinterlässt?

Sohn: Also bitte, wer hat denn immer gesagt: „Die Jugend interessiert sich für nichts, lernt nichts.“ Was du Killerspiel nennst, sind Strategiespiele, die die Denkfähigkeit und die Reaktionsschnelligkeit trainieren – und sie machen auch noch Spaß.

Vater: Was in diesen Spielen trainiert wird, ist doch allenfalls die Bereitschaft zum Töten.

Sohn: So ein Quatsch, du hast doch keine Ahnung! Ich weiß doch, dass es ein Spiel ist.

Außerdem hilft es manchmal etwas, aus der Realität zu flüchten und seinen Ärger abzulassen ...

3 **Führen Sie diesen Dialog weiter.**

Genau betrachtet

„Töten und nicht getötet werden!“ Das ist das Ziel des Computeronlinespiels Counterstrike, das auch dem Schützen von Erfurt bekannt war. Hier werden Terror und Antiterrorkriegsführung simuliert. Und zwar täuschend echt, sagen die Spieler. Angeblich sind bis zu 500000 Spieler ständig eingeloggt. Der Kick: Man spielt nicht mehr gegen den Computer, sondern online gegen seine Freunde. Counterstrike bietet außerdem eine realistische Waffenkunde. Eigentlich ist die härtere englische Version erst ab 18 Jahren erlaubt. Doch das nimmt niemand ernst. Gewaltvideospiele sind in. Nur wenig Jugendliche können sich dem entziehen. Für viele Psychologen und Medienwissenschaftler ist die Nähe zur Realität ein Problem, die Simulation eine Anleitung zum Töten.

Das Spiel, in dem man vom Polizisten bis zum Passanten jeden erschießen kann, ist nicht einmal das härteste für die Kids. Eine Steigerung des Gemetzels ist immer noch möglich.

1 **Berichten Sie von Ihren Erfahrungen und Einschätzungen dieser Spiele.** **(→ „Berichten“, S. 212 f.)**

Das muss verboten werden

In einer Online-Umfrage hat die Bundesregierung folgende Ergebnisse (Ausschnitt) erhalten:

Das Ergebnis

Bisher haben 835 Nutzer abgestimmt:

39 %

Beweise für einen Zusammenhang zwischen dem Konsum von Gewaltdarstellungen in den elektronischen Medien und Gewaltanwendung in der realen Welt gibt es nicht. Also gibt es auch keinen Grund, die Gewalt in den Medien einzuschränken.

26%

Die freiwillige Selbstkontrolle der Medien ist unzureichend.

2 **Formulieren Sie die Fragen der Bundesregierung, die zu diesen Umfrageergebnissen geführt haben.**

3 **Entwickeln Sie weitere Fragestellungen für eine Online-Umfrage.**

4 **Welche Meinung haben Sie? Setzen Sie sich in Kleingruppen mit den Fragen auseinander. Wie begründen Sie Ihre Einstellung?**

Pro & Kontra Killerspiele

Vor wenigen Wochen wurden zum zweiten Mal Unschuldige in einer Schule Opfer jugendlicher Gewalt. Seitdem spaltet die Diskussion um das Verbot von Gewaltspielen die Nation. Frage: Sollen die so genannten Killerspiele in Deutschland verboten werden?

Verbot von Killerspielen PRO

Fünf Schwer- und 32 weitere Verletzte – traurige Bilanz des lang geplanten Amoklaufs eines 18-Jährigen in Emsdetten vor vier Wochen. Am Erfurter Gutenberg-Gymnasium forderte die Bluttat eines ehemaligen Schülers 2002 sogar 16 Todesopfer. Beide Täter waren Anhänger von Computerspielen, in denen hemmungslos getötet wird.

Bereits nach den schrecklichen Ereignissen von Erfurt wurde das Jugendschutzgesetz verschärft. Seit 2003 müssen Computerspiele generell mit einer Altersfreigabe gekennzeichnet werden. Doch das reicht vielen Politikern nicht aus. *Zitat Dr. Albrecht Buttolo, Innenminister Sachsen*

Denn regelmäßiges Spielen führt bei Kindern und Jugendlichen zu Realitätsverlust und einer erhöhten Aggressionsbereitschaft. *Zitat Prof. Kai von Klitzing, Kinder- und Jugendpsychiater*

Die Ego-Shooter-Spiele funktionieren alle nach demselben Prinzip – Probleme werden ausschließlich durch Gewalt gelöst. Töten, um selbst zu überleben, heißt die Devise. Und Jugendlichen wird der schnelle Sieg des Stärkeren suggeriert. Damit sich Bluttaten wie die von Erfurt und Emsdetten nicht wiederholen, müssen Killerspiele ein für allemal verboten werden!

Verbot von Killerspielen KONTRA

Es ist so einfach: Wenn Jugendliche Amok laufen, heißt der Sündenbock Ego-Shooter. Dabei ist die Wechselwirkung zwischen Computerspielen und Gewalttaten wissenschaftlich keinesfalls erwiesen.

Eine aufwändige Studie an der Berliner Charité hat eindeutige Ergebnisse erbracht: Allein in Deutschland spielen mehrere 100 000 Menschen regelmäßig so genannte Killerspiele. Amok laufende Jugendliche hingegen sind die absolute Ausnahme. Der Erwerb von Gewaltspielen wird durch die Altersbegrenzungen klar geregelt und besonders bedenkliche Spiele kommen sogar auf den Index. Verstöße gegen diese Verbotsliste werden mit bis zu 50.000 € Strafe geahndet. Ein kategorisches Verbot der betreffenden Spiele wäre also blinder Aktionismus. *Zitat Nando Körner, HicknHack LAN e.V.*

Ein Verbot würde nicht verhindern, dass die fraglichen Spiele weiterhin gespielt werden. Allerdings würden die Nutzer kriminalisiert. Und Szenarien wie in Erfurt und Emsdetten lassen sich so sicher nicht verhindern. Stattdessen muss ausgegrenzten Jugendlichen geholfen werden, ihren Platz in der Gesellschaft zu finden. Deshalb: Schluss mit der naiven Debatte um das Verbot von so genannten Killerspielen!

1 **Fassen Sie die ausgeführten Argumente in Stichworten oder Halbsätzen zusammen.**

2 **Wählen Sie eines der aufgeführten Argumente und schreiben Sie Ihre eigene Meinung dazu.**

3 **Entwerfen Sie in Kleingruppen selbst einen Umfragebogen. Einigen Sie sich zunächst auf einen oder zwei Themenschwerpunkte, um gezielte Fragen formulieren zu können. Führen Sie die Umfrage durch und werten Sie sie aus. (➔ „Umfragen durchführen und auswerten", S. 264 f.)**

Verschiedene Ansätze zur Frage nach der Wirkung von Gewaltvideos oder Killerspielen

Gegen Gewaltvideos und Killerspiele Helmut Lumpi

„Wir müssen unsere Kinder schützen", lautete die Forderung des EU-Justizkommissars Franco Frattini beim informellen Treffen der EU-Justizminister in Dresden. Seiner Initiative ist es zu verdanken, dass die EU ihren Kampf gegen Killerspiele und Gewaltvideos jetzt verstärken will. Spiele wie Quake, Counterstrike oder Soldier of Fortune waren Inspirationen von Amok laufenden Jugendlichen.

[...] Zahlreiche Experten vertreten die Meinung, dass Gewalttaten à la Erfurt vom exzessiven Konsum von Gewaltspielen ausgingen. „Eine Gesellschaft, die solche Spiele zulässt, ist krank", meint zum Beispiel der Direktor des Kriminologischen Forschungsinstituts Niedersachsen, Christian Pfeiffer.

Heftige Diskussionen in der EU

Die Diskussion über ein Verbot von Gewaltspielen, wird tatsächlich quer durch ganz Europa geführt. Wie umstritten dieses Thema überall ist, zeigt exemplarisch die Situation in Deutschland. „Killerspiele gehören in Deutschland verboten", sagt etwa Edmund Stoiber, so wie viele bekennende Katholiken. Die Bundesjustizministerin Zypries hingegen ist skeptisch. Psychologen und Pädagogen seien sich längst nicht einig, ob durch Spiele oder brutale Filme die Schwelle zur eigenen Gewaltbereitschaft gesenkt wird. Jedenfalls, kündigte sie an, soll während der deutschen EU-Ratpräsidentschaft bis zum Sommer in allen 27 Mitgliedstaaten die Lage erkundet werden.

Verschiedene Lösungsansätze

Dieser Initiative kann Frattini einiges abgewinnen. Er schlägt zudem vor, dass die EU-Staaten jeweils ihre verbotenen Spiele an eine zentrale Stelle in Brüssel melden sollen. Auf diese Art könne eine Art „Schwarze Liste" entstehen, die Verbote auch in anderen Mitgliedstaaten nach sich ziehen könnte. [...] Er wolle zudem 14 Millionen Euro für die Vernetzung der Justizbehörden in Europa bereitstellen.
Österreichs Justizministerin Maria Berger dagegen sprach sich gegen strafrechtliches Vorgehen aus, zumal die meisten Konsumenten noch gar nicht im strafmündigen Alter seien. Es seien deshalb „präventive Maßnahmen über den ganzen Bildungsbereich zu favorisieren".
Frattini will auch mit Herstellerverbänden und Jugendschützern über freiwillige Selbstverpflichtungen reden. Die Chancen der freiwilligen Selbstkontrolle werden angesichts der Umsatzzahlen aber eher als gering eingeschätzt. Allein in Deutschland werden mit derartigen Computerspielen jährlich 1,2 Milliarden Euro Umsatz gemacht.

Hirnforscher sieht Computerspiel als Auslöser für Mord

Cottbus – Brutale Computerspiele können nach Auffassung des renommierten Hirnforschers Manfred Spitzer Auslöser für einen Mord sein. Vor seiner Aussage im Prozess um die Tötung eines Obdachlosen vor dem Landgericht Cottbus erklärte der Leiter der Universitätsklinik für Psychiatrie Ulm am Montag, im speziellen Fall könne ein Zusammenhang mit einem zuvor gespielten Wrestling-Programm nicht ausgeschlossen werden. „Hier wurde das Spiel nachgestellt", sagte er.

Der 19-jährige Angeklagte hatte gestanden, sein Opfer am 10. Juli 2006 mit zahlreichen Faustschlägen und Tritten ins Gesicht tödlich verletzt zu haben. Spitzer soll als Sachverständiger beurteilen, ob die Wirkung des brutalen Wrestling-Spieles die Schuldfähigkeit des Angeklagten eingeschränkt haben könnte. Der junge Mann ist des Mordes angeklagt.

Vor der Tat hatten beide noch gemeinsam einen Bekannten besucht, mit dem der Angeklagte an der Playstation das brutale Programm gespielt hatte. Das Spiel sollte vor Gericht vorgeführt werden; am Bildschirm schlägt man dem Gegner ins Gesicht oder springt auf dessen Kopf herum.

Vor Gericht sagte der Angeklagte, er habe Szenen aus dem Spiel imitiert. Als weiteren Grund für seine Aggression nannte er Ärger über eine Polizeikontrolle einen Tag zuvor. Sollten die Richter eine eingeschränkte Schuldfähigkeit erkennen, kann der mutmaßliche Täter mit einer milderen Strafe rechnen.

Sind Computerspiele schuld an der steigenden Gewaltbereitschaft von Jugendlichen?

Obwohl sich die Kampagne (von Mediawatch UK zur Kontrolle der Fernsehkanäle in Großbritannien [Ergänzung]) hauptsächlich auf Fernsehinhalte und Filme konzentriert, stellt Beyer [der Vorsitzende der Kampagne] fest, dass auch Computerspiele eine ähnliche Rolle in der Propagierung von Gewalt spielen.
Dieser Zusammenhang wurde kürzlich dadurch illustriert, dass ein Mann erstochen wurde, nachdem er das sehr gewalttätige Spiel Grand Theft Auto IV gekauft hatte. Beyer: „Computerspiele sind sehr vereinnahmend und Kinder können dadurch schnell den Kontakt mit der Realität verlieren. Sie spielen sich auch in einem moralischen Vakuum ab, wo richtig und falsch nicht existieren. Spieler werden dafür belohnt, Polizisten umzubringen oder Autos zu stehlen. Dies trägt alles zu einer Kultur der Gewalt bei, die wir verzweifelt zu bekämpfen suchen."
Beyer gibt zu, dass er sich manchmal fühlt, als schwimme er gegen einen reißenden Strom. „Ich weiß nicht, wie wir Gewaltverbrechen den Boden entziehen sollen, wenn wir gleichzeitig einfach sagen, dass dies gute Unterhaltung sei."

„Heimlicher Lehrplan" von Gewaltspielen

In der Vergangenheit wurden vor allem die vordergründigen Gewaltaspekte in Spielen diskutiert, dem „heimlichen Lehrplan" von Computerspielen dagegen kaum Aufmerksamkeit geschenkt. Dazu gehören nicht nur die zweifelhaften Konfliktlösungs-Modelle, sondern auch die propagierten Rollenmuster (Prinzessinnen, die darauf warten, von starken, männlichen Helden befreit zu werden) und eine Darstellung gesellschaftlicher Realität, die auf ökonomische Aspekte verkürzt wird (Geld regiert die Welt) und jegliche demokratische Elemente vermissen lässt (autoritäre Staatsmänner, die selbstherrlich und diktatorisch über das Wohl von Völkern entscheiden).
Auch wenn man davon ausgehen kann, dass Computerspiele nicht direkt wirken, so wirken sie doch vermittelt, nicht als einzelnes Spiel, sondern als immer gleiche Inszenierung typischer Muster, die sich durch ihre allgegenwärtige Präsenz auch in anderen Massenmedien gegenseitig verstärken. Computerspiele dienen somit auch immer der „Einübung, der sprachlichen Verschlüsselung, der Systematisierung und der Speicherung wichtiger

Erfahrungen mit der Welt und sich selbst". Sie sind „Sozialisationsagenten für eine auf Leistung und Leistungszwang ausgerichtete Gesellschaft" (Prof. Fritz), sie trainieren, Leistungsanforderungen locker und wie selbstverständlich anzunehmen, cool zu reagieren und Leistungsstress ohne Murren zu bewältigen. Emanzipatorische Inhalte, das Leiden der Opfer, das Mitgefühl für andere, all das wird im Computerspiel ausgespart. Computerspiele sind keine Lernfelder für prosoziale Einstellungen.

Wirkung von Netzwerkspielen

Weitgehend ungeklärt ist die Frage der Wirkung bei Netzwerkspielen wie Counterstrike, die nicht gegen eine programmierte Maschine, sondern gegen und zusammen mit anderen Menschen gespielt werden. In Netgames bekommt die Kommunikation unter den Spielern, die Organisation von Spiele-Sessions (LAN-Partys, Clan-Wars) und die Beziehungspflege zu Mitspielern einen großen Stellenwert. Wer sich in Netzspielen nicht sozial verhält (auch bei Gewaltspielen, in denen es darum geht, Gegner zu liquidieren) und die Interessen von Spielern missachtet, wird als Mitspieler uninteressant. Wie bei einem Boxkampf müssen Regeln eingehalten werden, die auch nach einem „tödlichen" Kampf die Kommunikation zwischen den Kontrahenten ermöglichen und Lust auf ein neues Spiel mit dem Gegner machen.

Ethisch-moralische Grenzsetzung

Unabhängig von der Frage, ob schädliche Wirkungen von Computerspielen nachweisbar sind, gibt es die Notwendigkeit, unter moralischen Gesichtspunkten zu entscheiden, welche Szenarien auf den Computerbildschirmen von Kindern und Jugendlichen zugelassen werden sollen und welche nicht. „Brutale, ungehemmte, menschenverachtende und -vernichtende Gewalt als einzig mögliche Spielhandlung überschreitet eindeutig die Grenze dessen, was Kindern und Jugendlichen zugemutet werden darf – unabhängig davon, ob eine solche Gewaltdarstellung schädigende Wirkungen hat oder sozialethisch desorientiert."

Für die gesellschaftliche Rechtfertigung jugendschützender Regelungen ist ein eindeutiger Nachweis von kausalen Gefährdungszusammenhängen nicht nötig, um Produktion und Verbreitung von Medieninhalten einzuschränken, die dem geltenden Menschenbild widersprechen oder überholte archaische Konfliktlösungen propagieren. Bei der Entscheidung, ob ein Spiel „jugendgefährdend" ist, sind primär pädagogische und ethisch-moralische Kriterien anzuwenden.

Führen PC- und Konsolenspiele, Gameboy® und Co zur Medienverwahrlosung?

Computer- und Videospiele trainieren aktiv durch viele Wiederholungen via Identifikation mit einem Aggressor ganze Handlungssequenzen ohne Pause und mit Belohnung Aggression und Gewalt.

Im Gegensatz zu Film und Fernsehen liefert die Videokonsole oder der Computer eine Belohnung für verübte Gewalt. Man erntet Punkte, sammelt neue eigene Leben, kommt eine Ebene weiter, erhält neue Waffen oder Munition etc. (Spitzer S. 217).

Die neurobiologischen Grundlagen dieses belohnenden Effekts waren Gegenstand intensiver Forschungsbemühungen der vergangenen Jahre. Man wusste schon lange, dass der Botenstoff Dopamin hierbei eine wesentliche Rolle spielt, konnte jedoch dessen genaue Funktion bei Belohnungseffekten erst vor wenigen Jahren klären. Dieser Stoff wird ausgeschüttet, wenn ein Ereignis eintritt, das besser ist als erwartet. Er sorgt dann für eine Steigerung der Funktion des Frontalhirns sowie für positive Emotionen. Dann markiert die Ausschüttung von Dopamin Ereignisse, die für den Organismus positiv sind, und sorgt zugleich dafür, dass diese Ereignisse gelernt werden. (Spitzer S. 215–216)

Sie üben aggressive Gefühle, Gedanken und Verhaltensweisen. Sie verschwenden ihre Zeit, in der sie etwas anderes lernen könnten. Und sie lernen gerade nicht, was sie in jungen Jahren lernen sollten, nämlich sich mit anderen gewaltfrei auseinanderzusetzen. Sie aktualisieren und verfeinern vielmehr uralte Verhaltensprogramme, die vielleicht vor 200 000 Jahren wichtig waren, heute jedoch einem geordneten Zusammenleben im Wege stehen.

1 **Lesen Sie die Texte (S. 96–99) sorgfältig durch. Klären Sie unklare Begriffe.**

2 **Erarbeiten Sie aus den Texten das Wichtigste und fertigen Sie schriftliche Inhaltsangaben an. (→ „Eine Inhaltsangabe anfertigen“, S. 238 f.)**

3 **Heben Sie besonders hervor, welche Position im Text vertreten wird.**

4 **Arbeiten Sie heraus, wie jeweils argumentiert wird.**

5 **Überprüfen Sie, ob Sie mit den Positionen einverstanden sind. Was überzeugt Sie, wo haben Sie Bedenken?**

6 **Vergleichen Sie die Positionen mit Ihren eigenen Umfrageergebnissen.**

Gewalt in Computerspielen

- *wird in verschiedenen Kreisen diskutiert*
- *manche halten die Gewalt in Computerspielen für gefährlich*
- *andere verneinen einen Zusammenhang zwischen konsumierter Gewalt und Ausübung von Gewalt*
- *Hirnforscher, Pädagogen, Psychologen und Juristen bemühen sich um klare Beweise*

PODIUMSDISKUSSION

Machen Gewaltfilme und Killerspiele Jugendliche aggressiv?

- Überlegen Sie sich, welche Vertreter oder Personengruppen zu diesem Thema für eine Diskussion geeignet wären. Wählen Sie vier bis sechs Personen aus mit mindestens zwei verschiedenen Positionen aus Politik, Justiz, Pädagogik, Medienindustrie oder Psychologie und aktiven Konsumenten.
- Entwerfen Sie Rollenkarten für die Podiumsteilnehmer. Diese sollten persönliche Angaben zur Person (Name, Alter ...) enthalten und eine klare Darstellung der Position mit möglichen Argumenten und Beispielen. Dafür können Sie auch Ihr bisher erarbeitetes Material zu Hilfe nehmen. Die Rollenträger sollten sich intensiv in die Person, die sie „spielen“, hineinversetzen können.
- Verteilen Sie die Rollen und führen Sie die Podiumsdiskussion durch. Die Zuschauer beobachten die Diskussion und beteiligen sich im Anschluss an die Diskussion an der Auswertung.

Ich nutze neue Medien

Situation: Aus dem Mahnschreiben des Inkassobüros geht hervor, dass Marco kostenpflichtige Dateien aus dem Internet heruntergeladen haben soll. Er kann sich zwar erinnern, auf der angegebenen Internetseite gewesen zu sein, dort aber nichts Kostenpflichtiges heruntergeladen zu haben. Auf die erste Zahlungsaufforderung reagierte er daher nicht. Als das Inkassounternehmen eine „letzte außergerichtliche Zahlungsaufforderung“ schickt, wendet sich der Sohn Hilfe suchend an den Vater.

Der Vater nutzt den Computer nur beruflich und steht dem Internet eher kritisch gegenüber und betitelt es eher als Zeitvertreibsmedium, das Lebenszeit „verbrennt“.

Er reagiert nicht wie erwartet mit: „Ich habs doch schon immer gesagt!“, sondern rät seinem Sohn, auf die Seite einer Verbraucherschutzorganisation zu gehen. Dort wird er auch ganz schnell fündig.

> Inkassodezernat Weber-Dreißiger
>
> Letzte außergerichtliche Zahlungsaufforderung
>
> Sehr geehrter Teilnehmer,
>
> wegen der Inanspruchnahme des gewerblichen Dienstleistungsangebots „www.xxx.com“ und der daraus resultierenden Forderung wollen wir Ihnen letztmalig Gelegenheit geben, den offenen Gesamtbetrag von 112,14 € unverzüglich zu begleichen.
> Sollte diese Zahlung nicht fristgerecht und vollständig eingehen, wird die Angelegenheit gegebenenfalls zur gerichtlichen Durchsetzung an das Prozessdezernat abgegeben werden.
>
> Mit freundlichen Grüßen

Verbraucherschutz

FAQ-Beitrag
Ich habe mich angemeldet, aber der Preis stand in den AGB bzw. im Kleingedruckten unten am Seitenrand. Das hab ich dummerweise überlesen. Muss ich jetzt zahlen?

Man muss sich immer vor Augen führen: Der Preis ist einer der wesentlichen Punkte eines Vertrages. Daher genügt es natürlich nicht, wenn der Preis irgendwo an unscheinbarer Stelle auftaucht und daher leicht übersehen werden kann. Auf den Preis muss beim Anmeldeprozess deutlich sichtbar hingewiesen werden. Das ist nicht der Fall, wenn der Preis nur in den AGB steht oder weit unterhalb des Anmeldeformulars, sodass man ihn nur sieht, wenn man nach unten scrollt. In all diesen Fällen kann man die Zahlungsforderungen ohne Weiteres abwehren.

Start

INFO

FAQ: frequently asked questions, häufig gestellte Fragen
AGB: Allgemeine Geschäftsbedingungen
Inkasso: Einziehung von Geldforderungen

Situation: Gemeinsam rufen Vater und Sohn die Internetseite aus dem Mahnschreiben auf und stellen fest, dass zwar ein Preis für die angeforderten Seiten in den AGB zu finden ist, aber so unscheinbar, dass man ihn leicht überlesen kann. Aufgrund der gesammelten Informationen beschließen die beiden, einen Brief an das Inkassodezernat zu schreiben. Bei der weiteren Recherche (www.abmahnwelle.de) stellen sie fest, dass es einige Firmen gibt, die sich auf die Abmahnung von Internetnutzern spezialisiert haben.

Gesetze und Verordnungen
zu beachten sind vor allem:
- Urheberrechtsgesetz
- Bürgerliches Gesetzbuch (BGB)
- Preisangabenverordnung
- Bundesdatenschutzgesetz

Für Internetnutzer gelten diese als rechtliche Grundlage und müssen beachtet werden.
→ Unwissenheit schützt nicht vor Stafe.

Fehler oder Vergehen im Internet
- Lageskizze eingescannt und als Wegbeschreibung für eine Party ins Internet gestellt
- im Impressum seinen Vornamen nur abgekürzt angegeben
- T-Shirt eines Fußballvereins versteigert
- Der Bandname ist zufällig ein bereits bestehender Firmenname.

1 **Recherchieren Sie die FAQ-Beiträge verschiedener Verbraucherschutzzentralen.**

2 **Schreiben Sie einen Geschäftsbrief an das Inkassodezernat mit dem Hinweis auf die Tipps der Verbraucherzentrale (Verbraucherzentralen bieten Musterbriefe als normierte Textvorlage an).**

3 **Aus welchen Gründen fördert die Europäische Union Websites wie www.klicksafe.de?**

Medienbegeisterung als Generationenkonflikt

Seit Anfang der 1990er-Jahre gibt es eine steigende Medienbegeisterung. Die gesellschaftlichen Veränderungen sind einschneidend. Heute verläuft die Kindheit unter anderen Voraussetzungen als in den 70er-Jahren des vergangenen Jahrhunderts. Experten sprechen sogar von einem Realitätsdefizit bei der heranwachsenden Generation.

> ... die Veränderung, die durch den Einzug der audiovisuellen Medien, des Personal Computers, der elektronischen Spiel- und Abspielgeräte in die Wohn- und Kinderzimmer stattgefunden hat, ist noch nicht im Entferntesten begriffen worden. Die Digitalisierungswelle, die seit Anfang der neunziger Jahre alle privaten Lebenswelten erfasst, hat Eltern wie Kinder gleichermaßen überrollt, nur dass letzteren Schutzmechanismen fehlen, mit denen sie sich gegen den Ansturm künstlicher Welten und simulierter Erfahrungen wehren könnten.
>
> Andreas Kilb: Das Ende der Kindheit

1 **Stellen Sie die Intention des Verfassers in eigenen Worten dar.**

2 **Nennen Sie mögliche Schutzmechanismen gegen die „Digitalisierungswelle".**

Situation: Vater und Sohn streiten sich:

Vater: Bist du schon wieder am Surfen? Wozu brauchst du denn das Internet?
Sohn: Alle in meiner Klasse nutzen das Internet.
Vater: Aber was bringt das denn? Es ist bei dir doch nur zum Zeitvertreib da.
Sohn: Es hat viele Vorteile, ich komme schnell an Informationen!
Vater: Ja, kann gut möglich sein, aber was ist mit dem Datenschutz, da gibt man doch viele persönliche Daten preis. Wir haben uns damals gegen eine Volkszählung gewehrt.
Sohn: Nein, jeder hat eine Spam-Adresse, um seine Identität nicht sofort zu verraten.
Vater: Ich komme bisher ganz gut ohne Internet aus. Ich weiß keine sinnvolle Nutzung, die ich nicht auch auf anderen Wegen erledigen könnte.
Sohn: Ja, aber z. B. mit einem Podcast von deinem Radiosender könntest du Nachrichten nochmals anhören.
Vater: Ach was, geht denn das?
Sohn: Ja. Soll ich dir zeigen, wie einfach das ist?
Vater: ...

INFO

Spam: unerwünschte Mail
Podcast: Internetangebot einiger Sender

1 **Stellen Sie Vor- und Nachteile der neuen Medien gegenüber.**

2 **Führen Sie den Dialog in einem Rollenspiel weiter.**

3 **Der Vater behauptet, dass das Lexikon besser als das Internet sei, und schlägt einen Vergleichskampf vor: Lexikon gegen Suchportal. Wer ist schneller?**

Informationsbedürfnis

Schon immer war es für die Menschen ein grundlegendes Bedürfnis, alles zu erforschen und zu begreifen. Die Neugier war oft Anlass für die Informationsbeschaffung. Der Mensch wollte von jeher zur Gemeinschaft der „Wissenden" gehören.
Häufig wurden innovative Entdeckungen erst durch Kriege weiterentwickelt und „massentauglich". Das Internet hatte ursprünglich eine militärische Bedeutung. Heute beeinflussen die schnellen Kommunikationswege unsere Informationsgesellschaft.

ca. 3300 vor Christus
Die Strichzeichen der Sumerer machen Sprache zur Konserve: In Ton geritzt, löst sie sich vom Sprecher; wird unabhängig von Zeit und Raum.

ca. 2500 vor Christus
Aus der Papyrusstaude stellen Ägypter ein fast weißes, elastisches Gewebe her. Darauf werden mit Flüssigkeiten Symbole gemalt.

ca. 1300 vor Christus
In China werden beschriftete Holzstreifen mit Bambus gebunden: das erste Buch. Nun ist auch umfangreiche Information transportfähig.

ca. 1450
Johannes Gensfleisch zur Laden, genannt Gutenberg, erfindet die Kupfermatrize zur massenhaften Herstellung maßgerechter Einzellettern.

1609 bis 1659
Nur vier Seiten, aber die jede Woche: „Relation" in Straßburg ist eine Wochenzeitung mit aktuellen Nachrichten. 50 Jahre später erscheint in Leipzig die erste Tageszeitung.

1876
Ein Lehrer für Taubstumme, Alexander Bell, will eine Hörhilfe für seine Schüler bauen, wandelt Sprache in Stromschwankungen um und erfindet so das Telefon.

1876
Die amerikanische Waffenfabrik Remington beginnt mit der Serienproduktion der Schreibmaschine.

1886
Heinrich Hertz entdeckt, was keiner hört und sieht, was aber dazu führt, dass bald jeder fernhört und fernsieht: die elektromagnetischen Wellen.

1933
Die neuen Medien Fernsehen, Film und vor allem Hörfunk werden zu Kampfmitteln. Adolf Hitler lässt in Deutschland das billigste Radio Europas bauen, den „Volksempfänger".

1938
Der „eigenen Faulheit wegen" stellt der 28-jährige Berliner Bauingenieur Konrad Zuse mittels Laubsäge nach zweijähriger Bastelarbeit die erste programmgesteuerte Rechenmaschine fertig – groß wie ein Ehebett und per Handkurbel anzuwerfen.

1949
Xerox (damals noch als Haloid) präsentiert mit dem „Model A" die Mutter aller Fotokopierer.

1969
Um auch nach einem Atomschlag in Verbindung mit Überlebenden zu bleiben, entwickeln Amerikaner ein dezentral organisiertes Computer-Netzwerk: „Arpanet" verknüpft anfangs vier Rechner und ist der Ursprung des Internets.

1981
IBM verkauft seinen ersten Personal Computer (PC) mit dem von Microsoft entwickelten Disk Operating System (DOS).
27 Jahre später läuft dessen Nachfolger Windows auf rund 90 % aller PCs.

1985
In Westdeutschland geht das Telefon auf die Straße. Noch wiegen die Endgeräte drei Kilogramm, und nach 30 Minuten macht die Batterie schlapp. Sieben Jahre später greift der millionste Deutsche zum Handy.

1993
Das World Wide Web (www) wird zur allgemeinen Benutzung freigegeben. Mit den ersten grafikfähigen Browsern kommt der große Durchbruch.

1996
Die Handhabung der Computer wird für immer mehr Menschen alltäglich. Die E-Mail beginnt immer bedeutender zu werden. „Browserkrieg“ um die Monopolstellung.

2001
New-Economy lockt viele in die Börsenfalle.
Drastischer Rückgang der Kosten durch starke Konkurrenz. Beginn der Internettelefonie.

2008
Internet hat mehr als 1 Mrd. Seiten. Web 2.0 enttäuscht die Erwartungen. 70 % der Haushalte besitzen einen preisgünstigen, schnellen Internetanschluss. Anfänge des Cloud Computing.

E-Volution

1 **Wandeln Sie die Tabelle in eine Zeitleiste um. Beschreiben Sie die Entwicklung der Medien.**

2 **Wie sieht die Medienlandschaft in 10 Jahren aus? Schreiben Sie einen Zukunftsbericht. (→ „Berichten“, S. 212 f.)**

3 **Warum informieren sich Menschen?**

HAPPY END

Internetnutzung

Nur 16 % der Internetnutzer machen Onlinespiele, wohingegen bei den 14–19-Jährigen 37 % online spielen; die Gruppe der 20–29-Jährigen wird im Vergleich mit 10 % weniger angegeben. 60 % der Altersgruppe 20–29 Jahre nutzen Instant-Messaging, das sind 25 % weniger als bei der Altersgruppe zwischen 14 und 19 und immerhin doppelt so viele wie der Gesamtwert.
Mit 96 % ist die Nutzung von Suchmaschinen bei 20–29-Jährigen im Vergleich zur Gesamtzahl von 84 am höchsten, die 14–19-Jährigen liegen nur 4 % über dem Durchschnitt.

1 **Fertigen Sie aus dem Text ein Schaubild an. Stimmen die Zahlen mit Ihren persönlichen Gewohnheiten überein? (→ „Schaubilder auswerten und gestalten“, S. 262 f.)**

2 **Wie würden Sie einem Menschen, der vor 100 Jahren gelebt hat, das Internet erklären?**

Genutzte Onlineanwendungen	Gesamt	14–19 J.	20-29 J.	30–49 J.	50+
Suchmaschinen	84	88	96	86	72
Versenden und Empfangen von E-Mails	82	75	94	83	78
einfach so im Internet surfen	45	62	57	46	28
Homebanking	33	7	36	40	31
Instant Messaging	30	85	60	19	5
Foren und Chats	25	72	46	16	4
Onlinespiele	16	37	27	11	8
Onlineauktionen	15	10	16	22	6
Onlineshopping	10	9	13	12	6
Musikdateien aus dem Internet	10	31	16	6	2
Kontakt-/Partnerbörsen	4	10	8	2	2
live im Internet fernsehen	3	8	6	1	2

3 **Suchen Sie sich aus der Tabelle vier Bereiche aus und zeichnen Sie dazu ein Diagramm.**

4 **Schreiben Sie einen zusammenhängenden Text, der den Inhalt Ihres Diagramms möglichst genau wiedergibt.**

Das Internet verzeichnet eine ständig steigende Zahl von Nutzern. Es gibt viele verschiedene Möglichkeiten der Internetnutzung.

„Wenn ich ein Stechen in der Brust verspüre, suche ich in Medizinportalen so lange, bis ich mir auch die letzten Symptome einbilde."

„Ich würde von meinen Schülern besser verstanden, wenn ich den Lehrstoff per SMS verschickte."

„Aus der Ego-Shooter-Perspektive sieht die Welt ganz anders aus."

„Das Internet hat immer Recht."

„Zwei Bildschirme sind besser als einer."

„Das Internet vergisst nichts."

„Ich steuere manga-artige Figuren durch die virtuelle Welt, kämpfe mich mit Äxten und Schwertern durch 120 Levels, das ist meine Welt, mein Leben."

„Wie weit können wir noch gehen? Im Tempo der letzten 15 Jahre kann es nicht weitergehen!"

„Wenn ich jemanden per Chat zu etwas bewegen oder motivieren will, brauche ich drei Stunden. Rede ich persönlich mit ihm, bin ich nach fünf Minuten am gleichen Punkt."

„Ich bin fast immer online und habe ständig Angst, etwas zu verpassen."

1 **Finden Sie passende Überschriften zu den Positionen und prüfen Sie die Aussagen auf ihren Wahrheitsgehalt.**

Netz voller Wahrheiten Kai Biermann

Wie man im Internet nicht auf falsche Informationen hereinfällt

Im April 2004 sicherte sich ein Spaßvogel für knapp zehn Dollar die Internetdomain www.world-cnn.com. Später stand dort zu lesen: „Kanada klagt Präsidenten wegen Kriegsverbrechen an – Bush festgenommen". [...] Die Fälschung war gut gemacht. Die Seite ahmte nicht nur die Internetadresse des Nachrichtensenders CNN nach, sie sah auch dessen Homepage zum Verwechseln ähnlich. Und alle Links auf ihr führten zu Original-CNN-Seiten.

Noch schmerzhaftere Konsequenzen können geschickt gefälschte eBay- oder Bankseiten haben, mit denen Betrüger an Benutzernamen und Passwörter und damit an das Geld unvorsichtiger Surfer kommen. Auch Börsianer sind vor Betrug nicht gefeit. [...] Wer die Wahrheit will, muss sich mühen. Erster Grundsatz: Traue niemals nur einer Quelle! Ist eine Information nur auf einer einzigen Seite zu finden, sollte man in Erwägung ziehen, dass sie vielleicht nicht wahr ist. Ein weiteres Kriterium, um die Qualität von Gefundenem zu beurteilen, ist der Name des Autors. Ist er angegeben? [...] Googeln hilft, mehr zu erfahren. Auch das Alter der Information ist wichtig: Ist der gefundene Text vielleicht schon fünf Jahre alt, also längst überholt? Wann wurde die Seite, auf der er steht, das letzte Mal aktualisiert (auf vielen Websites ist das irgendwo klein vermerkt)? Manchmal nutzt ein Blick in den Quelltext, den jeder Browser unter „Ansicht" zeigen kann. Auch tote Links auf der Seite sind ein deutliches Zeichen, dass sich schon lange niemand mehr um den Inhalt kümmert.

Gegenüber Wikipedia-Einträgen empfiehlt sich eine prinzipielle Skepsis. Der Wikipedia-Eintrag zu Kasachstan war beispielsweise eine Zeit lang gesperrt, da immer wieder Fans des Komikers Borat dort ihre Spuren hinterließen und Borat beharrlich zum kasachischen Staatsoberhaupt ernannten. Glücklicherweise kann man aber mit ein paar Klicks erkennen, ob um ein Thema seit Wochen ein Krieg verschiedener Fraktionen im Gange ist – oder ob ein Text gar gesperrt wurde, um Veränderungen und Vandalismus zu verhindern. Dank des „Wikiscanners" lässt sich sehen, ob ein Eintrag von einer interessierten Organisation geändert wurde. Um eine Website einschätzen zu können, hilft manchmal ein Blick ins Impressum. Dort müssen kommerzielle Anbieter unter anderem einen Verantwortlichen angeben und wie man ihn persönlich erreichen kann. Gibt es kein Impressum, verrät das Network Information Centre mehr über den Urheber der Seite: Jede Domain ist irgendwo registriert worden. Für deutsche Seiten (.de) erfährt man Näheres bei der Denic.

1 **Auf welche Kriterien sollte man bei der Informationsbeschaffung achten? Fertigen Sie eine Liste an.**

2 **Welche Möglichkeiten der Überprüfung auf Richtigkeit gibt es?**

3 **Klären Sie den Begriff des Hypertextes. Welche Funktionen haben Hypertexte im Internet bzw. in digitalen Medien?**

INFO

Borat: alias Cohen, polarisierender englischer Komiker
Impressum: Herkunftsangabe von Druckwerken
Denic: Institut für die Vergabe und Registrierung von .de-Domains

Kommunikation heute (ein Update für den Vater)

Wie immer, wenn neue Medien im Spiel sind, tut sich auch diesmal ein Konflikt zwischen den Altersgruppen auf. Auf der einen Seite steht die Generation Drehwählscheibe, die noch Gebrauchsanweisungen studiert, den iPod für einen verbesserten Walkman hält, das Handy für ein Mobiltelefon und den Laptop für eine moderne Schreibmaschine. Und auf der anderen die so genannten „Digital Natives", die Eingeborenen des Internets. Neue Kommunikationsmedien sind für sie ein großer digitaler Komplex, den sie intuitiv beherrschen und der simultanes Denken und Handeln erforderlich macht. Schnelle Sprünge zwischen Informationsebenen also anstelle der linearen Denktradition älterer Generationen, die noch mit dem Sender-Empfänger-Modell aufgewachsen sind und trotzig festhalten an Büchern, Zeitungen und „Tagesschau".

Die Postkarte ist der Untergang der Briefkultur. Postkarten sind zum Zweck der Korrespondenz praktisch nutzlos und zerstören den Stil.
Aussage der Kulturkritiker um 1870

Auch noch heute giebt es Wunder, die an die Zaubereien der Märchenbücher erinnern. Das Telephon ist ein solches Wunderinstrument. ... Unser wohlthätiger Elementargeist wird gewiß noch viele andere Wunder ausführen, von denen wir uns heute noch gar nichts träumen lassen!
Meyer, Wiesbaden, im Juni 1892

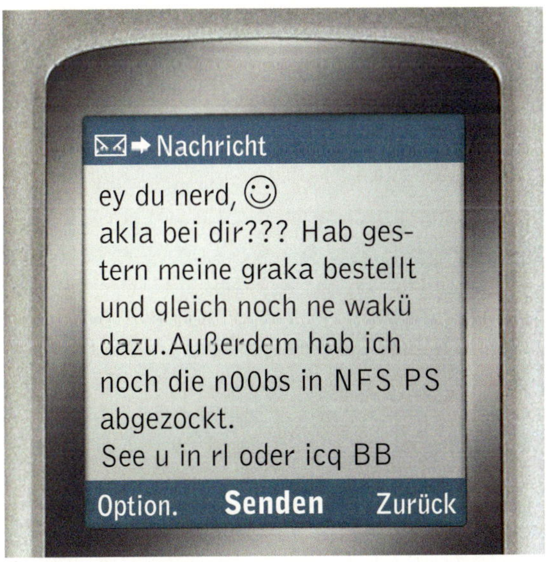

BB Hallo du Langweiler, alles klar bei dir? Ich habe gestern meine Grafikkarte bestellt und gleich noch eine Wasserkühlung dazu. Außerdem habe ich noch die Neulinge in Need for Speed: Pro Street abgezockt. Man sieht sich im Real Life oder in ICQ. Bye bye!

Hallo, alles klar? Treffen um 4? Zu dir oder zu mir? Mail back, hab dich ganz doll lieb.

Handy
für nur **0,- €***

1 **Welche Unterschiede gibt es zur „normalen" Kommunikation?**

2 **Stellen Sie Regeln für den „elektronischen Umgangston" auf.**

* Handykosten von 0,– € sind verlockend. Meist erkennt man die wirklichen Kosten erst im Kleingedruckten.

Kritische Thesen

Nie zuvor in der Geschichte gab es mehr Informationen, nie zuvor hatten mehr Menschen rund um die Erde günstiger und müheloser Zugang zu Wissen, Bildung und Kommunikation. Ein Traum wurde Wirklichkeit.

Wie kein anderes Medium hat das Internet nicht nur das Leben der Menschen verändert, seine Bedürfnisse und sein Verhalten, es hat auch die Wirtschaft umgekrempelt und ganze Branchen, etwa die Musikindustrie, in Bedrängnis gebracht.

Was aber passiert tatsächlich im Kopf, wenn Schüler, Studenten oder Manager jahrelang exzessives Multitasking betreiben, wenn sie gleichzeitig Textnachrichten schreiben und Auto fahren oder wenn sie im selben Moment telefonieren, im Internet surfen, E-Mails checken und nebenher Musik vom iPod dröhnt? Lässt dann tatsächlich die Gehirnleistung nach?

Früher musste man sich Wissen mühsam aneignen und ein Leben lang merken. Kritikfähigkeit, das Trennenkönnen zwischen wichtig und bedeutungslos, war entscheidend, denn der Speicherplatz war begrenzt. Jetzt dagegen haben wir das Internet als großes Lagerhaus für Informationen. Das Erinnerungsvermögen nimmt ab, und auch die Urteilskraft schrumpft.

Das Internet ist wie ein riesiger Kühlschrank, mit Junk-Info gefüllt, ein Überangebot an intellektuellem Fast Food also, das umgehende Sättigung verspreche – die Konsumenten aber mental verfette. Nur ganz hinten in der Ecke sind ein paar gesunde, nahrhafte Happen versteckt, die man aber nur mit ausreichender Vorbildung findet.

Ständig und rapide wachsende Deponien von Daten im Internet und auf den Festplatten der Nutzer erschweren den Durchblick.

Alle Vorteile der Hightech-Gesellschaft stehen ihnen offen, Quellen des Wissens sprudeln überall. Und was macht die Jugend damit? Sie ist mit Runterladen, Hochladen, Chatten und Networken beschäftigt. Neun ihrer Top-Ten-Webseiten sind Social Networks.

Wir haben die Medien, die wir verdienen! Das Internet bildet im Grunde die menschliche Seele ab, in ihren dunklen Seiten, in ihren Exzessen, in ihrer Schönheit. Es bleibt jedem selbst überlassen, was er sucht. Ich habe das Internet bisher als einen seltsam altmodischen Ort der Ehrlichkeit erlebt.

1 **Ordnen Sie den Aussagen positiv/negativ zu.**

2 **Stellen Sie die Vor- und Nachteile des Internets in einer Tabelle gegenüber.**

3 **Wie könnte eine „Informationsdiät" aussehen?**

4 **Haben wir diese Medien wirklich verdient? Sammeln Sie Argumente und schreiben Sie einen Leserbrief zu diesem Thema.**

INFO

mental: den Geist betreffend, gedanklich
Junk: unsinnige Informationen
Multitasking: das gleichzeitige Abarbeiten mehrerer Aufgaben

Abschreiben 2.0 Julia Bonstein

An deutschen Schulen jedenfalls wird das Medium Internet keineswegs als Feind der Bildung begriffen, sondern eher als nützliches Hilfsinstrument, das nur richtig genutzt werden muss. Allerdings scheint vielen Lehrern gar nicht klar zu sein, wie viele ihrer Schüler sie mit Hilfe des Internets austricksen.

Zum Kopieren von Hausaufgaben müssen Schüler nicht einmal mehr schreiben oder selbst tippen: Ein paar Klicks genügen, per Copy und Paste lassen sich Fundstellen im Internet schnell markieren und zu Aufsätzen zusammenstückeln. Im Internet stehen neben Wikipedia-Einträgen längst auch komplette Referate und Schularbeiten zur Verfügung. [...]

„Plagiate sind an Universitäten und Schulen ein großes Problem", sagt die Berliner Medieninformatikerin Debora Weber-Wulff. Für Dozenten und Lehrer hat sie deshalb den Leitfaden „Fremde Federn Finden" entwickelt, der zeigt, wie Pädagogen Kopisten durch eigene Internet-Recherche überführen können. [...] Für viele Lehrer gehört der Check bei Google bereits zur Routine. [...] Sebastian Schuhbeck, Religionslehrer im bayerischen Traunstein, hat trotzdem aufgerüstet: Mit einer speziellen Software, „Plagiarism Finder" genannt, überprüft er Abschlussarbeiten daraufhin, ob Passagen aus dem Internet abgekupfert sind: „Die Software ist unser Raketenabwehrschild", sagt Schuhbeck. [...]

Bei aller Technikbegeisterung der Jugendlichen steht nämlich fest: Der kompetente Umgang mit dem Medium Internet muss erst erlernt werden. „Je klüger ein Kind schon ist, desto mehr kann es auch vom Internet profitieren", sagt Helga Theunert, Direktorin des Instituts für Medienpädagogik in München. [...] „Das Problem besteht eher darin, dass Kinder und Jugendliche das Internet vor allem als Unterhaltungsmedium nutzen", sagt Christine Feil vom Deutschen Jugendinstitut in München.

1 **Suchen Sie folgende Begriffe in einem Nachschlagewerk: Copy and Paste, Plagiat, Kopisten, Recherche.**

2 **Wie wehren sich Lehrer gegen den Betrug?**

3 **Kann der „Datenklau" gestoppt werden? Diskutieren Sie die Problematik.**

Sozialräume im Netz Götz Hamann

Onlinetreffpunkte werden immer populärer. Gesehen zu werden ist hier wichtiger als Datenschutz.

Ein Leben ohne Soziales Netzwerk im Internet? Wohl für die meisten Jugendlichen und viele junge Erwachsene ist ein Alltag ohne solche Fixpunkte im Web nicht mehr vorstellbar. Der hierzulande populärste Anbieter kommt nicht aus den USA wie Facebook, sondern ist ein deutsches Angebot namens StudiVZ. Gegründet von drei Studenten, gehört StudiVZ seit Anfang des Jahres 2007 zur Verlagsgruppe Holtzbrinck, in der auch die *ZEIT* erscheint. Das Angebot hat inzwischen mehr als fünf Millionen registrierte Mitglieder, von denen die wenigsten Karteileichen sind – glaubt man den Angaben des Unternehmens. Ihnen zufolge ruft jedes zweite Mitglied seine persönliche Seite bei StudiVZ täglich auf, und im Laufe eines Monats schauen weit mehr als 80 % der registrierten Mitglieder vorbei.

Noch angesagter ist der Ableger SchülerVZ für Teenager ab zwölf Jahren. Innerhalb eines Jahres haben sich dort mehr als drei Millionen Mitglieder angemeldet, und laut offizieller Branchenstatistik ist es das mit Abstand am intensivsten genutzte Internetangebot in Deutschland. Im März zählte die IVW (Informationsgemeinschaft zur Feststellung der Verbreitung von Werbeträgern) dort neue Rekordstände bei aufgerufenen Seiten (6,4 Milliarden) und der Zahl der Besuche (127 Millionen). Für ältere User kam kürzlich noch der Ableger MeinVZ hinzu. Problemlos haben die Gründer und Manager von StudiVZ ihr rasantes Wachstum nicht bewältigt. Ende des vergangenen Jahres gab es beispielsweise heftige Nutzerproteste, weil das Management von StudiVZ die Nutzungsbedingungen änderte. Hintergrund ist der Wunsch, künftig die Werbung auf den persönlichen Internetseiten zu verstärken und durch vier Kategorien (Alter, Geschlecht, Studienort und Studienfach) zu personalisieren. Doch die erste Version der neuen Datenschutzbestimmungen war missverständlich. Zudem wollte StudiVZ auch Werbung auf die Handys jener Mitglieder schicken dürfen, die ihre Handynummer im Netzwerk veröffentlicht hatten. Letzteres wurde nach Protesten zurückgenommen, die Datenschutzregeln wurden neu formuliert. Letztlich sind im Zuge der Debatte einige Tausend Mitglieder ausgetreten, was angesichts der Millionen Mitglieder ein verschwindend geringer Anteil ist. Mehr als 90 % haben die neuen Datenschutzregeln akzeptiert.

Die meisten registrierten Nutzer überhaupt hat MySpace: weit über 100 Millionen. Anziehungskraft besitzt MySpace vor allem, weil es unter jungen Bands und Musikern die beliebteste Plattform geworden ist, um auf sich aufmerksam zu machen. Man kann durchaus sagen, dass MySpace für die Musikszene das ist, was die Musiksendungen im Radio in den Sechziger- bis Achtziger-Jahren und später das Musikfernsehen MTV waren. Gleichzeitig hat MySpace mit einem gravierenden Imageproblem zu kämpfen: Es gibt viele nur halb versteckte Sexdienste. Und es sind einzelne Fälle bekannt geworden, in denen sich Pädophile hinter Pseudonymen verstecken.

1 **Wie finanzieren sich Portale wie SchülerVZ?**

2 **Nennen Sie negative Auswirkungen der Nutzung sozialer Netzwerke. Stellen Sie Regeln im Umgang mit sozialen Netzwerken auf.**

Werbung in den neuen Medien

Bisher werden 90 % des Werbebudgets in traditionellen Medien wie Fernsehen, Radio oder Zeitschriften ausgegeben. Die Handy-Reklame soll in den nächsten Jahren Zuwächse in Milliardenhöhe haben. Um die Zielgenauigkeit der Werbung zu erhöhen, soll aufgrund der gesammelten Daten des Benutzers die Werbung für jeden Surfer individuell zugeschnitten werden. Es gibt sogar Bestrebungen, Vorlieben wie z. B. bevorzugte Hintergrundbilder in sozialen Netzwerken zu analysieren, um sie neben den Informationen des Anmeldeformulars in das Nutzerprofil mit einzubeziehen.

Personalisierte Werbung

Datenquellen: anmeldepflichtige Seiten, Bilder, häufig besuchte Sites, Wunschlisten bei Onlineversandhäusern, Freundeslisten

Absicht: Bedürfnisse gezielt wecken

Games-Convention: Die Zukunft findet online statt

Werbeindustrie steckt ihre Claims ab

Die deutsche Videospiele-Branche setzt auf das Internet. [...] Das Internet soll den wirklichen Schub bringen. Neben Abogebühren – zehn Prozent der Spieler geben 12,00–15,00 € pro Monat für ihre Leidenschaft aus – winken hohe Erlöse aus der Werbung. Der Vorteil: Online kann Werbung tagesaktuell und maßgeschneidert auf die Geräte übertragen werden. [...] Laut Bitkom lehnen ganze 37 % aller Spieler Werbung heute noch ab. Der Rest hat nichts dagegen, wenn es den Spielfluss nicht stört. [...] Daneben blüht das Geschäft mit Micropayment.

Da man von einem steigenden Internetkonsum ausgeht, wollen die Werbetreibenden ihre Werbung in diesem Gebiet noch weiter ausbauen, wie z. B. durch benutzerdefinierte Werbung, die durch neue Browser (z. B. Chrome) ermöglicht wird und anhand des Surfverhaltens der Users dann entsprechend angepasst wird.

INFO

Bitkom: IT-Branchenverband
IP-Adresse: eindeutige Nummer
Games-Convention: Spielemesse
Micropayment: elektronische Bezahlmöglichkeit

1 **Wie viel Prozent macht Werbung auf einer Startseite aus? Testen Sie verschiedene Seiten.**

2 **Fühlen Sie sich von Pop-up-Werbung gestört? Begründen Sie.**

3 **Würden Sie einen gewissen Betrag für ein „werbefreies" Internet ausgeben?**

4 **Welche Möglichkeiten der benutzerdefinierten Werbung werden heute genutzt?**

Web 2.0, Foren und Blogs

Foren

Im Gegensatz zu Chats werden in einem Forum einzelne Diskussionen oder Fragen meist zu einem Hauptthema geführt und beantwortet. Somit ist ein Forum im Internet häufig eine große Sammelstelle von Informationen zu einem bestimmten Thema. Es gibt viele verschiedene Foren für alle Richtungen: Spiele, Sport, Nahrung, Babys u. v. m.

Blogs

Viele Menschen pflegen heutzutage ein virtuelles Tagebuch. Dabei steht Blog für „World Wide Web + Log", also Web-Logbuch. Zurzeit existieren im deutschsprachigen Raum zirka 50 000 und in den USA 7 Millionen Blogs. Die Macht der Blogger reicht von einzelnen lokal bekannten virtuellen Tagebüchern über Blogs, die sogar die Wahl des Präsidenten mit beeinflussen können. Bekannt wurde dabei ein Fall, in dem ein amerikanischer CBS-Moderator Dokumente über das Leben von George Bush vorlegte, die von der Blogger-Gemeinde als unglaubwürdig befunden wurden. Dabei kann jeder Amateurschreiber seine Gedanken veröffentlichen, ohne sich an die journalistischen Werte zu halten (z. B. Ich-Form) oder für sein Thema kritisiert zu werden. Man kann so über das Wetter oder aber auch über die Methode der Jamba-Werbung schreiben.

1 **Führen Sie eine Umfrage in der Klasse durch, wie viele Schüler in einem Blog oder Forum angemeldet sind. Welche Chats nutzen sie? (→ „Umfragen durchführen und auswerten", S. 264 f.)**

2 **Warum gibt es ein so großes Interesse an Blogs? Bestimmen Sie die Vor- und Nachteile von Blogs und Foren.**

Einkaufen im Internet

Online-Shopping wird bei allen Altersstufen immer beliebter.

Das klingt kompliziert, bedeutet aber ganz schlicht: Das Internet besteht im Grunde aus nichts als Wünschen, Gedanken, Meinungen, Vermutungen, Ideen, Bildern oder eher Abbildern, also allem, was das Leben und Denken ausmacht – außer den Dingen, mit denen wir unser Leben einrichten. Das ist es wohl, was die Leute meinen, wenn sie „virtuell" sagen. Die Herausforderung ist nun: Wie kommt das Ding zu dir?!

Merkwürdig ist dabei, dass genau diese leichte Entrückung das Kaufen im Internet so viel einfacher macht. Man schaut sich keinen Schrank an, man dreht nicht diese Platte oder jene in der Hand herum, man überlegt nicht, welches Kissen man kauft – man tut etwas, das ziemlich distanziert ist, man klickt auf einen Knopf, man gibt ein paar Zahlen ein, und schon macht sich irgendwo auf der Welt ein Buch auf den Weg. Oder die Band, über die man gerade eine sensationelle Kritik gelesen hat, ist auf einmal da. Schon knallt die Musik aus den Boxen neben dem Computer. Diese Mischung aus Verfügbarkeit und Distanz erklärt wohl den Erfolg von Shoppen und Klicken. Steil ist der Umsatz im E-Commerce angestiegen, in Deutschland von etwas mehr als einer Milliarde Euro 1999 bis auf prognostizierte 20 Milliarden Euro 2008. Es sind vor allem Kleider, die online gekauft werden, Bild- und Tonträger, Unterhaltungselektronik und Möbel. Im europaweiten Durchschnitt liegen die Deutschen recht weit vorn (ich bin mit meiner Kaufwut also nicht allein!), 41 % kaufen im Internet, im EU-Durchschnitt sind es gerade mal 23 %.

1 **Unterscheidet sich das virtuelle Einkaufen vom realen? Schreiben Sie einen Erfahrungsbericht über das Einkaufen im Internet. (→ „Berichten", S. 212 f.)**

2 **Was wird bevorzugt online gekauft? Finden Sie Daten zum Kaufverhalten und stellen Sie diese in einem Diagramm dar. (→ „Schaubilder auswerten und gestalten", S. 262 f.)**

Second Life

Second Life ist eine so genannte virtuelle Welt im Internet, durch die sich die Teilnehmer bewegen wie in einem Computerspiel. Die Spielfigur, der sogenannte Avatar, kann der Besucher nahezu völlig frei gestalten. Mit ihm interagiert er mit anderen Teilnehmern, zum Beispiel um Handel zu treiben, um Konzerte zu besuchen oder um virtuelle Videokonferenzen abzuhalten. In der Basis-Variante ist der Zugang zu Second Life – bis auf die Gebühren für die Internetnutzung – kostenlos. Spieler müssen allerdings eine Software auf ihrem Computer installieren, die nur dann funktioniert, wenn der Rechner über ausreichend Leistung verfügt, um die dreidimensionale Grafik von Second Life darzustellen. Um Häuser und Landschaften errichten zu können, ist ein kostenpflichtiger Zugang erforderlich, der zwischen sechs und knapp zehn US-Dollar pro Monat kostet. Viele Firmen aus der Realwirtschaft haben virtuelle Dependancen in Second Life eingerichtet, darunter BMW, IBM und Sony.

Diese Form des Einkaufens kostet zwar auch Zeit und Geld („Lindon-Dollars"), bleibt aber für wahre Shopper meist unbefriedigend. Eine Weiterentwicklung des Online-Einkaufens wird die Verknüpfung sozialer Netzwerke mit herkömmlichen Handelsplattformen sein.

E-Commerce

Entwicklung: starker Anstieg der Umsatzzahlen
Güter: Kleider, Bild- und Tonträger, Unterhaltungselektronik, Möbel
Folge: Wandel der herkömmlichen Verkaufsstruktur
→ rechtliche Grundlage ist das Fernabsatzgesetz

3 **Wie sieht die Zukunft des Einkaufens aus? Stellen Sie Hypothesen auf.**

4 **Nutzen Sie Ihre Hypothesen aus Aufgabe 3 für eine kreative Schreibaufgabe: Gestalten Sie einen kleinen Text über ein futuristisches Einkaufserlebnis, der Teil eines Sciencefiction-Romans sein könnte!**

Branchenbezogene Software

Software ist geistiges Eigentum und muss daher bezahlt werden. Vor allem Firmen müssen Lizenzen beim Hersteller einholen, aber auch private Nutzer müssen legale Programme verwenden. Oft gibt es zu kostenpflichtigen Anwendungen eine kostenlose Alternative (Freeware) oder Angebote wie z. B. OpenOffice. Softwarefirmen programmieren für Firmenanwendungen spezielle Branchen-Software. Auch hier handelt es sich um geistiges Eigentum.

1 **Welche legalen Möglichkeiten gibt es, Software möglichst günstig zu nutzen?**

2 **Warum bieten viele Firmen so genannte Freeware an?**

3 **Finden Sie im Internet Demoversionen zu Softwarelösungen Ihrer Berufssparte.**

Ist Computerspielen wirkliches Spielen?

Solange es Medien gibt, wird argumentiert, gibt es auch Darstellungen von Gewalt in diesen Medien. Bei Homer und Shakespeare wird gemeuchelt und gemetzelt, ebenso wie in der Bibel oder auf alten Gemälden. Warum sich also darüber aufregen? (M. Spitzer: Vorsicht Bildschirm!)

Situation:

Vater: Was spielst du denn da schon wieder?
Sohn: Counterstrike Source! Hab ich mir gestern vom Sören ausgeliehen.
Vater: Vom Sören ... Soso ... Ist das nicht der Kerl in eurer Klasse, der immer mal wieder ausrastet und Sachen durch die Gegend wirft? Ich möchte nicht, dass du auch so wirst. Du weißt, dass wegen solchen Spielen schon viele Menschen Amok gelaufen sind?
Sohn: Jetzt übertreibst du aber! Es ist weder bewiesen, dass die Menschen deswegen Amok laufen, noch, dass man dadurch aggressiver wird. Ich kann dadurch meine Aggressionen oder meine Wut sogar sehr gut abbauen. Als ihr Kinder wart, habt ihr ja außerdem auch Cowboy und Indianer gespielt!
Vater: Ja, aber da haben wir keine Punkte bekommen, wenn wir jemanden angeschossen haben.
Sohn: ...

1 **Finden Sie weitere Pro- und Kontra-Argumente.**

2 **Führen Sie den Dialog weiter.**

3 **Erläutern Sie, warum Computerspielemessen (z. B. Games-Convention) einen so großen Zulauf haben.**

World of Warcraft

Dieses Online-Rollenspiel begeistert weltweit Millionen von Spielern. Viele Experten sehen diese Entwicklung sehr kritisch, da ihrer Meinung nach ein übermäßiger Gebrauch schnell zur Spielsucht führen kann.

Die folgende Situation hat sich so ähnlich bei WoW abgespielt. Mehrere Spieler lösen gemeinsam Aufgaben und kommunizieren nebenbei über eine Art Chat.

09:54 h – youngmother	Sers Leitz! Bin wieder on. Leider erst jetzt ... Konnte nicht gut schlafen, weil mein Kind die ganze n8 geschrien hat.
09:55 h – Lord22	Jau, das kenn ich. Bin auch erst seit ner halben Stunde on. Habe mit FustelPustel33 aber schon ein Quest gelöst. Wollten uns jetzt daran machen, den Stein der Puskolavesken zu finden.
09: 55 h – youngmother	Los gehts.
Zeitsprung ...	...
16:45 h – youngmother	So, Quest endlich erledigt. Mann, war das ätzend. Immer diese fünfzehnköpfigen Monster. Was gibts als Nächstes?
16:45 h – Lord22	Musst Du dich nicht mal um dein kleines Kind kümmern? Hast du ihm schon was zu essen gegeben?
16:46 h – youngmother	Nein, mach ich aber gleich. Muss nur noch meine Erfahrungspunkte aktualisieren und meine Ausrüstung aufbessern.
18:34 h – Lord22	Und, was gabs für den Kleinen? Ich hab meinem vorhin Pfannkuchen gemacht.
18:35 h – youngmother	Kleinen? Was meinst du? Den Gnom in Level 5?
18:35 h – FustelPustel33	Ich glaube, er meinte das Essen, für deinen Sohn! ;)
18:36 h – youngmother	Oh, stimmt. Deswegen weint der schon seit 30 Minuten. Wollte ihn schon aus dem Zimmer bringen, weil er nicht aufgehört hat. Ich werde ihm gleich was geben. Danke, dass du mich daran erinnert hast!
18:42 h – Lord22	Und, hast ihm jetzt schon was zu essen gegeben?
18:43 h – youngmother	Nein, einen Moment noch.
18:50 h – Lord22	Sorry, youngmother. Wir haben intern beschlossen, dass wir dich aus unserem Team ausschließen werden, da du dich nicht um dein Kind kümmerst. So toll WoW auch ist: Wir schaffen es auch alle, uns um unsere Real-World-Sachen zu kümmern.

*** youngmother wurde aus dem Team QuestSolvers ausgeschlossen! ***

1 **Wie kann man dieser Entwicklung entgegenwirken?**

2 **Lernt man sozialen Umgang beim gemeinsamen Spielen vor dem Bildschirm?**

3 **Was bedeutet Spielen für Sie?**

4 **Informieren Sie sich über die Entwicklung der Video- und Computerspiele.**

Veränderter Umgang mit neuen Medien

Die rasante Veränderung in der Medienlandschaft erfordert eine kritische Auseinandersetzung mit den Angeboten. Das Angebot wird im neuen Medienzeitalter nicht immer von der Nachfrage bestimmt. Jeder einzelne Nutzer sollte in Eigenverantwortung das Medienangebot sinnvoll nutzen.

Informationsqualität im Medienzeitalter

Name des Autors, Datum der Erstellung, Impressum, kein kommerzielles Interesse, Copyrightvermerk, vollständige Fakten, genaue Informationen, Quellenverzeichnis, Kontaktmöglichkeit zum Autor …

Zweck der Seite

Information
- Daten
- Fakten

Meinungsbildung
- Werbung

Unterhaltung
- Humor
- Spannung

→ **Die Informationsfülle erschwert die Qualitätskontrolle!**

Situation: Aufgrund der intensiven Zusammenarbeit zwischen Vater und Sohn hat sich ein neues Verständnis für die unterschiedlichen Belange und Sichtweisen auf die neuen Medien eingestellt. Die beiden konnten voneinander viel lernen und von den unterschiedlichen Erfahrungen profitieren. Jede Generation sollte für Neuerungen, aber auch Traditionen offen sein. Die Vereinbarungen, die beide gemeinsamen getroffen haben, stellen eine Möglichkeit des konstruktiven Miteinanders dar.

Abschlussvereinbarung zwischen Vater und Sohn

Unser Medienrecht

- Ich gehe sparsam mit meinen Daten um.
- Internetinhalte immer auf Richtigkeit prüfen
- Wir vereinbaren ein Zeitkontingent.
- Medienkonsum ins Verhältnis zu anderen Aktivitäten setzen
- Geschmacklosigkeiten ignorieren
- gegenseitiges Vertrauen …

Situation: Ein Siebzehnjähriger beklagt sich, dass sein Vater so rückständig sei und keinen Sinn für moderne Ideen habe. Darauf Mark Twain: Mir ging es genauso. Alte Menschen entwickeln sich langsamer. Man muss ihnen Zeit lassen. Heute mit seinen 27 Jahren hat er so viel dazugelernt, dass man ganz gut mit ihm reden kann. Noch zehn Jahre später hat er wahrscheinlich so viel dazugelernt, dass ich mir sogar einen Rat von ihm holen werde. (nach Mark Twain)

Massenmedien

Neben dem Computer mit Internetanschluss gehören u. a. Presse, Hörfunk, Fernsehen, Filme, DVDs, CDs, Zeitschriften und Bücher zu den Massenmedien. Die verschiedenen Medien erreichen unterschiedliche Bevölkerungsgruppen und vermitteln unterschiedliche Inhalte. Die Grafik zeigt die Nutzung von Medien im Vergleich mit anderen Freizeitaktivitäten:

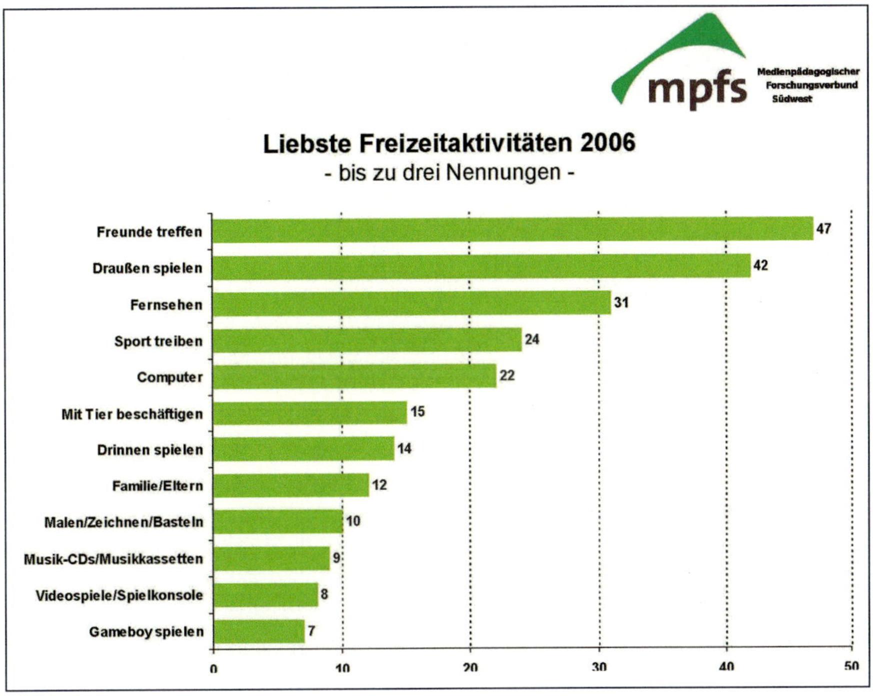

Quelle: KIM-Studie 2006/Angaben in Prozent

Wie werden Einschaltquoten ermittelt? In ungefähr 5700 Haushalten mit 13 000 Bewohnern wird stellvertretend für über 34 Millionen deutschsprachige Fernsehhaushalte gemessen, welche Teile der Bevölkerung welche Sendungen auf welchen Programmen sehen. Die Haushalte werden zur Erhebung der Einschaltquote nach dem Zufallsprinzip ausgewählt.
Den bisherigen Rekord für Einschaltquoten in Deutschland erreichte am 4. Juli 2006 das ZDF beim Fußball-WM-Halbfinale Deutschland gegen Italien mit einem Marktanteil von 91,2 %. Bei den Zahlen fehlen die Zuschauer beim „Public-Viewing“.

INFO

public viewing: öffentliches gemeinsames Fernsehen (vor allem bei Fußballgroßveranstaltungen)
GEZ: Gebühreneinzugszentrale

öffentliches Fernsehen		privates Fernsehen
ARD, ZDF, 3. Programme, Phoenix, ...	Programme	SAT 1, RTL, PRO 7, VIVA ...
GEZ, geringer Teil durch Werbung	Finanzierung	Werbung, Teleshopping, Bezahlfernsehen
nur bei ARD und ZDF an Werktagen vor 20:00 Uhr mit Zeitbeschränkung	Werbung	bis zu 20 % der Sendezeit, im Abstand von 20 Minuten
anspruchsvolle Unterhaltung und Information, Kultur, Bildung	Inhalte	einschaltquotenorientierte Unterhaltung – „reißerische“ Informationen

Generation Doof

Wir bekommen Fernsehen ohne großen Anspruch, weil wir Fernsehen ohne großen Anspruch wollen. Und am liebsten sieht sich die Generation Doof dabei selbst in der Hauptrolle.
Hoch im Kurs liegen Reality-Shows und Sendungen mit jungen Müttern und Vätern, die nicht imstande sind, die eigene Brut ordnungsgemäß zu verwalten, Shows mit jungen Mädchen und Jungs, die von einem Leben als Model oder Superstar träumen, und seichte Vorabend-Soaps wie *Gute Zeiten – Schlechte Zeiten*, in denen Pubertierende im fortgeschrittenen Stadium nunmehr seit bald viertausend Folgen darüber sinnieren, ob Verena eifersüchtig ist, welches Problem Caro mit den Cösters hat und warum sich Daniel und Alexander zoffen. Sendungen wie *Die Super Nanny, Raus aus den Schulden* oder *Germany's Next Topmodel* verbuchen regelmäßig zwischen fünf und sechs Millionen Zuschauer. Bohlens Starsuche brachte es in der letzten Staffel auf durchschnittlich 5,5 Millionen überwiegend junge Zuschauer. [...] Das Programm ist ganz auf die zerstreute Aufmerksamkeit der Zuschauer ausgerichtet. Rateshows wie *Wer wird Millionär?, Jeder gegen jeden* oder *Das Quiz* laden beispielsweise geradezu zum Nebenbeigucken ein. Man kann jederzeit gefahrlos einschalten, ohne dass man etwas Wesentliches verpasst hätte. Dank Multiple-Choice-Antworten sind keine besonderen Vorkenntnisse erforderlich; jeder Idiot kann mitraten.

1 **Wie wird das Fernsehverhalten der so genannten „Generation Doof" beschrieben?**

2 **Schauen Sie sich eine Talkshow im Fernsehen an und schreiben Sie einen Teil der Diskussion mit. Analysieren Sie die Redebeiträge anschließend hinsichtlich des Argumentationsverlaufs.**

3 **Vergleichen Sie Nachrichtensendungen von unterschiedlichen Sendern im Hinblick auf Aufmachung und Inhalt miteinander. Überprüfen Sie die Schlagzeilen auf ihren Wahrheitsgehalt.** **(→ „Unterschiedliche Medien miteinander vergleichen", S. 268 f.)**

4 **Nennen Sie drei Ihrer Lieblingssendungen und begründen Sie, warum Sie diese gerne sehen. Wie würden Sie Ihr Sendeprogramm gestalten, wenn Sie Intendant wären?**

Printmedien

Grundgesetz, Artikel 5

§ Jeder hat das Recht, seine Meinung in Wort, Schrift und Bild frei zu äußern und zu verbreiten und sich aus allgemein zugänglichen Quellen ungehindert zu unterrichten. Die Pressefreiheit und die Freiheit der Berichterstattung durch Rundfunk und Film werden gewährleistet. Eine Zensur findet nicht statt.

1 **Geben Sie den Inhalt des Grundgesetz-Artikels mit eigenen Worten wieder.**

2 **Legen Sie eine Vergleichstabelle für unterschiedliche Medien an. Welche Vergleichskriterien gibt es?**

Zeitungsvergleich
regional/überregional/Boulevard
Wochen- und Tageszeitungen
Vergleichskriterien: Umfang, Aufbau, Aufmachung, Preis, inhaltliche Unterschiede, Zielgruppe ...
→ Unterschiedliche Bedürfnisse der Leser sind die Ursache für die Vielfalt.

Das Buch
Neben einer großen Anzahl von Sachbüchern erscheinen jedes Jahr viele Bücher aus der Sparte Belletristik.

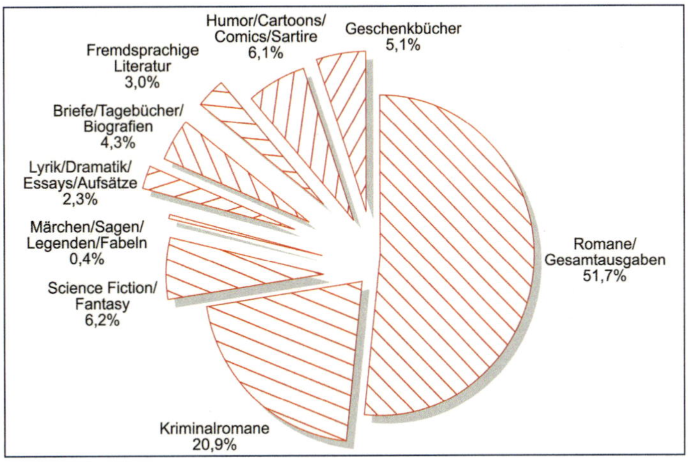

1 **Wandeln Sie die Inhalte der Grafik in einen kurzen Fließtext um. Suchen Sie Gründe für die Beliebtheit der verschiedenen Sparten.** **(→ „Schaubilder auswerten und gestalten“, S. 262 f.)**

2 **Welche Art von belletristischen Büchern lesen Sie gerne?**

Fachbücher und Fachzeitschriften

Fachbücher können auch über das Stichwortverzeichnis als Nachschlagewerk verwendet werden. Das Quellen- und Literaturverzeichnis liefert Hinweise über weiterführende Literatur. Fachzeitschriften sind aktuelle Informationsquellen.
Bei Fachzeitschriften spielt der Bezug zum Beruf oder zu einem bestimmten Fachbereich eine besondere Rolle. Sie vermitteln Informationen, die für einen Berufszweig relevant sind, und dienen damit der Fortbildung. Für Schülerinnen und Schüler sind Fachzeitschriften bei der Berufswahl und Arbeitsplatzsuche besonders hilfreich.
Special-Interest-Zeitschriften sind sachbezogen und beschäftigen sich ausführlich mit einem ganz spezifischen Interesse oder Hobby. Zu den Special-Interest-Zeitschriften gehören beispielsweise Magazine für Computer, Fotografie, Garten, Autosport oder ähnlich spezielle Interessengebiete.
Publikumszeitschriften sprechen eine breite Leserschaft an; sie dienen vor allem der Unterhaltung und Information. Zu den Publikumszeitschriften gehören unter anderem Frauen- und Modezeitschriften, Fernsehzeitschriften und Jugendzeitschriften.

3 **Inwiefern sind Fachzeitschriften aktuelle Informationsquellen? Diskutieren Sie Vor- und Nachteile des Internets gegenüber gedruckten Publikationen im Hinblick auf die Informationsbeschaffung.**

Manipulation – vorgegaukelte Realität

In den Medien wird uns ein Bild vorgegaukelt, wie die Welt sei, was die Menschen angeblich denken, glauben und meinen. Was öffentliche Meinung ist, wird uns von den Medien glaubhaft gemacht. Wir nehmen sekündlich Informationen auf und im Nachhinein können wir unmöglich nachvollziehen, woher wir diese Information bekommen haben und in welcher Form. Die Rede ist von der alltäglichen Beeinflussung der Meinung von vielen Konsumenten durch bestimmte Medien. Eher sensationsorientierte TV-Sendungen oder „billige“ unseriöse Zeitungen (Boulevardmedien) sind verantwortlich dafür, dass eher unkritische Menschen ein Bild von der Welt bekommen, das der Realität höchstens ansatzweise ähnelt. Auch Suchmaschinen können ein verfälschtes Bild erzeugen.

ARTEN VON MANIPULATION

- Manipulation durch Unternehmen, einschließlich der Werbung, Berichterstattung über politische Kampagnen im Sinne unternehmerischer Interessen
- politische Manipulation, einschließlich der Manipulation für oder gegen eine bestimmte politische Partei oder einen Kandidaten
- Skandalisierung, die etwas Außergewöhnliches gegenüber dem Normalen aufbauscht; dazu zählt die Praxis, oft aus kommerziellen Gründen besondere Nachrichten überzubetonen oder zu verzerren.
- Desinformation, die gezielt falsche, einseitige oder verzerrte Informationen streut
- Agitation und Propaganda, z. B. Angstmachen vor einem Gegner
- Die journalistische Lüge, die gut ausgewählt schon deshalb geglaubt wird, weil sie oft als Schlagzeile gedruckt ist. Eventuelle Widerrufe werden so platziert, dass sie kaum Beachtung finden.

THEMENBEREICHE

- emotional ansprechende Themen; intime Einblicke in private Erlebnisse von Persönlichkeiten
- Verbrechen, Unfälle und Naturkatastrophen

Gefühle eignen sich zur Manipulation

Sensationsgier, Neid und Missgunst, Lebenskrisen, Sexualität, Lust, Angst und Wut, Bedrohung, Ohnmachtsgefühle, Mitleid ...

- Inhalte werden in knapper Form und stark vereinfacht wiedergegeben.
- im Stil eines Werbetextes in auffordernder Sprache
- Viele Fragen werden gestellt.

→ Medieninhalte sollten immer kritisch hinterfragt werden!

1 **Sammeln Sie aktuelle Beispiele für die verschiedenen Manipulationsarten bzw. Themen, die die oben beschriebenen Gefühle erzeugen. Stellen Sie die Ergebnisse in Form einer Wandzeitung dar.**

2 **Versuchen Sie, eine Definition für den Begriff „Manipulation“ zu formulieren.**

3 **Was kann man tun, um nicht dieser gezielten Manipulation zu erliegen? Welche Strategien gibt es?**

Das Urheberrecht

Experten sprechen von einer „Endzeit der Tonträger“, da durch illegales Herunterladen aus dem Internet die Umsatzzahlen der Musikbranche drastisch gesunken sind. Die Firmen wehren sich durch strafrechtliche Verfolgung des Datenmissbrauchs. Um einer Strafanzeige möglichst zu entgehen, veranstalten User so genannte Harddrive-Partys, bei denen die Daten nicht mehr online ausgetauscht werden, sondern durch direktes Überspielen auf große Festplatten.

Die Fälle

1. Fall
Ein Schüler beschafft sich z. B. über den Link www.referate.de Unterlagen für eine Facharbeit und baut diese dort ein, ohne auf die Quelle zu verweisen.

2. Fall
Ein Schüler erstellt eine Homepage für die Schule. Er scannt eigene Zeichnungen ein, verändert diese mit einem Grafik-Programm und setzt sie auf die Internetseiten. Weiterhin schreibt er eigene Texte und lässt sich von seinen Mitschülern Texte für den Zweck geben, diese auf die Internetseiten zu stellen.

3. Fall
Ein Lehrer erstellt zusammen mit Schülern eine Schul-Homepage. Sie nehmen dazu eigene Texte. Zur Illustration nehmen sie Bilder und Fotos aus dem Internet, eine Angabe des Urhebers kann nicht erfolgen, da die Bilder nicht gekennzeichnet sind. Anschließend wird die gesamte Schul-Homepage auf CD gebrannt und an die Eltern verkauft. Auf der CD befinden sich auch einige Lern-Programme, für die die Schule eine Klassenraumlizenz hat.

4. Fall
Ein Schüler erstellt eine Homepage für seinen Sportverein. Er erstellt dazu selbst Texte, bekommt weitere Texte und Fotos von Vereinskollegen und nimmt Artikel mit Erlaubnis des Vorsitzenden aus der Vereinszeitung. Die Inhalte der Homepage wird auf CD gebrannt und gegen eine Schutzgebühr von 10,00 € an die Mitglieder verkauft.

5. Fall
Ein Computerspieler entwirft seine eigene Homepage. Im Hintergrund lässt er einige Sequenzen aus seinem Lieblingsspiel ablaufen.

6. Fall
Ein Schüler will ein Internet-Projekt über die Zeit des Zweiten Weltkriegs anfertigen. Dazu schreibt er selbst recherchierte Texte und übernimmt historische Fotos, nachdem er die Autoren um Erlaubnis gefragt hat. Am Ende der Internet-Seite möchte er auf die Gefahr durch rechtsradikalen Einfluss hinweisen. Zu diesem Zweck und zur Untermauerung seiner Meinung legt er einige Links auf Seiten mit rechtsradikalem und rassistischem Inhalt.

1 **Entscheiden Sie: rechtmäßig oder unrechtmäßig?**

2 **Welche Datenträger nutzen Sie? Geben Sie einen Überblick.**

3 **Informieren Sie sich über das Urheberrecht auf www.antipiracy.de. Ist Musikpiraterie ein Kavaliersdelikt?**

Die Projektidee: Einführungstage für neue Auszubildende

Situation: Zu Beginn des Ausbildungsjahres wurden die „Neuen“ bisher durch den Ausbilder und die Geschäftsleitung in ihren zukünftigen Aufgabenbereich eingeführt. Der Ausbildungsbetrieb will ein modernes Ausbildungskonzept einführen und die Projektkompetenz seiner Auszubildenden in den höheren Lehrjahren fördern. Als Projektidee haben die Auszubildenden des dritten Ausbildungsjahres die Aufgabe, die neuen Auszubildenden in den Betrieb einzuführen. Dazu hat die Geschäftsleitung drei Tage zur Ausarbeitung und zwei Tage zur Durchführung zur Verfügung gestellt, die nun von den Auszubildenden sowohl inhaltlich als auch zeitlich geplant werden sollen. Das Projektteam muss das Projekt dokumentieren und dazu ein Handbuch entwickeln.

Projektkompetenzen

In den letzten Jahren haben sich die Organisationsstrukturen der Unternehmen deutlich gewandelt. Arbeitsabläufe haben sich verändert und Qualitätsanforderungen sind gestiegen. Die Unternehmen suchen vermehrt Mitarbeiter mit Projektkompetenzen. Gefragt sind Mitarbeiter, die selbstbestimmtes, zielgerichtetes und ganzheitliches Lernen verinnerlicht haben und soziale sowie methodische Kompetenzen beherrschen.
Der Kompetenzbegriff umfasst zusätzlich die Forderung nach lebenslangem Lernen, sowohl für die berufliche als auch für die persönliche Entwicklung.
Projektdefinitionen ignorieren meist deren soziale Dimension: In erster Linie werden Projekte als Verfahren zur Lösung von Sachproblemen verstanden. Unerwähnt bleibt auch häufig, dass davon Menschen betroffen sind, die auf die durch das Projekt verursachten Veränderungen reagieren und damit den weiteren Verlauf beeinflussen. Konkret heißt das, dass der Erfolg des gesamten Vorhabens durch Widerstände und Konflikte infrage gestellt werden kann.

PROJEKTARBEIT

Vorteile:
- sorgfältige, methodische Problemanalyse
- neuer Blick auf alte Probleme
- Grundsatz-Lösungen, Chance zum großen Schritt nach vorn
- Nutzung des Wissens und des kreativen Potenzials der Mitarbeiter
- relativ schnelle Lösungsfindung
- Flexibilität
- i. d. R. hohes Engagement
- i. d. R. gute Akzeptanz der Ergebnisse

Nachteile:
- Planungs- und Steuerungsaufwand
- Belastung des Tagesgeschäfts
- Schnittstellen/Reibungen mit der „Linie“
- Gefahr unausgegorener Lösungen
- Überforderung des Projektteams bei Fragestellungen, die spezielle fachliche Kenntnisse erfordern
- Widerstände bei mangelnder Einbeziehung der Betroffenen; Gefahr des Scheiterns der Umsetzung
- „Projekt-Lawinen“, weil ein Projekt das nächste nach sich zieht

KICK-OFF-TREFFEN

Das Kick-Off-Meeting ist die Auftaktsitzung zu einem neuen Projekt. Die wichtigste Aufgabe ist es, einem neu beginnenden Projekt einen erfolgreichen Start zu ermöglichen. Dabei ist es notwendig, die Ziele der einzelnen Projektphasen und deren zu erwartende Resultate darzustellen. Außerdem muss der Arbeitsumfang anhand von Zeitplänen dargestellt werden. Das Kick-Off-Meeting bietet die Gelegenheit, für alle Beteiligten die konkreten Ziele, unterschiedliche Rollen und die zu vergebenden Aufgaben zu diskutieren und zu erörtern. Arbeitsaufträge für eine Schulklasse durch den Lehrer stellen auch eine Art Kick-Off-Treffen dar.

Projektthema: Einführungstage für die neuen Auszubildenden

Teilaufträge:
- Regeln für die Auszubildenden
- Einführung in die Computerhardware
- Einführung in die Unternehmenssoftware
- Fragebogen zur Selbsteinschätzung

→ Ein umfangreiches Projekt muss in realisierbare Teilbereiche aufgeteilt werden.

Situation: Das Projektteam sammelt Vorschläge für weitere Projektansätze:

- Messestand der Firma
- Website der Auszubildenden
- Führungen durch den Betrieb
- Tag der offenen Tür ...

1 **Finden Sie Projektansätze, die sich in Ihrem Ausbildungsbetrieb realisieren lassen könnten.**

2 **Veranstalten Sie als Einführungsübung ein Kick-Off-Treffen zur Planung geeigneter Teilbereiche.**

Eine Zusammenfassung wichtiger Elemente des Projektmanagements wurde von der Geschäftsleitung zusammengestellt und kann von den Auszubildenden als Hilfestellung verwendet werden.

PROJEKT

Das Projekt: Zielvorgabe
Zeitrahmen
Kostenvorgabe
Projektorganisation
- zeitlich begrenzt
- Zusammenarbeit
- vielschichtige Aufgabenstellungen
- konkrete Ziele

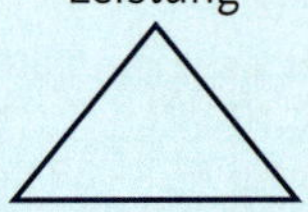

Ein Projekt ist nicht routinemäßig abwickelbar.

Interne und externe Projekte

Im Unternehmen werden von Führungsstellen interne Projekte durchgeführt. Daneben gibt es auch externe Projekte, die von einem Kunden beauftragt werden. Bei der Durchführung von Projekten gelten gesetzliche Verordnungen (DIN 69901).

Projektmanagement

Projektschritte:	Aufgaben des Projektmanagements	Erfolgsfaktoren:
1. Schritt: Informieren	Planung	Projektteam
2. Schritt: Planen	Organisation	Projektumfeld
3. Schritt: Entscheiden	Personaleinsatz	Projektauftrag
4. Schritt: Durchführen	Führung, Kontrolle	Kommunikation
5. Schritt: Bewerten		

Kompetenzbereiche der Projektarbeit

Personalkompetenz
Selbstorganisation
Persönlichkeit
Verhalten im Projektablauf

Methodenkompetenz
Informationsgewinnung und -verarbeitung
Präsentation, Dokumentation

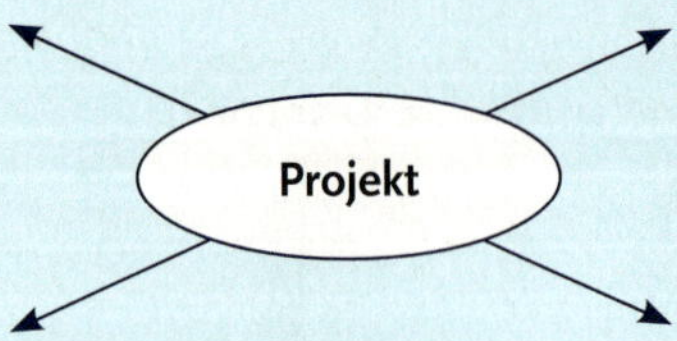

Fachkompetenz
Erwerb von grundlegenden
Kenntnissen über das zu bearbeitende Thema
Erwerb von vernetztem Strukturwissen

Sozialkompetenz
Teamarbeit
Rücksichtnahme
Verantwortung
Konfliktlösungen

Einteilung in Sektoren der Wirtschaft

Sektor

- Produktion
- Dienstleistungen
- Information
- Landwirtschaft

Einteilung in Unternehmensbereiche

Unternehmensleitung

- Beschaffung
- Leistungserstellung
- Absatz/Marketing
- Finanzierung/Rechnungswesen
- Personalwesen
- allgemeine Verwaltung

Projektauftrag

- genaue Zielsetzung
- schriftlich fixiert
- Projektteam
- Aufgabenstellung
- finanzieller Rahmen
- Termine

Projektphasen

Projektstart	**Projektgestaltung** →				
		Projektrealisierung →			
Projektdefinition – Ziele – Probleme – Potenziale	Planung – Ablauf – Verantwortungen – Strukturen	Organisation – Mittel – Methoden	Personal – Auswahl – Ausbildung	Führung – Leitung der Arbeiten	Kontrolle – Ergebnissicherung – SOLL-IST-Abgleich

Projektdefinition → Projektplanung → Projektdurchführung → Abschluss

Zeitmanagement

- Meilensteine der Projektdurchführung setzen
- Termine schriftlich fixieren
- Durchführbarkeit mit Hilfe der Netzplantechnik prüfen

Arbeitsschritte

1. Informationsgewinnung über und Auswertung von Anforderungen (Pflichten- bzw. Lastenheft)
2. Kriterien und Vorschläge als Planungsgrundlage (Kostenplanung)
3. Erstellung der Gesamtdokumentation
4. Präsentation der Projektergebnisse

„Als wir das Ziel endgültig aus den Augen verloren, verdoppelten wir unsere Anstrengungen.“
(Mark Twain)

1 **Nehmen Sie die Materialien der Geschäftsleitung über die Grundlagen des Projektmanagements zu Hilfe und führen Sie Ihre Projektidee durch.**

2 **Geben Sie den Begriff „Projekt“ in drei Sätzen wieder.**

Präsentationskompetenzen

Situation: Nachdem die Teilaufgaben der Geschäftsleitung in der Planungsphase analysiert wurden, stellt sich noch die Frage nach einer passenden Dokumentationsform.

Das Handbuch soll in folgende Punkte geglieder werden:

- Selbsteinschätzung
- Computerhardware
- Regeln
- Unternehmenssoftware

Die Mitglieder des Projektteams beraten über die geeigneten Möglichkeiten:

A: Wir sollten das Handbuch elektronisch ausführen und im Intranet für alle zugänglich machen.
B: Ja, es gibt doch Präsentationsprogramme, die nichts kosten.
A: Alle nutzen PowerPoint, wir sollten schon den Marktführer nehmen.
C: Ich finde, wir sollten z. B. die Regeln für die „Neuen“ nicht nur am PC verfügbar machen.
A: Das Hard- und Software-Thema bietet sich doch an.
B: Aber was ist, wenn der Rechner mal nicht funktioniert: Da wäre es doch nicht schlecht, wenn man ein Handbuch aus der Schublade ziehen könnte. Ich denke, wir sollten beides anbieten, aber unbedingt darauf achten, dass bei der elektronischen Ausführung nicht die Fehler gemacht werden, die häufig unerfahrenen Nutzern passieren.
A: Du meinst also: kein „Manager-Kino“, das alle langweilt.
C: Wir sollten unbedingt einige Regeln für die Nutzung von Präsentationsprogrammen in unser Handbuch mit aufnehmen.

Schafft PowerPoint ab! Roger de Weck

Weise Gedanken zu Sinn und Unsinn von PowerPoint

Der Traumberuf einer meiner Freunde ist: Karikaturist am Radio. Noch überlege er, sagt der Spaßvogel, ob er farbig oder schwarzweiß zeichnen würde. Bis auf Weiteres zählt es freilich zu den Vorzügen des Radios, dass dort Journalisten, Moderatoren und Sprecher sprechen, die keiner anderen Bilder bedürfen als der Sprachbilder. Radiomacher verlassen sich nicht nur notgedrungen, sondern auch aus Überzeugung auf die Kraft des Wortes. Das unterscheidet sie von fast allen anderen Zeitgenossen, die – sobald sie sich an ein Publikum wenden – den Drang haben, das Gesagte zu bebildern, das Gesprochene zu „visualisieren“. Doch der Todfeind aller Vorträge und sonstigen Reden ist: PowerPoint. Dieses Programm von Microsoft ist genau besehen kein Programm, sondern ein Virus, der die ganze Gesellschaft befallen und verdummt hat. Früher hatten wir die Wandtafel. Aufwändig war es, diese mit brüchiger Kreide zu beschriften. Deshalb kam nur das Wesentliche auf die schwarze Tafel: in der Form rudimentär, aber inhaltlich auf den Punkt gebracht. PowerPoint jedoch bringt nichts mehr auf den Punkt. Die wirren, unausgegorenen oder banalen Gedanken von Angebern begegnen uns in aller Pracht – bunt, blendend und blöd. Je mehr Kästchen und Pfeile auf einem Schaubild, desto verdächtiger. Oft hat der Redner einfach alles aufgeführt, was ihm in den Sinn kam, und dann alles vernetzt bzw. „verpfeilt", was zu verpfeilen war. Daraus entstehen die schönsten Schemata, die nichts besagen. Oder doch: Sie besagen, dass der Redner Eindruck machen will, indem er mit formaler Perfektion seine gedankliche Unordnung an die Wand projiziert. Das PowerPoint-Programm bietet ihm ja tausend Muster und Gliederungen, die er nur noch anklicken und ausfüllen muss – eine Einladung zum Ungefähren und Oberflächlichen. Wie schön, dass das beim Radio nicht klappt!

Wir alle sind von PowerPoint-Rednern geschädigt, und längst wissen wir: Das Ganze nützt absolut nichts. Nach dem Vortrag verschwinden die Schaubilder auf Nimmerwiedersehen, sie werden nie mehr benutzt. Zudem fördert PowerPoint das Denken in geschlossenen Denksystemen, die Borniertheit wird programmiert. Es kostet nämlich Stunden oder Tage vor dem Laptop, bis eine Präsentation steht. Doch während der Präsentation kann der Redner nichts ändern, umbauen, ergänzen, eintragen. In einem verdunkelten Raum, ohne Blick nach draußen, diskutiert man über formal Unveränderliches; kein neuer Gedanke kann in die Schemata einbezogen, das Schema selbst nicht umgestellt werden. PowerPoint ist diktatorisch. Nur wer sich davon befreit, kann kreativ werden.

Trotzdem ist diese schreckliche Software unsere ständige Begleiterin. Fast niemand mehr spricht frei in unserem „visuellen Zeitalter". Immer muss etwas an die Wand projiziert werden, selbst wenn es unleserlich, irrelevant, überflüssig oder störend ist und obendrein den Augen weh tut. Überdies kehrt mancher Redner seinem Publikum den Rücken zu, weil er auf seine Schaubilder und Pfeildiagramme starrt. Zwischen den Pfeilen finden sich runde Felder, in die ein paar Worte eingetragen werden; das sind, wie bei den Comics, die so genannten „Blasen". Wie verräterisch ist dieses Wort. Höchste Zeit, dass nach der Börsenblase und der New-Economy-Blase nun auch die PowerPoint-Blase platzt. Doch hat meines Wissens nur eine Institution PowerPoint von vornherein verboten: das Radio. Und wenn schon. Der Karikaturist im Radio ist mir immer noch lieber als jeder PowerPoint-Redner.

1 **Notieren Sie aus dem Text von de Weck fünf Vorteile einer PowerPoint-Präsentation.**

2 **Filtern Sie aus dem Artikel ohne jede Polemik die Hauptargumente gegen PowerPoint.**

3 **Erstellen Sie einen Überblick über Alternativen zu PowerPoint. Warum gibt es kostenlose (Open Source) Präsentationssoftware?**

4 **Fertigen Sie in Gruppenarbeit eine Anleitung zur angemessenen Nutzung von Präsentationsprogrammen an.**

5 **Nutzen Sie ein Präsentationsprogramm, um ein Gedicht, z. B. von Goethe, modern zu präsentieren. Verwenden Sie Bilder zur Präsentation.**

Teamkompetenzen

Wie in jeder Gruppe durchlaufen die Team-Mitglieder verschiedene Phasen. Die Dauer dieser Phasen kann unterschiedlich lange sein und hängt vor allem von der Erfahrung der Mitarbeiter und der Aufgabenstellung ab. **(→ „Projekte bewerten“, S. 226 f.)**

Teamentwicklungsuhr Dieter Kassner

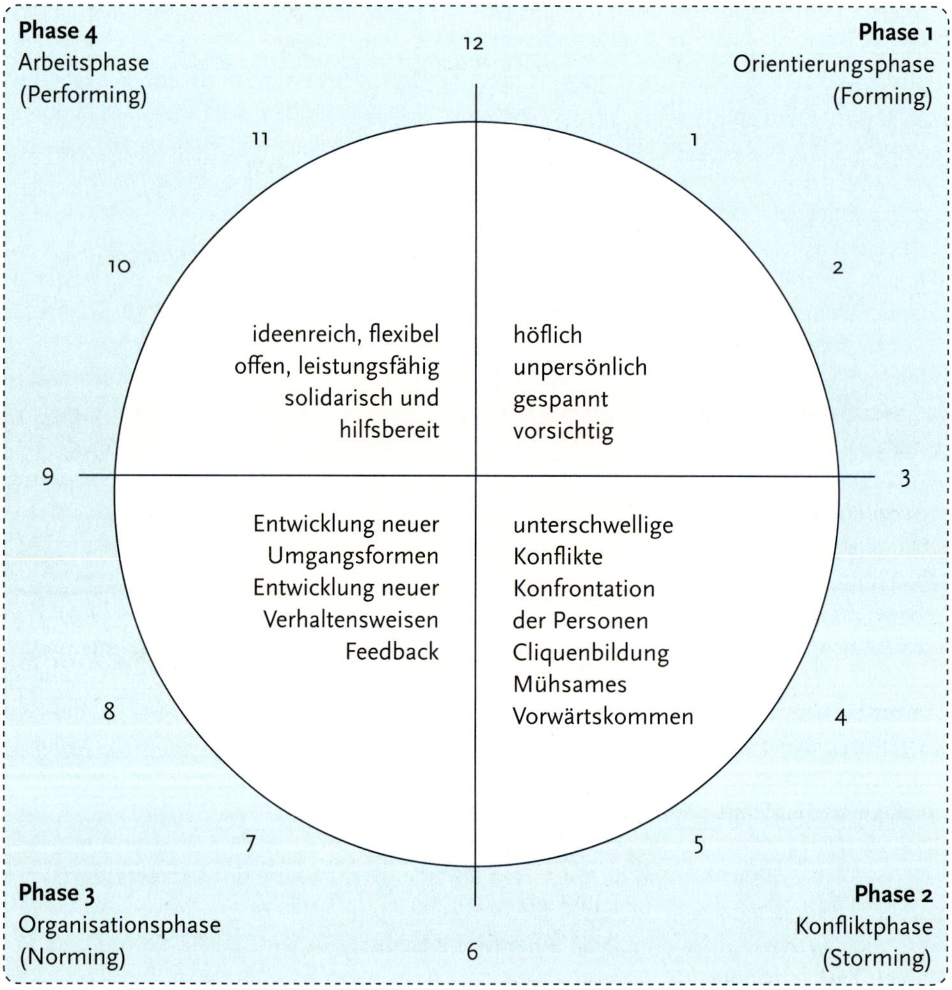

Bei der Arbeit in Gruppen muss eine Ausgewogenheit zwischen den individuellen Bedürfnissen und Fähigkeiten der einzelnen Mitglieder herrschen. Der Erfolg der Projektarbeit hängt davon ab, wie gut die Gegensätze in der Gruppe ausgeglichen werden können.

1 **Welche Hindernisse können bei der Projektarbeit auftreten?**

2 **Ist Gruppenarbeit effektiver als Einzelarbeit?**

Konfliktmanagement

Signale für einen Konflikt sind vor allem durch einen aggressiven Kommunikationsstil und Passivität bei der Projektdurchführung zu erkennen. Konflikte müssen möglichst konstruktiv, zeitnah und von allen Teammitgliedern beseitigt werden, um eine möglichst gute Arbeitsleistung erzielen zu können. Grundlegende Kenntnisse über Kommunikationsprozesse und Konfliktlösungen sind für das Gelingen eines Projekts wichtige Voraussetzungen.

PROBLEME IM PROJEKT-TEAM LÖSEN

- Quantität geht vor Qualität – je mehr Ideen gefunden werden, desto größer ist die Chance, dass eine wertvolle Anregung darunter ist.
- Die Ideensuche und die Ideenkritik sollten voneinander getrennt werden. Deshalb sollte bei der Ideensuche keine Kritik und Bewertung erfolgen.
- Ideen sollten nur kurz beschrieben werden, um sie nicht zu zerreden.
- Sie sollten Killerphrasen vermeiden, wie z. B. „Daraus wird nie etwas!“, „Das geht nicht, weil ...!“ u. a.
- Sie sollten die Bedeutung von Begriffen klären, damit es zu keinen unterschiedlichen Deutungen in der Gruppe kommen kann.
- Halten Sie die Diskussionsordnung ein. (→ **„Diskussionen führen – Gesprächsregeln einhalten“, S. 228 f.)**

1 **Stellen Sie Regeln für eine erfolgreiche Kommunikation auf.**

2 **Entwerfen Sie „Spielregeln“ für einen erfolgreichen Umgang mit Konflikten in einem Projekt-Team.**

3 **Erstellen Sie eine Kurzpräsentation über die Kosten Ihres Projekts.** **(→ „Referate/Vorträge halten“, S. 210 f.)**

4 **Die ersten Meilensteine sind erreicht, verfassen Sie einen Bericht für die Presse.** **(→ „Berichten“, S. 212 f.)**

5 **Angaben zur geplanten Projektdokumentation (Netzwerkerstellung an einem Messestand). Ordnen Sie ...**

Probleme/Problemlösungen während des Projekts, Inhaltsverzeichnis, Ist-Analyse, Soll-Anforderung, Planung, Deckblatt, Installation auf dem Messegelände, Überprüfung der Komponenten, Konfiguration der aktiven Netzwerkkomponenten, Organisation Meetingprotokolle und Skizzen, Installation und Demonstration

Informationsbeschaffung
Um einen möglichst großen Fundus an Informationen anlegen zu können, sollte man sich immer mehrerer Quellen bedienen. Das Internet bietet oftmals eine unüberschaubare Fülle an Informationen, daher sollten auch Fachbücher oder -zeitschriften als Quelle dienen. In mehrbändigen Lexikonausgaben findet man oft eine Struktur über Einzelthemen, die auf das jeweilige Projekt vom Umfang her angepasst werden müssen. Die Expertenbefragung stellt eine wichtige Methode dar, um die Erfahrungen von Spezialisten zu nutzen. Die Recherchen für die einzelnen Teilbereiche werden meist in Einzelarbeit durchgeführt und müssen dann in der Projektdurchführung aufeinander abgestimmt werden. Dazu dienen Meetings und die Kontrolle durch die Teammitglieder oder den Projektleiter.

Die Aufmachung (Lay-out)
Das Erscheinungsbild ist sehr wichtig und sollte daher einheitlich mit den anderen Projektteilnehmern hinsichtlich der Formatierungen wie z. B. Schriftgröße und Schriftart abgestimmt werden. Die Darstellung der Arbeit sollte aus „einem Guss" sein. Bevor man seine Dokumentation oder Ausarbeitung abgibt, ist es oft hilfreich, wenn man eine nicht am Projekt beteiligte Person zum Korrekturlesen mit einbezieht (Rückmeldung über die logische Stimmigkeit, Tippfehler).

Schriftliche Ausarbeitung/Ergebnisdokumentation

Teile einer schriftlichen Dokumentation

- Deckblatt
- Vorwort
- Inhaltsverzeichnis
- Textteil
- Abbildungsverzeichnis
- Literaturverzeichnis

→ Der Umfang hängt vom jeweiligen Projekt ab.

DECKBLATT

Folgende Elemente sollten enthalten sein:
- Projektthema
- Verfasser
- Art der Arbeit
- Auftraggeber
- Ort, Jahr

VORWORT

Ein Vorwort ist nur erforderlich, wenn Sie kurz beschreiben wollen, warum Sie sich mit diesem Thema beschäftigen und welche Bedeutung es für Sie hat.

INHALTSVERZEICHNIS

Der Ausschnitt eines Inhaltsverzeichnisses zu „Ein Aufklärungsprojekt: Rauchen" kann wie folgt aussehen:

1 Einleitung 2
2 Rauchen aus verschiedenen Perspektiven betrachtet 3
  2.1 Gesellschaftliche Aspekte 3
  2.1.1 Duldung des Rauchens an öffentlichen Plätzen 4
  2.1.2 Schafft Rauchen soziale Bindungen? 5
  2.2 Wirtschaftliche Aspekte 5
  2.2.1 Ausfall der Einnahmen aus der Tabakindustrie 6
  2.2.2 Rückgang der Einnahmen in Restaurants und Gaststätten bei Rauchverbot 6
3 ...

TEXTTEIL

Der Textteil ist der zentrale Bestandteil Ihrer Projektdokumentation. Er besteht in der Regel aus einem dreigliedrigen Aufbau:

1. Einleitung:
Hier erfolgt die Hinführung zu den grundlegenden Fragestellungen Ihres Projekts. Diese werden erläutert und ihre Bedeutung aufgezeigt. Außerdem erfolgt eine kurze Darstellung der Abfolge des Inhalts und der Bedeutung der einzelnen Kapitel. Auch können Sie darstellungstechnische Hinweise geben.

2. Hauptteil:
Der Aufbau des Hauptteils Ihrer Arbeit hängt stark vom Thema Ihres Projektes ab. Häufig will man mit einem Projekt etwas Neues herausfinden und führt deshalb eine empirische Untersuchung durch. Dann könnte der Hauptteil wie folgt gegliedert werden:

- Forschungsstand/Theorieteil: Sie geben eine kurze Übersicht über die vorliegende Forschung zum Thema. Außerdem erfolgt eine theoretische Begriffserklärung sowie eine Einordnung und Erläuterung der Fragestellung des Projekts.
- Untersuchungsgegenstand: Sie beschreiben, worauf sich Ihre Untersuchung bezieht. Hier erläutern sie auch, welches Untersuchungsmaterial Sie benutzen, und begründen diese Auswahl.
- Untersuchungsmethoden: Sie beschreiben das methodische Vorgehen und begründen die Wahl der von Ihnen verwandten Untersuchungsmethoden.
- Untersuchungsergebnisse: Sie zeigen die Ergebnisse der Untersuchung auf und diskutieren sie.

3. Schluss:
Hier fassen Sie kurz Ihre gesamte Arbeit von der Fragestellung bis zu den gewonnenen Ergebnissen zusammen. Sie können Empfehlungen aufgrund Ihrer gewonnenen Erkenntnisse aussprechen und einen Ausblick auf weiterführende Untersuchungen und Überlegungen geben.

LITERATURVERZEICHNIS

Das Literaturverzeichnis ist ein zentraler Bestandteil von wissenschaftlichen Texten, wozu auch die Dokumentation Ihrer Projektarbeit gehört. Es wird im Anschluss an die übrigen Verzeichnisse, aber vor einem evtl. Anhang angeordnet. Im Literaturverzeichnis müssen Sie alle literarischen Materialien aufführen, die Sie in der Projektdokumentation verwendet haben. Jeder nachweislich berücksichtigte Titel ist mit allen bibliografischen Angaben in das Literaturverzeichnis aufzunehmen.
Das Literaturverzeichnis wird alphabetisch nach den Nachnamen der Autoren erstellt. Maßgebend ist bei mehreren Autoren eines Werkes der Nachname des ersten angegebenen Autors. Führen Sie von einem Autor mehrere Werke mit unterschiedlichem Erscheinungsdatum auf, ordnen Sie diese chronologisch (älteste Arbeit zuerst) an. (Bei der Erfassung der Werke gibt es mehrere alternative Formen.)

Buch: Name, Vorname (Erscheinungsjahr, ggf. Auflage): Titel. Verlagsort: Verlag Erscheinungsjahr.

Zeitschrift: a) Name, Vorname (Erscheinungsjahr): Titel. In: Reihe, Band. Verlagsort: Verlag Erscheinungsjahr.
b) Name, Vorname: Artikelüberschrift; in: Titel der Zeitschrift. Jahrgang, Ausgabe. Seitenzahl

Internet: Autor: Titel (Erscheinungsjahr), genaue URL, (Aufrufdatum)

Wichtig ist die Einheitlichkeit der Angaben!

ABBILDUNGSVERZEICHNIS

Enthält Ihre Arbeit Tabellen, Schaubilder und Diagramme, die fortlaufend nummeriert sind, fassen Sie diese zu einem Abbildungsverzeichnis zusammen. Den Text unter den Abbildungen übernehmen Sie in das Verzeichnis und geben die entsprechende Seitenzahl an. Dadurch sind eine bessere Übersicht über Ihre Abbildungen und ein schnelleres Auffinden möglich.

1 **Stellen Sie Ihre Arbeitsergebnisse (Planung der Einführungstage) vor der Klasse dar.**

2 **Bewertung der Dokumentation: Nehmen Sie zur Beurteilung das Bewertungsraster aus Kapitel 5 (S. 227) zu Hilfe.**

3 **Erstellen Sie einen Fragebogen, mit dem die Wirksamkeit Ihres Projektergebnisses überprüft werden kann. (→ „Umfragen durchführen und auswerten“, S. 264 f.)**

PROJEKTABSCHLUSS

Am Ende eines Projekts steht die Darstellung des Ergebnisses in Form einer Präsentation vor einem Entscheidungsgremium. Die drei Auszubildenden stellen die Ergebnisse vor der Geschäftsleitung dar. Die Wirksamkeit des Projektergebnisses kann bei der Durchführung der Einführungsveranstaltung mit Hilfe eines Fragebogens abgefragt werden.

GLOSSAR

Angebot: Beschreibung der von dem Anbieter vorgesehenen Lieferungen und Leistungen mit Preisangaben, Zahlungs- und Lieferbedingungen sowie Geltungsdauer
Arbeitspaket: kleinste Tätigkeitseinheit, die steuerbar ist und einem Verantwortlichen zugeordnet werden kann
Auftraggeber: extern: Kunde des Unternehmens; intern: Unternehmenseinheit oder Unternehmensleitung, die den Auftrag gibt
Auftragskalkulation: Ermittlung der voraussichtlich kostenwirksamen Auftragsleistungen und ihre Bewertung
Balkendiagramm: Variante des Ablaufplans, der Pakete in Form von Balken darstellt
Bottom-up: Methode zur Erstellung eines Strukturplans; dabei werden die Arbeitspakete festgestellt und anschließend in Gruppen zusammengefasst
Coaching: externe Beratung während der Arbeitsphasen
Gewährleistungsanspruch: vertraglicher oder gesetzlicher Rechtsanspruch auf eine Leistung zur Behebung eines geltend gemachten Mangels
Informationsmanagement: Beschaffung und sachgerechte Bereitstellung wichtiger Informationen
Informationssystem: System, das bestimmt, wie Informationen an entsprechende Adressaten gelangen
Ist-Analyse: ausführliche Bestandsaufnahme der vorhandenen Ausgangssituation
Kick-Off-Meeting: erstes Treffen (mit gesamtem Projektteam), bei dem die Projektbedingungen vorgestellt werden
Kritischer Weg ist im Netzplan die Kette der Arbeitspakete, die keine Puffer beinhaltet; d. h., verzögert sich hier ein Arbeitspaket, rückt das Projektende automatisch nach hinten.
Lastenheft: Ansprüche des Auftraggebers für das bestellte Produkt
Meilenstein: Fertigstellung eines Projektabschnitts/Teilprojekts oder ein Ereignis mit besonderer Bedeutung
Netzplan zeigt die zeitlichen Abhängigkeiten von Arbeitspaketen und -vorgängen.
Pflichtenheft: vom Auftragnehmer erarbeitete Realisierungsvorgaben aufgrund der Umsetzung des vom Auftraggeber vorgegebenen Lastenheftes
Projekt ist ein einmaliges Vorhaben, das die Merkmale Zielorientierung, Abgrenzung gegenüber anderen Vorhaben, Begrenzung personeller, finanzieller oder sonstiger Art, einen zeitlichen Rahmen und eine spezifische Organisation beinhaltet.
Projektablaufplan: eine als Balkendiagramm oder Netzplan gestaltete Darstellung des Teilplans (Ablauf- und Terminplanung)
Projektauftrag: rechtsverbindlicher Auftrag, der die Projektziele beinhaltet
Projektdokumentation beinhaltet alle Dokumente, die im Laufe des Projekts erstellt wurden.
Projektmanagement: Projekte werden durch spezifische Projektmanagementinstrumente zielorientiert vorbereitet, geplant, gesteuert dokumentiert und überwacht.
Projektphasen: definierte Teilabschnitte von Projekten (z. B. Definition, Planung ...)
Projektziele: Anforderungen, die der Projektauftrag und das Lastenheft beinhalten; es wird zwischen Sach-, Zeit- und Kostenzielen unterschieden.
Puffer: Zeitreserve, die zwischen zwei Arbeitspaketen besteht
To-Do-Liste: In einer Abarbeitungsliste wird festgestellt, welche Aufgaben zu erledigen sind, wer dafür verantwortlich ist und bis wann es erledigt sein muss.
Vergleichsangebot: Angebot, das zu Vergleichszwecken eingeholt wird
Vorgangsknoten ist ein Begriff für Arbeitspaket in einem Netzplan; er beschreibt Inhalte zur Dauer, zu den Puffern und zum frühesten bzw. spätesten Anfangs- und Enddatum eines Arbeitspaketes.

Ich mache mich selbstständig

Eine der eindrucksvollsten Erfinder- und Gründerkarrieren ist die von Artur Fischer. Er machte 1948 eine kleine Werkstatt auf und tüftelte und erfand ohne Pause. Der Dübel, der Fischer-Dübel, ist sein Werk. Aber er erfand auch *fischertechnik*, das berühmte Konstruktionsspielzeug. Auf diesen Unternehmer-Erfinder gehen 1800 Erfindungen und 3300 Schutzrechte zurück. Heute ist die Fischer-Gruppe, geführt von Sohn Klaus Fischer, ein Global Player. 3400 Mitarbeiter in 19 Ländern erwirtschaften einen Umsatz von 400 Millionen Euro. Das Unternehmen produziert immer noch Dübel und alles rund um die Befestigungstechnik, aber auch Komponenten für Automobilhersteller in der ganzen Welt. Eine Erfolgsgeschichte.

Situation: Nach Abschluss einer soliden Berufsausbildung ergibt sich für nicht wenige die Überlegung, sich mit einem eigenen Unternehmen eine Existenz aufzubauen. Eigenes Restaurant? Internetshop? Reparaturdienst? Organisationsservice? Schreibbüro? Kunstgeschäft? ... Aber wie geht das?

Aufgabe: Umreißen Sie nach einem kurzen Brainstorming Ihre Geschäftsidee.

Formulieren Sie einen zündenden Geschäftsnamen. Berücksichtigen Sie dabei, dass der Name einprägsam und noch nicht vergeben sein soll.

Habe ich Fähigkeiten für eine Existenzgründung?

Fähigkeit	stark	mittel	schwach
Selbstvertrauen	?	?	?
Fähigkeit zur Selbstmotivation	?	?	?
Fähigkeit zur Selbstkritik	?	?	?
Mut, Risikobereitschaft	?	?	?
Ausdauer	?	?	?
Arbeitswille	?	?	?
Offenheit für Neues, Innovationsfähigkeit	?	?	?
Leistungsorientierung	?	?	?
Entscheidungsfreudigkeit	?	?	?
Bereitschaft, Pflichten zu erfüllen	?	?	?
Fähigkeit, Frustrationen zu ertragen	?	?	?
Zielstrebigkeit, Ergebnisorientierung	?	?	?
Konzentrationsfähigkeit	?	?	?
Fähigkeit, Wichtiges von Unwichtigem zu unterscheiden	?	?	?
Lernbereitschaft	?	?	?
Flexibilität, Anpassungsfähigkeit	?	?	?
Organisationsfähigkeit	?	?	?
Kontaktfreudigkeit und -fähigkeit	?	?	?
Teamfähigkeit	?	?	?
Fähigkeit, Mitarbeiter zu motivieren und zu führen	?	?	?
Konfliktfähigkeit	?	?	?
Durchsetzungskraft	?	?	?
Einfühlungsvermögen	?	?	?
Belastbarkeit, Gelassenheit in Stresssituationen	?	?	?
Reflexionsfähigkeit	?	?	?
Umsetzungsstärke	?	?	?
sicheres und sympathisches Auftreten	?	?	?
Vertrauenswürdigkeit	?	?	?

1 **Beantworten Sie den Fragebogen und beraten Sie sich wechselseitig mit Ihrem Nachbarn über Ihre Eignung.**

2 **Veranschaulichen Sie das Ergebnis der Klassenbefragung grafisch an der Tafel.**

Existenzgründung: „80 : 20-Regel“
Das heißt, nur in 20 von 100 Fällen gestaltet sich die Gründung so ideal wie gewünscht.

Frauen gründen anders als Männer

Rund ein Drittel aller Existenzgründer sind heute Frauen. Genau wie bei Männern auch erfolgen die meisten Neugründungen im Handel. Wenn es jedoch um Dienstleistungen geht, liegen Frauen vorn. Die höchste Frauenquote findet sich mit rund 70 % im Gesundheits-, Veterinär- und Sozialwesen.

Mit über 80 % ist das Einzelunternehmen die von Frauen am häufigsten gewählte Rechtsform. Rund 30 % von ihnen starten im Nebenerwerb. Dafür gibt es ganz handfeste Gründe: Der Anteil der Doppelbelastung durch Beruf und Familie ist bei Frauen einfach immer noch größer als bei Männern.

Frauen verfügen in der Regel auch über weniger Startkapital. Mehr als die Hälfte beginnt mit einem Eigenkapital von unter 25.000,00 €. Das liegt nicht nur daran, dass Frauen generell immer noch schlechter bezahlt werden als Männer, sondern auch daran, dass sie auch seltener aus einer angestellten Führungsposition heraus starten.

Das Wachstum des neu gegründeten Unternehmens spielt für Frauen keine so große Rolle wie für Männer. Nicht nur, dass sie es sich nicht leisten können, wegen familiärer Verpflichtungen lange Arbeitszeiten in Kauf zu nehmen – häufig wollen sie das auch gar nicht. Speziell wenn sie im Nebenerwerb arbeiten, setzen sie sich häufig für ihren zeitlichen Einsatz ein Limit und verzichten dabei lieber auf einen größeren wirtschaftlichen Erfolg.

Frauennetzwerke bringen Existenzgründerinnen große Vorteile, werden aber trotzdem nicht sehr häufig von ihnen genutzt. Viele der Informationen, die inzwischen speziell für Gründerinnen bereitgestellt werden, unterscheiden sich kaum oder gar nicht von allgemeinen Gründerinformationen. Die Ursache ist einfach: Die Grundregeln der Wirtschaft sind eben doch für alle gleich.

1 **Fassen Sie die Kernaussagen in vollständigen Aussagesätzen zusammen. Vermeiden Sie dabei die Wiedergabe von Zahlendetails.**

Soll ich den Sprung in die Selbstständigkeit wagen?

1 **Notieren Sie stichpunktartig mögliche Aspekte in beiden Argumentationsrichtungen.**

Vorteile	Nachteile
• eigenverantwortliches Handeln	• hohes Risiko und hohe Verantwortung
• ...	• ...

2 **Formulieren Sie auf der Grundlage der Pro- und Kontra-Argumente eine eigene Meinung.**
(→ „Argumentieren“, S. 236 f.)
Diskutieren Sie einzelne Synthesen im Klassenverband.

Schon beim Start lassen sich meist die Sieger erkennen – diese Faustregel bewahrheitet sich nicht nur im Sport immer wieder. Laut einer Gründerstudie in München und Oberbayern gibt nach vier Jahren jeder zweite Existenzgründer auf – die Ursachen sind häufig schlechte Vorbereitung und vermeidbare Anfängerfehler. Zur Selbstständigkeit gehört neben Mut und einer guten Idee eben auch die richtige Strategie.

Der Businessplan

Situation: **Projekt: Gründung eines Online-Handels für Fahrräder und Zubehör: INTERMountainbikeSHOP**

Sie haben Ihre Ausbildung zum Zweiradmechaniker erfolgreich abgeschlossen. Ihr großes Hobby ist das Fahrradfahren. Vor allem im Bereich des Mountainbikes fühlen Sie sich wie zu Hause. In Ihnen ist die Idee gereift, sich eine spezialisierte Internet-Plattform aufzubauen, weil Sie sich auch im Umgang mit dem Computer recht gewandt fühlen. Sie können Ihre bisherige Tätigkeit in Teilzeitform weiterführen, auch hat Ihr Chef keine Einwände gegen Ihre Pläne.

Sie haben erfahren, dass die Ausarbeitung eines Businessplanes unumgänglich ist.

DER BUSINESSPLAN

Von der Idee zum Erfolg

Wer sich beruflich selbstständig machen will, braucht zunächst eine Erfolg versprechende Geschäftsidee. Aber die Idee allein reicht nicht aus. Jede Gründung benötigt außerdem einen ausgefeilten Plan, wie diese Idee erfolgreich in die Tat umgesetzt werden kann. Dieser Plan muss alle Faktoren berücksichtigen, die für Erfolg oder Misserfolg entscheidend sein können. Er ist die Regieanweisung für den Existenzgründer, die sein weiteres Vorgehen bestimmt. Je nach Vorhaben und Branche werden an einen Businessplan unterschiedliche Ansprüche gestellt: Wer ein kapitalintensives Science-Unternehmen gründet, muss selbstverständlich bestimmte Inhalte wesentlich umfangreicher darstellen als derjenige, der einen Kurierservice betreiben will.

Aufbau eines Businessplans

- Deckblatt
- Inhaltsverzeichnis
- Unternehmensgegenstand
- Lebenslauf des Gründers

INTER*Mountainbike*SHOP

Businessplan für die Gründung eines Internethandels für Fahrradzubehör

ausgefertigt von
Ronny Renner
Bergstraße 99
77777 Großstadt

in Zusammenarbeit mit
Diplomkaufmann
Edgar Kohle
Sorglosallee 100

INHALTSVERZEICHNIS

1. Zusammenfassung
2. Geschäftsidee/Unternehmensgegenstand
3. Produkt/Dienstleistung
4. Marktübersicht
5. Marketing
6. Unternehmensorganisation
7. Chancen und Risiken
8. Finanzierung
9. Lebenslauf

(Vorschlag)

Checkliste für die Erstellung eines Businessplanes

1. Zusammenfassung

Name des zukünftigen Unternehmens?
Name(n) des/der Gründer(s)?
Was wird Ihr Unternehmen anbieten? Was ist das Besondere daran?
Welche Kunden kommen für Ihr Angebot infrage? Wie soll Ihr Angebot Ihre Kunden erreichen?
Welchen Gesamtkapitalbedarf benötigen Sie für Ihr Vorhaben?
Wann wollen Sie mit Ihrem Vorhaben starten?

2. Geschäftsidee/Unternehmensgegenstand

Was ist der Zweck Ihres Vorhabens?
Was ist das Besondere an Ihrer Geschäftsidee?
Was ist Ihr kurz- und langfristiges Unternehmensziel?

3. Produkt/Dienstleistung

Welches Produkt/welche Leistung wollen Sie herstellen bzw. verkaufen?
Was ist das Besondere an Ihrem Angebot?
Start der Produktion/Dienstleistung?
Entwicklungsstand Ihres Produktes/Ihrer Leistung?
Welche Voraussetzungen müssen bis zum Start noch erfüllt werden?
Wann kann das Produkt vermarktet werden?
Welche gesetzlichen Formalitäten (z. B. Zulassungen, Genehmigungen) sind zu erledigen?

4. Marktübersicht

Kunden

Wer sind Ihre Kunden? Wo sind Ihre Kunden?
Wie setzen sich die einzelnen Kundensegmente zusammen (z. B. Alter, Geschlecht, Einkommen, Beruf)?
Welches kurz- und langfristige Umsatzpotenzial ist damit verbunden?
Welchen Nutzen hat Ihr Angebot für potenzielle Kunden?

Konkurrenz

Gibt es andere Entwicklungen in „Ihrer" Richtung?
Wer sind Ihre Konkurrenten? Was kosten Ihre Produkte bei der Konkurrenz?
Welche Stärken haben Sie gegenüber dem Angebot der Konkurrenz?
Welche Schwächen haben Sie gegenüber Ihrem wichtigsten Konkurrenten?
Wie können Sie diesen Schwächen begegnen?

Standort

Wo bieten Sie Ihr Angebot an? Warum haben Sie sich für diesen Standort entschieden?
Welche Nachteile hat der Standort? Wie können Sie diese Nachteile ausgleichen?

5. Marketing

Preis

Welche Preisstrategie verfolgen Sie und warum (Hochpreis, Niedrigpreis)?
Zu welchem Preis wollen Sie Ihr Produkt/Ihre Leistung anbieten?
Welche Kalkulation liegt diesem Preis zugrunde?

Vertrieb

Welche Absatzgrößen steuern Sie in welchen Zeiträumen an? Welche Zielgebiete steuern Sie an?
Welche Vertriebspartner werden Sie nutzen? Welche Kosten entstehen durch den Vertrieb?

Werbung

Wie erfahren Ihre Kunden von Ihrem Produkt/Ihrer Dienstleistung?
Welche Werbemaßnahmen planen Sie wann?

6. Unternehmensorganisation und Unternehmensführung

Gründerpersonen

Welche Qualifikationen/Berufserfahrungen und ggf. Zulassungen haben Sie? Über welche Branchenkenntnisse verfügen Sie? Über welche kaufmännischen Kenntnisse verfügen Sie?
Welche besonderen Stärken gibt es? Welche Defizite gibt es? Wie werden sie ausgeglichen?

Rechtsform

Für welche Rechtsform haben Sie sich entschieden und aus welchen Gründen?

Organisation

Wer übernimmt welche Aufgaben im Unternehmen?

Mitarbeiter

Wann bzw. in welchen zeitlichen Abständen wollen Sie wie viele Mitarbeiter einstellen?
Welche Qualifikationen sollten Ihre Mitarbeiter haben?

7. Chancen und Risiken

Welches sind die drei größten Chancen bzw. wichtigsten Probleme für die weitere Entwicklung Ihres Unternehmens?

8. Finanzierung

Kapitalbedarfsplan/private Ausgaben/Einnahmen/Finanzierungsplan/Ertragsvorschau/Rentabilitätsrechnung

1 **Erstellen Sie einen Businessplan für das von Ihnen konzipierte Unternehmen. Wählen Sie anhand der Checkliste die für Sie relevanten Fragestellungen aus. (Den Punkt „Finanzierung" führen Sie je nach Bedarf aus.)**

Situation: **Zusammenfassung/Geschäftsidee**

Die Geschäftsgründung *InterMountainbikeShop* wird sich mit dem Verkauf von Fahrrädern und Zubehörteilen befassen. Sie konzentriert sich dabei auf die Kategorie Mountainbike. Der Bereich Fahrradbekleidung wird komplett ausgespart.
Das Warensortiment wird auf einer zu erstellenden Homepage angeboten.
Auch Bestellung und Vertrieb erfolgen ausschließlich über das Internet.
Zunächst wird der Schwerpunkt auf ein allumfassendes Zubehörsortiment für das Mountainbike gelegt. Bei günstiger Geschäftsentwicklung wird eine Erweiterung der derzeit begrenzten Lagermöglichkeiten angestrebt, um auch verstärkt Fahrräder in das Programm aufnehmen zu können.

Äußere Form des Businessplans

- *Achten Sie auf eine saubere äußere Form (PC!!!).*
- *Schreiben Sie in überschaubaren Sätzen.*
- *Passen Sie den Umfang dem Volumen der Neugründung an.*
- *Lebenslauf des Gründers*

1 **Gestalten Sie einen auf den Businessplan zugeschnittenen Lebenslauf. Auf welche Informationen wird ein Begutachter erhöhtes Augenmerk legen? (→ „Lebenslauf", S. 244 f.)**

Schriftverkehr – ein unumgängliches Muss für Geschäftsgründer

Ich präsentiere meine Geschäftsidee

Kein Geld ohne Businessplan! Dies ist eine einfache Botschaft für Existenzgründer, die sich um einen Kredit bemühen. Viele Gründungen scheitern an der Tatsache, dass Geldgeber nicht von der Geschäftsidee überzeugt werden konnten. Ein wohlüberlegter Brief an Banken kann sehr hilfreich sein.

1 **Formulieren Sie auf der Grundlage Ihres Businessplanes ein Schreiben an Banken mit der Bitte um eine Kreditunterstützung für Ihre neue Existenz. Dabei geht es selbstverständlich noch nicht um einen Vertragsabschluss, sondern darum, die Investitionsbereitschaft eines Kreditgebers zu wecken.**

Ich kommuniziere mit Behörden

Auch im Schriftverkehr mit Institutionen müssen formale Regeln beherrscht werden.

An das Finanzamt
80335 München
Deroystraße

Datum: 1.02.2009

Sehr geehrte Damen und Herren,
Erfassung meines Gewerbebetriebes

ich habe am 2.11.2008 beim Kreisverwaltungsreferat der Stadt München mein Gewerbe angezeigt. Bis heute habe ich noch keinen Fragebogen zur steuerlichen Erfassung, deshalb bitte ich Sie unmittelbar, mir diesen zuzuleiten.

Viele Grüße
Unterschrift

1 **Bringen Sie das vorliegende Schreiben in eine normgerechte äußere Form. (→ „Geschäftsbriefe schreiben", S. 242 f.)**

ERFORDERLICHE ANMELDUNGEN FÜR GEWERBLICHE TÄTIGKEITEN

1. Gewerbeanmeldung
2. Finanzamt
3. Handelsregister (Unternehmensregister)
4. Berufsgenossenschaft
5. Agentur für Arbeit
6. Krankenkasse und Sozialversicherung
7. Versorgungsunternehmen

Nach der Gewerbeanmeldung erfolgen Anmeldungen teilweise automatisch!

1 **Recherchieren Sie, ob für Ihr Unternehmen ein Eintrag in das Handelsregister (Unternehmensregister) möglich – sinnvoll – notwendig ist. (→ „Informationsquellen nutzen", S. 218 f.)**

BESONDERE GENEHMIGUNGSPFLICHTEN

a) **Handwerk**
- seit 2004 „Meisterzwang" auf 41 zulassungspflichtige Handwerke beschränkt
- 53 Handwerke zulassungsfrei
- auch in zulassungspflichtigen Handwerken Selbstständigkeit für Gesellen mit 6-jähriger Berufserfahrung möglich (6 Ausnahmen)

b) **Einzelhandel**
- für verschiedene Handelsbereiche besondere Sachkundenachweise erforderlich

c) **Gaststätten und Hotels**
- Erlaubnis vom Gewerbeamt erforderlich, erhältlich bei IHK nach eintägiger Unterweisung

2 **Untersuchen Sie, welche Genehmigung(en) Sie für Ihr Vorhaben benötigen.**

Die richtige Rechtsform

Eine Rechtsform ist wie ein festes Gerüst für Ihr Unternehmen. Sie können zwischen verschiedenen Rechtsformen die passende auswählen. Je nach Wahl hat dies unterschiedliche rechtliche, steuerliche und finanzielle Folgen. Sie sollten daher auf jeden Fall Ihren Steuerberater und Anwalt in die Entscheidung mit einbeziehen. Klar ist: Es gibt weder die optimale Rechtsform noch die Rechtsform auf Dauer, denn mit der Entwicklung des Unternehmens ändern sich auch die Ansprüche an dessen Rechtsform.

1 **Stellen Sie die infrage kommenden Rechtsformen kurz vor. Benutzen Sie dafür Ihnen zur Verfügung stehende Recherchemöglichkeiten. (→ „Informationsquellen nutzen", S. 218 f.)**

2 **Geben Sie aufgrund Ihrer im Businessplan formulierten Ziele eine Empfehlung für eine Rechtsform. Berücksichtigen Sie dabei die in der Grafik auf der nächsten Seite angeführten Aspekte.**

3 **Seien Sie kreativ und formulieren Sie einen Firmennamen, der auch die von Ihnen gewählte Rechtsform beinhaltet. Informieren Sie sich über grundsätzliche Möglichkeiten der Namensgestaltung: Personenfirma – Sachfirma – Fantasiefirma.**

Limited

KG

10 Aspekte
- unternehmerische Unabhängigkeit
- Haftung
- Höhe des Gründungskapitals und Gründungskosten
- Kapitalbeschaffung
- steuerliche Aspekte
- Image
- notwendige Formalitäten
- vorgeschriebene Buchführung
- Eintrag ins Unternehmensregister/Publizitätspflicht
- Prüfpflicht

Einzelunternehmen

GmbH

OHG

GbR oder BGB-Gesellschaft

Umgehen mit schwer verständlicher Sprache – Gesetzestexte und Fachsprache

Es hilft nichts! Wer sich selbstständig macht, muss sich durch schwer verständliches Juristendeutsch quälen.

Handelsgesetzbuch HGB

§ 1

(1) Kaufmann im Sinne dieses Gesetzbuchs ist, wer ein Handelsgewerbe betreibt.

(2) Handelsgewerbe ist jeder Gewerbebetrieb, es sei denn, dass das Unternehmen nach Art oder Umfang einen in kaufmännischer Weise eingerichteten Geschäftsbetrieb nicht erfordert.

§ 2

Ein gewerbliches Unternehmen, dessen Gewerbebetrieb nicht schon nach § 1 Abs. 2 Handelsgewerbe ist, gilt als Handelsgewerbe im Sinne dieses Gesetzbuchs, wenn die Firma des Unternehmens in das Handelsregister eingetragen ist. Der Unternehmer ist berechtigt, aber nicht verpflichtet, die Eintragung nach den für die Eintragung kaufmännischer Firmen geltenden Vorschriften herbeizuführen. Ist die Eintragung erfolgt, so findet eine Löschung der Firma auch auf Antrag des Unternehmers statt, sofern nicht die Voraussetzung des § 1 Abs. 2 eingetreten ist.

1 **Geben Sie den Inhalt der Paragrafen aus dem Handelsgesetzbuch mit eigenen Worten wieder.**

2 **Sind Ihre Zusammenfassungen noch juristisch einwandfrei?**

TIPP
Durch das Unterstreichen von Schlüsselbegriffen wird es leichter!

Auch an viele Fachausdrücke muss man sich erst herantasten.

FACHAUSDRÜCKE

Franchise	Leasing	Kulanz etc.
Marketing	Businessplan	
Factoring	Insolvenz	

3 **Erklären Sie die im Zusammenhang mit einer Unternehmensgründung gebräuchlichen Fachbegriffe (Nachschlagewerke, Internet ...). (→ „Informationsquellen nutzen", S. 218 f.)**

4 **Finden Sie nach Möglichkeit deutsche sinnverwandte Begriffe (= Synonyme).**

Umgehen mit Formularen – leider notwendig

Manche Formulare sind mühsam auszufüllen, aber:

- Formulare vereinfachen die Kommunikation.
- Formulare erfassen Informationen schneller und man liest sie rascher.

Ausfülltipps für Formulare

- in Ruhe durchlesen
- in sauberer Blockschrift schreiben
- Unterschrift nicht vergessen
- geforderte Unterlagen beilegen
- auf Vollständigkeit prüfen

Die nachfolgenden Fragen beziehen sich auf das Formular auf S. 144.

1 **Klären Sie die Begriffe „Handwerkskarte"/„Handwerksrolle".**

2 **Wann können Sie nach Abgabe des Formulars mit Ihrer Unternehmenstätigkeit beginnen?**

3 **Füllen Sie das Formular Gewerbe-Anmeldung für Ihre beabsichtigte Gründung aus.**

4 **Welche Zeilen haben Ihnen beim Beantworten die meisten Schwierigkeiten bereitet? Haben Sie Verbesserungsvorschläge für eine noch bessere Lesbarkeit?**

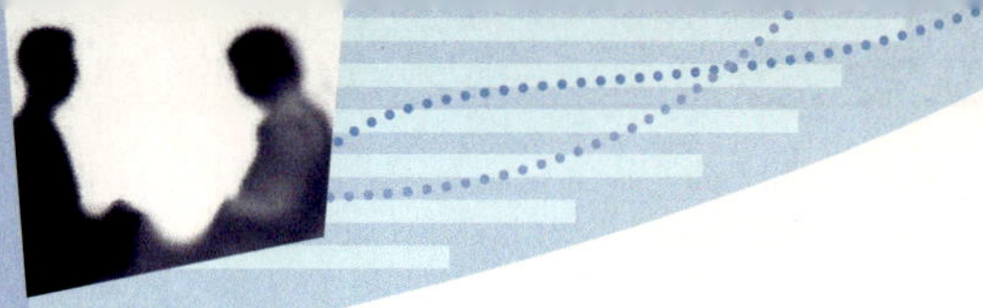

Name der entgegennehmenden Gemeinde
Stadt Ingolstadt

Gemeindekennzahl Betriebsstätte (Sitz)

GewA 1

Gewerbe-Anmeldung

nach § 14 GewO oder § 55 c GewO

Bitte vollständig und gut lesbar ausfüllen sowie die zutreffenden Kästchen ankreuzen

Angaben zum Betriebsinhaber Bei Personengesellschaften (z.B. OHG) ist für jeden geschäftsführenden Gesellschafter ein eigener Vordruck auszufüllen. Bei juristischen Personen ist bei Feld Nr. 3 bis 9 und Feld Nr. 30 und 31 der gesetzliche Vertreter anzugeben (bei inländischer AG wird auf diese Angaben verzichtet). Die Angaben für weitere gesetzliche Vertreter zu diesen Nummern sind ggf. auf Beiblättern zu ergänzen.

1 Im Handels-, Genossenschafts- oder Vereinsregister eingetragener Name mit **Rechtsform** (ggf. bei GbR: Angabe der weiteren Gesellschafter)

2 Ort und Nr. des Registereintrages

Angaben zur Person

3 **Name**

4 **Vornamen**

4a Geschlecht männl. ☐ weibl. ☐

5 Geburtsname (nur bei Abweichung vom Namen)

6 Geburtsdatum

7 Geburtsort und – land

8 Staatsangehörigkeit (en) deutsch ☐ andere:

9 Anschrift der Wohnung (Straße, Haus-Nr., PLZ, Ort; freiwillig: e-mail/web)

Telefon-Nr.
Telefax-Nr.

Angaben zum Betrieb

10 Zahl der geschäftsführenden Gesellschafter (nur bei Personengesellschaften)
Zahl der gesetzlichen Vertreter (nur bei juristischen Personen)

11 Vertretungsberechtigte Person/Betriebsleiter (nur bei inländischen Aktiengesellschaften, Zweigniederlassungen und unselbständigen Zweigstellen)

Name Vornamen

Anschriften (Straße, Haus-Nr., Plz, Ort)

12 Betriebsstätte

Telefon-Nr.
Telefax-Nr.
freiwillig: e-mail/web

13 Hauptniederlassung (falls Betriebsstätte lediglich Zweigstelle ist)

Telefon-Nr.
Telefax-Nr.
freiwillig: e-mail/web

14 Frühere Betriebsstätte

Telefon-Nr.
Telefax-Nr.

15 Angemeldete Tätigkeit - ggf. ein Beiblatt verwenden (genau angeben: z. B. Herstellung von Möbeln, Elektroinstallationen und Elektroeinzelhandel, Großhandel mit Lebensmitteln usw.; bei mehreren Tätigkeiten bitte Schwerpunkt unterstreichen)

16 Wird die Tätigkeit (vorerst) im Nebenerwerb betrieben ? Ja ☐ Nein ☐

17 Datum des Beginns der angemeldeten Tätigkeit

18 Art des angemeldeten Betriebes Industrie ☐ Handwerk ☐ Handel ☐ Sonstiges ☐

19 Zahl der bei Geschäftsaufnahme tätigen Personen (ohne Inhaber) Vollzeit ☐ Teilzeit ☐ Keine ☐

Die Anmeldung wird erstattet für

20 Eine Hauptniederlassung ☐ eine Zweigniederlassung ☐ eine unselbständige Zweigstelle ☐

21 ein Automatenaufstellungsgewerbe ☐

22 ein Reisegewerbe ☐

Grund

23 24 **Neuerrichtung/ Übernahme** Neugründung ☐ Wiedereröffnung nach Verlegung aus einem anderen Meldebezirk ☐ Gründung nach Umwandlungsgesetz (z.B. Verschmelzung, Spaltung) ☐

Wechsel der Rechtsform ☐ Gesellschaftereintritt ☐ Erbfolge/Kauf/Pacht ☐

26 Name des früheren Gewerbetreibenden oder früherer Firmenname

Falls der Betriebsinhaber für die angemeldete Tätigkeit eine Erlaubnis benötigt, in die Handwerksrolle einzutragen oder Ausländer ist:

28 Liegt eine Erlaubnis vor? Ja ☐ Nein ☐ — Wenn Ja, Ausstellungsdatum und erteilende Behörde:

29 **Nur für Handwerksbetriebe** Liegt eine Handwerkskarte vor? Ja ☐ Nein ☐ — Wenn Ja, Ausstellungsdatum und Name der Handwerkskammer:

30 Liegt eine Aufenthaltsgenehmigung vor? Ja ☐ Nein ☐ — Wenn Ja, Ausstellungsdatum und erteilende Behörde:

31 Enthält die Aufenthaltsgenehmigung eine Auflage oder Beschränkung? Ja ☐ Nein ☐ — Wenn Ja, sie enthält folgende Auflagen bzw. Beschränkungen:

Hinweis: Diese Anzeige berechtigt nicht zum Beginn des Gewerbebetriebes, wenn noch eine Erlaubnis oder eine Eintragung in die Handwerksrolle notwendig ist. Zuwiderhandlungen können mit Geldbuße oder Geldstrafe oder Freiheitsstrafe geahndet werden. Diese Anzeige ist keine Genehmigung zur Errichtung einer Betriebsstätte entsprechend dem Planungs- und Baurecht.

32 (Datum)

33 (Unterschrift)

Die Geschäftsgründung publik machen

Ohne Werbung läuft nichts!

Die Kleinanzeige

> **Entrümpelungen – Umzüge – Transporte**
> Fa. SAUBER, Tel. 0170-
> ...

1 **Nennen Sie Vorteile dieser Werbeform.**

2 **Formulieren Sie die Annonce so um, dass sie beim Leser mehr Interesse und Vertrauen weckt. Achten Sie aus Kostengründen auf die Textkürze.**

Der Internetauftritt – fast schon ein Muss
Das Internet hat auch die Werbemöglichkeiten für Unternehmen jeglicher Art und Größe revolutioniert. Aber es sind notwendige Inhalte zu beachten, sonst drohen Abmahnungen:

INHALTE DER HOMEPAGE

- Anbieterkennzeichnung nach Telemediengesetz (TMG) → „Impressum“
- Informationspflichten vor und nach dem Vertragsabschluss → „Kundeninformationen“
- Widerrufs- und Rückgaberecht → „Muster bei Bundesministerium der Justiz“
- Preisangabe nach Preisangabenverordnung → z. B. „zzgl. Versandkosten“
- Allgemeine Geschäftsbedingungen (EGB) → wirksam nur bei deutlich sichtbarem Hinweis
- Datenschutz → Zusenden von Werbemails nur mit ausdrücklicher Zustimmung des Verbrauchers

1 **Planen Sie Ihren Internetauftritt. Auch in Zeiten der Computertechnik ist es durchaus sinnvoll, den Auftritt zunächst auf dem Papier zu planen.**

2 **Recherchieren Sie: Was muss im Impressum genannt werden?**

3 **Welche weiteren Werbemöglichkeiten kommen infrage? Diskutieren Sie.**

UND ZU GUTER LETZT:

Die beste Werbung ist immer noch die Mund-zu-Mund-Propaganda und die erhalten Sie, wenn Sie ehrlich – zuverlässig – qualitätsbewusst – schnell – kulant handeln.

Ich bewerbe mich

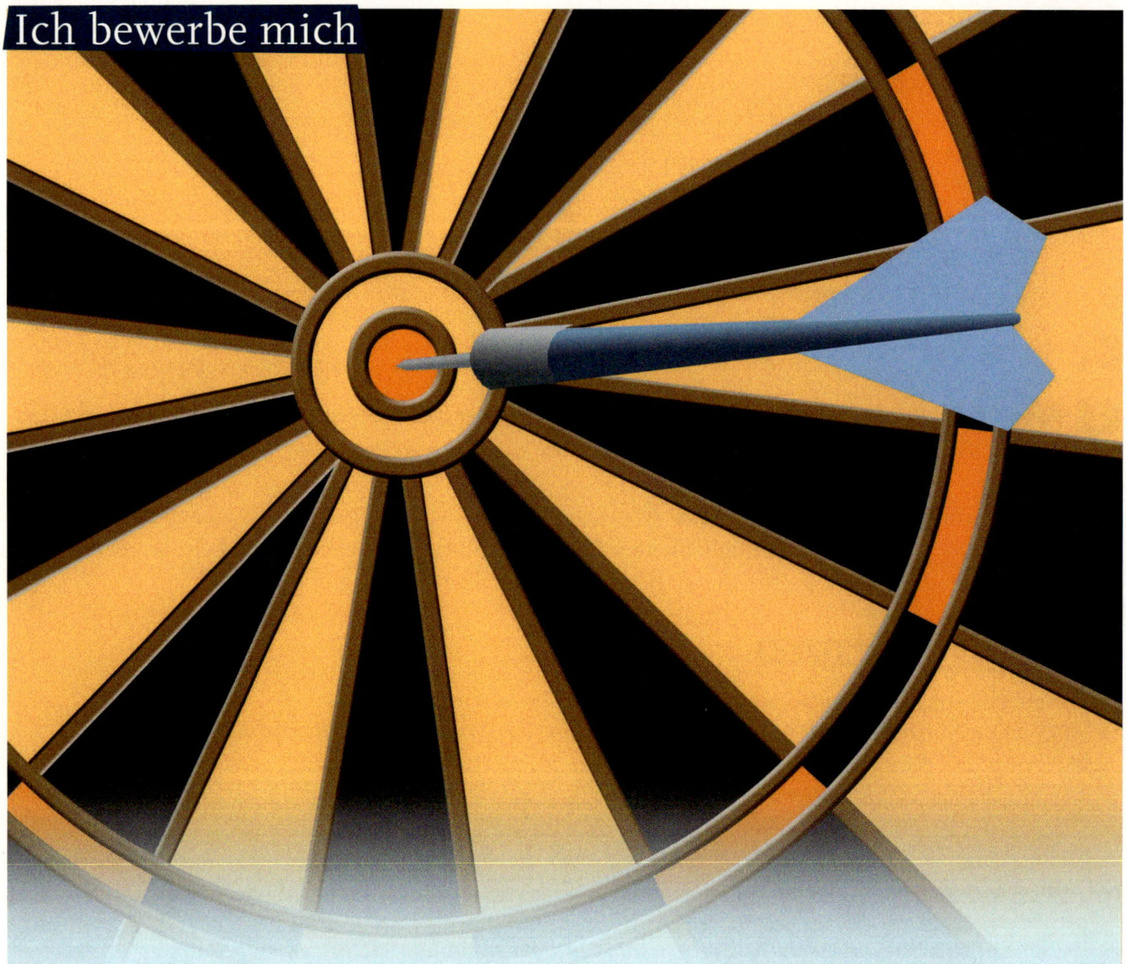

Situation: Tina, 19 Jahre alt und noch Auszubildende zur Bürokauffrau, und ihr Freund Bernd, 20 Jahre alt und Auszubildender zum Fachinformatiker, bereiten sich beide auf die bevorstehenden Abschlussprüfungen der IHK vor.
Neben der Prüfungsvorbereitung bewirbt sich Tina seit längerer Zeit um eine Arbeitsstelle als Sachbearbeiterin, denn ihr Ausbilder hat ihr schon vor Monaten signalisiert, dass er sie nicht übernehmen kann. Trotz eines überdurchschnittlichen mittleren Schulabschlusses und weitestgehend guten Noten in der Berufsschule erntet sie beständig Absagen von den angeschriebenen Unternehmen.
Bernd, der von seinem Ausbildungsbetrieb in ein unbefristetes Angestelltenverhältnis übernommen wird, spricht daraufhin den Personalreferenten seiner Firma an, ob er seiner Freundin Tipps geben könne.

Was steckt hinter einer Stellenanzeige?

Situation: Benjamin Gunesch, Personalreferent in Bernds Ausbildungsbetrieb, erklärt sich bereit, Tina etwas auf die Sprünge zu helfen. Er bittet Bernd, für sich selbst und für Tina passende Stellenanzeigen zu suchen und sich von Tina von der Arbeit abholen zu lassen. Dann will er ihnen zu einem ersten Überblick verhelfen.

GERANOVA /// BRUCKMANN

Unter dem Dach des Verlagshauses GeraNova Bruckmann publizieren traditionsreiche Buch- und Zeitschriftenverlage ein umfangreiches Programm aus Büchern, Magazinen, Kalendern, Sammler-Editionen, DVDs und Websites. Unsere Schwerpunkte liegen bei den Themen Tourismus & Reise, Outdoor & Sport, Kochen & Lifestyle und Verkehr. Als Innovatives und stetig wachsendes Unternehmen benötigen wir laufend engagierte und qualifizierte Mitarbeiter.

Zur Verstärkung unseres Teams suchen wir ab sofort

eine/n **Systemadministrator/-in**

(Schwerpunkt Verlagswesen)

Systemadministration Windows-Server, Exchange, SQL, Active Directory, Clientbetreuung Mac OS X, Windows XP, Office und alle Mac DTP-Programme. Wünschenswert wäre Erfahrung im Umgang mit Datenbanken (Fibemaker, SQC). Betreuung des Internen Netzwerkes (Firewall, VPN, Routing, NAS).

Ihre vollständigen Unterlagen mit Gehaltsvorstellung und möglichem Eintrittstermin senden Sie bitte an: **Verlagshaus GeraNova Bruckmann, Frau Ulrike Wallleitner, Infanteriestr. 11a, 80797 München**

SIE SUCHEN NEUE PERSPEKTIVEN? WIR BIETEN SIE!

Im Zuge unseres andauernden Wachstums suchen wir für unsere Tochtergesellschaft in München kurzfristig einen berufserfahrenen

Personalsachbearbeiter (m/w) für die Lohn- und Gehaltsabrechnung

Bei dem Ihnen zugeordneten renommierten Kunden verantworten Sie die Lohn- und Gehaltsabrechnung in Ihrem Betreuungsbereich. Für die Mitarbeiter dieses Kunden sind Sie der kompetente Ansprechpartner. Darüber hinaus bear-beiten Sie Ein- und Austritte und erstellen Bescheinigungen sowie DEÜV-Meldungen.

Sie verfügen über fundierte, in der beruflichen Praxis ver-tiefte Kenntnisse im Lohnsteuer- und Sozialversicherungs-recht sowie in der Abrechnung mit einem gängigen Ab-rechnungssystem. Teamfähigkeit, Kontaktfreude und Eigeninitiative gehören zu Ihren Stärken. Neben einer sehr sorgfältigen und selbstständigen Arbeitsweise setzen wir eine ausgeprägte Kundenorientierung sowie Flexibilität und Belastbarkeit voraus. Englischkenntnisse sind von Vor-teil.

Wir bieten Ihnen eine abwechslungsreiche und verantwortungsvolle Tätigkeit, eine positive Arbeitsatmosphäre sowie eine marktgerechte und leistungsorientierte Vergütung.

Nehmen Sie die Herausforderung an!

TDS AG – Personal/Recruiting
Heike Obermüller • Tel. -49 7132.366-1447
Postfach 13 17 – D-74150 Neckarsulm
recruiting@tds.de • www.tds.de

TDS
a Fujitsu company

Levi's

Für unsere Shops im **OEZ, PEP, RIEM** suchen wir

VerkäuferInnen

Voll- und Teilzeit sowie Aushilfen

Wir bieten unseren MitarbeiterInnen

- leistungsorientiertes Gehalt
- eine abwechslungsreiche Tätigkeit
- vielfältige Entwicklungsmöglichkeiten in einem stark expandierenden Unternehmen

Senden Sie Ihre aussagekräftige Bewerbung (mit Foto) an:

OEZ Levi's Store, Hanauerstraße 68
D-80993 München, z. Hd. Fr. Patricia Kainz
bewerbungen@indiandremas.at

1 **Analysieren Sie die Stellenanzeigen.**

2 **Wodurch unterscheiden sich die einzelnen Stellenanzeigen?**

3 **Welche Fähigkeiten werden dort gefordert?**

Situation: **Benjamin:** „Der Anglizismus ‚soft skills' umfasst eine nicht genau definierte Reihe von menschlichen Eigenschaften, Fähigkeiten und Persönlichkeitszügen, die für das Ausüben eines Berufs förderlich sind. Der deutsche Begriff „Schlüsselqualifikationen" bezeichnet in erster Linie Fähigkeiten, die nicht anhand eines Zertifikats oder Zeugnisses bescheinigt werden können. Die Aneignung solcher Schlüsselqualifikationen erfolgt lebenslang und man ist aufgrund der aktuellen Tagesform nicht immer in der Lage, alle erforderlichen Schlüsselqualifikationen zu erfüllen."

4 **Formulieren Sie mit eigenen Worten eine Definition des Begriffs „Schlüsselqualifikation".**

5 **Fertigen Sie eine Liste der Ihnen bekannten Schlüsselqualifikationen an.**

6 **Notieren Sie, welche charakterlichen Eigenschaften in den folgenden Anzeigen verlangt werden.**

7 **Formulieren Sie mögliche Sätze (vgl. Stellenanzeigen) aus Ihrem Bewerbungsschreiben, in denen Sie auf die gewünschten Eigenschaften eingehen.**

Wir sind ein kleines Unternehmen der Bauwirtschaft.
Für unser Team im Büro suchen wir eine
Sachbearbeiterin,
die gerne mit Menschen zu tun hat und Arbeit nicht aus dem Weg geht.

Behalten Sie auch im Chaos den Überblick?
Dann sind Sie bei uns richtig als **Sachbearbeiter/-in** im Messebau.

Organisieren Sie gerne und geschickt?
Dann brauchen wir Sie in unserem Team.

Wir suchen für unsere Verwaltung eine/n **Sachbearbeiter/-in**, auf die hundertprozentig Verlass ist, auch wenn es einmal hoch hergeht.

Als **Systeminformatiker/-in** lernt man nie aus.
Wenn Sie bereit sind, sich dieser Herausforderung zu stellen, dann kümmern Sie sich um die Netzwerke eines weltweit tätigen Automobilzulieferers!

Sind Sie bereit, sich immer wieder auf neue Kunden und Situationen einzustellen? Dann sind Sie bei uns als Mitarbeiter/-in in unserem Service Point richtig.

Wir brauchen Mitarbeiter, die hartnäckig am Ball bleiben, auch wenn das Problem schwer zu bewältigen ist.

Situation: **Tina:** „Wie viele Bewerbungen passen denn exakt auf die Stellenanzeige?"
Benjamin: „Wenige, aber das ist auch nicht entscheidend. Viel wichtiger ist, dass derjenige, der die Bewerbung in die Hände bekommt, den Eindruck vermittelt bekommt, dass sich der Bewerber auch mit der Stellenanzeige auseinandergesetzt hat und kein Anschreiben vom Fließband zu seinen sonstigen Unterlagen beigefügt hat."
Tina: „Das heißt, dass ich gar nicht alle Anforderungen erfüllen muss?"

Situation: **Benjamin:** „Nicht unbedingt, wenn du den Eindruck vermitteln kannst, dass du lernfähig bist und eigenverantwortlich arbeiten kannst, dann drücken viele Personalverantwortliche eine Auge zu und geben dir eine Chance."
Tina: „Interessant, was muss ich denn noch so beachten?"
Benjamin: „Grundsätzlich gelten folgende Standards:"

Formale Tipps zur Bewerbungsmappe

generell gilt:	als Geschäftsbrief abgefasst (nach DIN 5008)
Seitenlayout:	optisch gut proportioniert, harmonisch mit den anderen Unterlagen
Länge:	nicht zu lang, am besten nur eine Seite
Schriftart:	klare, deutlich lesbare Schrift (z. B. Times, Schriftgröße 11 bis 12 pt)
Betreff:	aussagekräftig und eindeutig (nicht: Betreff: ...)
Unterschrift:	handschriftlich, mit blauer oder schwarzer Tinte
Anlagen:	vier Zeilen unter der Grußformel das Stichwort „Anlagen"
Rechtschreibung:	keine Fehler, weder in Rechtschreibung noch in Grammatik
Positionierung:	lose (außerhalb der Mappe) auf die Bewerbungsunterlagen legen
generell:	Einen guten Eindruck hinterlassen!

Wo bewerbe ich mich?

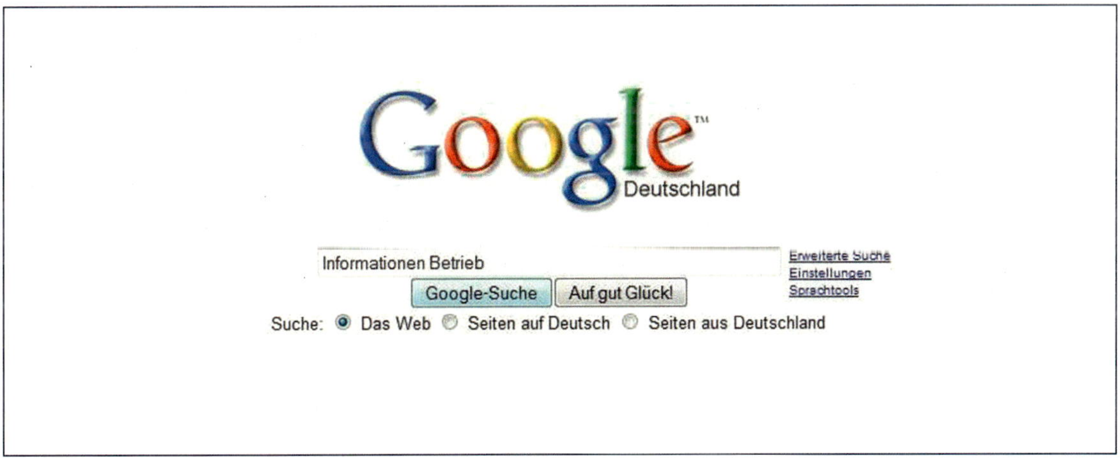

Benjamin: „Wo informierst du dich denn über die möglichen Arbeitgeber, Tina?"
Tina: „Ich schaue mir die Stellenanzeige an und manchmal noch die Internetseite. Warum?"
Benjamin: „Bevor du damit anfängst, deine Bewerbung zu schreiben, musst du dich über das Unternehmen informieren. Der einfachste und beliebteste Weg ist das Internet und seine bekannteste Suchmaschine. Das machen fast alle."

1 **Überlegen Sie sich weitere Informationsmöglichkeiten und halten Sie Ihre Ergebnisse schriftlich fest. (→ „Informationsquellen nutzen", S. 218 f.)**

Wenn Sie den persönlichen Kontakt mit dem künftigen Betrieb wählen, dann können Sie sich bereits einen ersten Eindruck von dem Betrieb und dem Arbeitsklima dort verschaffen. Außerdem erhalten Sie die gewünschten Informationen direkt aus erster Hand und hinterlassen bereits jetzt einen interessierten Eindruck bei Ihrem potenziellen Arbeitgeber. Allerdings müssen Sie versuchen, einen Gesprächspartner zu finden, der auch mit den Einstellungen zu tun hat. Ein Gespräch mit dem Kundenservice hilft Ihnen wenig weiter.

2 **Erstellen Sie eine grafische Übersicht der möglichen Fragen, die Sie in einem persönlichen Gespräch stellen könnten.**

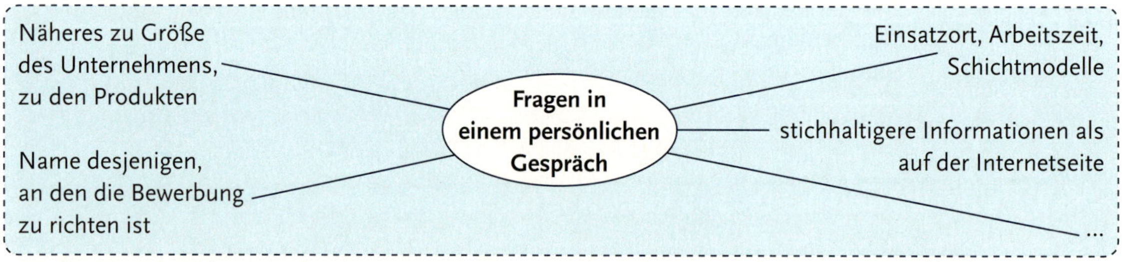

Kleines Unternehmen der Elektrobranche sucht zum 1. März 2010

Mitarbeiter

in der Produktion und in der Verwaltung.
Wenn Sie teamfähig, engagiert und kontaktfreudig sind,
dann schicken Sie Ihre Bewerbungsunterlagen an:
Elektro Huber GmbH, Rosenaustr. 2, 86150 Augsburg, 0821/191077

3 **Im Internet finden Sie keine Informationen zu dieser Firma. Bereiten Sie sich auf einen Anruf vor und fertigen Sie dafür einen Fragenkatalog an.**

4 **Simulieren Sie das Telefongespräch im Klassenzimmer.**

Das eigene Anschreiben

Situation: **Tina:** „Warum ist das denn so wichtig?“
Benjamin: „Bewerbungen sind keine Massenware. Wichtig ist, dass jede Firma, bei der du dich bewirbst, das Gefühl hat, dass die Bewerbung nur für dieses Unternehmen geschrieben wurde. Deshalb kommt sowohl der Analyse der Anzeige als auch der Selbstreflexion eine besondere Bedeutung zu. Auf die Anforderungen, die du in der Stellenanzeige findest, musst du im Anschreiben auf alle Fälle eingehen.“

1 **Versetzen Sie sich in die Lage des Empfängers der Bewerbung auf der nachfolgenden Seite. Welchen Eindruck hinterlässt dieses Anschreiben bei Ihnen?**

2 **Verbessern Sie das Anschreiben.** **(→ „Geschäftsbriefe schreiben“, S. 242 f.)**

Ein Bewerbungsanschreiben

Kai Bilderfreund
Schellingstr. 24
84028 Landshut
kai_bilderfreund@web.de
0179/5298616

Landshut, 15. September 2009

brown sugar design Ltd.
Schleißheimer Str. 123
97070 Würzburg

Bewerbung als Mediengestalter

Sehr geehrte Damen und Herren,

mit großem Interesse habe ich Ihre Stellenanzeige gesehen. Im vergangenen Jahr habe ich meine Ausbildung zum Mediengestalter abgeschlossen und möchte mich hiermit bei ihnen bewerben.

Der Computer war schon immer mein Hobby In den letzten Jahren habe ich in der Berufsschule viel gelernt und möchte nun deshalb bei Ihnen als Mediengestalter arbeiten. In der Schule habe ich im Fach Sozialkunde und Religion gute Leistungen erbracht. Ich habe einen PKW-Führerschein und bin flexibel. Belastbarkeit und Engagement zeichnen mich aus.

Ich würde mich freuen, wenn Sie mich zum Vorstellungsgespräch einladen würden.

Mit freundlichen Grüßen
Kai Bilderfreund

Kleine Stilkunde für das Anschreiben

Verbalstil	vs.	**substantivierter Stil**
lebendig, ungekünstelt, ungezwungen		distanziert, schwerfällig
aktiv	vs.	**passiv**
energisch, direkt, zupackend		abwartend, beobachtend
einfacher	vs.	**verschachtelter Satzbau**
schlicht, sachlich		unbeholfen, umständlich
flüssige	vs.	**steife Satzverbindungen**
wendig, intelligent, clever		ungeschickt, unflexibel
großer	vs.	**kleiner Wortumfang**
vielseitig, intelligent		unbeholfen, unbeweglich

Noch ein Bewerbungsschreiben

Tanja Kustermmann
Pestalozzistr. 3
86633 Neuburg
0123/45678
tanjakustermann@web.de

Seniorenzentrum am See
Frau Kügel
Seestr. 43
83727 Schliersee

26.09.2009

Bewerbung als Hauswirtschafterin

Sehr geehrte Frau Kügel,

mit großem Interesse habe ich Ihre Stellenanzeige im „Neuburger Merkur" vom 20.09.2009 gelesen und möchte mich um die Stelle als Hauswirtschafterin in Ihrem Seniorenzentrum bewerben.
Nach dem mittleren Schulabschluss im Sommer 2008 absolviere ich nun die Ausbildung zur Hauswirtschafterin am Staatlichen Berufsbildungszentrum in Neuburg, an dem ich derzeit die Abschlussklasse besuche.
Bereits während meiner Praktika hatte ich Gelegenheit, mir vom Tätigkeitsbereich der Hauswirtschafterin ein umfassendes Bild zu machen. Es bereitet mir große Freude, in einer Großküche zu arbeiten, sodass ich gerne auch viel Zeit in meine berufliche Tätigkeit zu investieren bereit bin.
Die Arbeit als Hauswirtschafterin kommt mir auch deshalb sehr entgegen, weil sie meine kreativen Fähigkeiten in der Dekoration und in der Zubereitung von Speisen anspricht. Dies konnte ich bei der eigenverantwortlichen Vorbereitung und Durchführung von Feierlichkeiten während meiner Praktika erfolgreich unter Beweis stellen.
Sowohl meine Kooperationsfähigkeit als auch die Tatsache, dass ich gerne im Team arbeite, waren mir bei meinen bisherigen Tätigkeiten als Praktikantin stets von Vorteil.
Ich möchte mich gerne beruflich weiterbilden und sehe in der von Ihnen angebotenen Stelle einen interessanten neuen Wirkungskreis. Meine Ausbildung werde ich Ende Juli 2010 abschließen, sodass ich die Stelle ab diesem Zeitpunkt antreten könnte.
Über ein Vorstellungsgespräch freue ich mich sehr.

Mit freundlichen Grüßen

Tanja Kustermann

Anlagen:
Lebenslauf
Schulzeugnisse
Praktikumszeugnisse
Arbeitsauftrag

1 **Analysieren Sie das auf S. 152 abgedruckte Bewerbungsschreiben hinsichtlich der Inhalte des Anschreibens.**

2 **Formulieren Sie daraus einen Leitfaden mit dem Titel „Das muss ins Anschreiben hinein". Achten Sie sowohl auf die Sprache als auch auf die Gestaltung des Leitfadens.**

3 **Variieren Sie den Anfang des Bewerbungsschreibens. Überlegen Sie mindestens drei weitere Möglichkeiten.**

4 **Welche Formulierungen sind „gut", welche „schlecht"? Begründen Sie Ihre Auswahl anhand des Satzes: „Wie würden Sie als Personalchef/-in einen Bewerber/eine Bewerberin einordnen, der/die Folgendes schreibt ...".**

- Bezug nehmend auf unsere telefonische Unterredung vom 12. September 2009 erlaube ich mir, Ihnen anliegend meine Bewerbungsunterlagen für die von Ihnen ausgeschriebene Stelle zu überreichen.
- Vielen Dank für das freundliche Telefonat. Meine ausführlichen Bewerbungsunterlagen finden Sie in der beiliegenden Mappe.
- Hiermit bewerbe ich mich bei Ihnen um die von Ihnen angebotene Arbeitsstelle als Mitarbeiterin in der Lebensmittelabteilung.
- Ich werde im Sommer meine Ausbildung zur Krankengymnastin erfolgreich abschließen und bin schon jetzt auf der Suche nach einem geeigneten Betätigungsfeld.
- Während meiner bisherigen Ausbildung bei der Firma Netsonic GmbH konnte ich mir einen Einblick in die Tätigkeiten eines Systemadministrators verschaffen. Auch privat „bastele" ich an meinem PC herum und helfe Freunden bei technischen Problemen.
- Ich bin es gewohnt, selbstständig zu arbeiten, engagiert sowie teamorientiert zu sein und habe einen zügigen Arbeitsstil inne.
- Schon als Kind hat mich die Welt der Zahlen und Ziffern fasziniert und begeistert. Nun, da ich erwachsen bin, möchte ich endlich ein Sachbearbeiter in der Finanzbuchhaltung werden – und mich bei Ihnen bewerben!
- Das in der Anlage befindliche Praktikumszeugnis wird Ihnen Aufschluss über meine umfassenden praktischen Erfahrungen im Bereich Tierhaltung, Schwerpunkt Mastschweine, geben.
- Wie Sie meinen Zeugnissen entnehmen können, bin ich bereits bestens für die vielseitigen Aufgaben in Ihrem Unternehmen gewappnet.
- Ich kann mir sehr gut vorstellen, in einem kundenorientierten Beruf zu arbeiten. Es macht mir Spaß, Dinge zu erklären und Lösungsansätze für Probleme zu entwickeln.
- Ich würde mich freuen, wenn ich Ihnen bei einem persönlichen Gespräch mehr von meiner Person erzählen dürfte.
- Habe ich Ihr Interesse wecken können? Über eine Einladung zum Vorstellungsgespräch würde ich mich sehr freuen.

5 **Ordnen Sie die Sätze hinsichtlich ihrer Funktion in chronologisch richtiger Reihenfolge von Anfang bis Ende eines Bewerbungsschreibens. Achtung, hier wurden unterschiedliche Anschreiben miteinander vermengt.**

6 **Warum sind ausgerechnet Sie der/die Richtige für den Arbeitsplatz? Beantworten Sie diese Frage zunächst schriftlich und simulieren Sie anschließend eine Sequenz eines Vorstellungsgesprächs.**

Inhalte eines Anschreibens

- eigene Adresse und Datum
- Adressat
- Betreff
- Anrede
- Anlass der Bewerbung
- derzeitige Tätigkeit beschreiben mit Kenntnissen, die erworben werden
- auf die Anforderungen der Anzeige eingehen
- besondere Eignung für die Stelle ausführen
- Bitte um ein Vorstellungsgespräch
- Grußformel
- Unterschrift
- Anlagen

Richtig bewerben

Situation: **Benjamin:** „Ein Kollege von mir hat die wichtigsten Punkte des Bewerbungsverfahrens aus Sicht eines Personalchefs mal zusammengefasst und veröffentlicht."

Tipps zum Bewerbungsverfahren

Am Anfang jeder erfolgreichen Bewerbung steht die Selbstanalyse der Bewerber: Was kann ich? Was will ich? Welche Kompetenz kann ich in dem angestrebten Job einbringen? Und natürlich gilt es dann zu überlegen: Was bringt mir der Job? Über- oder unterfordert er mich? Welchen Vorteil für meine Karriere kann mir der Job, das Unternehmen bringen?
Je ehrlicher und substanzieller Sie die oben genannten Fragen bei einer Bewerbung beantworten und je besser Sie gestellte Anforderungen erfüllen können, umso wahrscheinlicher ist es, dass Ihre Bewerbung Erfolg hat. Wichtig ist, dass Sie wirklich überzeugt sind, dass der Job oder das betreffende Unternehmen das Richtige ist. Man sollte sich grundsätzlich nur auf Stellen bewerben, die wirklich passen. Die Selbstanalyse hilft auch später im persönlichen Vorstellungsgespräch. Je realistischer, je reflektierter Sie sind, desto authentischer und überzeugender wirken Sie und umso besser können Sie auch schwierige Fragen beantworten. Vor allem die Frage, warum ausgerechnet Sie der/die Richtige für den betreffenden Job sind.
Bitte achten Sie bei Online-Bewerbungen unbedingt darauf, dass die für die ausgeschriebene Stelle wesentlichen Unterlagen und Dokumente sowie Anschreiben und Lebenslauf komplett als Anhänge Ihrer Bewerbung beigefügt sind. Wie auch bei einer herkömmlichen Bewerbungsmappe sollten Ihre Dokumente anschaulich, übersichtlich und konkret aufbereitet sein.

1 **Formulieren Sie die Erfolgsfaktoren der richtigen Bewerbung in Form eines Spickzettels.**

Der Lebenslauf

Situation: **Tina:** „Ich denke, dass ich ein passables Anschreiben formulieren kann. Verstecken sich hinter dem Lebenslauf ähnlich viele Dinge?“
Benjamin: „Der Lebenslauf ist das Herzstück der Bewerbung. Es gibt mehrere Möglichkeiten, einen Lebenslauf zu schreiben. Wenn in der Stellenanzeige nichts anderes verlangt wird, dann ist der so genannte tabellarische Lebenslauf die allgemein erwünschte und anerkannte Variante. Der Lebenslauf sollte maximal zwei Seiten umfassen und die relevanten Informationen zur Person in der richtigen Reihenfolge und in einem sinnvollen Zusammenhang schnell wiedergeben. Auch in Deutschland setzt sich ein neuer Standard durch. Dabei wird nun die letzte oder die aktuelle Tätigkeit an den Anfang gestellt und die anderen Positionen werden in rückwärtiger Reihenfolge aufgelistet. Das Lay-out des Lebenslaufs sollte nicht vom Lay-out der anderen Bestandteile der Bewerbung abweichen, d. h. gleiches Papier, gleiche Schriftart, gleiche Schriftgröße.“

1 **Was gehört in einen Lebenslauf? Streichen Sie unnötige Angaben.**
Vermögensverhältnisse, persönliche Daten, beruflicher Werdegang, Vorstrafen, weitere Befähigungen, Angaben zu den Geschwistern, ergänzende Angaben (z. B. bevorstehende Prüfung), Angaben zu Eltern, berufliche Weiterbildung, Angaben zum Gewicht und zur Größe, Angaben zum Gesundheitszustand, Angaben zur Konfession, Hobbys, Partei- und Gewerkschaftszugehörigkeit, Schulbildung, Foto, Gehaltsvorstellungen, Sprachkenntnisse

2 **Bringen Sie die notwendigen Angaben in eine überzeugende Reihenfolge.**

3 **Welche Vorteile weisen tabellarische Lebensläufe gegenüber Lebensläufen in Textform auf?**

Die Liste meines Lebens Felix Magin

Er soll kurz und knackig sein, aber zugleich aussagekräftig, formgerecht, aber auch individuell. „Ein gut gemachter Lebenslauf ist wichtiger denn je“, sagt Christian Püttjer, Bewerbungscoach aus Bredenbek bei Kiel. Denn an der so genannten Vita überprüfen Personalverantwortliche stärker als früher zwei Einstellungskriterien: Hat der Bewerber die nötigen Vorerfahrungen? Und kann er diese adressatengerecht aufbereiten? „Viele haben noch nicht begriffen, dass ein Lebenslauf keine bloße Auflistung der Stationen ist“, sagt Püttjer.
„Der europäische Standard-Lebenslauf ist ein bisschen öde“, meint auch Tim Ackermann, Personalmanager bei Microsoft in Unterschleißheim bei München. Dem Lebenslauf sollte deshalb eher viel Aufmerksamkeit gewidmet werden. Püttjer zufolge gehören in einen aussagekräftigen Lebenslauf alle Tätigkeiten und Erfahrungen des Bewerbers, die für den gewünschten Beruf wichtig sind.

Vorsicht geboten
Der Kneipenjob kann ebenso dazugehören wie die Tätigkeit im Hotel, der Hilfsjob im Einzelhandel, die Mitgliedschaft bei den Pfadfindern oder der Auslandsaufenthalt. „Man muss aus allen Stationen rausholen, was drin ist.“
Angaben zu Freizeitbeschäftigungen nehmen Personaler allerdings eher als Grundlage, andere Angaben zu überprüfen. Deshalb ist Vorsicht geboten: „Präsentiere ich mich als großer Team-Player und gebe als meine Hobbys Angeln und

Schachspielen an, wird man mir das nicht glauben." Welche Qualifikationen für den angepeilten Beruf gefragt sind, erfahren Bewerber aus der Stellenanzeige oder beim Arbeitgeber direkt, sagt Ackermann.

Wichtig sei, dass Bewerber genau angeben, was sie in den verschiedenen Bereichen gemacht haben – zum Beispiel als Praktikant. Es genügt also nicht zu schreiben, dass sie im Büro gearbeitet haben. Interessanter ist, welche Aufgaben sie genau erledigt haben, etwa Korrespondenz, Auftragsbearbeitung, Recherche oder Projektverfolgung.

Catering-Service statt Eckkneipe

Auch in konservativen Branchen wie dem Anwaltsgewerbe müssen Bewerber nicht unbedingt ihren Kneipenjob verschweigen. Die Formulierung entscheidet allerdings: Arbeit für einen Catering-Service klingt besser als Barkeeper in der Eckkneipe, sagt Püttjer. Auch aus einfachen Tätigkeiten lasse sich Kapital schlagen. Wer bei einem Aushilfsjob im Einzelhandel Plakate oder einen Sonderständer mit Produkten aufgestellt hat, habe immerhin Einblicke in die Preisgestaltung oder Verkaufsförderung erworben.

Gleiches gilt für Hobbys oder den Wehr- und Zivildienst, erklärt Ackermann: Bewerbe ich mich beispielsweise als Erzieher oder Kinderkrankenpflegerin, sollte ich die Mitgliedschaft bei den Pfadfindern angeben. Dies gelte sogar für Manager, die Gruppen führen. Denn die Pfadfindertätigkeit schult ähnlich wie Mannschaftssportarten soziale Fähigkeiten. Einem Bäcker dagegen hilft sie wohl eher wenig und sollte daher nicht in dessen Lebenslauf auftauchen.

Blender fliegen raus

Bewerber dürfen allerdings nicht nur ihre für den Beruf unerheblichen Lieblingsbeschäftigungen weglassen, sondern auch vermeintlich zentrale Informationen. Das gilt zumindest, wenn diese nichts über ihre Qualifikation für den Job aussagen, erklärt Martina Perreng, Arbeitsrechtlerin beim Deutschen Gewerkschaftsbund in Berlin. Dazu gehörten Angaben zu Schwangerschaft oder Familienplanung, zur sozialen Herkunft, aber auch zu Alter, Nationalität, Konfession, Geschlecht oder Mitgliedschaft in Parteien oder Gewerkschaften.

Gibt ein Jobsuchender dagegen vor, zum Beispiel sicher auf Englisch verhandeln zu können, und stottert er dann herum, sobald er tatsächlich Englisch sprechen soll, kann er die Stelle in den meisten Fällen abschreiben, sagt Ackermann. Wer mit seinem Lebenslauf noch erfolgreich blende, fliege meist im Job auf. Gegen eine Kündigung könne er sich dann zu Recht nicht wehren.

Selbst ein Bewerbungsfoto ist keine Pflicht, erklärt Püttjer. Er empfiehlt trotzdem, ein Bild auf den Lebenslauf zu kleben, um einen persönlichen Eindruck von sich zu vermitteln. Ob jemand ins Team passt, entscheiden Personaler oft auch anhand des Fotos, sagt der Karriereberater. Und auch in diesem Fall sollten sich Bewerber daher von ihrer Sonnenseite zeigen – mit einem Lächeln.

4 **Welche Kriterien muss ein guter Lebenslauf erfüllen? (➔ „Lebenslauf", S. 244 f.) Formulieren Sie für Ihren Lebenslauf die Aufgaben, die Sie in Ihrer Ausbildung erledigt haben.**

5 **Entnehmen Sie dem Text mögliche Konsequenzen für schwindelnde Bewerber.**

6 **Muss ein Foto im Lebenslauf enthalten sein? Diskutieren Sie die Vor- und Nachteile. Erstellen Sie vor der Diskussion eine Stoffsammlung. (➔ „Diskussionen führen", S. 228 f.)**

Der erste Eindruck entscheidet

Situation: **Tina:** „Kannst du mir verraten, worauf du achtest, wenn du ganz viele Bewerbungen auf eine einzige Stelle bekommst?“
Benjamin: „Klar, auf die Qualifikationen und den Gesamteindruck, den die Mappe hinterlässt. Eine alte Regel lautet wie folgt: ‚Bild schlägt Text‘. Aus diesem Grund darf die Wirkung des Fotos innerhalb einer Bewerbung nicht unterschätzt werden. Trotz eines hervorragenden Anschreibens und guter Zeugnisse entscheide ich oftmals nach Gefühl.“

Das Bewerbungsfoto

- Bedeutung: darf nicht unterschätzt werden
- Kriterien: Sympathie, Freundlichkeit, Ängstlichkeit, Arroganz etc.
- bei jedem Personalchef etwas anders

deshalb:

- professionelle Fotos (keine Handy- oder Automatenfotos)
- das Format sollte etwas größer sein als ein normales Passfoto
- sorgfältige Kleiderwahl
- Namen und Adresse auf die Rückseite schreiben
- keine Fotoecken oder Heftklammern, besser: Doppelklebeband
- aktuelles Foto verwenden

Situation: **Tina:** „Das heißt, dass du dich manchmal auf dein Bauchgefühl verlässt und es wichtiger sein kann, dass der Gesamteindruck sympathisch wirkt?“
Benjamin: „Ja, bei sehr vielen Bewerbungen ist das durchaus manchmal der Fall. Mit einem Deckblatt kann man einen ähnlichen Effekt erzielen wie mit einem überzeugenden Bewerbungsfoto. Die Bewerbungsmappe beginnt üblicherweise mit dem tabellarischen Lebenslauf. Wenn er mit vielen Daten versehen ist, dann kann er, zusammen mit dem Foto, etwas überladen wirken. Ein Deckblatt vermindert die Unübersichtlichkeit.“

Das Deckblatt

Wann?	bei überladenem Lebenslauf
Wo?	zu Beginn der Bewerbungsmappe
Warum?	- kann, gut gemacht, überzeugen
	- erleichtert dem Personalchef die Zuordnung
Inhalt?	- Name und Kontaktdaten
	- Foto
	- kurzer Text (Meine Bewerbung als ...)
Lay-out?	- identische Formatierung und Schriftart wie in Anschreiben und Lebenslauf
	- Bewerbung aus einem Guss

Die dritte Seite

Situation: **Tina:** „Oh, dass sich Personalchefs auch mal auf ihren Bauch verlassen, hätte ich nicht gedacht."
Benjamin: „Das ist ja auch nur in manchen Fällen so. In der Regel schaue ich mir natürlich das Anschreiben und den Lebenslauf an. Dabei ist es besonders wichtig, dass im Anschreiben auch auf die angeforderten Qualifikationen eingegangen wird."
Tina: „Das ist genau eines meiner Probleme. Ich schreibe zu viele Kenntnisse auf und dann reicht eine Seite nicht mehr aus. Gibt es dafür einen Trick?"
Benjamin: „Bei großen Unternehmen und bei sehr attraktiven Arbeitsplätzen kommt es häufig vor, dass sich auf eine einzige Stelle hunderte Leute bewerben. Um auch hier aus der Masse herauszustechen und die beruflichen Fähigkeiten und Kenntnisse in Einklang mit der Stellenanzeige darstellen zu können, z. B. umfassende Kenntnisse in speziellen Computerprogrammen wie SAP, ist es sinnvoll, die eigene Motivation auf einer Zusatzseite dem künftigen Arbeitgeber mitzuteilen."

1 **Fertigen Sie einen Schreibplan für die dritte Seite Ihrer Bewerbung an.**

2 **Diskutieren Sie Sinn und Unsinn der dritten Seite.**

Die dritte Seite

Formalitäten: handschriftliche Unterschrift
ca. eine 1/3 Seite
kurze, aber prägnante Aussagen über die eigene Person, die Motivation und die beruflichen Kompetenzen

Überschrift: meine Motivation
Warum ich mich bewerbe
Was Sie noch wissen sollten
Warum ich?

Erfahrungen: Auszubildende können hier die Schwerpunkte ihrer Ausbildung glaubhaft darstellen, z. B. besondere Fachkenntnisse, zusätzliche Sprachen, eigenverantwortliches Arbeiten

Die beurteilten Leistungen

Situation: **Tina:** „Ich verstehe mich nicht wirklich gut mit meinem Chef und habe Angst, dass er mir ein schlechtes Ausbildungszeugnis schreiben wird. Muss ich das denn unbedingt der Bewerbung beifügen?"
Benjamin: „Ja, auf alle Fälle. Wenn du das nicht machst, wird dich kaum ein Personalchef zu einem Vorstellungsgespräch einladen. Durch das Zeugnis erfährt dein potenzieller Arbeitgeber eine ganze Menge über dich."
Tina: „Warum das denn?"
Benjamin: „Jeder Auszubildende hat einen gesetzlichen Anspruch auf ein Zeugnis, das

über seine Ausbildung informiert. Im Rahmen des Ausbildungsvertrags haben Auszubildender und Ausbilder mehrere Pflichten, die sie erfüllen müssen. Dem Anspruch auf ein Zeugnis muss der Ausbilder nachkommen. Nach Beendigung des Ausbildungsverhältnisses muss er dem Auszubildenden ein Zeugnis ausstellen." (vgl. BBiG § 16 Abs. 1,2)
Tina: „Was steht denn in so einem Zeugnis?"
Benjamin: „Ein qualifiziertes Zeugnis enthält Aussagen über Leistung und Führung des Auszubildenden. Das einfache Zeugnis gibt lediglich Auskunft über Dauer und Art der Tätigkeit. Der Ausbilder ist sowohl zur Wahrheit als auch zu einer wohlwollenden Beurteilung verpflichtet. Falsche Tatsachen und verschlüsselte Formulierungen dürfen deshalb nicht in das Zeugnis aufgenommen werden."
Tina: „Aber da gibt es doch diese Geheimsprache, oder?"
Benjamin: „So stimmt das nicht. Einige Besonderheiten sind aber schon zu beachten."

Die Zeugnisinhalte

persönliche Angaben:	Beschäftigungsdauer, Beschreibung der Ausbildung und deren Bereiche, Weiterbildungen
Leistungsbeurteilung:	Arbeitsweise, -tempo, -qualität Fachkenntnisse, Lernfähigkeit, Belastbarkeit und Berufserfahrung
soziale Kompetenzen:	Arbeitshaltung, Teamfähigkeit Durchsetzungsvermögen, Kritikfähigkeit Zuverlässigkeit, Pünktlichkeit, Freundlichkeit, Hilfsbereitschaft, Ehrlichkeit
Schlussbemerkung:	Bedauern des Arbeitgebers, Glückwünsche für die Zukunft

Achten Sie auf aktive Formulierungen, veränderte Reihenfolgen und evtl. Leerstellen.

Zeugnisbemerkungen

1 **Beurteilen Sie die folgenden Zeugnisbemerkungen hinsichtlich Ihrer Aussagekraft (positiv/negativ) und überlegen Sie sich deren Bedeutung.**

1. „Er hat zur Verbesserung des Betriebsklimas beigetragen."
2. „Durch seine Geselligkeit trug er zur Verbesserung des Betriebsklimas bei."
3. „Er hatte ein bescheidenes und zuvorkommendes Wesen."
4. „Mit seinen Vorgesetzten ist er immer gut ausgekommen."
5. „Innerhalb wie außerhalb des Betriebes engagierte er sich für die Interessen der Arbeitnehmer."
6. „Für die Belange seiner Kollegen setzte er sich ein."
7. „Er führte straff demokratisch."
8. „Er hat alle Aufgaben stets ordnungsgemäß und sehr korrekt erledigt."
9. „Jederzeit zeichnete er sich durch eine herausragende, ordnungsgemäße Beherrschung der Anweisungen aus."
10. „Für seine Arbeit zeigte er sehr viel Verständnis."
11. „Im Rahmen der zeitlichen Möglichkeiten hat er die ihm übertragenen Aufgaben zu unserer Zufriedenheit erledigt."

12. „Sowohl Vorgesetzten wie Kollegen stand er bei fachlichen Fragen unterstützend zur Seite, wobei das kollegiale Wesen ihm sehr hilfreich war.“
13. „Aufgrund des Wesens von Herrn Anton Schnell war die Zusammenarbeit und Führung sehr problemlos.“
14. „Ein gutes Einfühlungsvermögen in die Belange der Belegschaft zeigte Herr Peter Klein.“
15. „Sie bewies für die Belange der Belegschaft stets Einfühlungsvermögen.“
16. „Sie war eine umgängliche Kollegin.“
17. „Von Frau Altmann haben wir uns getrennt, weil wir heute Unregelmäßigkeiten in der Kassenführung festgestellt haben.“
18. „Sein Verhalten zu den Mitarbeitern war stets einwandfrei.“
19. „Frau Petra Bauer war sehr tüchtig und wusste sich gut zu verkaufen.“

2 **Entschlüsseln Sie folgendes Arbeitszeugnis hinsichtlich Inhalt und Aussage der Bemerkungen:**

Arbeitszeugnis

Herr Georg Müller, geboren am 21. September ... in München, war vom 1. April 2008 bis zum 30. Juni 2008 in unserer Firma als ... beschäftigt.
Sein Aufgabengebiet umfasste den Kundendienst sowie die Durchführung kleinerer Installationsarbeiten. In den letzten Monaten war Herr Müller vorwiegend für den Lagerbetrieb zuständig.
Herr Müller war stets bemüht, unseren hohen Erwartungen gerecht zu werden.
Er setzte sich im Rahmen seiner Fähigkeiten ein, das Vertrauen unserer Kunden zu rechtfertigen.
Besonders hervorzuheben war seine Pünktlichkeit.
Aufgrund seiner Anpassungsfähigkeit und seines geselligen Wesens erfreute er sich bei Vorgesetzten und Kollegen großer Beliebtheit.
Herr Müller verlässt den Betrieb in beiderseitigem Einvernehmen.
Wir wünschen ihm für die berufliche Zukunft alles Gute.

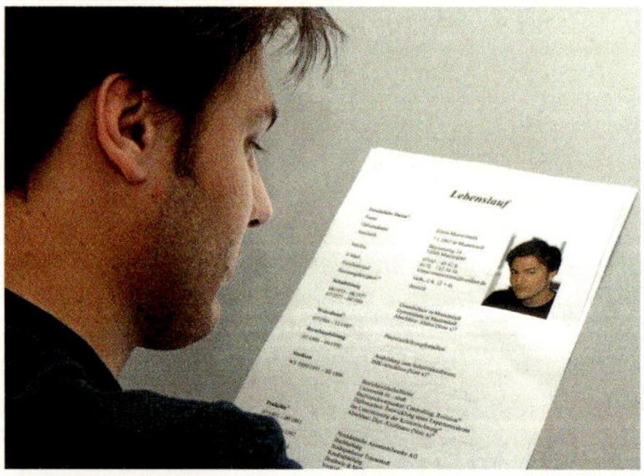

Fehler bei der Bewerbung

Situation: **Tina:** „Welche Fehler kommen denn am häufigsten vor?“
Benjamin: „Rechtschreibfehler, Grammatikfehler, Fettflecken auf dem Anschreiben, der falsche Ansprechpartner, die falsche Firmenbezeichnung. Fehler kommen immer wieder vor. Manchmal reagieren Unternehmen humorvoll, wie z. B. die Werbeagentur, die einem Bewerber den mitgeschickten Föhn mit folgenden Worten zurückgeschickt hat: ‚Heiße Luft können wir selbst fabrizieren.‘ Der Bewerber wollte damit eigentlich den frischen Wind symbolisieren, den er in die Agentur bringen wollte. Meistens reagieren Personalchefs relativ humorlos und schicken direkt eine Absage.“

Spuren währen ewig Lutz Lichtenberger

Beinahe alles aus dem realen Leben kann Spuren im Internet hinterlassen. Diese Informationen lassen sich auch von anderen einsehen. Bei Bewerbungen wird das schnell zum Problem.

Die ewig existenzielle Frage „Wer bin ich?" lässt sich in Zeiten des Internets vergleichsweise einfach beantworten. Man gibt nur seinen Namen in eine der neuen, raffinierten Suchmaschinen wie Maltego oder Stalkerati ein und sieht sein (Netz-) Leben vor sich ausgebreitet. Von den einstigen Klassenkameraden, den Sportvereinen, in denen man aktiv war, dem Freundeskreis und den Fotos von der letzten Party bis zum kompletten Lebenslauf mit Arbeitgebern, beinahe alles aus dem realen Leben kann auch Spuren im Internet hinterlassen und von entsprechenden Softwareprogrammen zusammengestellt werden. Und diese Spuren, verdichtet zur Netzidentität, lassen sich auch von anderen lesen. So lässt sich auch fragen: „Wer bist Du?" und „Wer ist dieser Bewerber für eine Stelle?"

Der Bundesverband Deutscher Unternehmer (BDU) hat Ende Oktober eine Untersuchung unter Personalberatern durchgeführt. Demnach haben schon 57 % der Personaler nach Internetrecherchen einen Jobaspiranten von der Kandidatenliste gestrichen. Das Internet-Image spielt vor allem in Berufs- und Karrierefragen eine immer größere Rolle. Gerade bei der ersten Kontaktaufnahme des Stellensuchers mit einem Unternehmen verlassen sich die Personalabteilungen kaum mehr allein auf die Angaben und Selbstzeugnisse eines Bewerbers.

Katalogisierung des Lebens

Die Personalabteilungen der Unternehmen werfen immer häufiger ihre Netze im Netz aus: 76 % der Branche melden, das Internet mit dem Blick auf die Vergangenheit ihrer Bewerber zu durchfischen. Wie bei einem Geheimdienst ergeben sich so Profile von Menschen, Zweit-Identitäten, die mindestens über das Berufsleben bestimmen können.

Da gibt es Abrechnungen mit dem alten Arbeitgeber, Aussagen über extreme politische Ansichten oder Videoclips von erotischen Abenteuern, nichts ist zu böswillig, verirrt oder peinlich, als dass es Menschen im Internet nicht veröffentlichten. Aber das sind vergleichsweise eindeutige Fälle und die Fahrlässigkeit, die sich in dieser freiwilligen und absichtlichen Offenbarung zeigt, ist durchaus als Selbstzeugnis zu lesen. Es sind vielleicht tatsächlich nicht die besten Kandidaten, die ein Personalberater aufgrund einer solchen Netzrecherche wieder wegschickt.

Aber auch nur ein missglücktes Projekt oder abfällige Kommentare von Kollegen oder Kunden können ungeachtet ihres Wahrheitsgehalts noch Jahre später Karrieren erheblich beeinträchtigen. Neue Suchmaschinen sind inzwischen sogar in der Lage, per Spracherkennung Videos und Podcasts nach Stichwörtern zu durchforsten. Sogar ein Schlagwortverzeichnis einzelner Filme lässt sich daraus erstellen.

Schon ein dahingesagter Name in einem der oft so privaten wie peinlichen YouTube-Videos kann so gehörigen Schaden anrichten. Wer wollte schon bei seinem Auftritt auf einer Party so genau von seinem Chef beobachtet werden – *Big Brother is watching you* wird zur ganz unmetaphorischen Realität. Das Private löst sich in der via Internet-Suchmaschine vollzogenen Durchkatalogisierung des Lebens auf. Die Stichwortsuche ist der Schlüssel zur Persönlichkeitserkundung des anderen.

Googlability nennt man den virtuellen Leumund, der durch die freiwillig oder

unfreiwillig transparenten Lebensläufe entsteht. Und die Bedeutung der Netz-Images wächst. Laut der BDU-Umfrage gaben 2006 nur 34 % der Personaler an, von Interneteinträgen in der Personalauswahl beeinträchtigt worden zu sein, in diesem Jahr waren es schon 23 % mehr. Zum Drama der gebrochenen Biografie fügt sich das Drama der virtuellen. Der Netz-Image-Coach empfiehlt ganz explizit, im Internet überwiegend positive Aussagen zu formulieren und mit Kritik „äußerst sparsam“ umzugehen. Wähnt sich der User dagegen im Internet-Reich des Privaten, sinkt die Hemmschwelle sich zu offenbaren beträchtlich.

Im Netz steht der professionellen Gefälligkeitskultur für die Karriere ein umso extremeres Ausleben eher abgründigerer Neigungen gegenüber. Die sich verbessernde Fahndungssoftware bringt die aufgespalteten Persönlichkeiten wieder zusammen. Die existenziellen Fragen stellen sich neu.

1 **Formulieren Sie die Kernaussage des Textes mit eigenen Worten.**

2 **Listen Sie die Gefahren des Internets für Bewerber übersichtlich auf.**

3 **Geben Sie einen Überblick über Inhalt und Aufbau des Textes. (→ „Texte exzerpieren“, S. 238 f.)**

4 **Das Internet erleichtert die Stellensuche. Nehmen Sie Stellung zu dieser Aussage.**

Glossar

Anschreiben. Die Botschaft: „Ich bin genau der oder die Richtige für diesen Job!“ Weisen Sie auf Ihre Stärken hin, ohne Punkte aus dem Lebenslauf vorwegzunehmen. Nehmen Sie mit Ihren Qualifikationen direkt Bezug auf die Anforderungen aus der Stellenausschreibung. Gehen Sie auch detailliert darauf ein, warum Sie sich genau bei diesem Unternehmen bewerben. Das Anschreiben sollte nicht länger als eine Seite sein.

Beispiele. Sätze wie „Meine vielfältigen Talente konnte ich schon oft zeigen“ sagen gar nichts aus. Konkreter werden!

Chronologisch. Diese Form des Lebenslaufs gilt als veraltet, aktuell ist die amerikanische, bei der die Stationen des Werdegangs rückwärts aufgelistet werden. Der Vorteil: Der Arbeitgeber erfasst sofort den aktuellen Stand des Bewerbers.

Diskriminierung. Geburtsort und -datum sollte man angeben, obwohl das Allgemeine Gleichstellungsgesetz (AGG) vom 18. August 2006 dies nicht mehr vorsieht. Getrost weglassen kann man Elternberufe und Familienstand.

E-Mail-Bewerbung. Hier steht das Anschreiben im E-Mail-Text, Lebenslauf und Zeugnisse werden in einem gängigen Format, am besten PDF, angehängt. Insgesamt sollte die Bewerbung nicht größer als zwei MB sein und direkt an den angegebenen Ansprechpartner geschickt werden. Wer sich selbst als Zweitempfänger einträgt, geht sicher, dass die Bewerbung versandt wurde.

Foto. Wegen des AGG muss der Bewerber auch kein Foto mehr beilegen. Hat der Personalchef aber die Auswahl zwischen Bewerbungen mit und ohne Foto, entscheidet er sich im Zweifelsfall für den Bewerber, von dem er sich ein Bild machen kann.

Gestaltung. Übersichtlichkeit erreicht man durch eine systematische Gliederung und Schriften mit Größe 10 und mehr.

H – hasi-1991@gmx.de. Von einer unseriös klingenden E-Mail-Adresse aus sollte man keine Bewerbung losschicken!

Internet. Wer seinen Lebenslauf in einem Karriere-Netzwerk, einer Jobbörse oder auf der eigenen Homepage präsentiert, sollte nicht vergessen, ihn regelmäßig zu aktualisieren.

Jagen, Jodeln, Bungee Jumping. Ausgefallene Hobbys im Lebenslauf machen interessant, sollten aber nicht den Eindruck erwecken, dass der Bewerber mehr Zeit mit Hobbys als mit Arbeit verbringt und dabei seine Gesundheit aufs Spiel setzt. Allgemeinplätze wie „ins Kino gehen" sollten tabu sein, außer man ist Cineast.

Kontaktdaten. Sie gehören auch auf Anschreiben und Lebenslauf, damit diese richtig zugeordnet werden können.

Lebenslauf. Folgende Rubriken sind unverzichtbar: persönliche Daten, Ausbildung, berufliche Praxis, Kenntnisse und Fähigkeiten. Dabei sollte man sich auf zwei Seiten beschränken und auf das Wesentliche: Nicht jede Qualifikation ist für jeden Job relevant.

Mappe. Die Investition in Rindsleder ist überflüssig, man braucht auch keine Collage für das Deckblatt zu basteln. Die Angebote aus dem Schreibwarengeschäft eignen sich alle, wichtig ist, dass sie für den Leser gut zu handhaben sind. Bei Mappen mit Klarsichtdeckel empfiehlt sich ein eigenes Deckblatt mit Adresse, Überschrift, Foto und eventuell einem Inhaltsverzeichnis.

Nachtelefonieren. Wenn Sie nach zwei Wochen noch keinen Eingangsbescheid bekommen haben, rufen Sie ruhig an!

Online-Bewerbung. Die Unternehmen stellen oft Formulare oder Masken ins Netz. Die freien Felder kann man sehr gut nutzen, um sich mit besonderen Angaben zu profilieren. Bei Dateianhängen gilt: sauber einscannen.

P – (Arbeits-)Proben. Zeichnungen, Fotos oder redaktionelle Beiträge sind in kreativen und wissenschaftlichen Branchen erwünscht und sollten, wenn angefordert, beigelegt werden.

Rechtschreibprogramm. Der Computer verbessert die Flüchtigkeitsfehler; die Verständlichkeit des Textes sollte ein sprachbegabter Verwandter oder Freund überprüfen.

Sehr geehrte Damen und Herren. Diese Anrede zeigt, dass man sich nicht einmal die Mühe gemacht hat, den entsprechenden Ansprechpartner herauszufinden. Disqualifikation!

Tiefstapeln. Ein Fehler! Wer seine Stärken nicht betont, fällt niemandem auf. Trumpfen Sie selbstbewusst auf, auch wenn es Ihnen übertrieben erscheint. Andere Bewerber machen das auch.

Unterschrift. Auf Anschreiben und Lebenslauf nicht vergessen!

Vorlagen. Davon finden sich viele im Internet, die man als Anregung nutzen, aber nicht übernehmen sollte. Ebenso wenig empfiehlt es sich, Formulierungen aus der Bewerbungsliteratur abzuschreiben. Die kennen die Personalchefs nämlich auch.

Zeugnisse und Zertifikate. Ein MUSS sind Schul- und Ausbildungszeugnisse. Hinzu kommen Praktikumszeugnisse und sonstige Zertifikate, wenn sie etwas mit dem Job zu tun haben. Die wichtigsten Zeugnisse sollten oben liegen.

Literatur

Bücher lesen – wozu? Es gibt doch das Internet!
Lustige und traurige, aufwühlende oder ruhigere, alte und neue Geschichten, Gedichte, Dramenausschnitte, Songtexte, verfilmte Literatur und viele andere Texte können neue Einblicke gewähren und andere Standpunkte aufzeigen.
Wie haben die Menschen früher auf Situationen wie Liebeskummer und Eifersucht reagiert? Wie haben sich unsere Kultur und ihre Werte verändert?
Wer sich mit Literatur beschäftigt, ist immer kulturell tätig, lernt einen Text als Teil des Kulturgutes seiner Gesellschaft kennen und entwickelt eine eigene Werthaltung in Abgrenzung zu oder im Vergleich mit der des Autors bzw. der Figuren im literarischen Werk. Dabei dient die Vermittlung von literarischen Fachbegriffen als Hilfsmittel zum eigentlichen Umgang mit der Literatur und soll nicht im Mittelpunkt stehen.
Begleiten Sie die Erzähler der folgenden Texte auf eine „Reise im Kopf".

»Dort, wo man Bücher verbrennt,
verbrennt man am Ende auch Menschen.«

Heinrich Heine,
Dichter und Journalist, 1797–1856

»Die Welt ist ein Buch.
Wer nie reist,
sieht nur eine Seite davon.«

Aurelius Augustinus,
Kirchenlehrer, 354–430

»Die Grenzen meiner Sprache
bedeuten die Grenzen meiner Welt.«

Ludwig Wittgenstein,
Philosoph, 1889–1951

»Lesen ist für den Geist das,
was Gymnastik für den Körper ist.«

Joseph Addison,
englischer Dichter, 1672–1729

»Ein Buch ist ein Spiegel,
wenn ein Affe hineinsieht,
so kann kein Apostel herausgucken.«

Georg Christoph Lichtenberg,
Schriftsteller und Physiker, 1742–1799

Ideal und Wirklichkeit

Der Traum von Ruhm und Geld

Viele Jugendliche träumen von einem Leben in Reichtum und Berühmtheit, wie es die Stars (scheinbar) im Fernsehen vorleben. Die kanadische Rockband Nickelback macht sich in ihrem Lied *Rockstar* über übertriebene und unwirkliche Vorstellungen lustig.

Nickelback

Nickelback, eine Rockband aus Kanada, wurde 1995 von den Halbbrüdern Chad und Mike Kroeger gegründet. Ihre Musikrichtung wird als Post Grunge, Hard- oder Alternativrock bezeichnet. Der Name Nickelback entstand zu der Zeit, als Mike Kroeger noch in einem Einzelhandelsladen arbeitete und den Kunden ihr Wechselgeld zurückgab. Da dies meist 5-Cent-Stücke (= Nickel) waren, sagte er häufig: „Here´s your nickel back." Als sein Bruder das hörte, war er begeistert und schlug Nickelback sofort als Bandnamen vor. Der Durchbruch gelang 2000 mit ihrem Album „The State".

Rockstar Nickelback

Well we all just wanna be big rockstars
And live in hilltop houses driving fifteen cars
The girls come easy and the drugs come cheap
We'll all stay skinny, cause we just won't eat
And we'll hang out in the coolest bars
In the VIP with the movie stars
Every good gold digger's
Gonna wind up there
Every Playboy bunny
With her bleached blond hair
And we'll hide out in the private rooms
With the latest dictionary and today's who´s who
They'll get you anything
with that evil smile
Everybody's got a
drug dealer on speed dial
Hey hey I wanna be a rockstar
Hey hey I wanna be a rockstar.

Übersetzung

Also, wir alle wollen nur große Rockstars sein
in einem Haus auf einem Hügel wohnen und 15 Autos fahren
Die Mädchen sind leicht zu kriegen und die Drogen billig
Wir bleiben alle schlank, weil wir einfach nichts essen
Und wir hängen in den coolsten Bars rum
Im VIP-Bereich mit den Filmstars
Jeder gute Schmarotzer
kommt da hin
Jedes Playboy-Häschen
mit ihrem gebleichten blonden Haar
Und wir verstecken uns in unseren Privatzimmern
mit dem neuesten Wörterbuch und
dem aktuellen Who is Who
Sie werden dir alles bringen
mit diesem bösartigen Lächeln
Jeder hat einen Drogenhändler
als Kurzwahl
Hey, hey, ich möchte ein Rockstar sein
...

1 **Recherchieren Sie den gesamten Text und fassen Sie zusammen, welches Bild eines Rockstars hier vermittelt wird.**

2 **Welche Einstellung zu dem hier gezeichneten Bild eines Rockstars zeigt Ihrer Meinung nach der Liedtext? Suchen Sie 2–3 Textstellen als Belege heraus.**

3 **Wie könnte sich das wirkliche Leben eines durchschnittlichen Musikers von der Idealvorstellung vom Leben als Superstar unterscheiden? Wo könnten Probleme auftauchen? (Denken Sie dabei an Paparazzi, drohende Erfolglosigkeit, gesundheitliche Probleme, „falsche" Freunde u. v. m.)**

4 **Möchten Sie gerne ein Leben im Rampenlicht führen? Begründen Sie Ihre Meinung.**

Die (manchmal bittere) Wirklichkeit

Oskar Maria Graf

Oskar Maria Graf war ein bayerischer Autor, der das Leben in seiner Heimat so realistisch beschrieb, dass es den Nazis nicht gefiel. Sie wollten die Menschen in Deutschland nicht mit negativen Zügen, sondern idealisiert dargestellt sehen. Graf musste Deutschland verlassen und ging in die USA ins Exil, wo er sich nur schwer einlebte, weil er die englische Sprache kaum beherrschte.

Der harte Handel. Ein bayerischer Bauernroman Oskar Maria Graf

Es war eine frische, mondhelle Märznacht. Ganz ausgesternt wölbte sich der blanke Himmel, rundum auf den schneefreien, aufkeimenden Feldern stand ein dünner Dunst, und es roch kräftig nach Dung und feuchter Erde. Auf der ausgefahrenen Gemeindestraße, die von Weimberting nach Besenberg durch leicht hügelige Äcker führt, ging der Amrainer Sepp, mit seinem richtigen Namen Joseph Lederer, torkelnd heimwärts. Ärgerlich stieß er seinen dicken Weichselstecken oft und grimmig auf den Boden und knurrte halblaut vor sich hin: „Und grod mit Fleiß mog i it! Grod mit Fleiß it!" Er war beim Unterbräuwirt in Weimberting gewesen und hatte dem ein schlachtbares Kalb angeboten. Ein zäher, schandmäßig schlechter Handel war daraus geworden. Immer wieder war der Wirt von der eigentlichen Sache abgewichen, hatte dem Sepp eine Maß Bier um die andere aufgeschwatzt und dabei den Preis des Kalbes unglaublich tief herabgedrückt.

„I mog die it drucka, Sepp, I mog dös it!", biederte der Wirt in einem fort. „Und I brauch aa dei´ Kaibi it! Absalut it! I reiß´mi it drum, wia gsogt! Und um den Preis scho glei gor it! Ausgeschloss´n! I kriag ja Kaibin ganze Pack jetz´! Schier´s Haus laffa s´mir jetz´ein, d´Baurn!" Das war auch nicht gelogen. Der Wirt als größter, zahlungskräftigster Metzger weit und breit, der konnte leicht preisschinden. Froh war jeder Bauer, wenn er überhaupt kaufte. Immer noch besser, als sein Vieh auf gut Glück auf den Markt treiben, die Zeit damit zu versäumen, unnütz Geld auszugeben und dabei sich zu guter Letzt mit jedem Preis abzufinden. Jetzigerzeit nämlich war es nicht mehr wie anno in der Inflation und in den etlichen guten Jahren danach, wo die Aufkäufer und Metzger von weiß Gott woher kamen und sich geradezu um das Schlachtvieh rissen. Wie weggeblasen waren sie seither. Die Märkte stockten.

Handel und Wandel auf der ganzen Welt waren verfahren. Mitunter sah´s direkt aus, als würde überhaupt kein Fleisch mehr gegessen. Beim Metzger war es sündteuer, aber der Bauer bekam für das Lebendgewicht kaum seine Futterkosten herein. Und so war es auch mit allem, was aus dem Boden kam. Niemand konnte sich dies Missverhältnis erklären, aber jeder musste darüber klagen. [...]

Der Amreiner Sepp war kreuzfuchtig.

Bauern arbeiten auf dem Feld, um 1934

Bayerisches Dorf, um 1930

1 **Beschreiben Sie die Stimmung des Joseph Lederer. Was ist sein Problem?**

2 **Stellen Sie die Situation der Bauern zur damaligen Zeit (1934) mit Hilfe des Textes und Bildes dar.**

3 **Kennen Sie Berufsbranchen, in denen sich zurzeit Ähnliches abspielt?**

4 **Unterstreichen Sie die Worte, die den Text als bayerisch kennzeichnen, und schreiben Sie die wörtliche Rede des Wirtes ins Hochdeutsche um. Wie würde sich die Wirkung des Textes verändern, wenn er nicht auf bayerisch verfasst worden wäre?**

5 **Gestalten Sie ein Titelbild für den Roman, das seinen Inhalt und seine Besonderheit spiegelt.**

Inhaltsangabe zu Christian Linkers „RaumZeit"

Tim ist sechzehn. Er sitzt im Gefängnis 20 Monate Jugendstrafe ab. Statt das Leben zu genießen, muss er sich mit dem Knastalltag, mit Drogen und Brutalität herumschlagen. Indem er nachdenkt, versucht Tim, sich irgendwie abzulenken und sich mit seiner Situation abzufinden. Sein Blick wird härter und zynischer, desillusioniert betrachtet er seine Situation. Dann verlässt ihn seine Freundin, sein Suizidversuch misslingt. Doch er schöpft wieder neuen Lebensmut und fängt an, die Gefängnisschule zu besuchen. Dort trifft er, in Folge eines Integrationsprogramms, auf Martha, die von „draußen" kommt.

Obwohl es unmöglich scheint, eine Beziehung außerhalb der Knastmauern aufzubauen, verliebt Tim sich während seines „Urlaubs" in sie. Spontan fährt er mit Martha nach Frankreich. Die beiden sind sich darüber im Klaren, dass sie keine Zukunft haben, sondern nur die Gegenwart. Die Tage und Nächte jedoch, die sie erleben, sind so schön, dass Martha verspricht, auf Tim zu warten, bis dieser seine Strafe abgesessen hat. Als er – verspätet – in den Knast zurückkehrt, steht er vor einer Menge Probleme. Ein Mithäftling aus der rechten Szene schwört Rache an Tim. Es kommt zu einer blutigen und grausamen Auseinandersetzung. Da bietet sich unverhofft die Möglichkeit zur Flucht. Wie wird sich Tim entscheiden?

1 **Formulieren Sie auf der Basis der Inhaltsangabe und des Covers Ihre Leseerwartung an den Roman.**

2 **Sammeln Sie in der Klasse: Was sind Ihrer Meinung nach die alltäglichen Probleme eines Häftlings?**

3 **Welche Chancen räumen Sie einer Beziehung wie der von Tim und Martha ein, die im Gefängnis und daher mit einer mehrmonatigen „Warteschleife" beginnt?**

4 **Wie würden Sie sich an Tims Stelle entscheiden: Flucht oder keine Flucht? Diskutieren Sie die Folgen.**

RaumZeit Christian Linker

Ich schätze den Bunker auf zehn Quadratmeter. Versiegelter Boden. Beton unter mir, über mir, um mich herum. Eine dünne Matratze auf dem Boden, eine Wolldecke. In der Ecke ein Loch im Boden zum Scheißen. In der Mitte der Decke eine Kamera. Drum herum Flecken vom Essen, das wohl irgendwer an die Decke und gegen die Linse geworfen hat, um den Grünen das Bild zu verkleistern. Die Mauer ist dick. Zwischen mir und den Gittern, die enger sind als in meiner alten Zelle, Plexiglas. Mattes

Licht filtert sich zu mir durch. Beleuchtet organische Verbindungen auf Kohlenstoffbasis, angezogen mit Shorts, T-Shirt und Socken; mehr Kleidung haben sie mir nicht gelassen.
Meine Seele ist einfach draußen geblieben. Im Gegensatz zu mir, ich bin einfach wieder reingegangen. Für SIE? Für mich? Für meine „Zukunft“? Für irgendwas auf dieser Scheißwelt?
Mein Kopf ist voll von Bildern. Bildern von Bäumen, Wiesen, Wellen, Weite, Horizont. Bildern, wie SIE nackt, schwitzend, duftend sich an mich drängt. Mein Kopf ist voll von Klängen, von Musik, Meeresrauschen, voll von den Worten, die SIE gesagt hat.
„... dann gehst du zurück.“

1 **Beschreiben Sie den Kontrast zwischen der realen Welt, dem Bunker, und den Bildern, die Tim durch den Kopf gehen.**

2 **Erklären Sie, was Tim meint, wenn er sagt: „Meine Seele ist einfach draußen geblieben.“**

RaumZeit Christian Linker

Al-Hakka sprach zuerst. „Ey Mann, hast ein Problem oder was?“
„Der will mich abziehen“, sagte ich, um eine feste Stimme bemüht.
Der „Große“ zog seine dichte Augenbraue hoch.
„Na und?“
Ich räusperte mich, bevor ich den Text aufsagte, den ich mir zurechtgelegt hatte: „Ich will, dass sich keiner von euch einmischt, wenn Said und ich das unter uns klären.“
Al-Hakka nickte leicht. „Ich schwöre.“ Das war ja einfach.
Dann blickte er sich kurz um, wies auf eine Ecke des Hofes. „Dort“, sagte er.
Mein Herz rutschte in die Hose, kam unten am Hosenbein wieder raus und machte sich aus dem Staub.
„Jetzt?“, fragte ich völlig überrumpelt. Keine Ahnung, was ich genau von diesem Gespräch erwartet hatte, aber in meiner Fantasie verabredeten wir eine Schlägerei in zeitlichem Abstand, am besten dreißig Jahre, zumindest aber genug, um irgendeine Art Plan zu schmieden oder mir von Bodo ein paar Schläge und fiese Tricks zeigen zu lassen. Aber mir blieb keine Zeit zum Nachdenken. Der Pulk Araber drängte mich in die Ecke, Al-Hakka baute sich wie ein Ringrichter zwischen uns auf, einige drehten uns den Rücken zu, um auf die Grünen zu achten. Dann stand ich Said gegenüber.
Mir fiel nicht das Geringste ein, das ich nun hätte tun können. Ich hoffte nur, Said würde es möglichst rasch zu Ende bringen, ohne mich lange leiden zu lassen. Sollte ich seine Augen fixieren? Oder besser seine Hände? Was war mit seinen Füßen? Vielleicht konzentrierte ich mich doch besser auf seine Augen, möglicherweise sah ich seinen Augen an, was er vorhatte. So bohrte sich mein Blick in seinen und sein Tritt in meine Magengrube traf mich völlig unvorbereitet. Ich japste nach Luft, bekam aber keine, krümmte mich, als Said mit vorgebeugtem Kopf auf mich zukam, seine Stirn hart wie Beton meine linke Augenbraue zermalmte und ich das Gleichgewicht verlor. Erst als ich am Boden lag, fiel mir ein, Schmerzen zu haben. Blut rann in mein linkes Auge und nahm mir die Sicht. Ich wartete auf einen Tritt in die Nieren oder einen finalen Todesstoß. Stattdessen wurde ich gepackt und unsanft auf die Füße gezogen.
„Was ist hier los?“, donnerte eine Männerstimme.

Ich kniff das anschwellende Auge zu und sah mit dem anderen einen Grünen vor mir stehen. Ein zweiter hielt Said fest, während ein dritter die Araber auseinanderscheuchte. Mein Schädel dröhnte wie eine alte Bassbox kurz vor dem Exitus, noch immer lief Blut aus meiner Augenbraue. Immerhin bekam ich wieder etwas Luft. Der Grüne schüttelte mich, rief irgendetwas.

Wer denn angefangen habe, ob ich Said provoziert hätte und so weiter. Ich antwortete nicht, sondern sah zu meinem Gegner hinüber. Er sah schweigend zu Boden. Der Beamte, der mich festhielt, sagte schließlich: „Also gut, erst mal aufs Revier mit dem hier. Und alle beide zum Chef."

Wow. Ich hatte es hinter mir.

So lernte ich das Krankenrevier kennen und seinen leitenden Arzt, der den Charme eines Pferdedoktors verströmte, seinen Job aber ganz gut zu machen schien. Er nähte meine aufgeplatzte Augenbraue und checkte mich kurz durch. Wie denn das überhaupt habe passieren können. Ich sei in Gedanken gegen die Mauer gelaufen, erwiderte ich.

1 **An welchen Formulierungen erkennen Sie, dass Tim Angst hat?**

2 **Wie verhalten sich Al-Hakka und seine Bande während der „Klärung" des Konflikts?**

3 **Warum bleibt Tim Ihrer Meinung nach wohl nicht bei der Wahrheit, wenn er nach dem Grund für seine Verletzungen gefragt wird?**

4 **Analysieren Sie die beiden Textausschnitte im Hinblick auf die Zeitstruktur, Raum- und Schauplatzgestaltung sowie die Figurengestaltung. Präsentieren Sie Ihre Ergebnisse in einem zusammenhängenden Text. (→ „Epische, lyrische und dramatische Texte untersuchen", S. 254 f.)**

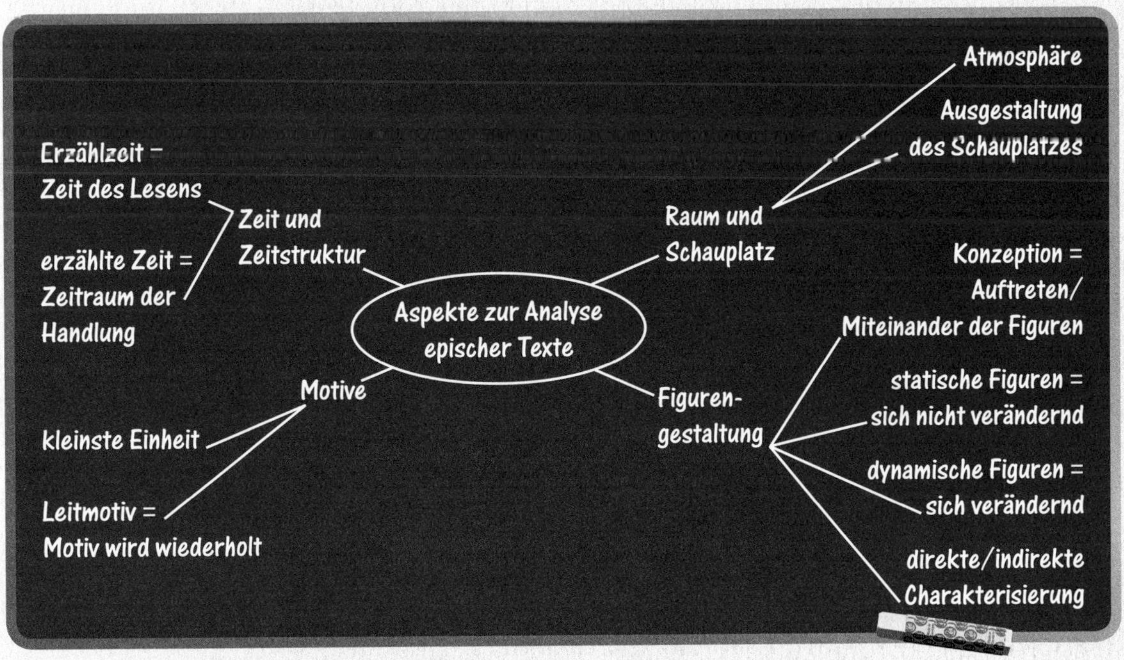

Literatur – damals und heute: die Epochen

Schon immer haben Menschen über das geschrieben, was sie beschäftigt: Liebe und Hass, Eifersucht und Freundschaft, Kriege und schöne Erlebnisse. Dabei fließt in die Texte immer auch ein, zu welcher historischen Zeit der Autor lebt. Im Mittelalter thematisierte der Mensch oft seine Beziehung zu Gott, heute beschäftigt ihn mehr, wie er in der Gesellschaft zurechtkommt. So verändern sich zwar die „Vorzeichen“, der Mensch aber bleibt derselbe. Um die Texte besser einordnen zu können, werden im Folgenden daher die wichtigsten literarischen Epochen bis zum Zweiten Weltkrieg kurz vorgestellt – ohne Anspruch auf Vollständigkeit!

EPOCHE

Eine Epoche bezeichnet einen gewissen Zeitraum, in dem viele Schriftsteller Literatur schufen, die Ähnlichkeiten aufwies, z. B. gleiche Themenwahl, besondere Vorlieben für literarische Formen wie Gedichte oder Romane, dieselbe politische Einstellung, ähnliche Sprachgestaltung – sehr schlicht oder sehr poetisch. Es können auch mehrere Epochen gleichzeitig existieren (z. B.: zeitweise Klassik und Romantik) bzw. ein Autor kann seinen Stil ändern und zu verschiedenen Epochen gezählt werden. So schrieb Johann Wolfgang von Goethe, einer der bekanntesten deutschen Autoren, Werke, die sich verschiedenen Epochen zuordnen lassen, u. a. dem Sturm und Drang, der Klassik sowie der Romantik. Manche seiner Stücke zeigen dabei auch Merkmale verschiedener Epochen. Dies liegt wohl daran, dass solche Einordnungen meist von nachfolgenden Generationen vorgenommen werden.

Aufklärung 1720–1780

G. E. Lessing (bürgerliches Trauerspiel)

„Sapere aude“, Kant („Wage zu denken“)

Aufruf zum „Ausgang des Menschen aus seiner selbstverschuldeten Unmündigkeit“ (Kant): Der Mensch soll selbst wagen zu denken, seine Vernunft zu gebrauchen und nicht alles zu glauben, was Fürsten und Religionshüter ihm sagen: revolutionärer Aufruf zur Eigenständigkeit!

Sturm und Drang 1765–1785

Künstler als von Gott erleuchtetes Genie

J. W. v. Goethe, F. Schiller – „Die Räuber“

Herz und Gefühle als wichtigste Aspekte des Menschen

Gegenbewegung zur vernunftorientierten Aufklärung

Gewalt revolutionärer Jugendlicher wird als Mittel zur Befreiung gegen verhasste Fürsten gesehen.

Weimarer Klassik 1786–1805
(endet mit Schillers Tod)

- Vorbild der Antike (Kultur der Griechen und der Römer)
- F. Schiller, J. W. v. Goethe
- Der Mensch soll durch Erziehung zu einem edleren Wesen werden und dem Schönen, Wahren und Guten nachfolgen.
- Veränderung durch Mäßigung und Harmonie (nicht mehr wie im Sturm und Drang durch revolutionären Kampf)

Romantik 1795–1835
(endet mit Goethes Tod)

- Abgrenzung zur Klassik
- J. v. Eichendorff, Novalis, E. T. A. Hoffmann, C. Brentano
- Dem Menschen geht es um die Seele, um Traum – auch Albträume gehören dazu –, Unendlichkeit.
- Volksdichtung, z. B. Märchen
- häufige Motive: Fernweh, Reise, Mondnacht, Sehnsucht, Todeserlebnis

Junges Deutschland, Vormärz 1830–1848

- kritische Literatur gegen die gesellschaftlichen und politischen Missstände der Zeit, wie z. B. die Zensur
- H. Heine, G. Büchner, H. v. Fallersleben
- Ablehnung der idealisierten Literatur der Romantik

Biedermeier 1815–1848

- Privatleben als Thema der Kunst – eine Reaktion auf die politische Unterdrückung
- A. v. Droste-Hülshoff, E. Mörike, A. Stifter
- Themen wie Familienidyll oder Dorfleben werden nicht zensiert.

Poetischer Realismus 1848–1890

- Das Leben des Bürgertums wird (im Vergleich zu den früheren Epochen) realistisch beschrieben.
- Der Künstler beschreibt das Leben nicht genauso, wie es ist, sondern künstlerisch gestaltet.
- T. Fontane, T. Storm

Naturalismus 1880–1900

- Sprache ist oft nicht mehr künstlerisch geschönt (z. B. Dialekt).
- Die Künstler sehen sich als Naturwissenschaftler, nicht als Künstler. Sie beschreiben die Welt, „wie sie ist“.
- Das Leben der Ärmsten wird in seiner Grausamkeit und Armseligkeit dargestellt.
- A. Holz, J. Schlaf, G. Hauptmann

Strömungen der Jahrhundertwende um 1900

- Konzentration auf das Schöne (Ästhetizismus)
- Verschiedene widersprüchliche Tendenzen bringen gleichzeitig verlaufende Strömungen hervor.
- bildliche Eindrücke (Impressionismus)
- Beschreibung von Verfall und Niedergang der Kultur (Dekadenz)
- F. Nietzsche, R. M. Rilke, T. Mann

Expressionismus 1910–1925

- sprachlich ungewohnte, oft schreckliche Bilder
- aus der Not der Menschen geboren
- geprägt vom Grauen des Ersten Weltkrieges
- Künstler will sein Innerstes, seine Gefühle ausdrücken (Expressionismus = Ausdruckskunst).
- F. Kafka, J. Hoddis, F. Boldt

Ab dem Expressionismus spricht man nicht mehr von Epochen. Es gab Strömungen, die verschiedene Schriftsteller vereinten, aber nicht so umfassend waren, dass man sie als Epoche bezeichnen könnte (z. B. Die Neue Sachlichkeit – E. Kästner, K. Tucholsky).

1 **Zeichnen Sie einen Zahlenstrahl, in den Sie die Epochen eintragen. Ergänzen Sie dann die folgenden historischen Ereignisse: Französische Revolution 1789, Wiener Kongress 1815, Weberaufstand in Schlesien 1844, Zusammentritt der deutschen Nationalversammlung in Frankfurt 1848, Erster Weltkrieg 1914–1918, Zweiter Weltkrieg 1939–1945.**

2 **Wie wirken sich diese Ereignisse auf die Literatur der Zeit aus?**

3 **Wählen Sie einen der folgenden Textausschnitte. Lesen Sie ihn, geben Sie ihn knapp in eigenen Worten wieder und überlegen Sie, ausgehend vom Thema des Textes, zu welcher Epoche er Ihrer Meinung nach gehört.**

Wenn nicht mehr Zahlen und Figuren Novalis

Wenn nicht mehr Zahlen und Figuren
Sind Schlüssel aller Kreaturen,
Wenn die, so singen oder küssen,
Mehr als die Tiefgelehrten wissen,
Wenn sich die Welt ins freie Leben
Und in die Welt zurückbegeben,
Wenn dann sich wieder Licht und Schatten
zu echter Klarheit wieder gatten,
Und man in Märchen und Gedichten
Erkennt die ew´gen Weltgeschichten,
Dann fliegt vor einem geheimen Wort
Das ganze verkehrte Wesen fort.

Patrouille August Stramm

Die Steine feinden

Fenster grinst Verrat

Äste würgen
Berge Sträucher blättern
raschlig

Gellen

Tod.

Die Räuber Friedrich Schiller

Akt I, Szene 2

Moor: Nein, ich mag nicht daran denken! Ich soll meinen Leib pressen in eine Schnürbrust und meinen Willen schnüren in Gesetze. [...] Das Gesetz hat noch keinen großen Mann gebildet, aber die Freiheit brütet Kolosse [...] aus. [...] Stelle mich vor ein Heer Kerls wie ich, und Deutschland soll eine Republik werden, gegen die Rom und Sparta Nonnenklöster sein sollen. (*Er wirft den Degen auf den Tisch und steht auf.*)

Goethes Faust – eines der bekanntesten Werke der deutschen Literaturgeschichte

Warum sollte in der Schule ein Drama gelesen werden, das vor rund 200 Jahren entstand? Goethes Drama Faust gilt als eines der bekanntesten und besten, die je in der deutschen Sprache geschrieben wurden. Sechzig Jahre arbeitete er, bis die Tragödie fertiggestellt war. „Mein ferneres Leben [...] kann ich nunmehr als reines Geschenk ansehen, und es ist jetzt im Grunde ganz einerlei, ob und was ich noch etwa tue.“, so Goethe nach Vollendung des Faust. Bis heute beschäftigt die Figur des Faust die Schriftsteller und Leser, also seit ungefähr 500 Jahren – denn das historische Vorbild für die Figur, der Arzt, Astrologe und Magier Faust, lebte von ungefähr 1480 bis 1536. Die erste literarische Bearbeitung des Stoffes stammt aus dem Jahr 1587. Viele der Themen, die Goethes Drama behandelt, sind auch heute aktuell, weil sie von den grundlegenden Wünschen und Problemen jedes Menschen erzählen. Verlegen Sie die Handlung und die Personen ins 21. Jahrhundert und vergleichen Sie.

Habe nun, ach! Philosophie, / Juristerei und Medizin, / Und leider auch Theologie! / Durchaus studiert, mit heißem Bemühn. / Da steh ich nun, ich armer Tor! / Und bin so klug als wie zuvor. (*Heinrich Faust*)

HISTORIA
Von D. Johan
Fausten / dem weitbeschreyten
Zauberer vn̄ Schwartzkünstler / Wie
er sich gegen dem Teuffel auff eine benandte
zeit verschrieben / Was er hiezwischen für seltzame
Abenthewer gesehen / selbs angerichtet / vnd gerlie-
den / biß er entlich seinen wolverdien-
ten Lohn empfangen.

Mehrerteils aus seinen eigenen hin-
dergelassenen Schrifften / Allen hochtragen-
den / fürwitzigen vnd Gottlosen menschen zum schreck-
lichen Beyspiel / abschewlichen Exempel / vnd trewher-
tziger Warnung zusammen gezogen / vnd
in Druck verfertiget.

M. D. LXXXVIII.

Titelbild der Erstausgabe

Zum Inhalt des Dramas

Dr. Heinrich Faust, der an der Universität lehrt, wird ohne sein Wissen Mittelpunkt einer Wette, die das Drama einrahmt: Gott wettet mit Mephistopheles, dem Teufel, dass dieser es nicht schaffen wird, Heinrich Faust vom rechten Weg und damit von Gott abzubringen. Als Mephistopheles Faust aufsucht, trägt sich dieser mit Selbstmordgedanken. Er fühlt sich, obwohl sehr gelehrt, weit weg von aller Erkenntnis über die Welt, und auch sein Privatleben macht ihn nicht glücklich. Daher lässt er sich auf Mephistopheles' Vorschlag ein: Sollte ihm dieser mit Hilfe seiner Zaubermacht das Leben wieder schmackhaft machen, so will ihm Faust im Gegenzug seine Seele überlassen. Es folgt eine wilde Reise der beiden durch die Welt, auf der Mephistopheles dem Faust auch Margarete, genannt Gretchen, vorstellt, eine unschuldige und reine junge Frau, die sich in ihn verliebt. Heinrich Faust aber reist wieder mit Mephistopheles weiter und lässt sie – ohne es zu wissen – schwanger zurück. Gretchen tötet in ihrer Verzweiflung ihr Kind, wird zum Tode durch den Henker verurteilt und lässt sich auch nicht mehr von Faust aus dem Kerker retten, als er buchstäblich in letzter Minute eintrifft.

1 **Lesen Sie Zitat und Inhaltsangabe: Was ist das Hauptproblem Heinrich Fausts?**

2 **Welche Folgen hat sein Pakt mit dem Teufel für ihn und für Gretchen?**

Johann Wolfgang von Goethes großes Drama: Faust

Dr. Faust will alles wissen und verstehen → verkauft seine Seele dem Teufel

← stürzt Gretchen, seine Geliebte, ins Unglück →

Im folgenden Text hat Faust gerade erfahren, wie es Gretchen in seiner Abwesenheit ergangen ist.

Faust Johann Wolfgang von Goethe

Trüber Tag, Nebel

Faust Im Elend! Verzweifelnd! Erbärmlich auf der Erde lange verirrt und nun gefangen! Als Missetäterin im Kerker zu entsetzlichen Qualen eingesperrt das holde unselige Geschöpf! Bis dahin! dahin! – Verräterischer, nichtswürdiger Geist, und das hast du mir verheimlicht! – Steh nur, steh! Wälze die teuflischen Augen ingrimmend im Kopf herum! Steh und trutze mir durch deine unerträgliche Gegenwart! Gefangen! Im unwiederbringlichen Elend! Bösen Geistern übergeben und der richtenden gefühllosen Menschheit! Und mich wiegst du indes in abgeschmackten Zerstreuungen, verbirgst mir ihren wachsenden Jammer und lässest sie hülflos verderben!

Mephistopheles Sie ist die erste nicht.

Faust Hund! abscheuliches Untier! [...] Mir wühlt es Mark und Leben durch, das Elend dieser Einzigen – du grinsest gelassen über das Schicksal von Tausenden hin!

Mephistopheles Nun sind wir schon wieder an der Grenze unsres Witzes, da, wo euch Menschen der Sinn überschnappt. Warum machst du Gemeinschaft mit uns, wenn du sie nicht durchführen kannst? Willst fliegen und bist vorm Schwindel nicht sicher? Drangen wir uns dir auf, oder du dich uns?

Faust Fletsche deine gefräßigen Zähne mir nicht so entgegen! Mir ekelt's! – Großer herrlicher Geist, der du mir zu erscheinen würdigtest, der du mein Herz kennest und meine Seele, warum an den Schandgesellen mich schmieden, der sich am Schaden weidet [...] Rette sie! oder weh dir! Den grässlichsten Fluch über dich auf Jahrtausende!

Mephistopheles Ich kann die Bande des Rächers nicht lösen, seine Riegel nicht öffnen. – Rette sie! – Wer war's, der sie ins Verderben stürzte? Ich oder du?

(Faust blickt wild umher.) [...]

Faust Noch das von dir? Mord und Tod einer Welt über dich Ungeheuer! Führe mich hin, sag ich, und befrei sie!

Mephistopheles Ich führe dich, und was ich tun kann, höre! Habe ich alle Macht im Himmel und auf Erden? Des Türners Sinne will ich umnebeln, bemächtige dich der Schlüssel und führe sie heraus mit Menschenhand! Ich wache! die Zauberpferde sind bereit, ich entführe euch. Das vermag ich.

Faust Auf und davon!

1 **In welcher Situation befindet sich Gretchen? Wie reagiert Faust auf Gretchens Situation, wie reagiert Mephisto?**

2 **Welche Vorwürfe macht Faust dem Mephisto? Wie antwortet dieser darauf?**

3 **Welchen Plan schmieden die beiden zur Rettung Gretchens?**

4 **Inwiefern passt die Regieanweisung „Trüber Tag. Nebel" gut zur Szene?**

In der folgenden Szene steht Faust mit dem Schlüssel, den Mephisto ihm besorgt hat, vor dem Kerker, schließt auf und spricht dabei zunächst mit sich selbst.

Faust Johann Wolfgang von Goethe

Kerker

Faust (*mit einem Bund Schlüssel und einer Lampe, vor einem eisernen Türchen*)
Mich fasst ein längst entwohnter Schauer,
Der Menschheit ganzer Jammer fasst mich an.
Hier wohnt sie hinter dieser feuchten Mauer,
Und ihr Verbrechen war ein guter Wahn!
Du zauderst, zu ihr zu gehen!
Du fürchtest, sie wiederzusehen!
Fort! Dein Zagen zögert den Tod heran.
(*Er ergreift das Schloss. Es singt inwendig*) [...]
(*aufschließend*) Sie ahnet nicht, dass der Geliebte lauscht,
Die Ketten klirren hört, das Stroh, das rauscht. (*Er tritt ein.*)

Margarete (*sich auf dem Lager verbergend*) Weh! Weh! Sie kommen. Bittrer Tod!

Faust (*leise*) Still! Still! ich komme, dich zu befreien.

Margarete (*sich vor ihn hinwälzend*). Bist du ein Mensch, so fühle meine Not.

Faust Du wirst die Wächter aus dem Schlafe schreien! (*Er fasst die Ketten, sie aufzuschließen.*)

Margarete (*auf den Knien*) Wer hat dir, Henker, diese Macht
Über mich gegeben!
Du holst mich schon um Mitternacht.
Erbarme dich und lass mich leben!
Ist's morgen früh nicht zeitig genug? (*Sie steht auf.*)
Bin ich doch noch so jung, so jung!
Und soll schon sterben!
Schön war ich auch, und das war mein Verderben.
Nah war der Freund, nun ist er weit
Zerrissen liegt der Kranz, die Blumen zerstreut.
Fasse mich nicht so gewaltsam an!
Schone mich! Was hab ich dir getan?
Lass mich nicht vergebens flehen,
Hab ich dich doch mein Tage nicht gesehen!
Faust Werd ich den Jammer überstehen!
Margarete Ich bin nun ganz in deiner Macht.
Lass mich nur erst das Kind noch tränken.
Ich herzt es diese ganze Nacht;
Sie nahmen mir's, um mich zu kränken,
Und sagen nun, ich hätt es umgebracht.
Und niemals werd ich wieder froh.

1 **Erschließen Sie die obenstehende Szene. Wie fühlt sich Faust, als er den Kerker betritt? Für wen hält ihn Gretchen und warum?**

2 **Woran kann man erkennen, dass Gretchen dem Wahnsinn nahe, wenn nicht bereits verfallen ist?**

3 **Wählen Sie eine der beiden Szenen und analysieren Sie sie.**

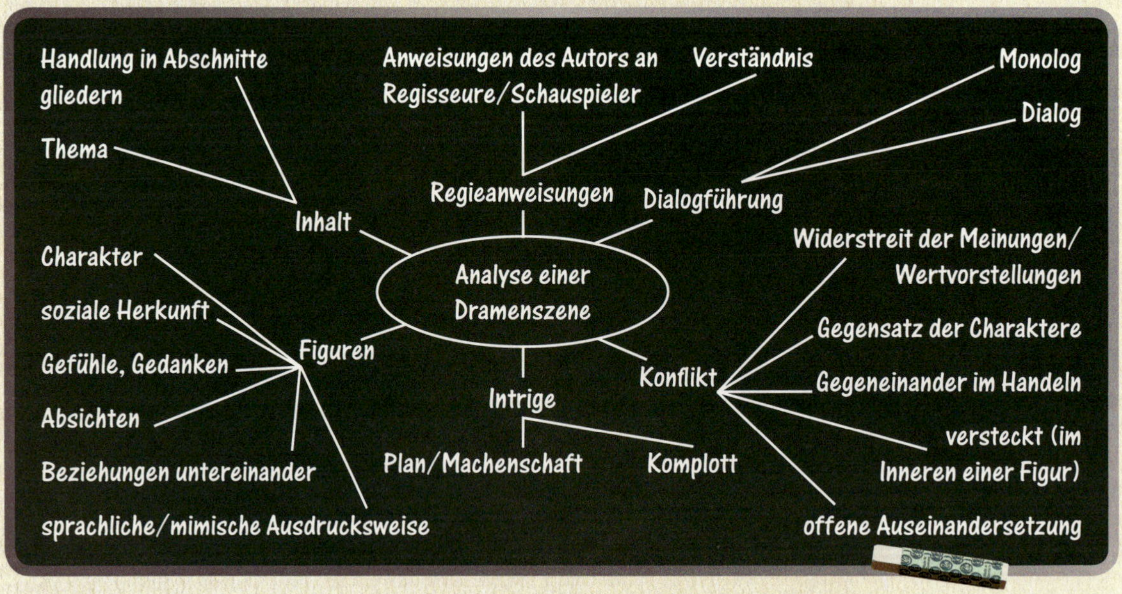

Die Aufklärung: Das Thema Eifersucht im Wandel der Zeit

Miss Sara Sampson: Inhaltsangabe

Schauplatz von Lessings bürgerlichem Trauerspiel ist England. Dort entführt der aus der höfischen Welt stammende Mellefont die Tochter Sir William Sampsons, Miss Sara Sampson, mit dem Plan, sie nach Frankreich zu bringen, um sie dort zu heiraten. Vorher muss er allerdings in einem Gasthof auf eine Nachricht über ein Erbe, das er antreten will, warten. Dem Paar ist nicht nur der Vater Saras auf der Spur, sondern auch die frühere Geliebte Mellefonts, Marwood, die diesen wiederhaben will. Mit der gemeinsamen Tochter Arabella möchte sie ihn erweichen. Mellefont macht ihr unmissverständlich klar, dass er nicht zu ihr zurückkehren möchte. Sie erreicht aber, dass er sie unter falschem Namen der Rivalin vorstellt. Marwood gibt ihre Identität preis und mischt Sara Gift in ihre Arznei. Sir William tritt zu seiner sterbenden Tochter, der er inzwischen verziehen hat. Noch vor ihrem Tod verzeiht Sara ihrer Mörderin. Mellefont ist zu gerührt, um sich an Marwood zu rächen. Ihm bleibt nur das Gericht über sich selbst, der Suizid. Sterbend bittet er den Vater um Gnade, worauf dieser ihm seine väterliche Liebe anbietet. Daraufhin erklärt Sampson sich bereit, in Zukunft für Arabella zu sorgen.

1 **Wer hat in diesem Drama Grund, eifersüchtig zu sein?**

2 **Unter einem Wortfeld versteht man Wörter, die eine ähnliche Bedeutung wie der Ausgangsbegriff haben. Erarbeiten Sie ein Wortfeld zum Begriff „Eifersucht".**

3 **Recherchieren Sie: Was ist Aufklärung? Was bedeutet für diese Epoche „moralisches Handeln"? Was ist ein bürgerliches Trauerspiel? (→ „Informationsquellen nutzen", S. 218 f.)**

Miss Sara Sampson Gotthold Ephraim Lessing

Marwood Ihr Leben soll das Andenken meiner verachteten Liebe auf die Nachwelt nicht bringen; meine Grausamkeit soll es tun.
Sieh in mir eine neue Medea!
Mellefont (*erschrocken*) Marwood – –
Marwood Oder wenn du noch eine grausamere Mutter weißt, so sieh sie gedoppelt in mir! Gift und Dolch sollen mich rächen. Doch nein, Gift und Dolch sind zu barmherzige Werkzeuge! Sie würden dein und mein Kind zu bald töten. Ich will es nicht gestorben sehen; sterben will ich es sehen! Durch langsame Martern will ich in seinem Gesichte jeden ähnlichen Zug, den es von dir hat, sich verstellen, verzerren und verschwinden sehen. Ich will mit begieriger Hand Glied von Glied, Ader von Ader, Nerve von Nerve lösen, und das kleinste derselben auch da noch nicht aufhören zu schneiden und zu brennen, wenn es schon nichts mehr sein wird, als

Szenenfoto aus einer Inszenierung des Thalia Theaters, Hamburg 2001

ein empfindungsloses Aas. Ich – ich werde wenigstens dabei empfinden, wie Süß die Rache sei!

Mellefont Sie rasen, Marwood – –

Marwood Du erinnerst mich, dass ich nicht gegen den Rechten rase. Der Vater muss voran! Er muss schon in jener Welt sein, wenn der Geist seiner Tochter unter tausend Seufzern ihm nachzieht. (*Sie geht mit einem Dolch auf ihn los.*) Drum stirb, Verräter!

1 **Analysieren Sie den kurzen Dramen-Ausschnitt. (→ „Epische, lyrische und dramatische Texte untersuchen", S. 254 f.)**

2 **Die veraltete Sprache erschwert häufig das Verständnis eines Textes. Lesen Sie den Text noch einmal still und suchen dabei schwer verständliche Formulierungen. Besprechen Sie im Unterrichtsgespräch, was diese Textstelle bedeutet. Formulieren Sie anschließend schriftlich in Partnerarbeit Z. 20–23 in eigenen Worten in moderne Sprache um.**

3 **Sie sind Psychologe und behandeln die vor Eifersucht kranke Marwood. Schreiben Sie ihr einen Brief, in dem Sie ihr raten, wie sie mit der Situation umgehen kann, ohne zur Mörderin zu werden.**

Eifersucht Rammstein

Bin ich schöner
Zerschneid mir das Gesicht
Bin ich stärker
Brich feige mein Genick
Bin ich klüger
Töte mich und iss mein Hirn
Hab ich dein Weib
Töte mich und iss mich ganz auf
Dann iss mich ganz auf

Bin ich ehrlicher
Beiß mir die Zunge ab
Bin ich reicher
Dann nimm mir alles
Bin ich mutiger
Töte mich und iss mein Herz
Hab ich dein Weib
Töte mich und iss mich ganz auf
Dann iss mich ganz auf
Doch leck den Teller ab

Es kocht die Eifersucht

Hab ich so glatte Haut
Zieh sie in Streifen ab
Hab ich die klaren Augen
Nimm mir das Licht
Hab ich die reine Seele
Töte sie in Flammen
Hab ich dein Weib dann
Töte mich und iss mich ganz auf
Dann iss mich ganz auf

Doch leck den Teller ab

Es kocht die Eifersucht

1 **In welcher Situation befindet sich der Sprecher in Rammsteins „Eifersucht"? Wer ist auf wen eifersüchtig?**

2 **Welche Folgen hat die Eifersucht bei Rammstein bzw. bei Lessing?**

Literatur und Beruf

Entscheidungen verantworten
Nicht immer läuft der Alltag im Beruf problemlos ab. Es kann Unstimmigkeiten zwischen Mitarbeitern geben, auch Fehler werden gemacht und Schuldige gesucht. Manchmal haben Menschen außerdem das Gefühl, im Arbeitsleben etwas tun zu müssen, was sie eigentlich moralisch nicht vertreten können. Mit diesen Situationen, in die sicherlich jeder Arbeitnehmer im Laufe seines Berufslebens einmal kommt, beschäftigen sich die literarischen Texte des folgenden Teilkapitels.

Die Physiker Friedrich Dürrenmatt

Inhalt: Was bisher geschah
Eine Krankenschwester wurde erwürgt, im Sanatorium „Les Cerisiers“, einer Anstalt für geistig kranke Menschen. Der Täter? Ein armer Irrer, der sich für Einstein hält. Doch dieser Mord, Entschuldigung, dieser Vorfall, wie man es im Sanatorium zu nennen pflegt, war nicht der erste dieser Art hier in der Sonderabteilung. Erst kurz zuvor hatte einer der Bewohner, der sich selbst für Newton hält, ebenfalls „seine“ Krankenschwester erwürgt. Und nun auch Möbius, der dritte der Männer, die noch in dieser abgeschlossenen Abteilung leben, auch er wird von seiner Krankenschwester geliebt. Ein neues Leben, nachdem ihn seine Frau verlassen hat, könnten sie nun anfangen, meint sie. Sie wüsste, dass er nicht verrückt sei, er solle mit ihr in die Freiheit gehen! Möbius weist sie zurück, fleht um Alleinsein, nichts stimmt Schwester Monika um: also erwürgt er sie. Die Frage nach dem Warum bleibt nicht lange unbeantwortet, denn kurz darauf lüften Einstein und Newton ihr Geheimnis und stellen sich ebenfalls als Physiker (Kilton und Eiseler), aber auch als Agenten vor, die ihre Krankenschwestern nur ermordet haben, um die eigene Tarnung aufrechtzuerhalten. Sie sind bestimmt, das Geheimnis der Weltformel dem Physiker Möbius zu entlocken. Möbius beginnt, den anderen zu erläutern, warum er sich in das Irrenhaus begeben hat.

Zweiter Akt, *gegen Ende der Szene, Newton, Einstein und Möbius im Gespräch:*
Möbius [ ] Es gibt für uns Physiker nur die Kapitulation vor der Wirklichkeit. Sie ist uns nicht gewachsen. Sie geht an uns zugrunde. Wir müßen unser Wissen zurücknehmen, und ich habe es zurückgenommen. Es gibt keine andere Lösung, auch für euch nicht.
Einstein Was wollen Sie damit sagen?
Möbius Ihr besitzt Geheimsender?
Einstein Na und?
Möbius Ihr benachrichtigt eure Auftraggeber. Ihr hättet euch geirrt. Ich sei wirklich verrückt.
Einstein Dann sitzen wir hier lebenslänglich.
Möbius Sicher.
Einstein Gescheiterten Spionen kräht kein Hahn mehr nach.
Möbius Eben.
Newton Na und?
Möbius Ihr müßt bei mir im Irrenhaus bleiben.
Newton Wir??
Möbius Ihr beide. *Schweigen*

Newton Möbius! Sie können von uns doch nicht verlangen, daß wir ewig –

Möbius Meine einzige Chance, doch noch unentdeckt zu bleiben. Nur im Irrenhaus sind wir noch frei. Nur im Irrenhaus dürfen wir noch denken. In der Freiheit sind unsere Gedanken Sprengstoff.

Newton Wir sind doch schließlich nicht verrückt.

Möbius Aber Mörder. *Sie starren ihn verblüfft an.*

Newton Ich protestiere!

Einstein Das hätten Sie nicht sagen dürfen, Möbius!

Möbius Wer tötet ist ein Mörder, und wir haben getötet. Jeder von uns hatte einen Auftrag, der ihn in diese Anstalt führte. Jeder von uns tötete seine Krankenschwester für einen bestimmten Zweck. Ihr, um eure geheime Mission nicht zu gefährden, ich, weil Schwester Monika an mich glaubte. Sie hielt mich für ein verkanntes Genie. Sie begriff nicht, daß es heute die Pflicht eines Genies ist, verkannt zu bleiben. Töten ist etwas Schreckliches. Ich habe getötet, damit nicht ein noch schrecklicheres Morden anhebe. Nun seid ihr gekommen. Euch kann ich nicht beseitigen, aber vielleicht überzeugen? Sollen unsere Morde sinnlos werden? Entweder haben wir geopfert oder gemordet. Entweder wir bleiben im Irrenhaus oder die Welt wird eines. Entweder löschen wir uns im Gedächtnis der Menschen aus, oder die Menschheit erlischt.

Schweigen

Newton Möbius!

Möbius Kilton?

Newton Diese Anstalt. Diese schrecklichen Pfleger. Diese bucklige Ärztin!

Möbius Nun?

Einstein Man sperrt uns ein wie wilde Tiere!

Möbius Wir sind wilde Tiere. Man darf uns nicht auf die Menschheit loslassen.

Schweigen

Newton Gibt es wirklich keinen anderen Ausweg?

Möbius Keinen. *Schweigen*

Einstein Johann Wilhelm Möbius. Ich bin ein anständiger Mensch. Ich bleibe.

Schweigen

Newton Ich bleibe auch. Für immer. *Schweigen*

Möbius Ich danke euch. Um der kleinen Chance willen, die nun die Welt doch noch besitzt davonzukommen. *Er erhebt sein Glas.* Auf unsere Krankenschwestern!

Sie haben sich feierlich erhoben. [...]

Möbius Monika! Ich mußte dich opfern. Deine Liebe segne die Freundschaft, die wir drei Physiker in deinem Namen geschlossen haben. Gib uns die Kraft, als Narren das Geheimnis unserer Wissenschaft treu zu bewahren.

Sie trinken, stellen die Gläser auf den Tisch.

Newton: Verwandeln wir uns wieder in Verrückte. Geistern wir als Newton daher. [...]

Einstein: Gefangen, aber frei.

Möbius: Physiker, aber unschuldig.

Die Drei winken sich zu, gehen auf ihre Zimmer. [...]

1 **Wählen Sie drei Schlüsselwörter aus dem Dramenauszug.**

2 **Wieso möchten die Physiker verhindern, dass die „Weltformel" in die Hände der Menschheit gelangt? Denken Sie dabei an die Atombombe und andere Waffen.**

Ausbeutung und Schikane in der Arbeitswelt – früher und heute

Georg Büchner

Georg Büchner (1813–1837), der Medizin in Straßburg, Gießen und Zürich studierte, verfasste sozialrevolutionäre Schriften („Der Hessische Landbote") und wurde wegen seiner Aktivitäten und Kontakte zu demokratisch-sozialistischen Kräften verfolgt. Der ungemein produktive Autor (u. a. des Dramas „Dantons Tod" und des Lustspiels „Leonce und Lena") starb 1837 in Zürich an Typhus.
Woyzeck, Hauptfigur des fragmentarisch überlieferten Schauspiels von Georg Büchner, muss als Soldat mit geringem Einkommen für sein uneheliches Kind sorgen. Gegen ein geringes Entgelt stellt er sich für sog. wissenschaftliche Untersuchungen einem Arzt zur Verfügung. Dieser Doktor lässt Woyzeck über einen längeren Zeitraum nur Erbsen essen; die Folgen dieser einseitigen Ernährung sollen beobachtet werden. Dazu muss Woyzeck seinen Urin regelmäßig abliefern. Der Doktor hat nun beobachtet, wie Woyzeck auf der Straße sein Wasser gelassen hat, und stellt ihn zur Rede.

Beim Doctor Georg Büchner

Doctor Ich hab's gesehn Woyzeck; Er hat auf die Straß gepisst, an die Wand gepisst wie ein Hund. Und doch zwei Groschen täglich. Woyzeck das ist schlecht. Die Welt wird schlecht, sehr schlecht.

Woyzeck Aber Herr Doctor, wenn einem die Natur kommt.

Doctor Die Natur kommt, die Natur kommt! Die Natur! Hab' ich nicht nachgewiesen, dass der musculus constrictor vesicae dem Willen unterworfen ist? Die Natur! Woyzeck, der Mensch ist frei, in dem Menschen verklärt sich die Individualität zur Freiheit. Den Harn nicht halten können! (*Schüttelt den Kopf, legt die Hände auf den Rücken und geht auf und ab.*) Hat Er schon seine Erbsen gegessen, Woyzeck? – Es giebt eine Revolution in der Wissenschaft, ich sprenge sie in die Luft. Harnstoff 0,10, salzsaures Ammonium, Hyperoxydul.

Woyzeck muss Er nicht wieder pissen? geh' Er einmal hinein und probir Er's.

Woyzeck Ich kann nit Herr Doctor.

Doctor *mit Affect*: Aber an die Wand pissen! Ich hab's schriftlich, den Akkord in der Hand. Ich hab's gesehn, mit dießen Augen gesehn, ich steckt grade die Nase zum Fenster hinaus und ließ die Sonnstrahlen hineinfallen, um das Niesen zu beobachten. (*Tritt auf ihn los.*) Nein Woyzeck, ich ärgre mich nicht, Ärger ist ungesund, ist unwissenschaftlich. Ich bin ruhig, ganz ruhig, mein Puls hat seine gewöhnlichen 60 und ich sag's Ihm mit der größten Kaltblütigkeit. Behüte wer wird sich über einen Menschen ärgern, ein Menschen! Wenn es noch ein proteus wäre, der einem krepirt! Aber Er hätte doch nicht an die Wand pissen sollen – [...]

Woyzeck Ja, wohl.

Doctor Isst sei Erbse?

Woyzeck Immer ordentlich Herr Doctor. Das Geld für die Menage kriegt mei Frau.

Doctor Thut sei Dienst?

Woyzeck Ja wohl.

Doctor Er ist ein interessanter casus. Subject Woyzeck Er kriegt Zulag. Halt Er sich brav. Zeig Er sei Puls! Ja.

In einer weiteren Szene hält der Doktor einen Vortrag, als Woyzeck vorbeikommt. Studenten unten, der Doctor am Dachfenster.

Doctor Meine Herrn, ich bin auf dem Dach [...] He Woyzeck, (*brüllt*) Woyzeck!

[*Woyzeck hat eine Katze aufgehoben, die der Doktor – zu Anschauung und Forschung – vom Dach geworfen hat.*]

Woyzeck Herr Doctor sie beißt.

Doctor Kerl, er greift die Bestie so zärtlich an, als wär's seine Großmutter.

Woyzeck Herr Doctor ich hab's Zittern.

Doctor ganz erfreut: Ey, ey, schön Woyzeck. (*Reibt sich die Hände. Er nimmt die Katze.*) Was seh' ich meine Herrn, die neue Species Hasenlaus, eine schöne Species, (*er zieht eine Loupe heraus*) meine Herren – (*die Katze läuft fort*). Meine Herrn, das Thier hat keinen wissenschaftlichen Instinct. Meine Herrn, Sie können dafür was anders sehen, sehn Sie, der Mensch, seit einem Vierteljahr isst er nichts als Erbsen, beachten Sie die Wirkung, fühlen Sie einmal was ein ungleicher Puls, da und die Augen.

Woyzeck Herr Doctor es wird mir dunkel. (*Er setzt sich.*)

Doctor Courage! Woyzeck noch ein paar Tage, und dann ist's fertig, fühlen Sie meine Herrn, fühlen Sie. (*Sie betasten ihm Schläfe, Puls und Busen.*)
á propos, Woyzeck, beweg den Herrn doch einmal die Ohren, ich hab es Ihnen schon zeigen wollen. Zwei Muskeln sind bey ihm thätig. Allons frisch!

Woyzeck Ach Herr Doctor!

Doctor Bestie, soll ich dir die Ohren bewegen, willst du's machen wie die Katze! So meine Herrn, das sind so Uebergänge zum Esel, häufig auch in Folge weiblicher Erziehung und die Muttersprache. Wie viele Haare hat dir die Mutter zum Andenken schon ausgerissen aus Zärtlichkeit? Sie sind dir ja ganz dünn geworden, seit ein paar Tagen, ja die Erbsen, meine Herren.

1 **Lesen Sie den Text mit verteilten Rollen. Unterbrechen Sie den Dialog dabei an verschiedenen Stellen und versetzen Sie sich in den jeweiligen Sprecher. Wie fühlt er sich? Was denkt er?**

INFO

Menschenversuche oder Humanmedizin

Definition: Ein Versuch oder Experiment an einem oder mehreren Probanden zum Zweck des Erkenntnisgewinns wird als Menschenversuch bezeichnet. Damit ist in der Regel ein wissenschaftlich durchgeführter Versuch gemeint – vor allem in der Medizin –, wobei ein körperlicher Eingriff mit Einfluss auf den Gesundheitszustand der Versuchsperson stattfindet. Menschenversuche gelten in der Medizin als notwendig, da Erkenntnisse aus den (auch umstrittenen) Tierversuchen nur zum Teil auf Menschen übertragbar sind.

Geschichte: Zwar sind Beispiele für Untersuchungen am lebenden Menschen zum Verständnis von Krankheiten aus der griechischen und römischen Antike überliefert, das kirchliche Verbot des Sezierens von Leichen bis ins 13. Jahrhundert und von Experimenten an lebenden Menschen wirkte aber bis in die Neuzeit; allenfalls an zum Tode Verurteilten wurden im 15./16. Jahrhundert Gifte und Gegengifte erprobt. Die zu Beginn des 19. Jahrhunderts einsetzende systematische medizinische Forschung nutzte das Experiment am Menschen. Zur Frage der Zulässigkeit formulierte der Begründer der experimentellen Physiologie Claude Bernard 1865: „Von den Versuchen, die man am Menschen ausführen kann, sind jene, die nur schaden können, verboten, jene, die harmlos sind, erlaubt, jene, die nützen können, geboten." Meist an mittellosen Patienten durchgeführte Infektionen mit Bakterien wurden Ende des 19. Jahrhunderts in Deutschland zunehmend diskutiert; trotz seit 1900 in Preußen erlassener Richtlinien wurden im Kaiserreich und in der Weimarer Republik mehrfach Skandale im klinischen Forschungswesen aufgedeckt, darunter Versuche an Arbeiterkindern.

Menschenversuche heute: Dass Arzneimittel vor der Neuzulassung an Menschen erprobt werden, ist vorgeschrieben. Hierbei werden häufig ärmere Menschen mit einer Aufwandsentschädigung für ein schwer kalkulierbare Experiment gewonnen – ein ethisches Problem.

2 **Diskutieren Sie folgende Aussagen:**

„Der Doktor ist nett, er unterstützt Woyzeck finanziell."
„Woyzeck ist doch selbst Schuld, wenn er da mitmacht."
„Woyzeck hat es gut – er bekommt Essen umsonst und dann auch noch Geld dafür."

3 **Gestalten Sie jeweils zu zweit ein Standbild zu S. 183 f.**

STANDBILD

Als würden Schauspieler während des Spiels eingefroren, wie eine Art lebendes Foto, stellen/setzen/legen sich die Schüler so, wie sie das für die entsprechende Szene als schauspielerisch richtig empfinden. Dabei achten sie darauf, dass Gesichtsausdruck, Mimik und Gestik die Gefühle der Figuren entsprechend wiedergeben und dass die Aufstellung der Figuren zueinander auch das Verhältnis der beiden spiegelt. Die „Zuschauer" in der Klasse besprechen, ob sie es als zur Textstelle passend empfinden.

4 **Lesen Sie den Infokasten zu Menschenversuchen (S. 184).**

- Besprechen Sie die Aussage von Claude Bernard. Stimmen Sie mit ihm überein?
- Sind die Erprobungen von neuen Arzneimitteln an Menschen, die ja medizinisch nötig sind, moralisch akzeptabel?
- Was ist Ihre Meinung zu Tierversuchen? Kennen Sie Firmen (Kosmetikfirmen oder ähnliche), die ohne Tierversuche auskommen?
- „Dermatologisch getestet bedeutet, dass ein Kaninchen das Zeug ins Auge geschmiert bekommen hat." Machen sich Konsumenten schuldig, wenn sie Produkte kaufen, die mit „dermatologisch getestet" gekennzeichnet sind?

Günter Wallraff hat es sich zur Aufgabe gemacht, Unterdrückung und ausbeutende bzw. illegale Arbeitsmethoden großer Firmen publik zu machen. Unter falschem Namen hat er sich schon in mehreren Betrieben, so z. B. bei der Bildzeitung und bei McDonalds, anstellen lassen und die zum Teil schockierenden Arbeitsbedingungen einer breiten Öffentlichkeit bekannt gemacht. Im folgenden Text beschreibt er seine Arbeit für eines der größten Callcenter in Deutschland.

Im Callcenter Günter Wallraff

Auf engstem Raum sind hier 60 Computerarbeitsplätze installiert. Die Ausstattung: Flachbildschirm, Headset und Software, die gespeicherte Nummern nach Mausklick anwählt. Sobald eine Verbindung zustande kommt, erscheinen auf dem Bildschirm die Anschrift des Teilnehmers und die Herkunft der Adresse. Da steht zum Beispiel „BMW-Gewinnspiel", „215Umzugsdaten200607_09". Unser Teamleiter verrät: „250 000 Adressen ordert CallOn pro Monat." Die Adressen stammen von Menschen, die bei Gewinnspielen angekreuzt haben, dass sie die Weitergabe ihrer Adresse nicht verbieten, „oder die vergessen haben, das anzukreuzen", sagt der Teamleiter mit einem Augenzwinkern. Die könne man anrufen, völlig legal. Eine Auskunft, die definitiv falsch ist.

Ich setze das Headset auf. Mir wird eine ältere Dame aus Süddeutschland zugeschaltet. Sie hört sich geduldig mein Sprüchlein an und sagt: „Nein, da hab ich eigentlich kein Interesse." Ich bedanke mich artig. Der Coach neben mir schüttelt den Kopf.

Er rät mir, beim nächsten Mal zu sagen: „Aber Sie haben doch Interesse, Geld zu gewinnen, oder?!“ Beim nächsten Anruf bemerke ich, dass mir der Drang fehlt, einer jungen Mutter, ein weinendes Kind im Hintergrund, mit derlei Suggestivfragen auf die Pelle zu rücken. Ein älterer Mann klagt: „Ich lebe von Hartz IV. Wissen Sie, die zwölf Euro bräuchte ich dringend, aber zum Leben.“ – „Dann entschuldigen Sie bitte die Störung“, sage ich, „es tut mir aufrichtig leid.“ Der Coach reagiert verärgert: „Da hast du ja einen Sentimentalen hingelegt!“ Als ich ihm den Fall schildere, sagt er nur: „Ihr braucht hier keine Gewissensbisse zu haben. Euer Gewissen könnt ihr zu Hause lassen!“

Viele der Angerufenen legen auf, bevor wir ihnen etwas versprechen können. Einer brüllt: „Ich zeige Sie an, Sie sind jetzt schon der Dritte heute, der mir was andrehen will.“ In solchen Fällen lautet unsere Instruktion: das Gespräch beenden, sicherheitshalber. Unsere Telefonnummer wird ohnehin unterdrückt.

Insgesamt belästige ich an diesem Tag an die 80 Menschen. Das Wort „Kunden“ widerstrebt mir, korrekt wäre „potenzielle Opfer“. Ich habe etliche Telefonnummern heimlich notiert. Am nächsten Tag wähle ich sie von zu Hause aus an und frage jeden Einzelnen, ob er an einem Preisausschreiben teilgenommen oder eine Einverständniserklärung unterschrieben hat, in der er einem derartigen Anruf ausdrücklich zugestimmt hat. Alle verneinen.

Das Ziel eines jeden Anrufes bei CallOn ist es, eine Kontonummer zu ergattern, für die Abbuchung. Von uns Neulingen schafft das niemand. Nur eine von uns kommt überhaupt dazu, nach der Bankverbindung zu fragen, doch der Angerufene verweigert die Antwort. Unser Teamleiter sagt: „So geht das nicht! Das darf gar nicht als Frage kommen. Du musst sagen, dass der Gewinn nur überwiesen werden kann, wenn wir die Kontonummer haben. Und mitspielen kann natürlich auch nur der, der zahlt. Ist doch klar.“ Er empfiehlt uns: „Das Gespräch weich aufbauen, dann festklopfen! Behauptet, wir hätten vor Jahren schon mehrfach den Jackpot geknackt. Das können die ja doch nicht überprüfen. Und immer nur positiv argumentieren. Wenn euch jemand blöd kommt mit dem Argument: ‚Ich will gar kein Lotto spielen‘, haltet dagegen: ‚Das ist ja richtig, deswegen rufe ich Sie ja an.‘“ Hartz-IV-Empfängern und anderen Mittellosen sollen wir flüstern: „Auch Sie sollten endlich mal auf der Sonnenseite des Lebens stehen! Haben Sie nicht auch mal Lust, in die Karibik zu fahren?“ Wen das nicht anmache, dem dürfe man deutlicher kommen: „Unsere Mädels haben gerne den Spruch drauf: ‚Wenn Sie dann den Scheck von uns kriegen, fahren wir zusammen in die Karibik!‘ Wenn ihr es geschafft habt, dass der Kunde sich auf unser Spielsystem einlässt, fragt ihn sofort: ‚Mit welcher Bank arbeiten Sie vertrauensvoll zusammen?‘ Nennt er sie, klickt auf den Bildschirm, da kriegt ihr die Bankleitzahl, die sagt ihr ihm, und schon ist ein Stück Vertrauen mehr aufgebaut.“

1 **Beschreiben Sie die Arbeit eines Angestellten im Callcenter.**

2 **Wie beurteilt Günter Wallraff seine Arbeit? Markieren Sie die Wörter, die diese Einstellung zeigen. Benennen Sie in eigenen Worten die Kritikpunkte, auf die Günter Wallraff eingeht.**

3 **Bestimmen Sie die Textsorte. (→ „Textsorten und Gattungen“, S. 250 f.)**

4 **Stellen Sie sich vor, Sie suchen dringend nach einer Arbeit und könnten eine Stelle im Callcenter bekommen. Könnten Sie die Arbeit in dem oben vorgestellten Callcenter moralisch vertreten?**

Umweltzerstörung – Naturlyrik, die alles andere als romantisch ist

Zunehmend wird in der Literatur der letzten Jahrzehnte die Umweltzerstörung thematisiert. Sie beängstigt und beschäftigt die Menschen und findet so ihren Ausdruck in vielen Bereichen der Kunst, wie auch in den folgenden Gedichten. Dass die Umweltzerstörung jedoch schon lange vor unserer Zeit als Problem gesehen wurde, zeigt die berühmte Rede des Indianerhäuptlings Seattle.

1 Beschreiben Sie das nebenstehende Bild. Welchen Stellenwert erhält die Natur auf diesem Bild?

2 Wie beurteilen Sie die aktuelle Lage der Natur? Diskutieren Sie.

Natur-Gedicht Jürgen Becker

in der Nähe des Hauses,
der Kahlschlag, Kieshügel, Krater
erinnern mich daran –
nichts Neues; kaputte Natur,
aber ich vergesse das gern, solange ein Strauch steht

1 Beschreiben Sie die sprachlichen Besonderheiten dieses Gedichts.

2 Welches Bild zeichnet das lyrische Ich von der Natur? Vergleichen Sie mit dem Bild oben.

3 Beurteilen Sie die letzte Zeile des Gedichts.

INFO
Lyrisches Ich: Das lyrische Ich ist die Person, die sich in Gedichten in der Ich-Form äußert. Sie kann die Stimme des Autors oder eines fiktiven Sprechers sein.

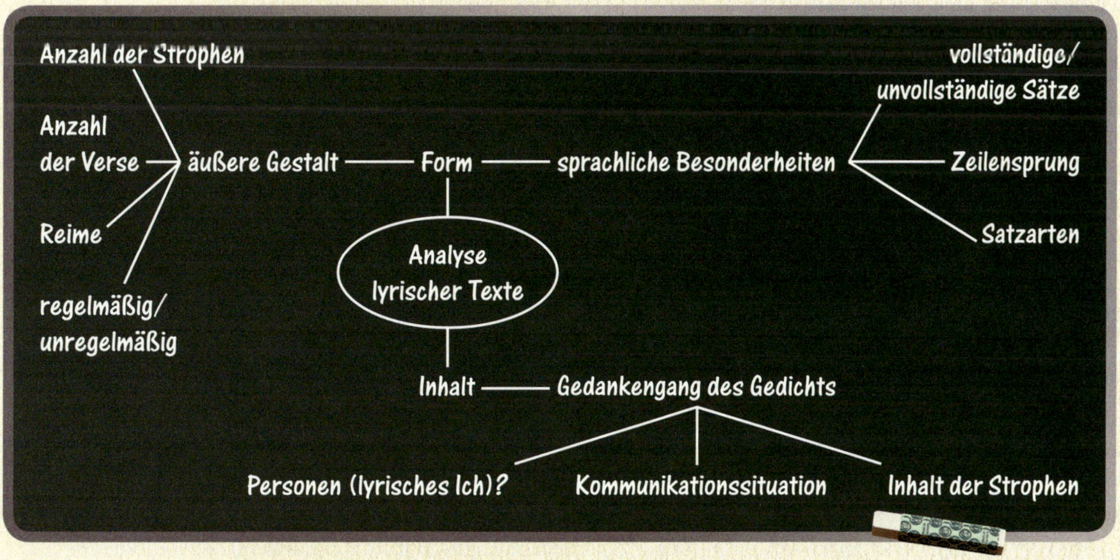

Größe des Menschen Wolf Biermann

Nicht nur die Berge, die abträgt der Regen
und schwemmt sie flusswärts ins Meer wie nichts

Oder das Meer selber, das schiffemordende
in der Sturmflut, wie es die Inseln wegleckt

Oder wenn aufbrechen die Wunden der Erde
in Vulkanen, städtebegrabenden Massen

Oder auch, von denen wir wieder hörten:
den länderzertrümmernden Erdbeben

– sie alle übertrifft der Mensch in seiner Zerstörungskraft

1 Wie wird das Verhältnis von Mensch und Natur im Gedicht von Wolf Biermann dargestellt?

2 Finden Sie aktuelle Beispiele für die Umweltkatastrophen, die das lyrische Ich benennt.

3 Stimmen Sie mit der Aussage in der letzten Zeile überein?

Wir sind ein Teil der Erde Häuptling Seattle

Auszug aus einer Rede des Indianerhäuptlings Seattle von 1855, der auf die Mitteilung des amerikanischen Präsidenten Pierce reagiert, der ihr Land kaufen wolle.

Der große Häuptling in Washington sendet Nachricht, dass er unser Land zu kaufen wünscht. [...]
[W]ir werden sein Angebot bedenken, denn wir wissen – wenn wir nicht verkaufen – kommt vielleicht der weiße Mann mit Gewehren und nimmt sich unser Land. Wie kann man den Himmel kaufen oder verkaufen – oder die Wärme der Erde? Diese Vorstellung ist uns fremd. Wenn wir die Frische der Luft und das Glitzern des Wassers nicht besitzen – wie könnt Ihr sie von uns kaufen? Wir werden unsere Entscheidung treffen. [...] Jeder Teil dieser Erde ist meinem Volk heilig, jede glitzernde Tannennadel, jeder sandige Strand, jeder Nebel in den dunklen Wäldern, jede Lichtung, jedes summende Insekt ist heilig in den Gedanken und Erfahrungen meines Volkes. Der Saft, der in den Bäumen steigt, trägt die Erinnerung des roten Mannes.
Die Toten der Weißen vergessen das Land ihrer Geburt, wenn sie fortgehen, um unter den Sternen zu wandeln. Unsere Toten vergessen diese wunderbare Erde nie, denn sie ist des roten Mannes Mutter. Wir sind ein Teil der Erde, und sie ist ein Teil von uns. Die duftenden Blumen sind unsere Schwestern, die Rehe, das Pferd, der große Adler – sind unsere Brüder. Die felsigen Höhen, die saftigen Wiesen, die Körperwärme des Ponys – und des Menschen – sie alle gehören zur gleichen Familie. [...] Auch die Weißen werden vergehen, eher vielleicht als alle andern Stämme. Fahret fort, Euer Bett zu verseuchen, und eines Nachts werdet Ihr im eigenen Abfall ersticken. Aber in Eurem Untergang werdet Ihr hell strahlen – angefeuert von der Stärke des Gottes, der

Euch in dieses Land brachte – und Euch bestimmte, über dieses Land und den roten Mann zu herrschen. Diese Bestimmung ist uns ein Rätsel. Wenn die Büffel alle geschlachtet sind – die wilden Pferde gezähmt – die heimlichen Winkel des Waldes, schwer vom Geruch vieler Menschen – und der Anblick reifer Hügel geschändet von redenden Drähten – wo ist das Dickicht – fort, wo der Adler – fort ...

1 **Fassen Sie Seattles Einstellung zur Natur in eigenen Worten zusammen.**

2 **Wie schätzt Seattle die Art der „Weißen" ein, mit ihrer Umwelt umzugehen?**

3 **Wählen Sie einige der Vorhersagen des Häuptlings Seattle in Bezug auf Umweltprobleme aus. Legen Sie dar, ob diese Vorhersagen eingetroffen sind oder nicht.**

Literatur und Film – Morton Rhues „Die Welle" und die Verfilmung

Zum Inhalt des Romans

Morton Rhues „Die Welle", ein Roman, der 1981 erschien, beruht auf einer wahren Begebenheit. Der Lehrer Ron Jones, ein Amerikaner, kann die Fragen seiner Schüler nach der Nazizeit nicht überzeugend beantworten. „Wie konnten sich die Deutschen ganz ruhig verhalten, während die Nazis massenhaft Menschen abschlachteten, und dann behaupten, sie hätten von alledem nichts gewusst?" Diese Frage möchte Jones durch ein Experiment beantworten. Der Lehrer, der im Roman den Namen Ben Ross erhält, will seinen Schülern zeigen, dass „faschistoides Handeln und Denken immer und überall vorhanden ist" (Klappentext). Das Experiment gelingt, Ross verliert jedoch die Kontrolle über die Geschehnisse. Die „Bewegung" verselbstständigt sich. Durch eine dramatische Abschlussstunde gelingt es dem Lehrer aber, seinen Schülern zu zeigen, dass sie zu weit gegangen sind.

INFO

faschistoid: antidemokratische, nationalistische Staatsauffassung; verwandt mit dem Faschismus, einer politischen Bewegung, die mit Gewaltanwendung zum Ziel, einem nationalistischen und autoritären Staat, gelangen will.

1 **Denken Sie, dass ein solches Experiment auch an Ihrer Schule funktionieren könnte? Warum bzw.warum nicht?**

2 **Versuchen Sie, sich in den Lehrer Ron Jones hineinzuversetzen und die Frage zu beantworten, wieso so viele Deutsche, die grundsätzlich Gewalt und Morde ablehnten, im Dritten Reich keinen Widerstand leisteten.**

Die Verfilmung

Im Film wird die wahre Begebenheit der Welle dargestellt, der Film geht jedoch über das tatsächliche Geschehen hinaus. Abgesehen von einer zeitlichen und räumlichen Veränderung – Ort der Handlung ist Deutschland, das Geschehen spielt heute – versieht der Regisseur „Die Welle“ mit einer dramatischen Steigerung der Gewalt und einem schockierenden Ende.

1 **Wer von Ihnen hat den Film gesehen bzw. das Buch gelesen? Berichten Sie Ihren Klassenkameraden vom weiteren Verlauf der Handlung im Film.**

REZENSION

Unter einer Rezension versteht man die Besprechung eines künstlerischen Werkes (z. B. Buch oder Film) durch einen Kritiker, in der eine kritische Wertung / Würdigung vorgenommen wird.

2 **Recherchieren Sie mehrere Rezensionen zur Verfilmung von Morton Rhues „Die Welle“ (z. B. Zeitung, Internet). Werten Sie die Rezensionen im Hinblick auf die Beurteilung der filmischen Umsetzung des literarischen Stoffes aus.**

3 **Verfassen Sie zu einem Film, den Sie kürzlich gesehen haben, eine kurze Rezension!**

4 **Versetzen Sie sich in den Autor des Romans, in den Regisseur und in einen der Teilnehmer der historischen „Welle“, der also die Zeit miterlebt hat. Überlegen Sie sich aus diesen drei Perspektiven, wie Sie die inhaltlichen Veränderungen des Romans, die der Film vornimmt, beurteilen. Hat ein Regisseur das Recht, ein Kunstwerk derartig zu verändern bzw. ein historisches Geschehen so abgewandelt darzustellen? Verfassen Sie zu jeder Person ein kurzes Statement!**

5 **Viele Menschen schließen sich Gruppen an, obwohl oder weil sich diese brutal und gewaltbereit zeigen. Diese können z. B. politiisch motiviert sein. Kennen Sie solche Gruppierungen? Was bringt Menschen wohl dazu, sich solchen Gruppen anzuschließen? Diskutieren Sie!**

Gewissen im Schwitzkasten

Wie lange hält ein Einzelner dem Druck einer Gruppe stand? Wie leicht lassen wir uns durch Autoritäten nötigen, unser Gewissen zu missachten? Wie schnell laufen wir Gefahr, uns übertragene Macht zu missbrauchen? DIE WELLE steht im Einklang mit zahlreichen wissenschaftlichen Untersuchungen. Autoritätsgehorsam wird seit geraumer Zeit erforscht: Solomon Asch publizierte 1951 Experimente zum Gruppenzwang. 1962 ließ der Psychologe Stanley Milgram Testpersonen ihre „Schüler“ (in Wirklichkeit Schauspieler), wie sie glaubten, mit Stromstößen bestrafen. Die deutsche Fernseh-Dokumentation „Abraham – ein Experiment“ von 1970 greift Milgrams Versuch auf. Philip G. Zimbardo stellte 1971 seine Probanden als Häftlinge und Aufseher gegenüber. Auf seinem Stanford Prison Experiment basiert der Film DAS EXPERIMENT. Die Ergebnisse dieser Tests fallen erschreckend homogen aus. Fast alle Versuchspersonen ließen sich leicht manipulieren, erlagen dem Rausch der eigenen „Macht“ und waren bereit, andere zu misshandeln oder zu demütigen. Dass dies kein realitätsferner Laborbefund ist, zeigen bis in die Gegenwart Vorkommnisse wie die von Abu Ghraib.

1 **Exzerpieren Sie: Welche Gründe benannten Forscher für die Gewaltbereitschaft der Versuchspersonen?**

2 **Kennen Sie weitere aktuelle Geschehnisse, die mit den Ergebnissen der wissenschaftlichen Experimente zu Gruppenzwang und Autoritätsgehorsam in Verbindung gebracht werden können?**

3 **Erproben Sie folgenden Gruppenprozess: Blick-Hierarchien**

Die Hälfte der Klasse wird in zwei Gruppen eingeteilt. Beide Gruppen gehen im Raum umher. Die Gruppe A wird bestimmt, mit den Teilnehmern der Gruppe B stumm Blickkontakt zu halten. B schaut bei Blickkontakt weg und versucht, den Blick von einem Mitglied der Gruppe A zeitversetzt zu erwidern. Die andere Hälfte der Klasse schaut zu. Was passiert zwischen den Suchenden, Schauenden und denen, die ihren Blickkontakt unterbrochen haben?

Wichtige Themen in Film und Buch zur „Welle" sind die Freundschaft und der Zusammenhalt. Was halten Freundschaften aus? Woran zerbrechen sie? Welches Verhalten kann ich von meinen Freunden erwarten? Darum geht es auch in folgendem Dialog zwischen den (Noch-)Freundinnen Karo und Lisa. Die beiden streiten sich. Karo hat Probleme mit ihrem Freund Marco, weil sie nicht bei der Welle mitmachen will, er kann das nicht nachvollziehen. Lisa, die bisher immer im Schatten ihrer Freundin Karo gestanden hat, will die Chance nutzen, sich ihrem heimlichen Schwarm Marco zu nähern. Sie ist ebenfalls ein begeistertes Mitglied der Welle.

Karo und Lisa

Karo Ich bin scheiße, ja? Ich möchte dich mal sehen, wenn ich mit deinem Freund über deine Beziehungsprobleme rede!

Lisa Ich hab' aber keine Beziehungsprobleme, weil ich keine Beziehung habe. Und einen Freund auch nicht, falls du es noch nicht mitbekommen hast. Es geht doch so und so immer nur um dich!

1 **Fassen Sie in eigenen Worten zusammen, worin Karos bzw. Lisas Problem besteht.**

2 **Schreiben Sie einen Brief aus der Sicht Karos bzw. Lisas an die Freundin. Erklären Sie in diesem Brief, warum Sie enttäuscht sind und welches Verhalten Sie von Ihrer Freundin erwarten.**

3 **Angenommen, eine Freundin bzw. ein Freund aus Ihrem Bekanntenkreis tritt einer Sekte bei und verändert sich in Bezug auf Persönlichkeit und Einstellungen. Was tun Sie?**

- Sie/er ist selbst verantwortlich für sich, das ist nicht mein Problem. Ich werde mich zurückziehen.
- Ich vermisse meinen Freund/meine Freundin und mache mir Sorgen. Ich denke, es war die falsche Entscheidung, und versuche, meine Meinung in einem Gespräch zum Ausdruck zu bringen.
- Ich warte ein bisschen ab. Wenn sich die Lage nicht normalisiert, sage ich ihm/ihr, was ich davon halte und verabschiede mich.
- Ich bespreche mich mit anderen Bekannten und Freunden. Wir versuchen zusammen, sie/ihn zur Vernunft zu bringen.

Arbeiten mit Bibliotheken

Sicherlich kennt jeder von Ihnen eine Bibliothek in der Nähe bzw. hat bereits eine Bücherei besucht. Vielleicht hat auch Ihre Schule eine Bibliothek.

1 **Wie ist eine Bibliothek aufgebaut? Nach welchen Kriterien sind die Bücher geordnet? Informieren Sie sich. Welche Medien außer Büchern befinden sich in einer Bibliothek?**

2 **Zu welchem Zweck sind für Sie die Angebote einer Bücherei von Nutzen? Wie erklären Sie den Begriff des „pädagogischen Auftrages“ einer Bücherei?**

3 **Wie können Sie in der Bücherei ein Buch finden, von dem Sie Autor und Titel, nicht aber den Standort kennen? Wie finden Sie Bücher zu einem bestimmten Thema?**

4 **Besteht in Ihrer Bücherei die Möglichkeit zur Fernleihe? Wenn ja: Wann kann man Fernleihe sinnvoll einsetzen und wie funktioniert sie?**

5 **Was ist der Vorteil einer Bibliothek gegenüber dem Internet? (→ „Unterschiedliche Medien miteinander vergleichen“, S. 268 f.)**

Recherchieren in der Bibliothek

Drei Möglichkeiten der Suche: Stichworte, Titel und Verfasser, Katalog oder Computer

Vom Allgemeinen zum Speziellen

Kurzcheck der Bücher:	Impressum/Klappentext/Einleitung/Vorwort/Inhaltsverzeichnis
Arbeiten mit Büchern:	bibliografische Angaben notieren; relevante Stellen markieren; Informationen exzerpieren; längere Textpassagen kopieren

Die etwas andere Bibliothek: Die Bibliothek ungelesener Bücher

Julius Deutschbauer ist bildender Künstler und Begründer der Bibliothek ungelesener Bücher. Als Bibliothekar im Wiener Museumsquartier interviewt Julius Deutschbauer Leserinnen und Leser zu einem von ihnen nicht gelesenen Buch. Hannes Luxbacher interviewte den Begründer.

H. L.: Wie lange kann ein ungelesenes Buch eigentlich warten?

J. D.: Manchmal kann es ewig warten. Ich nehme im Prinzip keine Bücher weg, außer sie werden mir aufgedrängt. Ich biete das eher als Service an und nicht, weil ich mir Geld sparen will. Ich biete einen Service an, dass Menschen Bücher, die sie schon lange nicht gelesen haben und wirklich nicht mehr lesen wollen, bei mir abgeben, damit sie auch nie mehr daran erinnert werden. Und da wird das Gespräch über dieses ungelesene Buch zu einer Beichte. Ich gebe am Schluss, wenn ich auf den Schlussknopf drücke, quasi die Absolution, man braucht dieses Buch nicht mehr zu lesen, man kann es bei mir abgeben. Ich beschrifte es, und es geht in das Ton- und Bucharchiv der Bibliothek ein, und damit ist das für diese Person erledigt.

H. L.: War dieser Beicht- und Absolutionscharakter von Anfang an intendiert?

J. D.: Das hat sich herausgebildet, aber eher nicht, weil ich auf die Idee gekommen bin, sondern weil Personen mir oft Bücher mitgebracht haben. Meine erste Reaktion, wenn jemand mir ein Buch geben will, ist, dass ich sage: „Ich nehm' keine Bücher weg." Dann war es öfters der Fall, dass jemand gesagt hat, „es ist mir aber ein Bedürfnis, das jetzt bei dir zu lassen, dann brauch' ich es nicht mehr zu lesen". Daher kam das eigentlich.

H. L.: Ungelesene Bücher scheinen also ein schlechtes Gewissen zu machen.

J. D.: Ja. Und ich bin quasi der Beichtvater der ungelesenen Bücher oder der Leser ungelesener Bücher.

H. L.: Und welches Buch haben Sie nicht gelesen?

J. D.: „Mirnock" von Helga Glantschnig.

H. L.: Herr Deutschbauer, danke für das Gespräch.

1 **Was wird in der Bibliothek ungelesener Bücher gesammelt? Wie ist die Bibliothek entstanden?**

2 **Was bedeutet „Absolution" (Z. 12)?**

3 **Haben Sie selbst schon einmal ein Buch gehabt bzw. von einem Buch gehört, das sie eigentlich lesen wollten, aber nie gelesen haben? Aus welchem Grund wollten sie es lesen und warum haben Sie es nicht getan?**

4 **Finden Sie Kriterien, die ein „gutes Buch" Ihrer Meinung nach erfüllen muss.**

5 **Welche Anforderungen würde wohl ein Deutschlehrer an ein „gutes Buch" stellen?**

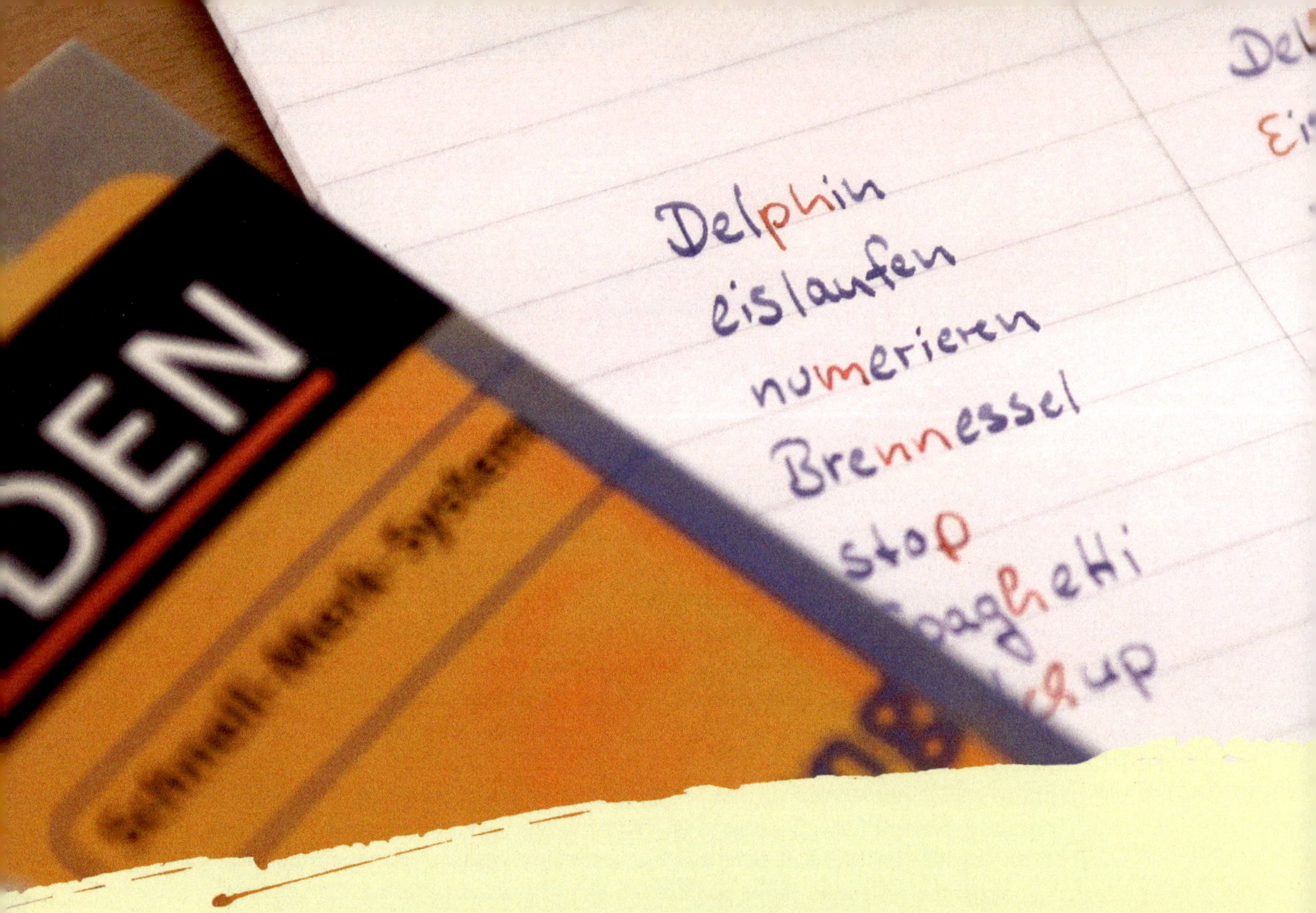

Rechtschreibung und Grammatik

Die Beherrschung der deutschen Sprache in Wort und Schrift ist (nicht nur) für die Bewältigung des beruflichen Lebensalltags eine notwendige Kompetenz. Das nachfolgende Kapitel ist als Trainingskapitel so konzipiert, dass kein vollständiger Rechtschreib- oder Grammatikkurs zu erwarten ist. Erklärtes Ziel ist es jedoch, ausgewählte Aspekte aus den Teilbereichen Rechtschreibung, Zeichensetzung und Grammatik zu thematisieren, die erfahrungsgemäß immer wieder Schwierigkeiten bereiten. Darüber hinaus werden Bereiche angesprochen, die bei der Neuregelung der Rechtschreibung 2006 die größten Veränderungen erfahren haben.

Der Schwerpunkt liegt dabei im Trainingsgedanken, da die Möglichkeit gegeben wird, dieses Kapitel selbstständig zu bearbeiten und somit gezielt eigene Schwächen zu erkennen und nachzuarbeiten.

»Die Schule soll den Schülern das, was in den gebildeten Kreisen des Volkes zur festen Gewohnheit in Bezug auf Rechtschreibung geworden ist, als Regel beibringen.«

der Abgeordnete Stephani
im Deutschen Reichstag am 07.04.1880

»Mir, der ich selten selbst geschrieben, was ich zum Druck beförderte, und, weil ich diktierte, mich dazu verschiedener Hände bedienen musste, war die konsequente Rechtschreibung immer ziemlich gleichgültig. Wie dieses oder jenes Wort geschrieben wird, darauf kommt es doch eigentlich nicht an; sondern darauf, dass die Leser verstehen, was man damit sagen wollte! Und das haben die lieben Deutschen bei mir doch manchmal getan.«

Johann Wolfgang von Goethe
Dichter, 1749–1832

Rechtschreibung und Zeichensetzung

„Man lernt nicht für die Schule, man lernt fürs Leben", so lautet ein Sprichwort, das oft zitiert wird. Wenn es um Rechtschreibung und Grammatik geht, fragen sich Schüler jedoch oft, ob dieser Satz zutrifft. In welchen Situationen ist eine korrekte Schreib- und Ausdrucksweise wichtig?
Besprechen Sie und testen Sie anschließend mit Hilfe von Aufgabe 1, ob Ihre Rechtschreib- und Zeichensetzungskenntnisse in den besprochenen Situationen wohl ausreichen würden!

1 **Schreiben Sie den nachfolgenden E-Mail-Text in korrektem Deutsch ab, achten Sie auf Kommasetzung und Rechtschreibung. Falls Sie Hilfe benötigen, können Sie im folgenden Kapitel nachschlagen. Zählen Sie dann die Fehler – und vergleichen Sie mit den Klassenkameraden.**

sehr geehrte damen und herren, ich möchte mich bei ihrer firma bewerben und habe nur die e-mail addresse gefunden deswegen bitte ich sie mir ihre postaddresse mit zu teilen sodas ich ihnen den lebenslauf und die bewerbung schicken kann.
mit freundlichen grüßen
ihr heinz moosbrugger

Sich nur irgendwie ausdrücken zu können, genügt im Berufsleben oft nicht. Deswegen ist es sinnvoll, die wichtigsten Rechtschreib- und Grammatikregeln zu üben.

s-Schreibung

S-LAUTE

Ein einfaches „**s**" wird immer geschrieben, wenn der Laut am Anfang eines Wortes steht, wenn er innerhalb eines Wortes stimmhaft gesprochen wird (*lesen*), in der Nachsilbe **-nis** (*Erlebnis*) und in der Endsilbe **-us** (*Omnibus*) in Fremdwörtern.
Ein „**ß**" wird geschrieben, wenn ein stimmloser s-Laut nach einem langen Vokal oder einem Diphtong (Doppellaut wie **au**, **eu**, **ei**) steht (*gießen, heißen, Fuß*).
Ein „**ss**" wird geschrieben, wenn ein stimmloser s-Laut nach einem kurzen Vokal steht (*Kuss*), im Plural bei Wörtern mit der Nachsilbe **-nis** (*Erlebnisse*) und im Plural mancher Fremdwörter mit der Endsilbe **-us** (*Omnibusse*).

1 **Welches Wort ist gemeint? Schreiben Sie richtig auf und erklären Sie die s-Schreibung mit Hilfe der Regeln.**

Buchstabensalat: seiwns, renkinsten, baßlulf, safs, ertsaß, diemsennemas, tsam

2 **Klären Sie mit Hilfe des Rechtschreiblexikons die Schreibweise von fünf selbst gewählten Wörtern mit „s" und testen Sie Ihre Mitschüler!**

PROBLEMFALL „DAS" UND „DASS"

„das" und „dass" sind verschiedene Wortarten. „das" ist entweder ein Artikel, ein Relativpronomen oder ein Demonstrativpronomen. Wenn „das" ein Relativpronomen ist, kann man es durch „welches" ersetzen (*das Haus, welches verkauft wurde*), wenn es ein Demonstrativpronomen ist, kann man es durch „dieses" ersetzen (*Er sagt, dieses sei ihm unverständlich.*). Ist das/dass kein Artikel (*Geschlechtswort*) und kann weder durch „dieses" noch durch „welches" ersetzt werden, dann handelt es sich um eine Konjunktion, die einen Nebensatz einleitet und diesen mit einem Hauptsatz verbindet (*Er sagt, dass er das Haus verkaufen wird.*).

3 **Setzen Sie im folgenden Text die fehlenden s-Laute ein und bestimmen Sie jeweils die Wortart. Wenn Sie sich unsicher sind, lesen Sie die Regeln auf S. 196.**

Schau mal da rüber! Da___ ich da___ noch erleben darf! Da___ gibt es ja nicht.
Was ist denn?
Ja siehst du da___ Auto da nicht?
Da___ nervt mich ganz schön, da___ du dich nicht ausdrücken kannst! Meinst du jetzt da___ Luxusgefährt dort?
Ja genau da___! Da___ , da___ da so langsam vorbeifährt. Da___ ist doch Chuck Norris da drin, oder glaubst du da___ nicht?

4 **Ein Quiz: Teilen Sie Ihre Klasse in zwei ungefähr gleich große Gruppen auf. Jede Gruppe schickt einen „Rechtschreibexperten" ins Rennen, der die folgenden Sätze bewerten muss: richtig oder falsch? Der Experte hat zwei „Telefonjoker", er kann einen Schüler seiner Gruppe fragen, wenn er sich nicht sicher ist.**

Satz	Gruppe A	Gruppe B
1	Es herrschte Maßenarbeitslosigkeit.	Ich glaube, dass du Recht hast.
2	Wir arbeiteten hart, sodass wir bald fertig waren.	Kannst du mir ein Muster machen?
3	Giesen wir uns noch einen hinter die Binde?	Wir tranken von der kühlen Flüßigkeit.
4	Ich finde das blöd von dir.	Peter trug einen Masanzug.
5	Das Haus, das dort steht, gehört mir!	Ich lasse mir den Tag nicht vermiesen!
6	Wie heisst du eigentlich?	Sie spielten auf der Wieße mit dem Ball.
7	Papa fuhr auf den Raßtplatz.	Meinst du das Rad, das dort drüben steht?
8	Dass wir uns nie einigen können!	Es war ein tolles Erlebniß.
9	Ich mag weiße Weihnachten.	Du weisst nicht sehr viel, stimmts?
10	Er arbeitet in der Schweinemasst.	Ich muss heim.

5 **Vervollständigen Sie mit den richtigen s-Lauten.**

Da___ ich da___ noch erleben mu___, da___ hätte ich nicht geglaubt. Fa___t alle___, wa___ ich mir müh___am er___part habe, hat ___ich an der Bör___e in nicht___ aufgelö___t. Da___ Geld, da___ nun weg i___t, war ___auer verdient. Da___ ärgert mich ___o, da___ ich be___timmt nicht noch einmal ___o leicht___innig alles ver___piele. Aber ob ich jetzt eine An___tellung mit angeme___ener Bezahlung finden kann, ___teht in den ___ternen!

Getrennt- und Zusammenschreibung

GETRENNT- UND ZUSAMMENSCHREIBUNG, SCHREIBUNG MIT BINDESTRICH

1. Verbindungen von einem Verb im Infinitiv mit einem zweiten Verb werden in der Regel getrennt geschrieben, wie *spazieren fahren*, oder *flöten gehen*. Ausnahme: Verbindungen mit *bleiben* und *lassen* können sowohl getrennt als auch zusammengeschrieben werden, wenn die Verbindung in übertragener Bedeutung verwendet wird, wie bei *kennen lernen/kennenlernen* oder *stehen lassen/stehenlassen*.

2. Verbindungen von Nomen und Verb werden getrennt geschrieben, zum Beispiel *Rad fahren, Maschine schreiben* oder *Hof halten*.
3. Verbindungen mit dem Verb „sein" werden immer getrennt geschrieben, zum Beispiel *dabei sein* oder *zusammen sein*.
4. Verbindungen mit „irgend-" werden zusammengeschrieben, zum Beispiel *irgendjemand* oder *irgendetwas*.
5. Wahlfreiheit für Getrennt- oder Zusammenschreibung hat man in folgenden Fällen: *so dass/sodass; an Stelle/anstelle; auf Grund/aufgrund; mit Hilfe/mithilfe; zu Lasten/zulasten; zu Gunsten/zugunsten; zu Ungunsten/zuungunsten; aus Seiten/aufseiten; außer Stand/außerstand; im Stande/imstande* (sein); *in Stand/instand* (setzen); *zu Leide/zuleide* (tun); *in Frage/infrage* (stellen); *zu Mute/zumute* (sein); *zu Stande/zustande* (bringen); *zu Schanden/zuschanden* (machen); *zu Wege/zuwege* (bringen); *zu Grunde/zugrunde* (gehen); *zu Rande/zurande* (kommen).
6. In Zusammensetzungen mit Ziffern wird ein Bindestrich gesetzt, zum Beispiel bei *10-mal, 2-monatig, 6-Tonner,* (ein) *20-Jähriger*.
7. Der Bindestrich kann zur Gliederung unübersichtlicher Zusammensetzungen und mehrgliedriger Fremdwörter gesetzt werden, zum Beispiel bei *Fußballbundestrainer/Fußball-Bundestrainer* oder *Handout/Hand-out*.

1 **Im folgenden Text sind einige Wörter zusammengeschrieben, die getrennt geschrieben werden müssen, andere sind getrennt geschrieben, müssen aber zusammengeschrieben werden. Schreiben Sie die falsch geschriebenen Wörter in richtiger Rechtschreibung auf ein Blatt Papier.**

Irgend wie hatte Jan etwas falschgemacht. Beim Fahrradfahren war ihm die Kette vom Zahnrad herunter gesprungen, er war aber nicht instande, sie wieder aufzulegen. Jan kam in Nöte und wollte schon sein Rad stehenlassen, denn schließlich wollte er ja nicht spazierenfahren, sondern er musste zu einem Vorstellungsgespräch. „Mein neuer Job wird mir noch flöten gehen", dachte er, doch da kam sein Freund, ein 19jähriger Fahrradmechanikerlehrling, vorbei, und der konnte Jan ja nicht im Regen stehenlassen. Mit Hilfe eines Schraubenziehers lösten sie das Problem und weil er wieder radfahren konnte, kam er rechtzeitig zum Vorstellungsgespräch.

Groß- und Kleinschreibung

GROSS- UND KLEINSCHREIBUNG

1. Nomen (Hauptwörter) und der Satzanfang werden großgeschrieben. (*Der Hund hat mich gebissen.*)
2. Anredepronomen (Anredefürwörter) können auch in Briefen und Urkunden wahlweise groß- oder kleingeschrieben werden, wenn es sich um eine vertraute Person handelt, die man duzt. (*Ich wünsche dir/Dir, dass deine/Deine Verletzung durch den Hundebiss schnell heilt.*). Anreden von Personen, zu denen man „Sie" sagt, werden in Urkunden und Briefen großgeschrieben (*Sehr geehrter Herr Müller, ich hatte Ihnen bereits mitgeteilt, dass mich Ihr Hund gebissen hat, und bitte Sie deshalb darum, für Schadensersatz zu sorgen.*).
3. Ableitungen von Personennamen auf „-(i)sch" werden kleingeschrieben (*das ohmsche Gesetz, die grimmschen Märchen*). Will man den Personennamen besonders hervorheben ist auch die Schreibweise mit dem großgeschriebenen Namen und Apostroph zulässig (*das Ohm'sche Gesetz, die Grimm'schen Märchen*).
4. Tageszeiten nach den Adverbien (Umstandswörtern) *heute, gestern, morgen, übermorgen* und *vorgestern* werden großgeschrieben (*heute Abend, gestern Mittag*).
5. Adjektive (Eigenschaftswörter), die mit einem Nomen (Hauptwort) eine feste Verbindung eingehen,

werden dann kleingeschrieben, wenn sie nicht einen Eigennamen bilden (*das schwarze Brett, das große Los;* aber: *das Rote Kreuz, der Stille Ozean, das Zweite Deutsche Fernsehen*). Achtung: Das Adjektiv kann auch großgeschrieben werden, wenn hervorgehoben werden soll, dass die Verbindung in einer neuen Gesamtbedeutung gebraucht wird, wenn also das „schwarze Brett" beispielsweise gar nicht schwarz ist und betont werden soll, dass es sich um eine Anschlagtafel handelt (*das Schwarze Brett = Anschlagtafel; der Letzte Wille = Testament*)

6. Paarformeln für die Bezeichnung von Personen werden großgeschrieben (*Jung und Alt, Groß und Klein*).

1 Im folgenden Brief sind alle Wörter kleingeschrieben. Schreiben Sie die Wörter heraus, die großgeschrieben werden müssen.

sehr geehrter herr müller,

leider muss ich feststellen, dass ihr mitarbeiter maier seine aufgaben nicht ordnungsgemäß erledigt. gestern mittag beispielsweise musste ich nach einer begehung der baustelle feststellen, dass er nicht viel vom verlegen elektrischer leitungen versteht. die ohmschen gesetze sind ihm offenbar ein buch mit sieben siegeln. an den unmöglichsten stellen hat er widerstände eingebaut, so dass mehrere blockiert sind. dieses blockieren konnte ich inzwischen beheben. ich habe alle stellen, an denen widerstände falsch gesetzt waren, mit einem roten kreuz markiert. leider war mir das auffinden aller fehler ihres mitarbeiters nicht vergönnt. als meine sekretärin das licht einschalten wollte, erhielt sie einen elektrischen schlag und musste vom roten kreuz versorgt werden. ich sehe mich daher gezwungen, schadensersatz von ihnen zu fordern. da das auflisten der schäden noch nicht abgeschlossen ist, werde ich ihnen die höhe meiner forderungen erst in der nächsten woche mitteilen können.

mit freundlichen grüßen

alfred maier

GROSS- UND KLEINSCHREIBUNG IN DER ANREDE

Vor allem in Briefen werden die Adressaten direkt angesprochen, je nachdem, um wen es sich handelt, mit „du" bzw. „ihr" oder mit „Sie". Anredepronomen, die den Empfänger „duzen", schreibt man im Allgemeinen klein; in Briefen können Sie aber auch großgeschrieben werden. Anredepronomen, die den Empfänger „siezen", werden großgeschrieben.

2 Schreiben Sie den Brief normgerecht, d. h. mit allen Teilen eines Geschäftsbriefs, und mit der korrekten Groß- und Kleinschreibung ab.

Sehr geehrter Herr Bauer,

vor einem Monat am ... bestellte (I/i)ch bei (I/i)hnen Ersatzteile für Küchenmaschinen Typ ...
Diese wurden von (I/i)hnen im vereinbarten Zeitraum nicht geliefert.
Schließlich versuchte ich gestern, das Problem mit (I/i)hnen telefonisch zu klären.
Als ich (S/s)ie gestern anrief, wusste ich nicht, dass die bestellten Ersatzteile inzwischen bei (M/m)ir eingetroffen waren, allerdings bei (M/m)einer Postadresse, nicht bei der Lieferadresse, (I/i)hr Fahrer hat (S/s)ie (M/m)ir vor die Tür gestellt.
Allerdings muss ich (S/s)ie wieder zurücksenden.
Dass (S/s)ie nur die halbe Anzahl geliefert haben, ist nicht so schlimm; dass (I/i)hnen vermutlich die Größen durcheinandergekommen sind, kann passieren.

3 Verfassen Sie einen Brief mit selbst gewähltem Inhalt an Ihre Personalchefin.

Aber dass kaum eines der Exemplare mängelfrei ist, zeigt, dass (S/s)ie vorher von (I/i)hrem Haus nicht geprüft worden sind.
Ich sende (S/s)ie deshalb zurück und bitte (S/s)ie, meine Bestellung als gegenstandslos zu betrachten.
Mit freundlichem Gruß

Zeichensetzung

Warum eigentlich Zeichensetzung üben? Zeichensetzung kann lebenswichtig sein!

1 **Setzen Sie das Komma und werden Sie zum Herr über Leben und Tod.**
Hinrichten nicht begnadigen! Hinrichten nicht begnadigen!

2 **Satzzeichen können Inhalte verändern/Verhältnisse aufdecken: Setzen Sie „?" oder „," oder „.".**
Er will sie nicht. Er will sie nicht. Er will sie nicht. Er will sie nicht.

KOMMASETZUNG

1	2	3	4
Verbindung von Hauptsätzen ohne und/oder etc.	Verbindung von Haupt- und Nebensätzen	Aufzählungen	Infinitivsätze
HS, HS	HS, NS	Aufzählung von gleichberechtigten Wörtern	die um ein Objekt oder Adjektiv erweitert sind *Sie fasste den Plan, heimlich wegzulaufen.*
HS: *Ich gehe in die Schule,* HS: *mein Vater arbeitet zu Hause.*	HS: *Er konnte nicht kommen,* NS: *weil er krank war.*	*Sie hatte schöne, lange, blonde Haare.*	die mit *um, statt, ohne, außer, als* eingeleitet werden *Er redete, ohne nachzudenken.*
		aber: *Sie hatte schöne, lange und blonde Haare.* „und" bzw. „oder" bei Aufzählungen verhindert das Komma!	wenn die Infinitivgruppe von einem Substantiv (= Hauptwort) im übergeordneten Satz abhängt *Sie hatte den Wunsch, alles hinzuschmeißen.*

3 **Formulieren Sie für jede der oben stehenden Regeln ein Beispiel. Lesen Sie die Sätze vor und lassen Sie dann Ihre Klassenkameraden das Komma setzen.**

4 **Haupt- oder Nebensatz? Setzen Sie ein Komma, wo nötig, und unterstreichen Sie den Nebensatz.**
Dass wir so früh am Morgen schon Kommasetzung üben ist ziemlich anstrengend.
Ich bin wenn ich aufstehe eigentlich zu müde dafür.
Die Mitschüler die in der Bank hinter mir sitzen sehen auch so müde aus.
Ich denke sie sind erschöpft weil sie gestern Marathon gelaufen sind.

5 **Setzen Sie im folgenden Text die fehlenden Kommas.**

Z. B.: Einschübe können durch ein Komma abgetrennt werden.
Eines Tages, es war mitten im Sommer, hagelte es.

6 **Benennen Sie die entsprechende Regel zur Zeichensetzung.**

Fernsehen macht dick, faul und gewalttätig

Über vierzig Jahre nach der ersten Bildungskatastrophe konstatiert man in Deutschland eine zweite. Politiker zuletzt der baden-württembergische Ministerpräsident Oettinger wissen wer schuld daran ist: das Privatfernsehen. Das Fernsehen macht so hat es Familienministerin von der Leyen gesagt „dick dumm traurig und gewalttätig"; diese Attribute gelten nicht unbedingt exklusiv für die kommerziellen Programme. Den Ausgang aus der selbstverschuldeten Unmündigkeit finde man freilich so heißt es oft ganz leicht: Es sei der Ausschaltknopf. Dass viele den Knopf jeden Tag erst nach fünf oder sechs Stunden finden ist Teil der Unmündigkeit und die ist nicht unbedingt selbstverschuldet. Die Fernsehlandschaft ist nicht Ursache sondern Abbild der neuen Klassengesellschaft; sie wird aber auch vom Fernsehen zementiert. Die Bildungsoffensive der Sechziger- und Siebziger-Jahre ist Geschichte; sie wartet auf Wiederholung. Damals kletterten die Kinder aus den unteren Schichten auf der Strickleiter die ihnen das BAföG knüpfte behende nach oben. Diese Strickleiter ist eingerollt das Projekt sozialer Aufstieg beendet. Viele der engagierten Pädagogen von damals haben sich später zermürbt von Detailstreitigkeiten wie jenen über die Gesamtschule in ihre Fachgebiete zurückgezogen und sehen jetzt wenn sie als Pensionisten durch die Programme zappen dass sich ein Klassenfernsehen etabliert hat – RTL RTL 2 9Live Pro 7 und DSF für die Unterschicht; dort gibt es Sendungen mit hohem Prol-Faktor und anzüglicher Sex-Werbung mit freiem Übergang zur Pornografie.

Das also ist die so genannte Meinungsvielfalt und die „geistig-moralische Wende" mit der einst Politiker derjenigen Parteien für die Einführung des Privatfernsehens geworben haben die heute den Werteverfall beklagen. Am anderen Ende der TV-Skala stehen Sender wie Arte mit feinen Produktionen für den feinen Geschmack. Die jeweiligen Zuschaueranteile sind auch ein Spiegel der Gesellschaft.

Die jüngste politische Debatte war geprägt zum einen von der Vernachlässigung und Verwahrlosung von Kindern zum anderen vom Thema über Jugendgewalt. Bei beidem kommt man am Trash-Fernsehen und den Gewaltvideos nicht vorbei. Selbst die besten Hauptschullehrer haben es in Klassen mit dreißig Schülern schwer auch nur notdürftig zu reparieren was dieses Fernsehen kaputt macht. Soziale Rücksichtnahme wird in Vulgärprogrammen kaputt gesendet. Ein verzweifelter Pädagoge hat vom Bethlehemitischen Kindermord der Moderne gesprochen. Das klingt ausweglos. Ganz so ist es nicht. Es gibt Gegenrezepte. Schon mit der Einführung des Privatfernsehens hätte man auch die Ganztagsschule einführen müssen. Sie ist weniger ein Zugeständnis an zeitknappe Doppelverdiener-Eltern der Mittelschicht als eine Art Internat für Kinder aus der Unterschicht und aus sozialen Randgruppen: ein Ort der Schicksalskorrektur.

Grammatik

Zeitformen

DIE VERSCHIEDENEN ZEITFORMEN

Wann ein Ereignis stattfindet oder stattgefunden hat, erkennt man an der Zeit, die das Verb angibt. Im Deutschen gibt es sechs Zeiten.

Plusquamperfekt	Perfekt	Präteritum	Präsens	Futur I	Futur II
←	←	←	—‖—	→	→
Vergangenheit			Gegenwart	Zukunft	

Plusquamperfekt Er **hatte** für die Prüfung viel gelernt.	Perfekt Er **hat** für die Prüfung viel gelernt.	Präteritum Er **lernte** viel für die Prüfung.
Präsens Er **lernt** für die Prüfung viel.	Futur I Er **wird** für die Prüfung viel lernen.	Futur II Er **wird** viel für die Prüfung gelernt haben.

1 Bilden Sie die folgenden Sätze in allen sechs Zeiten.

1. Die Praktikantin arbeitet gut.
2. Sie planen ihre Ausbildung.
3. Er schafft sich mit dem Praktikum eine Grundlage.
4. Der Auszubildende spricht mit dem Leiter.
5. Sie beschreiben ihre Tätigkeit.
6. Sie schließen einen Vertrag ab.
7. Der Arbeitgeber lobt die Arbeit.

Der Beginn des Romans „Die große Flatter“ von Leonie Ossowski ist in der Gegenwart geschrieben. Nur wenige Sätze stehen in der Vergangenheit.

Die große Flatter Leonie Ossowski

Das Fenster ist verschlossen, Agnes will das so. Da kann man nichts machen. Agnes ist die Älteste der Warga-Bande und die Einzige, die ein Bett für sich allein hat. Sie schläft rücklings, die Arme unter dem Kopf, breitbeinig, als sonnte sie sich im Strandbad. Birgitt und Dagmar dagegen liegen dicht aneinandergedrückt wie junge Ratten in der Kuhle ihrer ausgeleierten Matratze. Ihre Haare sind ineinander verfilzt, ihre Ellbogen im gleichen Winkel angezogen wir ihre mageren Kinderknie.
Seit vorigem Jahr haben Birgitt und Dagmar ein Erwachsenenbett. Bis dahin mussten sie mit dem Gitterbett vorliebnehmen. Aber als die fünfjährige Birgitt zu groß geworden war, sagte Herr Warga, dass ein neues Bett hermüsste. Das war dann das dritte Erwachsenenbett im Zimmer. Die beiden Kleinsten, die vorher in Waschkörben genächtigt hatten, konnten ab jetzt das Gitterbett für sich in Anspruch nehmen. Quer und voneinander abgewandt liegen sie zwischen den Gittern, die Hände im Draht verkrallt. Die weggestrampelte Decke bedeckt nicht einmal ihre nackten Füße. Taucht Fritzchen im Halbschlaf aus seinen Kleinkinderträumen auf, beginnt er, mit dem

Kopf zu wackeln. Erst langsam, dann schneller, wobei auch seine Schultern hin und her fahren, bis schließlich seine Ärmchen von rechts nach links fliegen. Mit der Zeit entsteht dadurch ein solcher Schwung, dass das Gitterbett ruckartig durchs Zimmer fährt. Erika wacht nie davon auf.

2 **Ermitteln Sie aus dem Text von Leonie Ossowski die Sätze, die in der Vergangenheit stehen.**

3 **Setzen Sie den Text ins Präteritum. Überlegen Sie, was Sie mit den Sätzen machen, die jetzt schon in der Vergangenheit stehen.**

Wirklichkeitsform – Möglichkeitsform: Indikativ – Konjunktiv

Er sagte, ich sei gut im Rechnen.

Wenn der Torwart den Elfmeter gehalten hätte ...

Wenn ich damals nicht so gleichgültig gewesen wäre ...

Wenn ich im Lotto gewinnen würde, würde ich mir ...

Ich hätte den Führerschein geschafft, wenn ...

DER KONJUNKTIV I UND II

Der **Konjunktiv I** wird verwendet,
- wenn etwas in der indirekten Rede wiedergegeben wird (**Er sagte, ich sei gut im Rechnen.**).
- wenn etwas als Möglichkeit oder Fantasie gedanklich ausgemalt wird (**Wenn ich im Lotto gewinnen würde ...** – was als Möglichkeit ja sein könnte).

Der **Konjunktiv II** wird verwendet,
- wenn etwas nicht mehr Mögliches dargestellt wird (**Wenn der Torwart den Elfmeter gehalten hätte ...** – was er aber nicht tat)

1 **Formulieren Sie drei zusätzliche Beispiele für Konjunktiv I und II.**

Das kann man ja nicht essen

Tanja hatte heute versprochen, das Essen zuzubereiten, bis die Eltern und der Bruder nach Hause kommen. Es gab Nudeln mit Tomatensoße und gedünstetem Gemüse. Tanja hatte sich alle Mühe gegeben, aber als die ersten Bissen gegessen wurden, war klar: So ziemlich alles war schiefgelaufen: Die Nudeln waren noch ziemlich hart, das Gemüse zu stark geröstet, sodass es auf einer Seite schwarz war, und die Soße war versalzen.

2 **Formulieren Sie die Ratschläge, die Tanja bekommt: du hättest ... sollen/müssen, nicht dürfen etc.**

3 **Welcher Konjunktiv wird hier verwendet?**

Zeugenaussage

Timo S. kommt zu spät in den Unterricht. Ihm ist etwas Unglaubliches passiert. Heute Morgen, als er gerade zur Schule gehen wollte, kam die Polizei zu ihm und behauptete, man habe ihn beim Ladendiebstahl in einem Sportgeschäft in der Nähe seines Wohnhauses beobachtet. Er musste mit den Polizisten auf die Dienststelle kommen und folgende Zeugenaussage wurde ihm vorgelegt:

„Gestern Abend um ca. 18:30 Uhr beobachtete ich einen Jugendlichen, ca. 17–18 Jahre, im Sportgeschäft bei den Sportschuhen. Er war bekleidet mit einer weißen Sportjacke mit hellblauen Streifen längs der Ärmel. Dazu trug er eine verwaschene übergroße Hüftjeans, die ziemlich in den Knien hing. Bei sich trug er eine große dunkelblaue Sporttasche. Der Jugendliche hielt sich ziemlich auffällig bei den Schuhregalen auf, nahm immer wieder ein Schuhpaar heraus, musterte es intensiv, streifte es über seine geöffnete Sporttasche, schaute sich nach den anderen Personen um und stellte dann die Schuhe zurück.

Als sich keine Personen mehr in der Sportschuhabteilung befanden, zog ich mich ebenfalls hinter ein Regal zurück und beobachtete ihn unauffällig. Da nahm er ein Paar Sportschuhe und ließ sie in seine Tasche gleiten. Dann verließ er eilig das Sportgeschäft. Ich sah, wie er ein paar Häuser weiter mit dem Schlüssel die Tür aufschloss und in dem Haus verschwand."

1 **Formulieren Sie die direkte Aussage des Zeugen um, wie Timo sie den Mitschülern berichtet: Der Zeuge sagte, er habe beobachtet, wie ich ...**

Timo ist immer noch geschockt, wie er so verdächtigt werden konnte. Die Polizei ist zu ihm gekommen, weil er der einzige Jugendliche ist, der in diesem Haus wohnt. Sonst wohnen dort nur Kinder und ältere Erwachsene.

Zum Glück war Timo zum Tatzeitpunkt beim Fußballtraining. Timo ist als begabter Torschütze bekannt. Und schon manches Mal hat er die Mannschaft durch seinen Einsatz vor dem Abstieg gerettet. Es war für die Mannschaft wichtig, dass alle vollzählig beim Training erscheinen. Denn am Sonntag geht es um den Klassenerhalt der Mannschaft. Das Training begann um 18:00 Uhr und vorher war die Mannschaft in der Umkleidekabine, was ca. 20 Spieler und der Trainer bestätigen können. Timo hat zwar eine dunkelblaue Sporttasche und auch eine weiße Trainingsjacke mit blauen Streifen. Aber er war weder gestern noch an einem anderen Tag in dieser Woche in dem Sportgeschäft in seiner Straße. Und er hat auch keine Schuhe in seiner Tasche verschwinden lassen. Er kann sich diese ganze Geschichte nicht erklären.

Timo wird von seinen Mitschülern ausgefragt. Was hat die Polizei gefragt? Was hast du der Polizei gesagt? Wie erklärst du dir das Ganze?

2 **Bestimmen Sie die Konjunktivformeln.**

3 **Timo erzählt: „Ich habe der Polizei gesagt, dass ich ..." Unterstreichen Sie anschließend die Konjunktivformen.**

4 **Stellen Sie Vermutungen an, wie es zu der falschen Verdächtigung gekommen sein könnte.**

Das Fußballspiel

Im Spiel um den Klassenerhalt verlor die Mannschaft von Timo haushoch. Die Elf kam nie zu ihrem Spiel. Die vielen begabten Spieler konnten ihr Potenzial nicht einsetzen. Die Abwehr hatte keine Strategie und der Torwart war während des ganzen Spiels nicht bei der Sache. Die Spieler setzten die wenigen Torchancen nicht um und ein Eigentor von Timo S. krönte die Pechsträhne der Mannschaft.

5 **Beschreiben Sie in Form eines Kommentars zum Fußballspiel, was die Mannschaft von Timo hätte machen müssen bzw. nicht machen dürfen, um das Spiel zu gewinnen.**

Aktiv und Passiv

Mit den Aktionsformen Aktiv und Passiv kann man ein Geschehen, Handlungen und Aktivitäten in verschiedener Weise darstellen.

AKTIV – PASSIV

Mit der Verwendung des **Aktivs** legt man Wert auf den Urheber (Täter) einer Handlung.
*Die Auszubildenden **planen** eine Betriebsfeier.*
Das **Passiv** stellt das Geschehen, den Ablauf einer Handlung dar. Es drückt aus, was geschieht. Die Handelnden sind entweder unwichtig, unbekannt oder sollen unerwähnt bleiben.
*Eine Betriebsfeier **wird geplant.***

Aktiv und Passiv gibt es in allen Zeitformen:

	Aktiv	**Passiv**
Präsens	sie planen	es wird geplant
Präteritum	sie planten	es wurde geplant
Perfekt	sie haben geplant	es ist geplant worden
Plusquamperfekt	sie hatten geplant	es war geplant worden
Futur I	sie werden planen	es wird geplant werden
Futur II	sie werden geplant haben	es wird geplant (worden) sein

1 **Verfassen Sie eine Vorgangsbeschreibung, wie ein Lagerfeuer vorbereitet wird. Verwenden Sie dabei so oft wie möglich das Passiv. (→ „Beschreiben“, S. 214 f.)**

2 **Schreiben Sie auf, was alles getan werden muss, damit eine Betriebsfeier stattfinden kann. Verwenden Sie dabei das Passiv.**

Der Satzbau

Nicht immer gelingt es den Menschen, das auszudrücken, was sie sagen wollen.

Die Rede des Parlamentariers Werner Bornheim **Loriot**

Meine Damen und Herren, Politik bedeutet, und davon sollte man ausgehen, das ist doch – ohne darumherumzureden – in Anbetracht der Situation, in der wir uns befinden. Ich kann meinen politischen Standpunkt in wenige Worte zusammenfassen: Erstens das Selbstverständnis unter der Voraussetzung, zweitens, und das ist es, was wir unseren Wählern schuldig sind, drittens, die konzentrierte Beinhaltung als Kernstück eines zukunftsweisenden Parteiprogramms.

Wer hat denn, und das muß vor diesem hohen Hause einmal unmißverständlich ausgesprochen werden. Auch die wirtschaftliche Entwicklung hat sich in keiner Weise ... Das kann auch von meinen Gegnern nicht bestritten werden, ohne zu verkennen, dass in Brüssel, in London die Absicht herrscht, die Regierung der Bundesrepublik habe da – und, meine Damen und Herren ... warum auch nicht? Aber wo haben wir denn letzten Endes, ohne die Lage unnötig zuzuspitzen? Da, meine Damen und Herren, liegt doch das Hauptproblem. – Bitte denken Sie doch einmal an die Altersversorgung. Wer war es denn, der seit 15 Jahren, und wir wollen einmal davon absehen, dass niemand behaupten kann, als hätte sich damals – so geht es doch nun wirklich nicht!

Wir haben immer wieder darauf hingewiesen, dass die Fragen des Umweltschutzes, und ich bleibe dabei, wo kämen wir sonst hin, wo bliebe unsere Glaubwürdigkeit? Eins steht doch fest und darüber gibt es keinen Zweifel. Wer das vergißt, hat den Auftrag des Wählers nicht verstanden. Die Lohn- und Preispolitik geht von der Voraussetzung aus, dass die mittelfristige Finanzplanung und im Bereich der Steuerreform ist das schon immer von ausschlaggebender Bedeutung gewesen ...

Meine Damen und Herren, wir wollen nicht vergessen, draußen im Lande und damit möchte ich schließen. Hier und heute stellen sich die Fragen, und ich glaube, Sie stimmen mit mir überein, wenn ich sage ... Letzten Endes, wer wollte das bestreiten! Ich danke Ihnen ...

Außer der Tatsache, dass Herr Bornheim mit vielen Worten nichts sagt, zeigt Loriot hier auch eine andere Vorliebe von Rednern in satirischem Licht: die Schachtelsätze.

1 **Ermitteln Sie aus dem Text den Hauptsatz/die Hauptsätze.**

2 **Formen Sie den folgenden „Schachtelsatz" in kurze Sätze um:**

„Kohlhaas, während, dadurch herbeigerufen, ein Famulus sich mit Licht in dem Vorsaal meldete, stand betreten, indem er sich die Augen trocknete, vom Boden auf; und da der Famulus vergebens, weil der Riegel vorgeschoben war, an der Türe wirkte, Luther aber sich wieder zu seinen Papieren niedergesetzt hatte: So machte Kohlhaas dem Mann die Türe auf."
(*Heinrich von Kleist: Michael Kohlhaas*)

HYPOTAXE

Mit **Hypotaxe** wird die Unterordnung der Nebensätze unter den Hauptsatz bzw. unter die Hauptsätze bezeichnet. Dieses verschachtelte Satzgefüge mit vielen Nebensätzen wird häufig durch Konjunktionen (*sodass, wenn, weil, damit, da, obwohl, falls* ...)verknüpft. In diesem Zusammenhang ist auch vom hypotaktischen Stil die Rede. Bei der Verwendung der Hypotaxe werden Situationen bzw. Themen komplex und detailliert dargestellt.

Beispiel: „Es fehlte Kohlhaas auch, während er sich in der Residenz umsah, keineswegs an Freunden, die seine Sache lebhaft zu unterstützen versprachen."

Hauptsatz: Das Verb steht an zweiter Stelle, er kann alleine stehen. *Ich bin so müde!*

Der **Nebensatz** kann nicht alleine stehen, das Verb steht am Ende. *(Ich bin so müde), dass ich es kaum noch aushalte.*

3 **Schreiben Sie in Hypotaxe ein Entschuldigungsschreiben für Ihr Fernbleiben vom Unterricht oder von einer außerunterrichtlichen Veranstaltung.**

PARATAXE

Eine **Parataxe** ist eine Aneinanderreihung von selbstständigen Sätzen (Hauptsätzen). Sätze, die im parataktischen Stil aneinandergereiht oder miteinander verbunden werden, sind gleichgeordnet. Das heißt, dass sie nicht wie im hypotaktischen Stil anderen Sätzen oder Satzteilen unter- oder übergeordnet werden. Nebensätze sind dadurch ausgeschlossen.
In der Parataxe werden Sätze durch koordinierende Konjunktionen wie *und*, *oder* (Polysyndeton) oder durch Satzzeichen wie Komma (Asyndeton) oder Punkt voneinander getrennt. Parataxen werden in Texten verwendet, die sich nur auf das Wesentliche des Inhaltes konzentrieren. Der parataktische Stil wirkt einerseits trocken und differenziert, bietet andererseits aber die Möglichkeit, eine lineare Argumentation sehr zwingend darzustellen. Deshalb wird dieser Sprachstil gerne bei Werbetexten angewandt, wobei die einzelnen Hauptsätze häufig gekürzt sind, um die Einprägsamkeit noch weiter zu steigern.

1 **Zählen Sie die Hauptsätze im folgenden Textbeispiel und unterstreichen Sie die Verben.**

„Das Rad an meines Vaters Mühle brauste und rauschte schon wieder recht lustig, der Schnee tröpfelte emsig vom Dache, die Sperlinge zwitscherten und tummelten sich dazwischen; ich saß auf der Türschwelle und wischte mir den Schlaf aus den Augen, mir war so recht wohl in dem warmen Sonnenscheine.“
(*Joseph von Eichendorff: Aus dem Leben eines Taugenichts*)

2 **Formulieren Sie die Hauptsätze dann in einen Text mit mindestens zwei Nebensätzen um. (Beispiele für Konjunktionen siehe oben!)**

3 **Hypotaxe oder Parataxe?**

Max ging immer direkt nach der Arbeit ins Freibad und blieb lange dort.
Dort konnte er seinen Ärger ablassen, indem er so viele Bahnen schwamm, dass er danach völlig erschöpft war.
An diesem Tag aber war alles anders und das sollte auch in Zukunft so bleiben.
Nie würde er diesen Tag vergessen, auch wenn er 100 Jahre alt würde.
Alles begann, als er, obwohl er nicht geduscht hatte, kopfüber ins Wasser sprang.

In vielen Situationen ist es wichtig, sich klar und verständlich auszudrücken.

Erklärung

„Also leider wir können Ihre Frage, weil der Chef gerade in Urlaub ist, und wir nicht so genau wissen, ob der jetzt am Donnerstag oder am Freitag wiederkommt, denn das hängt davon ab, ob er aus dem Tal rauskommt, das eingeschneit ist, also wir hoffen jedenfalls, dann würden wir Sie sofort anrufen, dann können wir die auch beantworten, wenn Sie uns – oder haben wir die schon? – Ihre Telefonnummer dalassen, falls Sie nicht lieber selbst kommen wollen, aber nur, wenn Sie das lieber möchten. Selbstverständlich!“

4 **Helfen Sie dem Verkäufer und formen Sie seine Erklärung um.**

Info- und Trainingspool

Wie beschreibe ich Arbeitsprozesse? Wie fertige ich eine Mind-Map an? Welche Aspekte muss ich beachten, um ein gutes Kundengespräch zu führen? Wie kann ich Texte untersuchen? Wie gehe ich mit dem Rechtschreiblexikon um? Diesen und weiteren Fragen begegnet man tagtäglich in Schule und Berufsleben.

Die nachfolgenden Seiten helfen, geforderte Grundfertigkeiten zu sichern und zu erweitern. Der Info- und Trainingspool ist systematisch an Standards und Kompetenzen orientiert. Die hierin enthaltenen Informationen dienen der zusammenfassenden Übersicht über Untersuchungsschwerpunkte, methodische Zugriffe und Fachbegriffe. Der Info- und Trainingspool eignet sich insbesondere zum Nachschlagen und Nacharbeiten. Hierzu wird Übungsmaterial für das eigenständige Üben und Wiederholen angeboten.

Sprechen, Zuhören, Schreiben

Lesen – mit Texten und Medien umgehen

Sprache und Sprachgebrauch untersuchen

Referate/Vorträge halten

Fahrplan für ein Referat

1 **Die Abschnitte wurden in eine falsche Reihenfolge gebracht. Ergänzen Sie die markierten Stellen um die fehlenden Begriffe und ordnen Sie die Abschnitte.**

Zuhörerkreis, Stichwortzettel, Struktur, Schluss, Folgen, selbst, frei sprechen, „in eigenen Worten“, Reihenfolge, weniger, Video-/Filmausschnitte

	Hilfsmittel auswählen Schaubilder, Zeichnungen, Fotos, Bilder, Dias, ______________________, Folien, Gegenstände, Modelle …
	Stoff ordnen nach Ursachen – ______________________ – (Gegen-)Maßnamen Vorteile – Nachteile gestern – heute – morgen
	Vortragen ______________________ verwenden kurze Sätze bilden möglichst ______________________, nicht ablesen auf das Publikum achten wenn möglich blanke Zahlen veranschaulichen den Schluss der Rede nicht ankündigen
	Stoff sammeln zuerst ______________________ nachdenken Zeitungs-/Zeitschriftenartikel, Firmeninformationen, Lexika, Kataloge … Fernsehen, Videos, Internet … Gespräch mit Experten/Betroffenen, beraten lassen, Interview …
	Thema auswählen Themen sammeln ______________________ analysieren Thema abgrenzen
	Stoff auswerten die Ordnung in Schritt 3 beachten den ______________________ berücksichtigen Texte markieren und unterstreichen das Wichtigste ______________________ zusammenfassen
	Gliederung anfertigen Einleitung und ______________________ überlegen Hauptteil sinnvoll untergliedern auf eine sinnvolle ______________________ achten lieber ______________________ Gliederungspunkte („In der Kürze liegt die Würze.“)

2 **Tragen Sie die fehlenden Wörter an der richtigen Stelle ein:**

offizielle, spontan, Hauptteil, wie viele?, Argumente, Auftreten

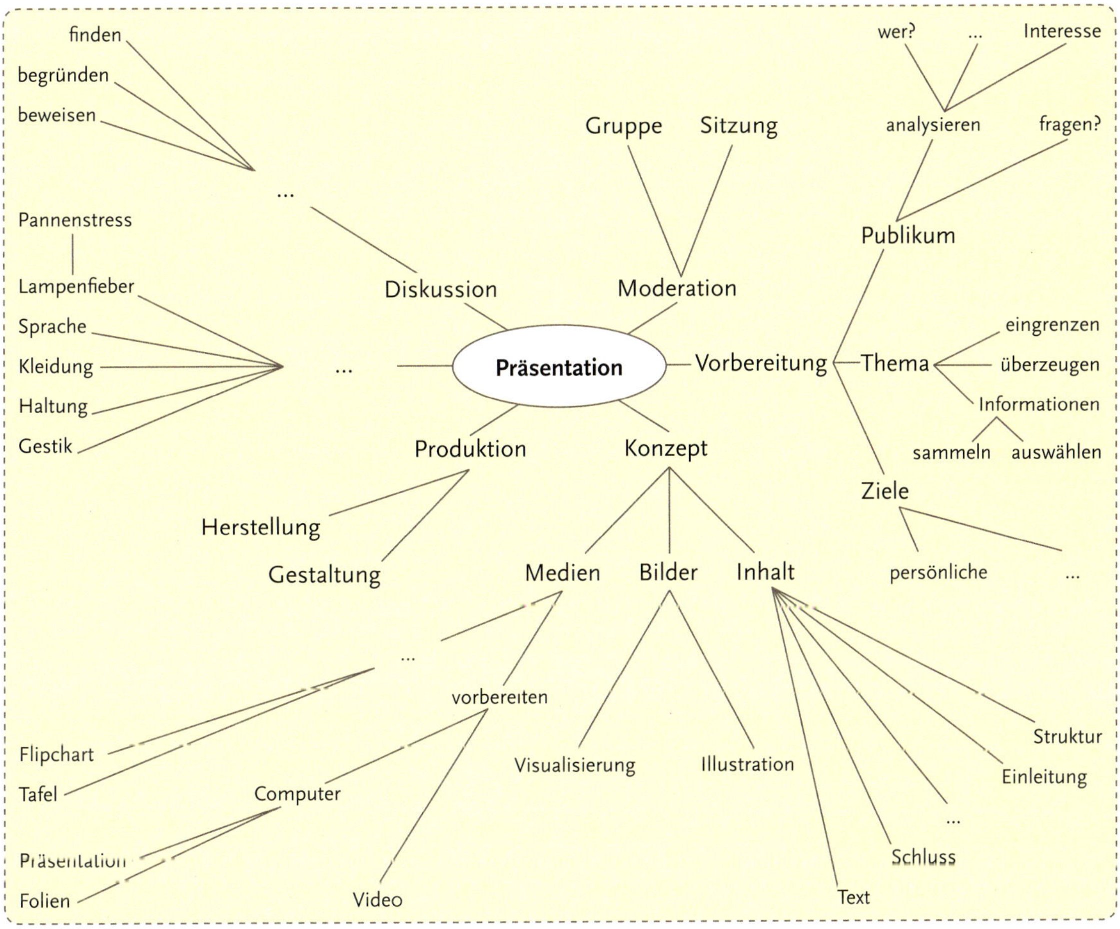

Übung zur Kurzpräsentation

INFO

Ziel eines Kurzvortrags: → ein Thema für alle Zuhörer verständlich darstellen.

3 **Nutzen Sie eines der folgenden Themen für eine Kurzpräsentation.**

1. Thema: Warum der Buchstabe „R“ abgeschafft werden sollte. Achten Sie dabei besonders auf Ihr Auftreten!
2. Thema: Stellen Sie eines Ihrer Hobbys vor! Achten Sie dabei besonders auf den Einsatz von Medien!

4 **Warum spielt das Auftreten bei der Präsentation eine so wichtige Rolle?**

Berichten

MÜNDLICH UND SCHRIFTLICH BERICHTEN

Anlässe für Berichte gibt es viele. Der Bericht ist von der Erzählung über Erlebtes zu unterscheiden. Wenn man etwas Besonderes beobachtet oder gelernt hat, wenn andere Informationen über ein Ereignis benötigen, wird davon berichtet. Das kann in mündlicher oder schriftlicher Form geschehen.
Ein Bericht über einen Konzertbesuch für Fans fällt dabei in Bezug auf die Genauigkeit anders aus als der Bericht über den Unfallhergang für eine Versicherung oder der Bericht von Zeugen über den Tathergang einer Schlägerei für die Polizei.

SPRACHE DES BERICHTS

- sachlich, informativ, nüchtern
- knappe Formulierungen
- klare Darstellung von Fakten und Tatsachen in geordneter Reihenfolge

SPRACHE DER ERZÄHLUNG

- spannend, unterhaltend, emotionale Äußerungen möglich
- ausschmückende Formulierungen, ausladende Darstellung
- Gefühle und Wertungen möglich
- Reihenfolge nicht vorgegeben

DER BERICHT

- stellt ein Geschehen dar, das sich nur einmal ereignete und sich nicht in gleicher Weise wiederholen kann
- beantwortet W-Fragen: Wer? Wann ? Wo ? Was? Wie? Weshalb? Welche (Schäden)?
- wird in der Zeitform der Vergangenheit geschrieben

ERSCHEINUNGSFORMEN

Unfall-, Reise-, Versammlungsbericht, Berichtsheft ...

DAS BERICHTSHEFT

Für jede Berufsausbildung wird das Führen eines Berichtsheftes gefordert. Durch das Schreiben von Wochenberichten kann die Vermittlung der erforderlichen Kenntnisse und Fertigkeiten nachgewiesen werden. Zeitform ist das Partizip Perfekt (Mittelwort der Vergangenheit).

Wochenbericht vom: __________ bis: __________ 20____ Ausbildungsjahr: __________

	ausgeführte Arbeiten, Unterricht usw.	Einzel-stunden	Gesamt-stunden
Montag	Riss an einer Stoßstange geklebt	2,0	
	Spachtelarbeiten an einem Kotflügel durchgeführt	3,0	
	beim Einbau einer Autotür mitgeholfen	2,0	
	an einer innerbetrieblichen Schulung über Gefahrenstoffe teilgenommen	0,5	
	den Telefondienst im Büro übernommen, nebenbei Rechnungen sortiert	0,5	8,0

1 **Kennzeichnen Sie im folgenden Text, der durchaus auch unterhaltsam gemeint ist, alle Stellen, die nicht in einen Bericht gehören.**

2 **Arbeiten Sie den Text inhaltlich und sprachlich in einen angemessenen Bericht um.**

Mein kaputtes Dach

Sehr geehrte Versicherung,
ich habe mein kaputtes Dach reparieren wollen, weil es uns doch in das Haus regnet. Wir haben das erst gar nicht gemerkt gehabt, weil die Feuchtigkeit zuerst im Wohnzimmer aufgetreten war und wir am Abend immer in der Küche Fernseh schauen tun. Ich habe dann versucht, das Dach mittels meiner Stafflei zu erklettern, wobei mir eingefallen ist, dass man sich doch nicht ungesichert auf ein Dach begeben soll, von dem man herunterfallen könnte. Und weil ich auch oft im Gebirg bin. Da habe ich mir ein Abschleppseil aus dem neuen Jeep geholt und es mir um meine Person gebunden. Nachdem ich aber keine Möglichkeit des Sich-Befestigen-Könnens entdecken konnte, habe ich das andere Ende von dem Abschleppseil an den Rammschutz von meinem Jeep hintenhin gebunden. Dann bin ich auf das Dach hinaufgestiegen und dann bis zum First, weil ich ja auf die andere Seite habe rüber müssen, sonst wäre ich ja nicht gesichert gewesen. Aber ich habe vergessen gehabt, meiner Frau Elfriede Bescheid zu geben, dass ich aufs Dach bin und das mit dem Auto. Meine Frau hat dann nämlich schnell wegfahren müssen, um unseren Hund vom Friseur abzuholen. Sie ist in das Auto gestiegen und losgefahren und dann hat's mich über das Dach gerissen, und dann bin ich wie eine Rakete in die Luft geflogen. Dabei konnte ich noch sehen, wie unser Nachbar Huber sich meiner Frau in den Weg gestellt hat. Und dann stürzte ich zur Erde, welchselbiger Aufprall aber durch einen Schneehaufen, den ich am Vormittag geschippt hatte, gebremst worden ist. Deshalb entfielen mir zwei Zähne, welche ich Ihnen jetzt anrechnen möchte.

3 **Welche der Adjektive und Mittelwörter in den folgenden Wendungen drücken subjektive Wertungen aus, welche dienen der Genauigkeit der Angaben?**

leichtsinniger Fahrer, verschlossene Tür, unüberlegtes Handeln, kurvenreiche Strecke, angegurteter Fahrer, ängstliches Verhalten, abgefahrene Reifen, trockene Fahrbahn, waghalsiges Überholmanöver, ampelgesicherte Kreuzung

4 **Berichte sollen knapp sein. Versuchen Sie, die folgenden Sätze durch verbale Wendungen zu straffen.**

Durch Betätigung der Bremse bewirkte er eine Verringerung seines Tempos.
Durch Nichteinhaltung des erforderlichen Abstandes kam es zu einer Berührung der beiden Fahrzeuge.
Viele Fahrer schenkten der Veränderung der Vorfahrtsregelung keine Beachtung.

5 **Suchen Sie sich aus einer Tageszeitung einen Unfallbericht heraus und skizzieren Sie den Hergang des beschriebenen Unfallgeschehens grafisch. Notieren Sie auch stichpunktartig wichtige Fakten auf dem Blatt.**

Vorgänge/Arbeitsprozesse beschreiben

VORGÄNGE BESCHREIBEN

Vorgangsbeschreibungen beschreiben den immer gleichen Ablauf und werden deshalb – im Gegensatz zum Bericht – im Präsens (Gegenwart) geschrieben.
In der Einleitung geben Sie kurz an, welchen Vorgang Sie beschreiben werden. Das kann der Reifenwechsel an einem Fahrzeug, das Brennen einer CD-ROM, eine kreative Tätigkeit genauso sein wie ein Vorgang in der Natur und noch vieles mehr.
Viele Elemente der Vorgangsbeschreibung finden sich in Arbeitsanweisungen und Verfahrensbeschreibungen wieder, die im Berufsleben genau angeben, wie bestimmte Tätigkeiten zu verrichten sind und welche Hilfsmittel und Werkzeuge man dafür verwendet.
Den Hauptteil verfassen Sie in der logischen Reihenfolge des Zeitablaufs. Sie verwenden möglichst treffende Adjektive und passende Fachbegriffe.
Als Schluss eignet sich eine kurze Zusammenfassung oder ein Hinweis auf die Zukunft, z. B. die Verwendung des erreichten Ergebnisses.

ARBEITSPROZESSE BESCHREIBEN

Hierbei handelt es sich um eine besondere Form der Vorgangsbeschreibung, die die Vorgehensweise durch Personen um die Funktionsweise von Maschinen, Geräten, chemischen und physikalischen Vorgängen ergänzt. Wichtig ist eine genaue, gut verständliche Ausdrucksweise.
Tätigkeiten, Werkzeuge und Hilfsmittel sollten mit Begriffen aus der jeweiligen Fachsprache bezeichnet werden.
Bei der Gliederung ist besonders auf die zeitliche/logische Reihenfolge zu achten.
(→ Lernsituation „Ich arbeite Mitarbeiter ein“, S. 65–67)

Man kann Vorgänge stichpunktartig …

Pfannkuchen
Zutaten
250 g Mehl, 400 ml Milch, 3 Eier, 4 EL Butter, 1 Prise Salz
Mehl, Milch und Eier verquirlen, die Butter zerlassen und zusammen mit Salz unterschlagen, quellen lassen, bei mittlerer Hitze mit Butterschmalz in einer Pfanne herausbacken.

… oder in vollständigen Aussagesätzen beschreiben.

Das Backen von Pfannkuchen
Zunächst verquirlt man das Mehl mit der Milch und den Eiern. Nach dem Zerlassen der Butter wird diese zusammen mit der Prise Salz in den Teig untergeschlagen. Nun lässt man den Teig quellen. Bei mittlerer Hitze wird das Butterschmalz in einer Pfanne geschmolzen. Nach Hinzufügen und Verteilen des Teiges bäckt man die Pfannkuchen heraus.

1 **Welche Vorteile haben die jeweiligen Beschreibungsformen? Überprüfen Sie dies an einem Beispiel aus Ihrem Beruf.**

2 **Beschreiben Sie den Schleifblattwechsel bei einem Schwingschleifer in vollständigen Aussagesätzen.**
Ergänzen Sie zunächst stichwortartig Teilschritt „e":

a) Netzstecker und Absaugadapter abziehen
b) beide Schnappschnellspanner öffnen und verbrauchtes Schleifblatt herausnehmen
c) neuen Schleifbogen auf die Schleifplatte drücken, dabei die gestanzten Löcher genau über die Absaugöffnungen legen
d) Schleifblatt 2x über die Kante knicken
e) ______________________________
f) sauberen Sitz und Spannung des Schleifblattes überprüfen

1 Griff
2 Schnappschnellspanner
3 Schleifblatt
4 Adapter
5 Feststellknopf
6 Ein-Aus-Schalter
7 Stellrad
8 Lüftungsschlitze
9 Schleifplatte

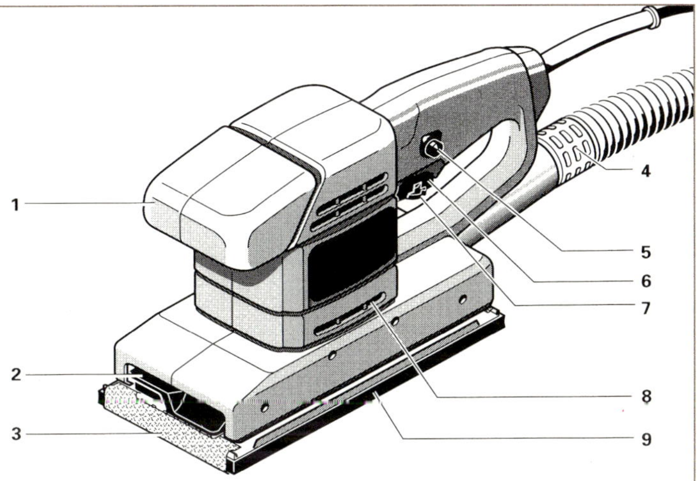

3 **Verfassen Sie eine Bedienungsanleitung für ein Gerät aus Ihrem Haushalt/Ihrer beruflichen Tätigkeit.**

4 **Erstellen Sie eine Vorgangsbeschreibung zu einer Tätigkeit aus einem Beruf Ihrer Wahl.**

- Drehen einer Breze
- Radwechsel beim Auto
- Bedienen eines Geldautomaten
- Versenden eines Faxes
- Setzen einer Blindnietverbindung

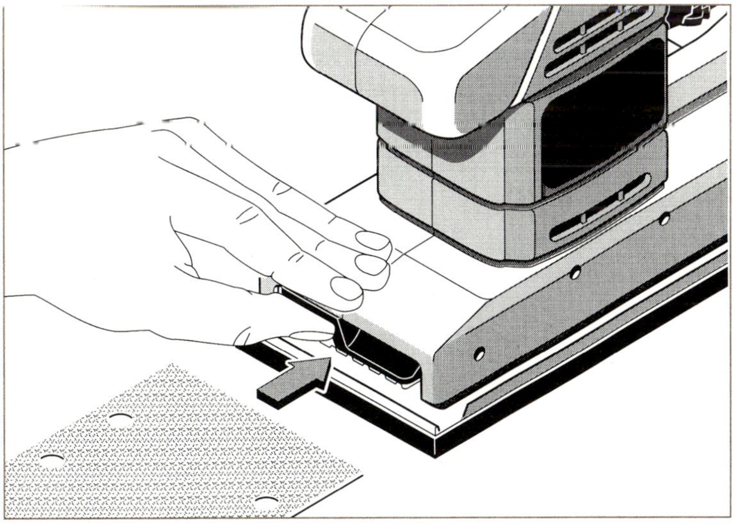

5 **Formulieren Sie aus dem von Ihnen gewählten Beispiel aus Aufgabe 4 einen Funktionszusammenhang. Beispiel Schwingschleifer: „Wie arbeitet ein Schwingschleifer?"**

Charakterisierung/Eine literarische Figur beschreiben

Bei der Charakterisierung wird der Charakter (das Denken, Fühlen und Handeln) einer Person wiedergegeben. Dazu müssen Schlüsse aus verschiedenen Beobachtungen gezogen werden.

GLIEDERUNG

- äußeres Erscheinungsbild
- Umgangsformen
- Gewohnheiten
- Werte
- Auftreten
- Verhalten
- Willenseinstellungen
- Begabung

LITERARISCHE FIGUREN BESCHREIBEN

Zu einer Beschreibung bzw. Charakterisierung einer Figur in einem literarischen Text trägt die Analyse folgender Textpassagen bei:

- Angaben zu Aussehen und besonderen Merkmalen
- Textstellen, die die Person direkt charakterisieren
- Textstellen, die die Person indirekt charakterisieren
- Handlungen, die den Charakter der Person verdeutlichen oder hervorheben
- Überlegungen, Meinungen; Reflexionen der Person, die über innere Vorgänge und Wertvorstellungen Auskunft geben

METHODE

- Sammeln der entsprechenden Textstellen (mit Seitenangabe und Zeilenangabe)
- Exzerpieren des Inhalts der Textstellen
- Analysieren und Interpretieren der Textpassagen in Bezug auf Charaktereigenschaften
- Gliedern der Ergebnisse für eine fortlaufende, logisch aufgebaute Charakterisierung

ZIEL/FORM DER CHARAKTERISIERUNG

- Die Charakterisierung beschreibt ein äußeres und inneres Gesamtbild einer Person in einem literarischen Text.
- Auf die Beschreibung folgt die Interpretation des Beschriebenen. (Was bedeutet es, wenn die Person diese oder jene Handlung vollbringt, so oder so redet ...?)
- Besonders aufschlussreich ist es, wenn Personen ihre Einstellungen, Wertungen oder Eigenschaften im Verlauf der Handlung ändern, sie vielleicht weiterentwickeln oder wenn sie widersprüchlich sind.
- All diese Beobachtungen am Text sind Gegenstand von Charakterisierungen.
- Der Aufbau folgt im Allgemeinen vom Äußeren zum Inneren, von anfänglichen Verhaltensmustern zu denen am Ende des Textes.

Der Barbierjunge von Segringen **Johann Peter Hebel**

Man muss Gott nicht versuchen, aber auch die Menschen nicht. Denn im vorigen Spätjahr kam in dem Wirtshaus zu Segringen ein Fremder von der Armee an, der einen starken Bart hatte und fast wunderlich aussah, also, dass ihm nicht recht zu trauen war. Der sagt zum Wirt, eh' er etwas zu essen oder zu trinken fordert: „Habt ihr keinen Barbier am Ort, der mich rasieren kann?" Der Wirt sagt ja und holt den Barbierer. Zu dem sagt der Fremde: „Ihr sollt mir den Bart abnehmen, aber ich habe eine kitzliche Haut. Wenn Ihr mich nicht ins Gesicht schneidet, so bezahl ich Euch vier Kronentaler. Wenn Ihr mich aber schneidet, so stech ich Euch tot. Ihr wäret nicht der Erste." Wie der erschrockene Mann das hörte (denn der fremde Herr machte ein Gesicht, als wenn es nicht vexiert wäre, und das spitzige, kalte Eisen lag auf dem Tisch), so springt er fort und schickt den Gesellen. Zu dem sagt der Herr das nämliche. Wie der Gesell das nämliche hört, springt er ebenfalls fort und schickt den Lehrjungen.

Der Lehrjunge lässt sich blenden von dem Geld und denkt: „Ich wag's. Geratet es, und ich schneide ihn nicht, so kann ich mir für die vier Kronentaler einen neuen Rock auf die Kirchweihe kaufen und einen Schnepper. Geratet's nicht, so weiß ich, was ich tue“, und rasiert den Herrn. Der Herr hält ruhig still, weiß nicht, in welcher entsetzlichen Todesgefahr er ist, und der verwegene Lehrjunge spaziert ihm auch ganz kaltblütig mit dem Messer im Gesicht und um die Nase herum, als wenn's nur um einen Sechser oder im Fall eines Schnittes um ein Stücklein Zunder oder Fließpapier darauf zu tun wäre und nicht um vier Kronentaler und um ein Leben, und bringt ihm glücklich den Bart aus dem Gesicht ohne Schnitt und ohne Blut und dachte doch, als er fertig war: „Gottlob!“
Als aber der Herr aufgestanden war und sich im Spiegel beschaut und abgetrocknet hatte und gibt dem Jungen die vier Kronentaler, sagt er zu ihm: „Aber junger Mensch, wer hat dir den Mut gegeben, mich zu rasieren, so doch dein Herr und der Gesell sind fortgesprungen? Denn wenn du mich geschnitten hättest, so hätt' ich dich erstochen.“ Der Lehrling aber bedankte sich lächelnd für das schöne Stück Geld und sagte: „Gnädiger Herr, Ihr hättet mich nicht erstochen, sondern, wenn Ihr gezuckt hättet, und ich hätt' Euch ins's Gesicht geschnitten, so wär' ich Euch zuvorgekommen, hätt' Euch augenblicklich die Gurgel abgehauen, und wäre auf- und davongesprungen.“ Als aber der fremde Herr das hörte und an die Gefahr dachte, in der er gesessen war, ward er blass vor Schrecken und Todesangst, schenkte dem Burschen noch einen Kronentaler extra und hat seitdem zu keinem Barbier mehr gesagt: „Ich steche dich tot, wenn du mich schneidest.“

KALENDERGESCHICHTEN

- literarische Kurzform
- Ursprünglich wurden diese kurzen Erzählungen, Fabeln, Anekdoten etc. Kalendern beigegeben.
- erzählen oft volksnahe Begebenheiten und beruhen nicht selten auf mündlichen Überlieferungen
- haben oft einen belehrenden Charakter
- Bekannte Verfasser waren Jakob Christoffel von Grimmelshausen, Johann Peter Hebel und Bertolt Brecht.

1 **Beschreiben Sie die Charaktere des Fremden, des Barbiers und des Lehrjungen und vergleichen Sie diese.**

2 **Fertigen Sie wahlweise eine Beschreibung einer der folgenden Figuren an: Möbius, Newton (s. S. 181 f.), Woyzeck (S. 183 f.).**

Informationsquellen nutzen

Im Verlauf der gesamten Arbeiten an einem Thema kommt es darauf an, möglichst viele Informationsquellen, vor allem natürlich (Fach-)Bücher, zu finden und für die Arbeit auszuwerten.
Es empfiehlt sich aus praktischen Gründen, von Anfang an ein vorläufiges Literaturverzeichnis anzulegen, in dem man vor allem auch den Fundort, am besten mit Quelle, vermerkt. Hilfreich ist es auch, jedem Buch, das man wahrscheinlich benutzen wird, eine charakteristische Abkürzung zu geben, um bei den eigenen Notizen die Herkunft festhalten zu können.

UNTERSCHIEDLICHE QUELLEN NUTZEN

Unterschiede Medien

Bücher

- in der Schul-/Stadtbücherei
- bei Freunden und Bekannten
- bei den Lehrern nachfragen
- in Buchhandlungen

Von der Art her unterscheidet man:

- allgemeine Lexika
- Fachlexika
- Handbücher
- Sammelbände
- Zeitschriften
- Quellensammlungen
- Bildbände
- Zeitungsausschnitte

Fernseh- und Radiodokumentationen

Das umfangreiche Angebot der Radiosender kann dazu genutzt werden, auch nach ausgefalleneren Themen zu recherchieren. Viele Sender bieten die aktuellen Sendungen für eine Woche zum Nachhören im Internet an. Video, DVD und Podcast bieten eine zusätzliche Möglichkeit, vorstrukturierte redaktionell bearbeitete Beiträge in den eigenen Vortrag oder die Präsentation miteinzubeziehen. Die urheberrechtlichen Bedingungen sind hier zu beachten.

Internet

Man kann dort über Suchmaschinen versuchen, Materialien zu seinem Thema zu finden. In der Praxis ist das gerade bei Referaten und Facharbeiten meistens ein Problem:
Denn wenn man etwa „Beethoven" sucht, wird einem da durchaus auch ein Film über einen Hund gleichen Namens o. Ä. angeboten. Je mehr Material es im Internet gibt, desto schwieriger wird es, geeignete Sachen zu finden. Glücklicher scheint man zu sein, wenn man plötzlich auf einer Homepage landet, auf der fertige Referate oder Facharbeiten angeboten werden. Hier muss man allerdings sehr aufpassen. Niemand hat diese Texte auf ihre Qualität geprüft, gefährlich wäre es auch, sie einfach zu übernehmen, und oft sind diese Angebote auch kostenpflichtig. Vorsicht ist vor allem auch bei urheberrechtlich geschütztem Bild- und Tonmaterial geboten.

Arbeitsschritte

Sich einen ersten Überblick verschaffen

Ganz gleich, wie man an sein Material gekommen ist: Man kann mit seiner eigentlichen Arbeit erst anfangen, wenn man selbst einen gewissen Überblick hat. Diesen erwirbt man nun am besten dadurch, dass man eine knappe, leicht lesbare und möglichst das ganze Thema umfassende Darstellung durcharbeitet. Häufig empfiehlt es sich auch, mit den entsprechenden Artikeln größerer Lexika zu beginnen.

Informationsquellen zu vorläufiger Gliederung auswerten (exzerpieren)

In der nächsten Phase kommt es darauf an, die verschiedenen Informationsquellen gezielt „anzuzapfen", anstatt sie unnötigerweise ganz zu lesen, um so nach und nach genügend Stoff für die einzelnen Kapitel zu bekommen. In Stichworten sollte man wesentliche Daten und Fakten, aber auch etwa Zitate mit der Abkürzung des Buches auf dem entsprechenden Karteiblatt (oder unter dem entsprechenden Gliederungspunkt im PC) festhalten. Dies lässt sich ständig erweitern, bis man schließlich das Rohmaterial für die einzelnen Kapitel komplett hat.

Eine vorläufige Gliederung erstellen

Nach der Lektüre dieser Basisinformation sollte man die eigentliche Arbeit dadurch beginnen, dass man eine vorläufige Gliederung erstellt und zu ihr entsprechende Karteileitblätter anlegt, um weitere Informationen gezielt zuordnen zu können. Dies könnte beispielsweise folgendermaßen aussehen:

Thema: Der Krieg gegen den Terrorismus und seine politische Bedeutung
- Einleitung: Hinführung zum Thema und Begründung
- Die Situation vor dem 11. September 2001
- Der Angriff
- Internationale Reaktionen
- Der weitere Verlauf
- Die weltpolitischen Folgen
- Situation heute
- Zusammenfassung/Schluss/Ausblick

Datensicherung und -gliederung

Im Zeitalter der PCs kann man natürlich auch gleich mit der Textverarbeitung beginnen. Das hat den Vorteil, dass man ständig ergänzen und abändern kann. Wichtig ist hier aber vor allem eine gute Datensicherung, denn Zettel kann man unter Umständen noch aus dem Papierkorb holen, beim PC gibt es da größere Gefahren. Also: Wer ein Referat oder eine Facharbeit mit dem PC schreibt, sollte immer den aktuellen Stand auf einem oder mehreren geeigneten Speichermedien sichern.
Im Falle technischer Probleme sollte man immer einen Notfallplan parat haben, um nicht ohne Ergebnisse dazustehen.

Noch ein kleiner Tipp: Egal mit welchem Textverarbeitungsprogramm man arbeitet, lohnt es sich, sich mit der so genannten Formatfunktion „Gliederung" zu beschäftigen – die hilft, bei längeren Texten den Überblick zu behalten.

Überarbeiten des Textes

Hat man den Text dann verfasst, hat man sich natürlich eine kleine Belohnung verdient.
Aber dann geht es noch einmal darum, die Fehler, die sich eingeschlichen haben, zu bearbeiten. Sie werden merken, dass man mit einem Tag Abstand schon mehr Fehler findet, als wenn man sofort den Text erneut liest. Dabei nutzt man zunächst das angebotene Rechtschreibprogramm.
Aber Vorsicht: Erstens sollte man auf die aktuelle Version achten und dann schauen, ob nicht Fehler vorliegen, die das Programm nicht erkennt; z. B. „Er gab die CD zum Brennen": Hier wird „Brennen" großgeschrieben und da es beide Formen (das Brennen und brennen) gibt, zeigt dies der Computer nicht an.
Darüber hinaus achte man beim Überarbeiten auf den Satzbau, der vielleicht geglättet werden muss. Auch hier gibt es Computerhilfen, meist sind Ungereimtheiten, die der Computer gefunden hat, mit Grün unterschlängelt. Doch auch hier: erst prüfen, bevor man das Veränderungsangebot annimmt.

Das Internet als Informationsquelle nutzen

Suchmaschinen sind wie Marktschreier, die aus dem riesigen Angebot (mittlerweile mehr als 1 Mrd. Seiten) um die Gunst des Suchenden im Internet buhlen. Seit 2004 steht das Verb „googeln“ im Rechtschreibduden. Durchschnittlich gibt jeder deutsche Internetnutzer 100 Begriffe im Monat in eine Suchmaschine ein; fast 90 % bei google.

	Bücher	**Internet**
Vorteile	portabel Fachlexika von Experten	viele Quellen in einem Medium Suchfunktion via Suchmaschine
Nachteile	keine Suchfunktion eingeschränkte Informationen	nicht auf Richtigkeit geprüft Risiko, den PC durch gefährliche Seiten zu infizieren

ABLAUF EINER SORGFÄLTIGEN INTERNETRECHERCHE

- Internetrecherche weltweit oder im deutschsprachigen Raum durchführen?
- Suchbegriff gründlich überdenken und präzisieren
- Entscheidung für eine Suchmaschine, Meta-Suchmaschine oder ein Web-Verzeichnis (Katalog) fällen
- Suche durch weitere Begriffseinengung verfeinern
- Einengung durch mathematische Zeichen oder boolesche Operatoren

INFORMATIONSQUELLEN IM INTERNET

herkömmliche Suchmaschinen	• z. B. Google, Yahoo, Lycos, Fireball, Altavista ... dient zur Abfrage von simplen Suchbegriffen
Meta-Suchmaschinen	• z. B. Metacrawler, Metager ... dient zur Abfrage von detaillierten Suchbegriffen gezielte Suche nach bestimmten Attributen
Internetlexika	• z. B. wikipedia ... freies Lexikon zum Wissensaustausch
Foren & Blogs	• z. B. wer-weiss-was.de, allesklar.de ... direkte Fragestellung nach Informationen an weitere Internetnutzer
Zeitungsarchive	• z. B. „Die Zeit“, „Der Spiegel“ ...

TIPPS ZUR INTERNETRECHERCHE

- Man sollte nie einer einzigen Quelle glauben (Informationen auf mehreren Seiten suchen).
- Hat der Autor eines Artikels seinen Namen angegeben? Hat diese Person schon andere, richtige Artikel verfasst?
- Ist die Informationsquelle noch aktuell?
- Skepsis gegenüber Wikipedia-Einträgen, da von Privatpersonen verfasst

Nach einem einzelnen Begriff zu suchen, ist meist nicht schwierig, aber um Antworten auf komplexere Aufgabenstellungen zu bekommen, bedarf es an Erfahrung im Umgang mit dem Internet und einer gewissen Suchkompetenz.

Spezielle Suchbefehle können verwendet werden, um wichtige Informationen noch gezielter herauszufiltern.

BOOLESCHE OPERATOREN UND DEREN MÖGLICHKEIT, SUCHANFRAGEN ZU BEGRENZEN

AND (alternativ +)	Durch das Verknüpfen von zwei Begriffen durch einen AND-Operator kann man nach beiden Begriffen auf einer Seite suchen.	z. B. Festplatte AND Einbau
OR	Mindestens einer der Begriffe muss vorkommen (häufige Standardoperation).	z. B. Kartoffel OR Erdapfel
-	Ein Begriff direkt ohne Leerzeichen nach dem Minuszeichen soll nicht vorkommen.	z. B. Betriebssystem-Windows
* (**Google**), NEAR (**Yahoo**)	Die Begriffe sollen nahe beieinander auftauchen (logisches UND). Kann auch als Platzhalter verwendet werden.	z. B. Microsoft * Office z. B. „Es ist * Uhr“
...*... oder ...?...	Das Sternchen dient als Platzhalter für Wörter (mehrere Buchstaben) und Zahlen. Das Fragezeichen steht für eine Stelle.	z. B. „Es ist * Uhr“ z. B. „Me*er“: Meier, Meister, ... z. B. „Me?er“: Meier, Meyer, ...
„...“	Phrasensuche: Es werden genau die in Anführungszeichen gesetzten Begriffe gesucht.	z. B. „Internet Explorer 7.0“
weitere Operatoren:	~ (Synonyme) allintitle: (gesuchte Wörter im Titel) inurl: (gesuchtes Wort in der URL) intext: (gesuchtes Wort im Text) intitle: (gesuchtes Wort im Titel)	Die Suchoperatoren weichen je nach System voneinander ab. Meist werden aber Tabellen mit den booleschen Operatoren angeboten.

1 Fordern Sie Ihre Suchkompetenz heraus und lösen Sie folgende Suchaufgaben:

- Ist Loch Ness ein Salz- oder Süßwasser-See?
- Was bedeutet Trick 17?
- Warum laufen Schnellläufer gegen den Uhrzeigersinn?
- Wie kann man sich die Planetenreihenfolge leicht merken?
- Wo hat der Name Max Mustermann seinen Ursprung?
- Stellen Sie die Benzinpreisentwicklung seit 1950 dar.
- In welche Himmelsrichtung ist der Schiefe Turm von Pisa geneigt?
- Grundgesetz, BGB (grober Undank): Was bedeutet das?
- Wie viele Kilometer legt eine Ameise in ihrem Leben zurück?
- Welche Impfungen benötigt man für eine Reise nach Südwestafrika?
- Warum niesen manche Leute, wenn sie in die Sonne schauen?
- Welche maximale Entfernung schaffe ich an einem Tag mit dem Wochenendticket?

Lexika nutzen

„Der Große Brockhaus in einem Band“ ist das „Schwergewicht“ unter den Einbändern und zeigt nicht nur außen wahre Größe: 70 000 Stichwörter auf aktuellem Stand, sorgfältig recherchiert und verständlich dargeboten, sowie Illustrationen und Bilder höchster Qualität machen das Nachschlagen zum echten Vergnügen.
1. Auflage.
Rund 70 000 Stichwörter mit über 3 000 meist farbigen Abbildungen, Grafiken, Tabellen und einem Extrakartenteil mit Satellitenaufnahmen.
Mit CD-ROM. Zirka 1 176 Seiten. Gebunden.
ISBN: 3-7653-3141-4
49,90 €

„Der Brockhaus in 10 Bänden“ bietet als inhaltlich und optisch klassisches Nachschlagewerk eine Fülle von Informationen aus allen Wissensgebieten. Die Lexikonreihe beinhaltet 150 000 Stichwörter auf insgesamt 7 360 durchgehend vierfarbigen Seiten, die durch etwa 400 Tabellen, 800 Infokästen und 14 000 Abbildungen, Grafiken und Karten veranschaulicht werden. 25 „Topic Maps“ vertiefen mit einer Einführung und Verweislisten mit Personen und verwandten Sachbegriffen ausgewählte Themen aus Kunst und Musik.
Das hochwertige High-Tech-Einbandgewebe macht das zehnbändige Nachschlagewerk zu einem langlebigen Alltagsbegleiter für die ganze Familie.
1. Auflage 2004
7 360 Seiten, Format 17 x 24 cm, gebunden
ISBN: 3-7653-2450-7
450,00 €

Mit 80 000 Stichwörtern aus allen Wissensbereichen bietet der völlig neu bearbeitete Brockhaus in drei Bänden aktuelles Wissen von A bis Z in prägnanter Form. Wo liegt Bhutan? Was ist Corporate Governance? Was bedeutet MMS? Wer ist Jean-Pierre Raffarin? Was ist Speedskiing? Ihre Fragen aus Wirtschaft und Gesellschaft, aus Wissenschaft, Technik und Recht sowie aus Sport und Freizeit beantwortet unser attraktiver Dreibänder kompetent und gut verständlich.
Der hohe Bildanteil, prächtige Bildtafeln, zum Beispiel zum Thema Licht, großformatige Abbildungen, wie zu den beeindruckenden Sanddünen der Wüste Gobi, und die insgesamt sehr leserfreundliche Aufmachung laden zum Blättern und Weiterlesen ein. Die beigefügte CD-ROM enthält den gesamten Stichwort- und Textbestand der Printausgabe und ermöglicht über Volltextsuche ein schnelles Auffinden der gesuchten Informationen.
Der Brockhaus in drei Bänden ist das ideale Lexikon für alle diejenigen, die erstmals ein mehrbändiges Nachschlagewerk aus renommiertem Hause besitzen möchten.
3., völlig neu bearbeitete Auflage
Zirka 80 000 Stichwörter
insgesamt 2 592 Seiten
4 000 meist farbige Abbildungen, Grafiken und Tabellen
346 Karten, 75 Bildtafeln
gebunden, im Sammelschuber
Format 17 cm x 24 cm
CD-ROM für PC und Mac mit dem kompletten Stichwort- und Textbestand
ISBN 3-7653-1503-6
Jetzt zum Jubiläumspreis von **66,00 €**

Das Multimedia-Lexikon: umfassend, kompetent, aktuell. Für Windows 98/Me/NT/2000/XP
240 000 Artikel mit 315 000 Stichwörtern, Atlas mit 2 Mio. Karteneinträgen und Höhenprofil
2004, 25,5 cm, Einband: DVD
Verlag: BROCKHAUS, DUDEN, NEUE MEDIEN; BIBLIOGRAPHISCHES INST.
ISBN: 3-4110-6515-X; Produktart: Software. Preis: **99,95 €**

EIN PREIS-LEISTUNGS-VERGLEICH

Bände	1	3	10	DVD
Stichworte	?	?	?	?
Seiten	?	?	?	–
Preis	?	?	?	?
Preis/Stichwort	?	?	?	?
Preis/Seite	?	?	?	–

1 **Ergänzen Sie die Tabelle. Treffen Sie mit Hilfe der Tabellenwerte Aussagen über die Produkte!**

2 **Vergleichen Sie mit Angeboten anderer Lexikonanbieter.**

3 **Welches Lexikon ist für Sie am geeignetsten? Begründen Sie.**

4 **Vergleichen Sie die Buch- mit der Onlineausgabe.**

Rechtschreibwörterbuch

[1]Brem|se, die; -, -n (Hemmvorrichtung)
[2]Brem|se, die; -, -n (ein Insekt)
brem|sen; du bremst
Brem|sen|pla|ge; Brem|sen|stich
Brem|ser; Brem|ser|häus|chen
Brems|klotz; Brems|licht (Plur. ...lichter); Brems|pe|dal; Brems|probe; Brems|ra|ke|te; Brems|spur; Brem|sung; Brems|weg

Konversationslexikon

Bremse, [1)] Vorrichtung zur Verzögerung von Massen bis zur Ruhe, zur Sicherung dieses Zustandes sowie zur Kontrolle der Geschwindigkeit bewegter Massen. B. wirken entweder mit Hilfe der inneren Reibung einer Flüssigkeit (Flüssigkeits-B., Stoßdämpfer), mit Hilfe des elektr. Stromes (Wirbelstrom-B., Kurzschluss- oder Motor-B., Gegenstrom-B.) oder mechanisch durch Reibung (Backen-B., Trommel-B., Lamellen- oder Scheiben-B., Fliehkraft-B.). Die vor allem bei Eisenbahn, als Zusatz-B. bei Straßenbahn, Lkw und Omnibussen angewendeten Druckluft-B. sind konstruktiv durch Druckluft betätigte Backen-B. Hydraul. B. verwenden Drucköl anstelle von Druckluft. Kraftfahrzeuge müssen mit einer Zweikreis-B. zur Erhöhung der Sicherheit ausgerüstet sein. B. am Flugzeugfahrwerk sind Mehrscheibenbremsen von bes. großer Wärmekapazität.

Onlinelexikon

Bremsen dienen zur Verringerung bzw. Begrenzung der Geschwindigkeit von bewegten Maschinenteilen oder Fahrzeugen. Sie funktionieren meistens durch die Umwandlung der zugeführten Bewegungsenergie über Reibung in Wärmeenergie. Fahrzeuge im Sinne der StVO müssen in Deutschland ein Zweikreisbremssystem besitzen. Bremsen sind als Maschinenelement eng mit Kupplungen verwandt, die Bremse ist eine spezielle Kupplung, bei der eine Seite feststeht. Insofern lassen sich viele Bremsentypen aus Kupplungen ableiten.
Die in Fahrzeugen weitaus am häufigsten verwendeten Bremsenarten sind die Scheibenbremse und die Trommelbremse, eine weiterentwickelte Form der Klotzbremse. Meist wird eine Bremse zur Verringerung der Umdrehungsgeschwindigkeit von rotierenden Teilen verwendet. Aber viele der angeführten Prinzipien kann man auch zur Verminderung einer linearen Bewegung verwenden, wenn sich auch die Bauweisen etwas unterscheiden.
Zum Teil wird auch die Art der Betätigung der Bremse zur Kategorisierung verwendet. Jedoch sagt beispielsweise die Bezeichnung Druckluftbremse, Hydraulikbremse oder Seilzugbremse nichts über die Bauform aus, sondern gibt nur die Art der Kraftübertragung auf die mechanischen Stellelemente an.

5 **Vergleichen Sie die Lexikoneinträge und benennen Sie Unterschiede.**

6 **An welche Zielgruppen richten sich die Auszüge?**

Eine Präsentation vorbereiten und durchführen

Die Fähigkeit, ein Referat oder einen Kurzvortrag vorzubereiten und zu präsentieren, hat vor allem in der modernen Berufswelt einen hohen Stellenwert.

EINE PRÄSENTATION ERSTELLEN

1. Schritt: Themenfindung/Themeneingrenzung
Das Thema in Teilaspekte aufgliedern, anschließend eingrenzen – wo liegt der „Kern" des Themas?

2. Schritt: Informationsbeschaffung
Sammeln der Informationen; dabei unbedingt notieren, aus welchen Quellen die jeweiligen Informationen stammen; so kann man später problemlos nochmals nachschauen und exakte Quellenangaben machen.
Gewichtung und Auswertung der Informationen; dies ist ein wesentlicher Teil der Arbeit mit folgenden möglichen Fragestellungen: Welche Informationen und Zusammenhänge sind wichtig für mein Thema? Sind die Informationen aktuell, stimmen die Informationen verschiedener Quellen überein?

3. Schritt: Gliederung
Fragestellung: Was will ich meinen Zuhörern mitteilen und erklären? Wie muss ich die Informationen ordnen (Zusammenhang, logische Nachvollziehbarkeit, Bündelung der Informationen, die zusammen gehören)? Das Erstellen einer Mind-Map kann in dieser Phase sehr hilfreich sein.
Zielfestlegung: Will ich überzeugen oder eher sachlich informieren? (evtl. unterscheiden sich meine Ziele in den verschiedenen Teilen, z. B. im Hauptteil Informieren, im Schlussteil Überzeugen). Mit Wertungen verlasse ich die sachlich-informative Ebene.
Eine erste Gliederung erstellen: Sachverhalte in logisch-stringente Reihenfolge bringen; dabei schon an einen „pfiffigen" Einstieg denken (z. B. eine Karikatur). Ziel: das Interesse wecken und ins Thema führen.
Kritische Prüfung der ersten Gliederung: Ist der Aufbau logisch? Entspricht er der Logik des Themas? Ist er verständlich und sinnvoll für meine Zuhörer? Ist alles Wesentliche enthalten? Auf den Stoffumfang achten!

4. Schritt: Präsentation ausarbeiten
Präsentationsweise: zunächst wörtlich ausarbeiten für die Übung zu Hause, dann mit Stichworten auf Karteikarten immer freier vom Text werden und schließlich möglichst frei vor dem Publikum vortragen.
Hilfsmittel und Medien organisieren: Gibt es Beamer, Laptop, Tageslichtprojektor, Tafel, Projektionsflächen, Stellwände, CD-Player, DVD-Player ...?
Angemessene Darstellung/Medien auswählen: Mit welchem Mittel (Medium) kann ich den Inhalt besonders anschaulich und verständlich darstellen? Dieses nach Inhalt (und den räumlichen Gegebenheiten, s. o.) aussuchen, nicht umgekehrt! Vorsicht: Zu viel Medienaufwand wirkt eher verwirrend. Wer einen gigantischen Medienaufwand betreibt, inhaltlich aber über Banales oder Oberflächliches nicht hinauskommt, oder wer über sein Thema nicht gut Bescheid weiß, macht einen sehr schlechten Eindruck.
Medien wie Folien, Plakate etc. sollten formalen und ästhetischen Anforderungen genügen:
- Rechtschreibung, Grammatik und Zeichensetzung
- Lesbarkeit (Farbe, Schriftgröße, Schrift)/saubere ordentliche Darstellung
- Aufteilung der Information auf dem Medium (Übersichtlichkeit, keine Überfrachtung)
- Auflistung der vollständigen Quellenangaben und Literaturhinweise
- ggf. Erstellung einer Tischvorlage (Handout) mit den wichtigsten Fakten

5. Schritt: Schlussredaktion
Vortrag rechtzeitig proben: Zuhörer einladen und Tipps zur Verbesserung annehmen. Man sollte sich in „seinem Stoff zuhause fühlen". Nur so genügt ein kurzer Blick auf die Karteikarte mit den Stichworten.

PRÄSENTIEREN – DIE HÄUFIGSTEN FEHLER

- Folien sind zu klein beschriftet: Die Zuhörer werden unruhig, weil sie nichts lesen können.
- Folien werden zu schnell gewechselt: Das Publikum wird unruhig, weil es mit dem Lesen nicht mitkommt und beim Zuhören gestört wird.
- Sie stehen mit dem Rücken zum Publikum und schauen auf Ihre Folien, Sie stehen im Bild – stellen Sie sich seitlich von der Präsentationsfläche auf.
- Sie zeigen mit dem Finger auf die Folie am Overheadprojektor, jedes Zittern wird x-fach vergrößert gezeigt – legen Sie einen spitzen Stift ruhig auf die Folie.
- Sie zeigen an der Wand auf das Projizierte: Ihr Arm ist nicht lang genug, sie verrenken sich ständig, weil Sie gleichzeitig auf die Wand und zum Publikum schauen wollen.
- Die Geräteeinstellungen stimmen nicht: Die Belichtung des Overhead-Projektors ist zu schwach, der Beamer ist unscharf eingestellt – Testen Sie unbedingt alle Geräte vorher.

EINE PRÄSENTATION/EINEN VORTRAG AUSWERTEN

Die Auswertung der Präsentation erfolgt von zwei Seiten. Zunächst einmal durch den Vortragenden selbst, der sich im Sinne einer Selbstevaluation folgende Fragen ehrlich beantworten sollte:
Was ist gut gelungen bzw. hilfreich für meine nächste Präsentation? Was will ich beibehalten bzw. ausbauen? Wo hatte ich Schwierigkeiten? Worauf muss ich bei der nächsten Präsentation achten?
Darüber hinaus kann man auch die Zuhörer/-innen um Rückmeldungen zu Ihrem Vortrag bitten (Fremdevaluation) und dies zum Anlass für gezielte Verbesserungen nehmen.

Inhalt	**Gewichtung**					**Bemerkung**
	++	+	o	–	– –	
Inhalt • inhaltliche Qualität • gedankliche Gliederung • strukturierter Aufbau • Klarheit des Gedankengangs • angemessene Auswahl • Verständlichkeit • Wissensumfang	?	?	?	?	?	?
Vortrag • freier Vortrag • Verständlichkeit • Aussprache/Intonation • Redestil • Sprachrichtigkeit • Zeitmanagement	?	?	?	?	?	?
Gestaltung • Aufbau und Übersichtlichkeit • Hörerführung: Blickkontakt, Körpersprache, Tempo • Medieneinsatz	?	?	?	?	?	?

Projekte bewerten

Projektbeurteilung: Bewertungsraster zur Beurteilung von Kompetenzen

Beurteilung und Bewertung von Projektkompetenzen								
Name: ?	**Projekt:** ?				**Klasse:** ?			
Beurteilungszeitraum: ?					**Beruf:** ?			
	Schulnoten						Gew.-	
Kompetenzen-Merkmale	1	2	3	4	5	6	faktor	Punkte
Methodenkompetenz								
Lernfähigkeit	?	?	?	?	?	?	?	?
Problemlösefähigkeit	?	?	?	?	?	?	?	?
Beherrschen von Arbeitsmethoden	?	?	?	?	?	?	?	?
Planungskompetenz	?	?	?	?	?	?	?	?
Sozialkompetenz								
Kooperationsfähigkeit	?	?	?	?	?	?	?	?
Kommunikationsfähigkeit	?	?	?	?	?	?	?	?
Konfliktfähigkeit	?	?	?	?	?	?	?	?
Fachkompetenz								
fachliche Kenntnisse	?	?	?	?	?	?	?	?
Einsatz von Medien	?	?	?	?	?	?	?	?
Produktivität	?	?	?	?	?	?	?	?
System- und Prozessdenken	?	?	?	?	?	?	?	?
Transferfähigkeit	?	?	?	?	?	?	?	?
Personalkompetenz								
Selbstständigkeit und Verantwortung	?	?	?	?	?	?	?	?
Interesse und Initiative	?	?	?	?	?	?	?	?
Kommunikationsfähigkeit	?	?	?	?	?	?	?	?
Kreativität	?	?	?	?	?	?	?	?
	Summe der Gewichtungsfaktoren						?	?
	Summe der Punkte							?
Note: ____ Datum: ________	**Punkte : Gewichtungsfaktoren = Note**							?

Zielvereinbarung bis zum nächsten Beurteilungstermin:

____

____

Von der Beurteilung habe ich Kenntnis erhalten. Sie wurde mit mir durchgesprochen:

[?] Ich bin damit einverstanden. [?] Meine abweichende Auffassung ist dieser Beurteilung beigefügt.

______________________________ ______________________________

Unterschrift des Beurteilers Unterschrift des Beurteilten

Die Projekte werden in der Regel auch bewertet. Mit den Gewichtungsfaktoren (einzene Teilaspekte können doppelt oder mehrfach gewichtet werden) kann individuell den unterschiedlichen Bedeutungen der Kompetenzen Rechnung getragen werden. Die Projektleiter können mit den beurteilten Projektteilnehmern eine Zielvereinbarung hinsichtlich einer Verbesserung von Schwächen treffen. Hinweis: Punkte = Schulnote/Gewichtungsfaktor.

Projektbeurteilung: Bewertungsraster zur Beurteilung der Dokumentation

Bewertung: Dokumentation						
Thema: ?	Name: ?	Note: ?				
Kriterien		Bewertung – –	–	o	+	++
erster Eindruck	Lay-out, Optik, Übersichtlichkeit, Gestaltung, Originalität, Einheitlichkeit, Illustration	?	?	?	?	?
formale Eigenschaften	Aufbau, Gliederung, Umfang, Zitiertechniken, Rechtschreibung, evtl. Vorwort, Inhalts-, Literatur- und Abbildungsverzeichnis, Anhang	?	?	?	?	?
Verständlichkeit, Lesbarkeit	flüssig, spannend, auf Zielgruppe abgestimmt und diese richtig angesprochen, klare Sätze, Anschaulichkeit	?	?	?	?	?
inhaltliche Richtigkeit	sachlogischer Aufbau, insgesamt schlüssig, Inhalt themenbezogen und zielorientiert, Fachsprache, Bilder und Inhalt fachlich richtig, Diagrammtypen sind stimmig	?	?	?	?	?
wissenschaftliches Niveau	Fakten, Hypothesen, Zielsetzungen, Meinungen, Stellungnahmen, Reflexionen, Begründungen	?	?	?	?	?
Sonderpunkte	eigene Ideen, Originalität, Genialität, Besonderheiten	?	?	?	?	?
Kooperation	Einheitlichkeit, Überleitungen, gegenseitige Bezüge, inhaltliche Abstimmung zwischen den Kapiteln	?	?	?	?	?
Anspruch und Wirklichkeit	Thema, Einleitung, Hauptteil, Schluss, Anhang	?	?	?	?	?

1 **Wandeln Sie das Bewertungsraster so ab, dass es zur Bewertung Ihrer Projektdokumentation geeignet ist.**

2 **Entwerfen Sie ein Raster, in dem die Teamfähigkeit bewertet werden kann.**

3 **Welche Probleme treten beim Bewerten von Kompetenzen auf?**

Diskussionen durchführen – Gesprächsregeln einhalten

Immer dann, wenn verschiedene Ansichten zu einem Thema im Raum stehen, kommen Diskussionen auf (z. B. Rauchverbot in der Öffentlichkeit Pro und Kontra / Tempo 100 auf Deutschlands Autobahnen Pro und Kontra / Handyverbot in der Schule). Diskussionen können verschiedene Ziele haben, z. B., dass verschiedene Meinungen ausgetauscht werden oder dass man seinen Gesprächspartner von seinem Standpunkt überzeugen möchte. Es kann bei einer Diskussion auch darum gehen, seine eigenen Interessen zu formulieren oder durchzusetzen. Manchmal kommt man über Diskussionen zu Kompromissen, mit denen alle Beteiligten leben können.
In den Medien werden häufig völlig unkontrollierte Streitereien vorgeführt und als Diskussion bezeichnet. Derjenige Diskussionsteilnehmer, der auffällig dreist, laut und unkontrolliert die anderen mit seinen Beiträgen belästigt, womöglich anderen ins Wort fällt oder diese gar beleidigt, wird als besonders erfolgreich und überzeugend dargestellt. Hier bieten die Medien oft geschmacklose Beispiele und können als Vorbilder nicht akzeptiert werden.
Damit Diskussionen im Klassenzimmer gelingen können, sollte man einige Regeln und Hinweise beachten. Sie betreffen das Verhalten der Diskussionsteilnehmer gegenüber dem Redner, das Verhalten des Redners gegenüber den anderen Diskussionsteilnehmern und die Aufgaben des Moderators.

DISKUSSIONEN GELINGEN ...

wenn
- man sich für einen Diskussionsbeitrag erkennbar per Handzeichen meldet
- man erst dann redet, wenn der Diskussionsleiter das Wort erteilt hat
- man immer nur einer redet
- alle sich beteiligen und nicht die Diskussion einigen Wenigen überlassen
- der Redner ausreden darf, also nicht unterbrochen wird
- die Zuhörer aktiv zuhören
- die Zuhörer fair und tolerant bleiben, also nicht geringschätzig oder beleidigend werden
- die Zuhörer die Meinung des Andersdenkenden respektieren

wenn der Redner
- sich kurz fasst mit seinem Beitrag
- sich auf die Beiträge der Vorredner bezieht und auf diese eingeht
- nach einer akzeptablen Redezeit das Wort weitergibt (keine Dauerredner)
- beim Thema bleibt
- höflich, fair und sachlich mit seinen Diskussionspartnern umgeht
- kompetent und engagiert zur Sache redet

wenn der Diskussionsleiter/Moderator
- in das Thema einführt
- die Dauer der Diskussion angemessen festlegt und u. U. das Ziel formuliert
- die zur Debatte stehenden Positionen kurz einführt
- dabei absolut neutral bleibt
- das Wort mit Hilfe einer Rednerliste (Reihenfolge der Meldungen) gerecht zuteilt
- Regelüberschreitungen sofort Einhalt gebietet
- nach einer gewissen Zeit den Stand der Diskussion zusammenfasst und zu weiteren Gedanken überleitet
- durch geschickte neue Fragestellungen bei einem Diskussionsstillstand weiterhilft
- Aspekte, die noch nicht genügend betrachtet wurden, in die Diskussion einbringt

EIN GEREGELTER ABLAUF

Voraussetzung für den geregelten Ablauf mit einem guten Diskussionsergebnis ist, dass alle Teilnehmer sich auf das Thema der Diskussion vorbereiten. Das Thema muss analysiert werden (Worum geht es genau?). Informationen dazu können schon vorher über Zeitungen, Fachbücher, Internet etc. beschafft und ausgewertet werden.
Auf Kärtchen können Argumente für den eigenen Standpunkt als Gedächtnisstütze gesammelt werden. Bekannte oder vermutete Gegenargumente können schon im Vorfeld bedacht werden. Damit man konzentriert an der Diskussion teilnehmen kann, kann man sich während der Diskussion Notizen (Stichworte) über Redebeiträge anfertigen, auf die man später eingehen möchte.

Gesprächsregeln im Rollenspiel

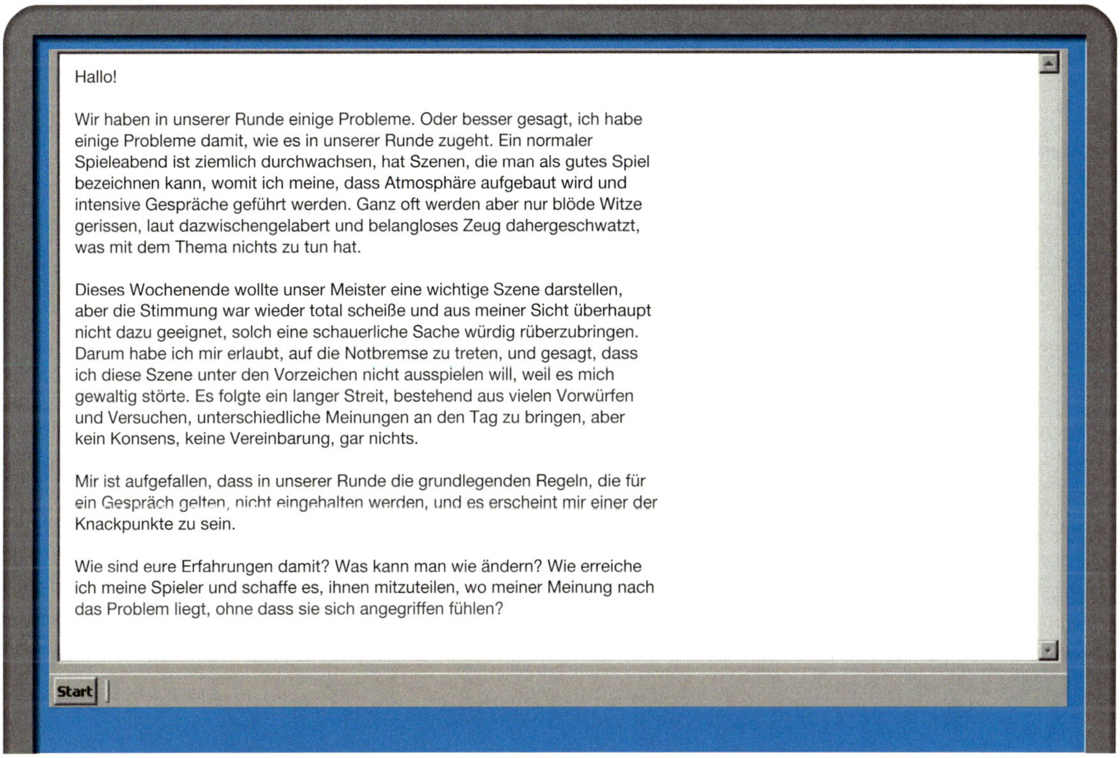
Hallo!

Wir haben in unserer Runde einige Probleme. Oder besser gesagt, ich habe einige Probleme damit, wie es in unserer Runde zugeht. Ein normaler Spieleabend ist ziemlich durchwachsen, hat Szenen, die man als gutes Spiel bezeichnen kann, womit ich meine, dass Atmosphäre aufgebaut wird und intensive Gespräche geführt werden. Ganz oft werden aber nur blöde Witze gerissen, laut dazwischengelabert und belangloses Zeug dahergeschwatzt, was mit dem Thema nichts zu tun hat.

Dieses Wochenende wollte unser Meister eine wichtige Szene darstellen, aber die Stimmung war wieder total scheiße und aus meiner Sicht überhaupt nicht dazu geeignet, solch eine schauerliche Sache würdig rüberzubringen. Darum habe ich mir erlaubt, auf die Notbremse zu treten, und gesagt, dass ich diese Szene unter den Vorzeichen nicht ausspielen will, weil es mich gewaltig störte. Es folgte ein langer Streit, bestehend aus vielen Vorwürfen und Versuchen, unterschiedliche Meinungen an den Tag zu bringen, aber kein Konsens, keine Vereinbarung, gar nichts.

Mir ist aufgefallen, dass in unserer Runde die grundlegenden Regeln, die für ein Gespräch gelten, nicht eingehalten werden, und es erscheint mir einer der Knackpunkte zu sein.

Wie sind eure Erfahrungen damit? Was kann man wie ändern? Wie erreiche ich meine Spieler und schaffe es, ihnen mitzuteilen, wo meiner Meinung nach das Problem liegt, ohne dass sie sich angegriffen fühlen?

1 **Beschreiben Sie die dargestellte Situation mit eigenen Worten. Achten Sie auch darauf, die unterschiedlichen Erwartungen der Teilnehmer angemessen darzustellen.**

2 **Brainstorming: Notieren Sie sich sinnvolle Gesprächsregeln und besprechen Sie Ihre Ergebnisse im Plenum.**

3 **Kennen Sie ähnliche Situationen? Erzählen Sie davon.**

4 **Schreiben Sie eine Antwort auf diesen Forenbeitrag und unterbreiten Sie sinnvolle Vorschläge, wie für künftige Situationen Gesprächsregeln formuliert werden können, die von allen Teilnehmern akzeptiert werden.**

Kundengespräche führen

BEGRÜSSUNG

Mit der Begrüßung prägen Sie die Atmosphäre des Verkaufsgesprächs. Eine freundliche Begrüßung zeigt dem Kunden, dass er willkommen ist. Auch wenn Sie sich in einem anderen Kundengespräch befinden, sollten Sie den Kunden, der den Verkaufsraum gerade betritt, begrüßen.

KUNDENBEDARF ERFRAGEN

Nach der Begrüßung möchten Sie erfahren, was der Kunde will. Ein „Was kann ich für Sie tun?" ist eine offene Frage und gibt damit dem Kunden Gelegenheit, Ihnen zu sagen, was er möchte. Ein in der Praxis beliebtes: „Kann ich Ihnen helfen?" kann schnell mit einem „Nein danke!" abgekanzelt werden. Vor allem zu Beginn des Gesprächs sollten Sie häufig offene Fragen stellen, auch wenn Sie den Bedarf des Kunden genau zu kennen glauben. Klären Sie diesen Punkt mit dem Kunden noch einmal ab.

AKTIV ZUHÖREN

Fragen allein gestalten natürlich noch kein Gespräch. Deshalb ist es wichtig, dass Sie aktiv zuhören. Machen Sie sich gegebenenfalls Notizen, haken Sie nach, wenn Ihnen etwas unklar ist. Ihr Kunde merkt so, dass Sie tatsächlich an seinem Anliegen interessiert sind.

MIT DEM NUTZEN ARGUMENTIEREN

Halten Sie keine langen Fachvorträge, das interessiert den Kunden meistens nicht. Stellen Sie den Nutzen Ihrer Leistung oder Ihres Produktes heraus. *Nicht: „Die Matratze hat einen 15 cm dicken Kern in der Schulterkomfortzone." Sondern: „Die Schulterkomfortzone ist günstig, weil dort Ihre Schultern tiefer einsinken als der restliche Körper und die Wirbelsäule ergonomisch gelagert ist."*

DEN PREIS ÜBERZEUGEND EINBRINGEN

Hier ist die Argumentation wichtig, lassen Sie sie aber nicht zur Verteidigungsrede werden. Greifen Sie die genannten Kundenwünsche auf und bringen Sie diese ein. Zählt für den Kunden z. B. der Prestigewert, überzeugen Sie ihn, dass er dieses Produkt haben muss, wenn er im Trend liegen will.

ERFOLGREICHE ABSCHLUSSTECHNIKEN

Es gibt verschiedene Techniken, ein Verkaufsgespräch zu einem positiven Abschluss zu bringen. Dabei ist wichtig, wie stark Ihr Kunde sich schon zu einem Kauf entschlossen hat. Eine Taktik ist die Alternativ-Technik. Hier hat Ihr Kunde im Prinzip, aber noch nicht ausdrücklich zugestimmt. Fragen Sie ihn dann nicht, ob er kaufen will, sondern was er wann in welcher Form wünscht, z. B. welche Farbe.

WAS NACH DEM ABSCHLUSS WICHTIG IST

Um die Kundenbindung zu halten, kontaktieren Sie Ihren Kunden einige Wochen nach dem Kauf und fragen Sie ihn nach seiner Zufriedenheit. Bieten Sie bei Mängeln sofort Hilfe an. Kontaktieren Sie ihn dann regelmäßig, laden Sie ihn zu Veranstaltungen ein oder weisen Sie ihn auf neue Trends hin.

Übungen zur Fragetechnik

1 Suchen Sie für folgende Fragen offene Formulierungen:

- „Wollen Sie die Kaffeemaschine in weiß oder in Farbe?"
- „Brauchen Sie eine Sieben-Gang-Nabenschaltung am Fahrrad?"
- „Soll es ein sportlicher Pulli sein?"
- „Bevorzugt Ihr Mann klassische Musik?"
- „Gefällt Ihnen dieses Modell nicht?"

2 Formulieren Sie folgende Fragen suggestiver:

- „Wollen Sie etwas besonders Strapazierfähiges?"
- „Macht es Ihnen etwas aus, wenn diese Dose etwas eingebeult ist?"
- „Haben Sie etwas dagegen, wenn ich die Äpfel in eine Tüte packe?"

3 Wandeln Sie bitte die folgenden Aussagen in rhetorische Fragen um:

- „Dieser Salat sieht appetitlich aus."
- „Probieren Sie diese Bluse bitte doch einmal an."
- „Wir führen zurzeit Bettwäsche auch im Sonderangebot."

Fragen aus dem Beratungsgespräch in einer Käsehandlung

Phase 1

Verkäufer „Wie kann ich Ihnen behilflich sein?"
Käufer „Ich brauche einen guten Käse."
Verkäufer „Wozu wollen Sie den Käse hauptsächlich essen?"
Käufer „Als Brotzeit oder als Käseplatte."
Verkäufer „Haben Sie schon von unserer Aktion Sommerfrische gehört? Wir führen derzeit …"

Phase 2

Verkäufer „Sicher darf ich Ihnen ein kleines Stück zum Probieren anbieten?"
Käufer „Ja, gerne."
Verkäufer „Darf ich Sie fragen, welche Bedenken Sie haben?"
Käufer „Man hört immer, dass genmanipulierte Zutaten verwendet werden."
Verkäufer „Würden Sie bitte mal schauen? Diese Käse sind alle geprüft …"

Phase 3

Verkäufer „Welcher sagt Ihnen mehr zu: der alte oder der junge Gouda?"
Käufer „Mir schmecken beide sehr gut …"
Verkäufer „Sagten Sie nicht, dass Sie ein Qualitätsprodukt wünschen?"
Käufer „Ja."
Verkäufer „Wollten Sie den Käse nicht bevorzugt zum Wein servieren?"
Käufer „Ja."
Verkäufer „Wie viel darf ich Ihnen mitgeben?"
Käufer „Ich nehme von beiden …"
Verkäufer „Darf ich Ihnen gleich diese Stücke mitgeben?"
Käufer „Ja, natürlich!"

Phase 4

Verkäufer „Sonst brauchen Sie nichts mehr?"
Käufer „Nein, danke."
Verkäufer „Würden Sie mir bitte zur Kasse folgen? Mit diesem Käse …"

1 Entscheiden Sie, ob es sich jeweils um eine offene oder geschlossene Frage des Verkäufers handelt.

2 Markieren Sie deutlich die einzelnen Phasen eines Kundengesprächs.

3 Stellen Sie bei allen Lenkungsfragen fest, um welche der folgenden Fragearten es sich handelt: Alternativfrage, Kontrollfrage, negative Suggestivfrage, positive Suggestivfrage, rhetorische Frage.

Eine Mitschrift führen

Wer im Unterricht, in einem Seminar oder wo auch immer mitschreiben will, wird sicher kein wörtliches Redeprotokoll erstellen können, wie es z. B. in Bundestagsdebatten durchgeführt wird. Und in aller Regel sind dazu auch nur diejenigen in der Lage, die noch das Handwerk der Stenografie beherrschen. Für die Abfassung einer Mitschrift gibt es keine festgelegte Form, doch sollte man sich von bestimmten erprobten Arbeitstechniken beim Mitschreiben leiten lassen.

SECHS REGELN ZUM MITSCHREIBEN

Regel 1: Mitschreiben heißt Zuhören.
Wer nicht zuhören kann, kann auch nicht mitschreiben! So einfach ist das. Dieses Zuhören ist aber nicht passiv, sondern ein echtes Hinhören, denn nur wer dem, was er mit seinen Ohren aufnimmt, auch gedanklich folgt, kann sinnvoll mitschreiben. Hören Sie auf den Vortragenden. Hebt er die Stimme? Wiederholt er einen wichtigen Satz?

Regel 2: Mitschreiben heißt Auswählen.
Es macht keinen Sinn, möglichst viel und dazu noch wörtlich mitschreiben zu wollen. Denn wer so mitschreibt, ist schnell überfordert. Und außerdem soll eine Mitschrift etwas Gesagtes ja auch nicht bis in das Kleinste wiedergeben, sondern das Wichtigste. Wer mitschreibt, muss aber – und das ist die eigentliche Kunst – Sinnvolles von weniger Sinnvollem, Wichtiges von weniger Wichtigem oder gar Unwichtigem unterscheiden.
Es gibt verschiedene, ganz individuelle Möglichkeiten, Wörter oder Inhalte abzukürzen:
- Endungen werden abgekürzt: Erinnerung = Erinnerg.; Gesundheit = Gesundh.; Arbeitslosigkeit = Arbeitslosk.
- Zeichen werden verwendet: **und** >> +; **!!** heben besonders Wichtiges hervor; Pfeile stehen für Ursache-Wirkung- oder Folge-Zusammenhänge („daraus folgt"); **}** zeigen, dass jetzt das Thema oder der Abschnitt zusammengefasst wird.

Möglichkeit für Geübte: Mitschrift in einer Art Mind-Map anlegen

Regel 3: Mitschreiben heißt den Überblick bewahren.
Um eine sinnvolle Auswahl der Informationen vornehmen zu können, die sich für die Mitschrift eignen, sollte man erst dann Gesagtes schriftlich fixieren, wenn ein Sinnabschnitt beendet ist oder aber der Sprecher zu einem u. U. weniger wichtigen Aspekt seiner Mitteilungen übergeht. Es ist besser, einem Gedanken also zu Ende zu folgen, statt ihn unterwegs ständig aufsammeln zu wollen. Gehen Sie großzügig mit Papier um. Beschriften Sie das Papier nur einseitig.

Regel 4: Hören Sie genau hin und denken Sie aktiv mit.
Um Wichtiges von Unwichtigem zu unterscheiden, behalten Sie das Thema im Auge und achten Sie auf Signale, die vom Sprecher selbst gegeben werden (z. B. wertende Hinweise, überleitende Zusammenfassungen, Hervorhebungen u. Ä.).

Regel 5: Schreiben Sie erst dann mit, wenn ein Sinnabschnitt beendet ist.
Notieren Sie wirklich nur das Wesentliche. Benutzen Sie sinnvolle Abkürzungen, die auch später noch verständlich sind. Namen und unbekannte Fachbegriffe sollten Sie nicht abkürzen. Wenn für Sie bestimmte Zitatbelege oder Literaturhinweise, die gegeben werden, besonders wichtig sind, notieren Sie diese besonders sorgfältig.

Regel 6: Erarbeiten Sie die Mitschrift im Anschluss.

Notieren Sie Ihre Stichworte so, dass Zusammenhänge und Beziehungen der einzelnen Informationen erkennbar werden. Nutzen Sie dazu Pfeile, Umrahmungen, Hervorhebungen mit einem Textmarker oder Ähnliches.

1 **Arbeiten Sie in Partnerarbeit: Der eine liest einen Textabschnitt aus einer Tageszeitung oder aus einer Zeitschrift vor, der andere protokolliert das Wichtigste mit. Sie können auch die Sachtexte dieses Buches (z. B. S. 37, 40, 52, 79) verwenden oder Einstiegsseiten eines Kapitels. Lesen Sie mit deutlicher Aussprache langsam, aber ohne Unterbrechung.**

2 **Kontrollieren Sie nun gegenseitig, ob die Mitschrift gelungen ist.**

3 **Nehmen Sie eine Nachrichtensendung im Fernsehen auf Video auf und spielen Sie sie ab. Beim ersten Durchgang schreiben Sie die Themenfolge und mindestens ein Stichwort zu jedem Thema auf. Beim zweiten Durchlauf ergänzen Sie weitere Stichworte pro Thema.**

Nachrichten vom ...

Thema:	Stichwort	weitere Einzelheiten
1.		
2.		
3.		

4 **Hören Sie sich das Soundfile über die nachfolgende Internetadresse an und bemühen Sie sich, die Hauptinhalte mitzuschreiben.**

Thema Schuluniform; Interview mit Renate Boese, stellvertretende Landesvorsitzende der GEW in NRW (www.wdr5.de/sendungen/morgenecho/720974.phtml)

5 **Kontrollieren Sie gegenseitig Ihre Mitschriften. Welche Abkürztechniken haben Sie angewendet? Welche sind für Sie hilfreich?**

Ein Protokoll anfertigen

Im Unterschied zu Mitschriften für den persönlichen Gebrauch sind Protokolle eher offizielle Mitschriften, die mehreren Personen zugänglich gemacht werden. Es gibt Situationen im privaten oder im beruflichen Bereich, in denen offizielle Protokolle vorgesehen, manchmal sogar vorgeschrieben sind. Verlauf und Ergebnisse von offiziellen Gesprächen, Konferenzen oder Diskussionen, Verhandlungen zwischen Betriebsrat und Geschäftsleitung oder Sitzungen der Schülermitverwaltung werden in einem Protokoll festgehalten. Protokolle sind in verschiedener Hinsicht wichtig. Sie dokumentieren Ablauf und/oder Ergebnisse von Gesprächen. Sie sind also Information zum Nachlesen für alle Beteiligten oder für diejenigen, die bei einem Gespräch oder einer Sitzung nicht anwesend sein konnten. Protokolle haben auch die Funktion eines Beweismittels. Wenn es Unstimmigkeiten darüber gibt, was konkret auf einer Sitzung vereinbart wurde, kann das Protokoll herangezogen werden.

PROTOKOLLARTEN

Das **Verlaufsprotokoll** gibt den Verlauf einer Veranstaltung möglichst genau wieder.
(chronologische Zusammenfassung einer Veranstaltung)
Das **Ergebnisprotokoll** enthält Anträge und Beschlüsse und die wichtigsten Redebeiträge.
(exakte Wiedergabe der Ergebnisse)
Das **Wortlautprotokoll** gibt den Verlauf einer Veranstaltung im Wortlaut ungekürzt wieder. Hilfsmittel dafür sind Video- oder Tonbandaufzeichnungen oder Stenogramm.
(wörtliche Wiedergabe einer Veranstaltung, z. B. einer Gerichtsverhandlung)

ÄUSSERE FORM DES PROTOKOLLS

Kopfteil
- Datum, Beginn/Ende der Veranstaltung, Ort, Teilnehmer, Thema
- Name des Protokollführers, Verteiler (Welche Personen bekommen das Protokoll?)

Hauptteil
- Inhalt, je nach Protokollart Verlauf oder Ergebnis der Veranstaltung
- gegliedert nach den Tagesordnungspunkten (TOPs)

Schlussteil
- Unterschrift des Protokollführers und ggf. des Leiters der Veranstaltung
- Die Unterschreibenden garantieren die sachliche Richtigkeit des Inhalts.
- Hinweis auf Anlagen und z. B. Terminvereinbarungen

REGELN FÜR DIE PROTOKOLLFÜHRUNG

- Gliederung entsprechend der Tagesordnung
- Niederschrift von Anträgen und Beschlüssen im Wortlaut (wörtliche Rede)
- Niederschrift der Beiträge von Beteiligten in der indirekten Rede oder inhaltlich zusammengefasst (Herr Müller verneint die Anfrage. Frau Maier widerspricht dem dargestellten Sachverhalt.)
- Darauf achten, dass die Verben des Sagens präzise verwendet werden (nicht ständig „er sagt", „er meint", sondern weitere Verben verwenden)
- Abfassung in der Gegenwartsform (Präsens)
- sachliche neutrale Darstellung des Inhalts, keine Wertungen über Beiträge, Beschlüsse oder Personen

WEITERE HINWEISE ZUR ERSTELLUNG DES PROTOKOLLS

Da man während der Veranstaltung den Inhalt und Verlauf nur mit Stichworten und Halbsätzen, unter Umständen mit farblichen Markierungen, Symbolen, Zeichen (wie Pfeile, Frage- oder Ausrufezeichen ...) und Abkürzungen (vgl. Hinweise „Eine Mitschrift führen", S. 232) mitschreiben kann, sollte man möglichst zeitnah mit dem Ausformulieren des Protokolls beginnen.

- direkt nach der Veranstaltung (z. B. Unterrichtsstunde) die Notizen durchgehen; inhaltliche Unklarheiten oder Lücken sofort klären und ergänzen
- die Notizen Schritt für Schritt durchgehen: Wie ist die Reihenfolge? Was ist wesentlich, was entbehrlich fürs Protokoll? Was muss wörtlich ins Protokoll übernommen werden?
- Ausformulieren der Notizen zu vollständigen Sätzen entsprechend der sprachlichen Regeln

1 **Überlegen Sie, welche Verben besonders gut zur Darstellung von Diskussionen geeignet sind: sagen, einwenden, fordern, plaudern, behaupten, erzählen, widersprechen**

2 **Sammeln Sie möglichst viele Verben, die „sagen" ersetzen können.**

3 **Ordnen Sie die folgenden Oberbegriffe zu:**
zustimmen – widersprechen – informieren – bewerten – appellieren

4 **Geben Sie die folgenden Redebeiträge aus einer Sitzung in indirekter Rede wieder:**
a) Herr Schmidt: „Ich stelle den Antrag, dass wir die leidige Parkplatzsituation besprechen müssen."
b) Herr Amann: „Das besprechen wir doch fast in jeder Sitzung, aber es ändert sich nichts."
c) Herr Koller: „Ja, ich möchte Herrn Amann unterstützen. Solange die Geschäftsleitung keine wirksamen Maßnahmen ergreift, müssen wir hier nicht unsere Zeit verschwenden."
c) Frau Drews: „Ich finde, wir müssen der Geschäftsleitung Druck machen, und das sollten wir sehr wohl hier besprechen."

5 **Verwenden Sie weitere Möglichkeiten, die Redebeiträge in protokollarischer Kürze wiederzugeben.**

6 **Protokollieren Sie verschiedene Unterrichtsstunden und vergleichen Sie Ihre Ergebnisse.**

ZEHN GOLDENE REGELN FÜR EIN ERFOLGREICHES PROTOKOLL

Ein gutes Protokoll sollte:
- neutral, objektiv und sachlich sein
- die Tatsachen wiedergeben, nicht auf Gefühlen und Meinungen beruhen
- nach der Tagesordnung und nach dem Verlauf gegliedert und aufgebaut sein
- auf das Wesentliche beschränkt sein
- in Länge und Ausgestaltung dem Zweck angepasst sein
- gerade für Nichtanwesende problemlos verständlich sein
- in gut verständlichem, klarem Deutsch abgefasst sein
- ohne überflüssige Floskeln und Stilblüten auskommen
- von der Gestaltung leserfreundlich verfasst sein
- in der Gegenwart (Verlaufsprotokoll) oder in der Vergangenheit (Ergebnisprotokoll) und meist in der indirekten Rede niedergeschrieben sein

Argumentieren

ELEMENTE DER ARGUMENTATION

Eine gute Argumentation enthält verschiedene Schritte:

- **These** = eine Behauptung, die diskutiert werden kann/muss, weil es auch gegenteilige Behauptungen (= Gegenthesen) gibt
- **Argumente** = die Begründungen, die zeigen, dass die Behauptung nachvollziehbar ist
- **Beweis** = kann durch ein Beispiel, durch statistisches Material, Zitate von Fachleuten geführt werden und soll die These oder das Argument unterstützen
- **Schlussfolgerung/Rückführung zur These** = fasst zusammen, dass aufgrund von Argument und/oder Beweisführung die These stimmt. Diese kann auch als Handlungsaufforderung (Appell) formuliert sein.

Überzeugend argumentieren

Um überzeugend argumentieren zu können, muss man sich zunächst über den Sachverhalt klar werden. Was weiß ich schon? Woher kann ich mir weitere Informationen beschaffen?

AUFBAU UND FUNKTION DER EIGENEN ARGUMENTATION

Ausgangspunkt	These und/oder Argumentation einer Textvorlage	
eigene Reaktion	Zustimmung	Ablehnung
Darstellung der eigenen Meinung	These: Wiedergabe der vorgegebenen Aussage	Gegenüberstellen der eigenen These
Begründung	eigene Argumente/Beweise	eigene Argumente/Beweise
Veranschaulichung	Beispiel	Beispiel
Fortsetzen der Argumentation	weiteres Argument/Beispiel	weiteres Argument/Beispiel
Fazit	Zusammenfassung, Schlussfolgerung bzw. abschließende Bewertung der Textvorlage	

Die Zeitform ist das Präsens, die Sprache sollte sachlich und klar sein. Darüber hinaus sollten die Argumente bzw. Beispiele auf die Zielperson abgestimmt sein, denn sie muss überzeugt werden.

1 **Formulieren Sie zu den Thesen die Gegenpositionen:**

a) Kinder unter 18 Jahren sollten kein eigenes Konto führen dürfen.
b) Der Führerschein ab 16 ist eine Gefährdung des Straßenverkehrs.
c) Die Berufsschulpflicht sollte abgeschafft werden.
d) Kindern unter 12 Jahren sollte der Umgang mit dem Computer verboten werden.

2 **Sammeln Sie weitere Thesen und formulieren Sie die Gegenthese dazu.**

3 **Bringen Sie die nachfolgenden Sätze der Argumentation in eine sinnvolle Reihenfolge. Zunächst müssen Sie die These finden. Benennen Sie die Funktion der Sätze (These? Argumente? Beweise? ...).**

Der Nachahmungseffekt bei Jugendlichen ist besonders groß, wenn Erwachsene ihnen etwas vormachen.

Es ist eine Gefahr für die Gesundheit.

Raucher belästigen andere in der Öffentlichkeit und zwingen sie, unfreiwillig mitzurauchen.

Kindern und Jugendlichen wird ein schlechtes Vorbild präsentiert.

Seit ein allgemeines Rauchverbot an Schulen existiert, rauchen ca. 40% der Jugendlichen zwischen 12 und 18 Jahren weniger oder gar nicht mehr.

Deshalb sollte ein allgemeines Rauchverbot in der Öffentlichkeit angestrebt werden.

Rauchen in der Öffentlichkeit sollte verboten werden.

4 **Mit Bindewörtern (Konjunktionen) können logische Zusammenhänge deutlicher formuliert werden. Folgende Konjunktionen passen zu den verschiedenen Schritten der Argumentation:**
zudem, außerdem, dadurch, wenn – dann, denn, weil, da, deshalb, darum, schlussendlich.
Ergänzen Sie die Argumentation durch die passenden Konjunktionen. Sammeln Sie weitere Konjunktionen, die für die einzelnen Schritte der Argumentation hilfreich sind.

5 **Erstellen Sie zu einer der Thesen in Aufgabe 1 Argumentationen. Verwenden Sie dazu auch die Konjunktionen. Entwickeln Sie die Gegenpositionen dazu.**

Stellungnahme in der Schülerzeitung

Skandal – Handyverbot an unserer Schule

Jetzt sind wir mal wieder so weit. Sobald die Lehrer mit einem kleinen Randproblem nicht fertig werden, hagelt es Verbote.

Weil einige Schüler auf dem Schulhof dabei ertappt wurden, verbotene Bilder auf dem Handy anzuschauen, wird die ganze Schule mit einem generellen Handyverbot bestraft.

Wir Schüler fragen uns nach dem Sinn dieser Maßnahme. Welche Ziele verfolgt diese Verbotspädagogik?

Soviel wir wissen, sind Kollektivstrafen auch an Schulen verboten.

Warum wird die gesamte Schülerschaft mit einem unsinnigen Verbot traktiert, weil **ein Fall** aufgetreten ist, in dem Minderjährige etwas problematische Bilder auf ihrem Handy angeschaut haben?

Wir sagen: Sie waren nur zur falschen Zeit am falschen Ort, nämlich auf dem Schulhof dieser Schule.

Keiner hätte etwas dagegen haben können, wenn genau diese Schüler ihr Bildmaterial ein paar Meter weiter außerhalb des Schulgeländes angeschaut hätten.

Und so kommt es nun, dass wir alle, Schülerinnen und Schüler einer beruflichen Schule, zwar auf das Leben, vor allem auf das Berufs- und Geschäftsleben, vorbereitet werden sollen, aber das Handy, **das** Kommunikationsmittel, welches in der Geschäftswelt nicht mehr wegzudenken ist, wurde aus dem Lehrplan ersatzlos gestrichen.

Den Lehrern dieser Schule ist es offensichtlich gleichgültig, ob wir den Umgang mit dem Handy in jungen Jahren erlernen oder einüben können.

Den Lehrern dieser Schule ist es offensichtlich gleichgültig, wie wir Freunde oder Eltern verständigen können, wenn wir den Bus verpasst haben oder Hilfe benötigen, weil das Auto nicht mehr anspringt und wir hier festsitzen.

Ihnen ist es offensichtlich auch nicht wichtig, wie wir unkompliziert mit Freunden in Kontakt bleiben können, wenn wir durch die langen Schultage hier an der Schule festgenagelt sind.

Deshalb fordern wir: Zurücknahme des Handyverbots an unserer Schule!

1 **Nennen Sie die These der Schülerin. Listen Sie die Argumente stichwortartig auf.**

2 **Beurteilen Sie die Argumentation: Ist sie logisch formuliert, inhaltlich nachvollziehbar, ausgewogen?**

Eine Inhaltsangabe anfertigen

Inhaltsangaben sind im Grunde genommen Berichte über Texte. Sie beantworten kurz und bündig vom Leser gestellte Fragen. Ziel ist es, die Antworten knapp zusammengefasst weiteren Interessenten, die vielleicht nicht so viel Zeit haben, den ganzen Text zu lesen, mitzuteilen. Bei einer späteren Wiederholung ist das Wesentliche schnell verfügbar.

Vorgaben für die Inhaltsangabe

INHALT

Die Inhaltsangabe beschränkt sich auf die kurze Zusammenfassung des Urtextes. Bei einem wiederzugebenden Textauszug müssen unter Umständen kurz die Zusammenhänge erläutert werden. Insgesamt umfasst der **selbstständig verfasste** Text ungefähr 25 % der Worte des Urtextes. Wertungen und eigene Meinung müssen ausgeschlossen werden.

Eine Inhaltsangabe bezeichnet man bei Sachtexten (Gebrauchstexten) auch als **Exzerpt.**

AUFBAU

Einleitung mit einem Satz, der die „kommunikativen Bedingungen" klärt: Autor/-in, Titel, Textsorte, Erscheinungsort und Erscheinungsdatum – vervollständigen mit dem Hauptaspekt des Textes (nur bei längeren Texten)
Hauptteil mit den in Reihenfolge (bei einer chronologischen Inhaltsangabe) zusammengefassten Teilaspekten des Textes in eigenen Worten

SPRACHE

Die Sprachhaltung (der Stil, der Kode) ist sachlich, neutral. Wörtliche Rede wird in indirekte Rede (Achtung: Konjunktiv gebrauchen) umgewandelt. Es gibt keine wörtliche Übernahme des vorgegebenen Textes. Zeitstufe ist das Präsens, die Gegenwart. Vorzeitiges wird in der Zeitstufe Perfekt (vollendete Gegenwart) wiedergegeben.

VORGEHENSWEISE BEI DER ERSTELLUNG

Schritt 1: Einen Überblick verschaffen
- Durch „diagonales" Lesen lernen Sie den Text kennen.

Schritt 2: Genaues Lesen
- Worum geht es? Was sind die Kernaussagen?
- Markieren Sie Schlüsselbegriffe und -formulierungen.

Schritt 3: Sinnabschnitte einteilen
- Es empfiehlt sich, sich zunächst an der Absatzstruktur des Urtextes zu orientieren und diese gegebenenfalls zu verschieben.

Schritt 4: Inhalt vollständig wiedergeben
- Nun können Sie die Inhaltsangabe schreiben.
- Achten Sie auf die logische Verknüpfung der einzelnen Sinnabschnitte.

1 **Die Überschriften von Zeitungsberichten sind stark verknappte Exzerpte. Formulieren Sie für die nachfolgende Meldung eine Überschrift in Form eines knappen Aussagesatzes.**

Bonn. Zwei bewaffnete Ganoven sind gestern nach einem Überfall auf eine Poststelle in Bonn mit zwei Töpfen Kartoffelsalat als Beute geflüchtet. Wie die Polizei berichtete, waren die Räuber so überhastet aufgebrochen, dass sie versehentlich die Einkaufstüte einer 52-jährigen Postangestellten mitgenommen haben. Den Beutel mit dem zusammengerafften Geld aus dem Tresor ließen die Räuber zurück.

2 **Verfassen Sie ein Exzerpt des nachfolgenden Textes.**

Stolz schwenkt das Amtsgericht sein Urteil. Die Höchststrafe, so sagt es, habe es gegen den Nacht-und-Nebel-Täter verhängt. In der Tat hat das Schöffengericht in Bad Obernberg den Angeklagten Röll zu drei Jahren Gefängnis verurteilt. Röll hat, so ergab es die Beweisaufnahme, 5 000 Liter Gift in den Erdboden geleitet. Vier Familien mussten daraufhin ihre Häuser räumen, eineinhalbtausend Tonnen Erde wurden verseucht, die Fische der umliegenden Gewässer verendeten zentnerweise.

Höchststrafe sind die drei Jahre mitnichten. Richtig ist nur, dass das Schöffengericht den Vergifter nicht höher bestrafen konnte. Die Kompetenz des Amtsgerichts, und dazu gehören auch die Schöffenrichter, endet nämlich bei drei Jahren. Bei den Straftaten, die beim Angeklagten zu prüfen waren, liegen die Höchststrafen nach dem Gesetz bedeutend höher. Für Gewässerverunreinigung sieht das Strafgesetzbuch Freiheitsstrafe bis zu fünf Jahren vor, für besonders schwere Fälle der Umweltgefährdung bis zu zehn Jahren. Diese höheren Strafen, jenseits der drei Jahre, darf freilich nur die Strafkammer am Landgericht aussprechen.

Offensichtlich betrachtet die Justiz kapitale Umweltdelikte immer noch in viel milderem Licht als andere Kapitaldelikte.

Bei einem Bankraub mit Millionenschaden wäre niemand auf die Idee gekommen, vor dem Schöffengericht zu verhandeln; man wäre vors Landgericht gezogen. Bei einer Umweltvergiftung mit Millionenschaden ist das ganz anders. Der Geldsack der gut versicherten Bank wiegt offensichtlich schwerer als der schwerste Umweltschaden. Die Gewichte, mit denen die Justiz misst, stimmen nicht mehr. Ein kapitales Umweltdelikt ist zu billig verhandelt worden.

3 **Finden Sie in der Tagespresse einen Artikel, der sich mit der Situation der heutigen Jugendlichen und/oder jungen Erwachsenen beschäftigt, und geben Sie diesen in Form einer Inhaltsangabe wieder.**

Texte planen und schreiben

TEXTE PLANEN

- das Thema untersuchen und die Kernbegriffe unterstreichen, eventuell herausschreiben
- Stoffsammlung erstellen, z. B. eine Liste, ein Brainstorming oder das Clustering

BRAINSTORMING

Durch spontane Ideenäußerung ohne ablehnende Kritik wird mit dieser Methode eine große Anzahl an Ideen zu einer gegebenen Problem-/Themenstellung entwickelt und gesammelt. Beim Brainstorming in der Gruppe können sich die Teilnehmer durch ihre Beiträge gegenseitig zu neuen Ideenkombinationen anregen, wodurch deutlich mehr Ergebnisse produziert werden, als wenn jeder für sich alleine arbeitet.

Regeln für das Brainstorming

- Jede Idee, gleichgültig wie verrückt oder realistisch, ist willkommen!
- Es kommt mehr auf die Menge der Vorschläge an als auf die Qualität – alles wird aufgeschrieben.
- Jede/r darf Ideen der anderen aufgreifen und für eigene Ansätze weiterverwenden.
- Killerphrasen, Kritik und Selbstkritik an den vorgebrachten Ideen sind streng verboten – alles ist richtig.
- Hat jemand mehr als eine Idee, muss er warten, bis er wieder dran ist. Hat er/sie mehrere Gedanken, sollte er sie sich notieren, um sie in der Zwischenzeit nicht zu vergessen.

CLUSTERING

Eine Methode, bei der dem Fluss der gefühlsmäßig auftauchenden Bilder, Ideen und Erinnerungen freier Lauf gelassen wird. Sie beginnen immer mit einem Kern, den Sie in die Mitte einer leeren Seite schreiben und mit einem Kreis umgeben. Folgen Sie dem Strom der Gedankenverbindungen, die bei Ihnen auftauchen. Schreiben Sie Ihre Einfälle rasch auf, jeden in einen eigenen Kreis, und lassen Sie die Kreise vom Mittelkreis aus ungehindert in alle Richtungen ausstrahlen, wie es sich gerade ergibt. Verbinden Sie zusammenhängende Gedankengänge. So entstehen mehrere Ideenketten und Zusammenhänge werden deutlich. Bauen Sie Ihr Cluster weiter aus, indem Sie Einfälle, die zusammengehören, durch Striche oder Pfeile verbinden. So entstehen viele Clusterfelder, die Ihre Ideen zu einem Thema beschreiben und die eine erste Struktur ergeben.

THEMENORIENTIERTES SCHREIBEN

Das Thema wird als Überschrift gewählt. Im Anschluss daran wird in kurzer Zeit (ca. 3–5 Minuten) alles aufgeschrieben, was einem zu der Überschrift einfällt. Sobald man den Eindruck hat, das Thema zu verlassen, wird der Gedanke abgebrochen. Der so gewonnene Text dient als Ausgangsmaterial für die weitere Arbeit, bei der zentrale Aspekte und Unterthemen herausgefiltert werden.

VORGEHENSWEISE AUS DER AUFGABENSTELLUNG ABLEITEN

- Fragen und Arbeitshypothesen formulieren (Informationsquellen gezielt nutzen)
- gemäß den Aufgaben und der Zeitvorgabe einen Schreibplan erstellen, sich für die angemessene Textsorte entscheiden und Arbeitspläne/Konzepte entwerfen, Arbeitsschritte festlegen (z. B. in einem Flussdiagramm): Informationen sammeln, ordnen. Aber auch einen Zeitplan zurechtlegen!

TEXT SCHREIBEN

- Gliederungen anfertigen: z. B. numerische Gliederung
- einen Textentwurf entsprechend der Planung fertigen
- zentrale Schreibformen verwenden: z. B. Erzählen, Berichten, Beschreiben, Argumentieren, Erörtern ...
- sprachliche Mittel gezielt einsetzen: z. B. Vergleiche, Bilder, Wiederholung; verständlich, sprachlich variabel und stilistisch angemessen schreiben
- Zitate in den eigenen Text integrieren
- Texte formal gestalten/überarbeiten: z. B. Blattaufteilung, Rand, Absätze, Schriftbild

TEXT ÜBERARBEITEN

- Aufbau, Inhalt, Formulierungen und Stil überprüfen hinsichtlich Schreibaufgabe und Schreibanlass
- Strategien zur Überprüfung der sprachlichen Richtigkeit und Rechtschreibung anwenden
- Einhaltung orthografischer und grammatischer Normen kontrollieren: z. B. durch Klangprobe, Weglassprobe, Umstellprobe, Ersatzprobe; normative/beschreibende Wörterbücher nutzen

MIND-MAP

1. Schritt: Das Zentrum bestimmen
Sie beginnen eine Mind-Map am besten immer, indem Sie Ihr zentrales Thema bzw. Ihren zentralen Begriff deutlich in die Mitte eines leeren Blatt Papiers schreiben.

2. Schritt: Teilbegriffe und Schlüsselwörter sammeln
Als Nächstes sammeln Sie so viele Gedanken, Teilbegriffe oder Wörter, wie Ihnen zu einem Thema einfallen. Bei den ersten Mind-Maps hilft es, zunächst eine ungeordnete Liste zu verfassen und sodann die Hauptäste und die davon ausgehenden Zweige zu entwerfen.

3. Schritt: Oberbegriffe finden und die weiteren Gedanken einsortieren
Von den eingezeichneten Ästen können wiederum Linien ausgehen, auf denen die einzelnen Hauptgedanken weiter untergliedert werden. Von diesen weiterführenden Linien können wieder andere ausgehen, usw. Man spricht von „Ausstrahlen". Hier gilt es, Ordnung in Ihre Gedanken zu bringen. Finden Sie Oberbegriffe und sortieren Sie Ihre Teilergebnisse diesen Oberbegriffen zu.

4. Schritt: Mind-Maps überarbeiten
Zum Schluss feilen Sie noch ein wenig an Ihrer Mind-Map, damit sie anderen anschaulich wird.

1 **Erstellen Sie eine Mind-Map zu einem der folgenden Themen: Urlaubsplanung, Zukunftspläne, Bewerbung, Selbstverwirklichung, Unternehmensgründung ...**

2 **Ordnen Sie die Teilbegriffe und Schlüsselwörter zu einer möglichen Mind-Map.**

Planung und Organisation   Kommunikation   Problemlösung   Wissenserwerb   Protokolle   Notizen

Zentrum: Anwendungsmöglichkeiten einer Mind-Map

Analysen	Veranstaltung	Stoffsammlung	Urlaub	Weiterbildung	Rede
Wochenplanung	Bewerbung	Projekte	Brainstorming	Interview	Telefonate
Präsentation	Besprechungen	Ziele	Sitzungen	Prüfungsvorbereitung	Tagebuch

Geschäftsbriefe schreiben

DIN 5008 legt die Schreib- und Gestaltungsregeln für offizielle Briefe fest: Briefe, die dieser Norm entsprechen, sind übersichtlich und für einen Sachbearbeiter aufgrund der vorgegebenen Reihenfolge relativ leicht zu bearbeiten.
Offizielle Briefe sind z. B. Briefe an Behörden und Institutionen (Beschwerden, Anträge, Mitteilungen, Anfragen, Ein- bzw. Widersprüche, Befreiung von einzelnen Unterrichtsfächern ...), Briefe an Firmen (Angebotseinholung, Bestellungen, Mängelrügen, Krankmeldungen, Bewerbungen ...) sowie „besondere“ Briefe im privaten Bereich (Ab- oder Zusagen für formelle Einladungen, Dankschreiben, Genesungswünsche ...).

BEZUGSZEICHENZEILE UND INFORMATIONSBLOCK

Firmen und Behörden erhalten täglich viele Briefe und müssen diese gezielt an die Bearbeiter weiterleiten. Deshalb ist für Geschäftsbriefe eine „Bezugszeichenzeile“ (8,5 mm unter dem Anschriftenfeld) üblich. Darin werden zu vorgegebenen „Leitwörtern“ kurze Informationen mitgeteilt. („Ihr Zeichen“, „Unser Zeichen“, „Telefon“, „Name“ und „Datum“). Es ist somit auf den ersten Blick festzustellen, worauf sich das Schreiben bezieht und an wen es zur Bearbeitung weitergereicht werden muss.
In moderneren Vorlagen wird für diese „Kommunikationsangaben“ ein „Informationsblock“ – rechts neben dem Anschriftenfeld (125,7 mm vom linken Rand entfernt) – verwendet. Durch diese Anordnung können mehrere Zeilen genutzt werden und z. B. auch die Telefaxnummer, E-Mail-Adresse, Homepage und Mobiltelefonnummer ergänzt werden.

BETREFFVERMERK

Der „Betreffvermerk“ beginnt zwei Leerzeilen nach der Bezugszeichenzeile oder dem Informationsblock. Er gibt stichwortartig den Briefinhalt wieder, sagt aus, was das Schreiben betrifft, und kann fett geschrieben werden. „Sehr geehrte Damen und Herren“ wählt man als Anrede nur, wenn man die Person nicht namentlich kennt, an die das Schreiben gerichtet ist. Besser ist es immer, mit „Sehr geehrte Frau ...“ oder „Sehr geehrter Herr ...“ zu beginnen.

ABSCHNITTE IM BRIEF

Der Brief sollte in sinnvolle und dem Anlass entsprechende Abschnitte gegliedert werden:
- Schilderung der Situation
- Erläuterung der Folgen/Nachteile
- Verdeutlichung durch Beispiele
- Formulierung von Forderungen/Wünschen
- Vorschläge darlegen
- Hoffnung ausdrücken, dass das Anliegen erfüllt wird

BRIEFENDE

Als Grußformel am Briefende, eine Zeile vom Brieftext abgesetzt, ist „Mit freundlichen Grüßen“ am gebräuchlichsten. Fügt man weitere Blätter bei, teilt man dies durch das Wort „Anlage“ oder „Anlagen“ am Ende des Blattes mit. Man kann diesen Vermerk durch Fettschrift hervorheben und die Anlagen auch einzeln darunter schreiben.

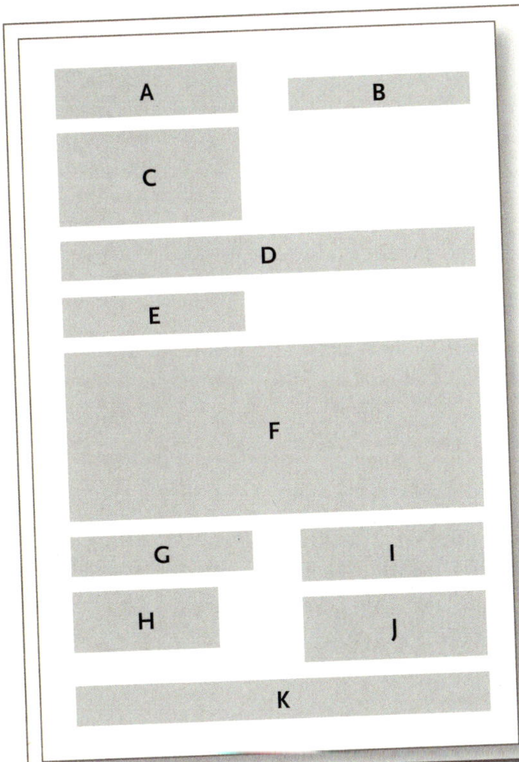

A Absenderangaben
B Datum
C Empfängerdaten
D Betreff
E Anrede
F Text
G Gruß
H Unterschrift
I Anlagevermerk
J Verteilervermerk
K Postskriptum

1 **Entwickeln Sie aus dem einer E-Mail entnommenen Text eine Schriftvorlage für Mahnschreiben durch Ihre Firma. Ergänzen Sie fehlende Angaben.**

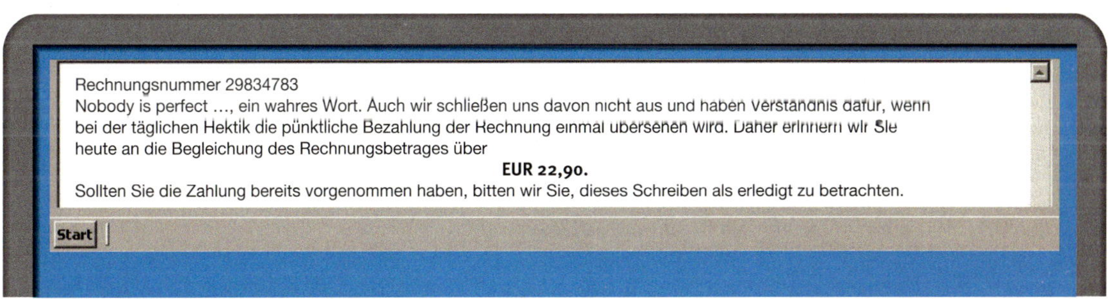
Rechnungsnummer 29834783
Nobody is perfect ..., ein wahres Wort. Auch wir schließen uns davon nicht aus und haben Verständnis dafür, wenn bei der täglichen Hektik die pünktliche Bezahlung der Rechnung einmal übersehen wird. Daher erinnern wir Sie heute an die Begleichung des Rechnungsbetrages über

EUR 22,90.

Sollten Sie die Zahlung bereits vorgenommen haben, bitten wir Sie, dieses Schreiben als erledigt zu betrachten.

2 **Sie haben von einem Buchversand ein derartiges Schreiben erhalten, das außer der Rechnungsnummer keine weiteren Angaben zu dem Vorgang enthält. Sie haben bei der Firma in letzter Zeit mehrfach Bestellungen getätigt. Ausgerechnet die Rechnung mit dem angeführten Betrag ist nicht mehr auffindbar. Bitten Sie in einem normgerechten Schreiben um nähere Informationen.**

3 **Nehmen Sie einen der Schreibanlässe und entwerfen Sie einen entsprechenden Brief mit allen notwendigen Komponenten.**

- Sie wollen das Abonnement einer Zeitschrift kündigen.
- Sie antworten auf eine Wohnungsanzeige für eine 1-Zimmer-Wohnung.

Der Lebenslauf

Der Lebenslauf wird üblicherweise tabellarisch geschrieben. Er enthält wichtige Angaben über den Lebens- und Bildungsweg. Die Auswahl der Angaben ist stark abhängig von dem Zweck, für den der Lebenslauf geschrieben wird. Eine Gliederung nach persönlichen Daten, Schulbildung sowie Interessen ist für den Lebenslauf vor Beginn einer Berufsausbildung geeignet. Später kommen als Gliederungspunkte noch die Berufsausbildung und Berufsausübung dazu.

ELEMENTE DES LEBENSLAUFS

Vorarbeit
- Zusammenstellung aller notwendigen Dokumente (Zeugnisse, Bestätigung für Fortbildungskurse oder Seminare, ggf. Dokumentation ehrenamtlicher Tätigkeiten)
- aktuelles Bild

Aufbau
- Angaben zur Person (Name, Geburtsdatum und -ort, Anschrift, Familienstand)
- ggf. Angaben zu den Eltern und Geschwistern, Staatsangehörigkeit, Konfession
- schulische Daten in der richtigen zeitlichen Abfolge und Abschlüsse
- berufliche Daten
- besondere Kenntnisse und Interessen
- Hobbys
- Datum, Unterschrift

Erich Kästner

Pseudonym Melchior Kurtz, Schriftsteller, *Dresden 23.02.1899, † München 29.07.1974; Ausbildung zum Volksschullehrer; 1917 Wehrdienst, wegen Herzleidens entlassen; danach Studium u. a. der Germanistik, Geschichte und Philosophie; 1925 Promotion. Seit 1927 lebte Kästner als freier Schriftsteller und Journalist in Berlin. Zu den ersten Veröffentlichungen gehörten aktuelle, zeitkritische Gedichte und Texte für das Kabarett sowie der satirische Roman „Fabian“ (1931), in denen er sich mit treffsicherem Witz gegen spießbürgerliche Moral, Militarismus und Faschismus wendet. Neben Gedichten und Romanen schrieb er Theaterstücke („Die Schule der Diktatoren“, 1956), Filmdrehbücher und Romane für Kinder, die in neuartiger Weise spannende Geschichten mit erzieherischen Tendenzen verknüpfen. Am erfolgreichsten überhaupt war er mit „Emil und die Detektive“ (1928, auch als Theaterstück und als Film), das in mehr als 30 Sprachen übersetzte Buch wurde zum Klassiker der Kinderliteratur. Obwohl 1933 seine Bücher verbrannt und verboten wurden (1942 erhielt er totales Schreibverbot), wanderte er nicht aus, sondern veröffentlichte im Ausland. Nach 1945 war er Redakteur der „Neuen Zeitung“ in München, Herausgeber der Jugendzeitschrift „Der Pinguin“ und Mitglied des Münchner Kabaretts „Schaubude“. 1957–62 war Kästner Präsident des Schriftstellerverbandes P. E. N.; 1957 erhielt er den Georg-Büchner-Preis. Weitere Werke: Kinderbücher: Pünktchen und Anton (1930); Das fliegende Klassenzimmer (1933); Gedichte: Dr. E. Kästners lyrische Hausapotheke (1936). Romane: Drei Männer im Schnee (1934); Der Zauberlehrling (1974). Autobiografisches: Als ich ein kleiner Junge war (1957).

1 **Erstellen Sie einen tabellarischen Lebenslauf von Erich Kästner. Achten Sie auf die Merkmale eines guten Lebenslaufs. Gehen Sie mit Hilfe des Lexikonauszugs auf folgende Punkte ein:**
persönliche Angaben, vollständiger beruflicher Werdegang und erhaltene Preise sowie wichtigste Werke. Sie können sich am nachfolgenden „Lebenslauf" von H. Hesse orientieren.

Lebenslauf

Persönliches	
Name	Hermann Hesse
Pseudonym	Emil Sinclair
Geburtsdatum	2. Juli 1877
Geburtsort	Calw/Baden-Württemberg
Anschrift	Tessin/Schweiz
Eltern	Johannes Hesse, baltischer Missionsprediger Marie Hesse, geb. Gundert
Familienstand	verheiratet in zweiter Ehe mit Ninon Dolbin
Staatsangehörigkeit	seit 1923 schweizerisch (zuvor: deutsch)
Schulbildung	
1885–1891	Lateinschule Göppingen
1891–1892	Evangelisch-theologisches Seminar in Maulbronn
Berufstätigkeit	
1892–1985	Arbeitstätigkeiten als Gehilfe und als Mechanikerlehr-
ling	
1895–1899	Buchhändlerlehre in Tübingen
1899–1904	Buchhändler und Antiquar in Basel
seit 1904	freier Schriftsteller
Besondere Kenntnisse und Auszeichnungen	
1911	Reisen durch Europa und Indien
1914–1918	persönliche Betreuung von Kriegsgefangene
1946	Nobelpreis für Literatur
1955	Friedenspreis des deutschen Buchhandels
Wichtigste Werke	
1904	Peter Camenzind
1927	Der Steppenwolf
1930	Narziß und Goldmund
1943	Das Glasperlenspiel

Montagnola, 18. März 1960 Hermann Hesse

2 **Wandeln Sie den tabellarischen Lebenslauf von H. Hesse in einen kurzen biografischen Text, der in einem Lexikon stehen könnte, um.**

Feedback geben – Feedback nehmen

„Feedback" ist eine Gesprächsform, anderen etwas darüber zu sagen, wie man sie sieht, bzw. zu lernen, wie andere einen selbst sehen. Feedback besteht daher in zwei Richtungen, nämlich dem Feedback-Geben und dem Feedback-Nehmen. Am Ende einer Arbeitsphase, einer Gruppenarbeit oder auch einer Präsentation kann dieser Austausch stattfinden, um aus konkreten Erlebnissen zu lernen und seine Argumentationstechnik, sein Auftreten in der Gruppe, seine Präsentationstechnik oder sein Präsentationsverhalten zu verbessern. Feedback-Geben verbindet sich mit drei Zielsetzungen:

- Man will den anderen darauf aufmerksam machen, wie man sein Verhalten erlebt und was es bei einem bewirkt (im positiven wie im negativen Sinn).

- Man will den anderen über seine Bedürfnisse und Gefühle informieren, damit er sensibilisiert ist, worauf er intensiver Rücksicht nehmen könnte. So muss er sich nicht auf Vermutungen stützen.

- Man will den anderen darüber aufklären, welche Veränderungen in seinem Verhalten einem gegenüber die Zusammenarbeit mit ihm erleichtern würden.

Gutes Feedback bezieht sich auf hilfreiche Verhaltensweisen, aber auch auf störende Wirkungen. Die positiven Wirkungen von Feedback liegen darin, eigene störende Verhaltensweisen zu korrigieren und die Zusammenarbeit effektiver zu gestalten. Allerdings ist es keine einfache Angelegenheit, Feedback zu geben oder zu nehmen. Es kann manchmal wehtun, peinlich sein, Abwehr auslösen oder neue Schwierigkeiten heraufbeschwören, da niemand leichten Herzens akzeptiert, in seinem Selbstbild korrigiert zu werden. Auch muss der offene Umgang mit Gefühlen – um die es beim Feedback meist geht – häufig erst erlernt werden. Eine Feedback-Situation ist daher oft prekär, sodass es günstig ist, wenn Feedback-Geber und Feedback-Nehmer bestimmte Regeln einhalten.

REGELN ZUM FEEDBACK-GEBEN

- Beschreiben Sie nur die eigenen Beobachtungen und Wahrnehmungen.
- Vermeiden Sie bitte moralisierende Bewertungen und Andeutungen.
- Beziehen Sie sich auf Fakten und Sachverhalte.
- Bemühen Sie sich um eine klare Sprache.
- Achten Sie darauf, dass Sie nicht verletzend und aggressiv sprechen.
- Vergessen Sie nicht, auch positive Wahrnehmung und positive Gefühle zu beschreiben.

1 **Nach einer Gruppenarbeit, einem Referat oder einer Präsentation: Geben Sie dem oder den Vortragenden ein Feedback zu den positiven (!) und störenden oder fehlerhaften Verhaltensformen. Nutzen Sie die Ich-Botschaften.**

Die Feedback-Methode kann aber auch dazu genutzt werden, die eigene Arbeit zu reflektieren und somit ein Gefühl dafür zu entwickeln, wie diese beurteilt werden kann.

Der Feedbackbogen

Der Feedbackbogen soll dazu anregen, über die eigene Leistung in einem bestimmten Unterrichtsabschnitt zu reflektieren. Auf diese Weise können Selbst- und Fremdeinschätzung durch den Lehrer miteinander abgeglichen werden.

Name: ?

Klasse/Kurs: ?

Zeitraum: ?

Mitarbeit im Unterricht	sehr rege	meistens	gelegentlich	selten	nie
	?	?	?	?	?
Qualität der eigenen Beiträge	sehr gut	gut	befriedigend	ausreichend	mangelhaft
	?	?	?	?	?
Beiträge von Mitschülern beachtet	immer	meistens	gelegentlich	selten	nie
	?	?	?	?	?
Textkenntnisse	sehr gut	gut	befriedigend	ausreichend	mangelhaft
	?	?	?	?	?
Hausaufgaben	immer	meistens	gelegentlich	selten	nie
	?	?	?	?	?
Arbeit im Team/ Eigenleistung	sehr groß	groß	mittel	ausreichend	mangelhaft
	?	?	?	?	?
Präsentations-kompetenz	sehr gut	gut	zufrieden-stellend	ausreichend	mangelhaft
	?	?	?	?	?
Pünktlichkeit	immer	fast immer	meistens	häufig verspätet	
	?	?	?	?	?

1 **Füllen Sie für sich den Feedbackbogen für einen bestimmten Zeitraum aus. Wo gibt es Verbesserungsmöglichkeiten?**

2 **Fassen Sie Ihre Angaben in einer Zensur zusammen.**

Die Fünf-Schritt-Lesemethode

Mit diesem Vorgehen können Sie sich zunächst einen Überblick über den zu lesenden Text verschaffen, sich dem Inhalt mit Fragen nähern, im Text arbeiten, abschnittsweise Aussagen treffen und dann eine vollständige Inhaltsangabe erstellen.

FÜNF SCHRITTE ZUM TEXTVERSTÄNDNIS

Schritt 1: Einen Überblick verschaffen
Im ersten Schritt verschaffen Sie sich einen Überblick über den Text, indem Sie z. B. das Inhaltsverzeichnis, Kapitelüberschriften und vorhandene Verzeichnisse anschauen. Ist dies geschehen oder nicht vorhanden, lesen Sie „diagonal" durch den Text, um einen ersten Eindruck zu erhalten. Sie lernen den Text kennen.

Schritt 2: Fragen an den Text stellen
Nach dem ersten Eindruck vom Text sollten Sie genaue Fragen an den Text formulieren. Die Fragen hängen von Ihrem jeweiligen Leseziel ab, z. B.:

- Was interessiert besonders an dem vorliegenden Text?
- Welchen Schwerpunkt hat der Text?
- Was sind die Kernaussagen?
- Welche Einstellungen, Sichtweisen oder Absichten werden deutlich?
- Welche neuen Informationen, Sichtweisen oder Aspekte bietet der Text?

Schritt 3: Genaues Lesen
Haben Sie gezielte Fragen an den Text formuliert, lesen Sie ihn jetzt auf diese Fragen hin durch. Markieren Sie die wichtigen Stellen (= mit dem Bleistift lesen). Haben Sie einen längeren Text vor sich, gehen Sie abschnittsweise vor: Werden die eigenen Fragen in einem Abschnitt nicht beantwortet, wird dieser Abschnitt nicht weiter beachtet. Ansonsten können Sie die Sinnabschnitte kenntlich machen.

Schritt 4: Sinnabschnitte mit Überschriften versehen
Nach jedem Sinnabschnitt rufen Sie sich das Gelesene ins Gedächtnis und halten schriftlich fest, welche Antworten (Kernaussagen) der Text auf Ihre eigenen Fragen gegeben hat. Wichtig ist bei diesem Schritt, dass Sie möglichst eine eigene Sprache, eigene Formulierungen verwenden. Sie erhalten Aussagesätze, die Sie in der späteren Textwiedergabe nutzen können.

Schritt 5: Inhalt vollständig wiedergeben
Nun können Sie eine Inhaltsangabe schreiben. Die Inhaltsangabe hat ca. 20–25 % des Urtextes. Beachten Sie die sachliche Sprache und die Zeitstufe Gegenwart.

Ein Giftschrank voll wunderbarer Schweinevokabeln **Frank Olbert**

Mal ehrlich, haben Sie eine Vorstellung, wie eine „Hühnersau" aussehen könnte, eine „arschgefi…" gar? Mir jedenfalls ist diese Kreuzung ein Rätsel. Offenbar geht sie aus der Begegnung zwischen Geflügel und Vierbeiner hervor und wird unglücklich penetriert – auch jene Steppken, die den Schmähruf auf dem Spielplatz eines Kindergartens ausstießen, dürften schwerlich eine Hühnersau je zu Gesicht bekommen haben. Allerdings brachten sie mich ins Grübeln, ob die Ausdrucksweise der jungen Generation roher ist, als es zum Beispiel unsere noch war.

Wer solche Vermutungen anstellt, gerät natürlich leicht in die Gesellschaft solcher Rhetorikwächter, die bei jedem englischen Ausdruck in einem deutschen Satz sauertöpfisch aufstöhnen und eine Moderation von Stefan Raab schon für ein Dokument ultimativer sprachlicher Verwahrlosung halten. Andererseits: Mitzuerleben, in welchem Alter heutige Kinder welche Ausdrücke kennen lernen und mit welcher Verbalaggression diese mitunter hervorgebracht werden, dies lässt einen doch ganz schön alt aussehen.

Sexualisierte Inhalte

„In den letzten Jahren zeigt sich eine Zunahme an sexualisierten Inhalten, und die machen uns Erwachsenen ja so viel Kopfzerbrechen", schreibt Gertrud Ennulat im Familienhandbuch des Staatsinstituts für Frühpädagogik in München. Aha. Diesen Satz hätte man vermutlich genauso formulieren können, als wir noch die Schulbank drückten und mit einsetzender Pubertät den Giftschrank mit lauter wunderbaren Schweinevokabeln öffneten. Vielleicht setzt heute die Pubertät etwas früher ein, vielleicht sind die Kinder früher aufgeklärt, vielleicht durchsetzt sich ja auch die öffentliche Rede der Erwachsenen viel stärker mit so genannten sexualisierten Inhalten, so wie ihr Fernsehprogramm und die Werbung es ebenfalls tun.

Der Dokumentarfilm „Prinzessinnenbad" von Bettina Blümner führt den Alltag dreier Schülerinnen aus Berlin-Kreuzberg vor: Zwischen Jungsgeschichten und Stress mit Lehrern und Noten, zwischen Sommernachmittagen im Prinzenbad und Nächten in der Cocktailbar – über ihr Leben berichten die drei Mädchen in einer, sagen wir, barocken, spezifischen Diktion, die sozusagen den Rap-Sound bemüht, ohne zu rappen. Geiles Prekariatsdeutsch, das sich seine Sprachmelodie und sein Vokabular geradewegs bei Sido oder Muhabbet abgelauscht haben könnte: „Diese Stadt ist voller Schwuchteln und Schlampen, oberflächlicher Ottos und richtig linker Ratten." Fast schon zu klischeegetreu, um wahr zu sein.

Abgegraste Wortfelder

„Die Neigung zu Beschimpfungen und herben Ausdrücken ist nicht unbedingt ausgeprägter als früher", sagt Norbert F., Lehrer mit langjähriger Berufserfahrung an einer nordrhein-westfälischen Gesamtschule, der seinen Namen nicht genannt wissen möchte, „aber vielleicht sind die Ausdrücke krasser geworden." Auch sprachliches Verhalten folgt dem Prinzip jugendlichen Aufbegehrens, die vorangegangenen Generationen zu übertreffen. Nach diesem Muster gibt es semantische Felder, die sozusagen abgegrast sind. Gewohnte Worte müssen durch neue ersetzt werden, was sich dann in den Ohren der Älteren wie ein Tabubruch ausnimmt.

Wie zu allen Zeiten ist freilich auch heute in dieser Auseinandersetzung eine klare Position von Eltern und Lehrern gefragt: Wer Regeln verletzt, wer Grenzen überschreitet, wer mit Worten beleidigt und Schaden anrichtet, der muss darauf hingewiesen und zur Konsequenz gezogen werden. Dieser erzieherischen Aufgabe konnten alle, die mit Kindern und Jugendlichen zu tun hatten und haben, sich noch niemals entziehen – es sei denn, man wollte seinen pädagogischen Auftrag preisgeben.

Sprache ist einem lebendigen Prozess unterworfen – auch in ihren hässlichen Ausprägungen. Jeder Regelungsversuch muss von guten Argumenten begleitet sein, sonst gerät die Regel zum Dogma. Und ein solches wird unter Garantie verletzt.

1 **Erschließen Sie den Text mit Hilfe der Fünf-Schritt-Lesemethode.**

Literarische Gattungen und Textsorten kennen lernen

TEXTSORTEN

fiktionale Texte/ literarische Texte	Funktion vorwiegend
▶ ***EPIK***	
Roman • Bildungsroman • Entwicklungsroman • Moderner Roman Erzählung Novelle Kurzgeschichte Anekdote	ästhetisch, u. U. belehrend bzw. unterhaltend
Sage, Märchen Fabel Parabel	belehrend, appellativ (= zum Handeln auffordernd)
▶ ***DRAMATIK***	
• Trauerspiel • – (antike) Tragödie • – bürgerliches Trauerspiel • – episches Theater (Brecht) • Komödie • Tragikkomödie • Schwank • Sketch	darstellend-ästhetisch
▶ ***LYRIK***	
Gedicht • Minnesang • Sonett • Hymne • Ode	expressiv- (= ausdrucks-stark) ästhetisch
politische Lyrik	appellativ
Ballade Versepos	erzählend-ästhetisch

nicht-fiktionale Texte/ Sachtexte	Funktion vorwiegend
▶ ***FACHTEXTE/FACHLITERATUR***	
• Aufsätze • Lexikonartikel • wissenschaftliche Abhandlungen – Vortrag/Rede – Referat	informierend
• Essay	appellativ
▶ ***WERBETEXTE***	appellativ
▶ ***JOURNALISTISCHE TEXTSORTEN***	
• Meldung • Nachricht • Bericht • Reportage	informierend
• Interview • Stellungnahme • Kommentar • Leserbrief • Glosse • Rezension	meinungs-äußernd, u. U. appellativ
▶ ***STANDARDISIERTE TEXTE***	
• Protokoll • Geschäftsbrief	informierend, u. U. verschiedene Funktionen

Die obige Einteilung kann helfen, einen Text zu verstehen, weil eine Zugehörigkeit zu einer bestimmten Textsorte auch inhaltliche Bedeutung hat. So wird der Leser einen Romanausschnitt anders einschätzen als eine Zeitungsmeldung.

Von besonderer Bedeutung für die Textaussage – schriftlich oder mündlich – ist die „Sageweise“, die Sprechhaltung, die ein Autor seinem Textinhalt gegenüber einnimmt. Es ist entscheidend, ob ein **sachlicher** oder **subjektiver** Text vorliegt. Darüberhinaus ist es bedeutend, ob der Text/Sachverhalt **ernst, ironisch, spöttisch, satirisch** oder **komisch** gemeint ist.

1 **Ordnen Sie die nachfolgenden Textauszüge einer der auf S. 250 genannten Textsorten zu und begründen Sie Ihre Entscheidung, indem Sie erklären, welche Merkmale bzw. Eigenheiten Sie zu dieser Einschätzung geführt haben.**

Text 1

Es war einmal ein Müller, der war arm, aber er hatte eine schöne Tochter. Nun traf es sich, dass er mit dem König zu sprechen kam, und um sich ein Ansehen zu geben, sagte er zu ihm: „Ich habe eine Tochter, die kann Stroh zu Gold spinnen." Der König sprach zum Müller: „Das ist eine Kunst, die mir wohl gefällt, wenn deine Tochter so geschickt ist, wie du sagst, so bring sie morgen in mein Schloss, da will ich sie auf die Probe stellen." Als nun das Mädchen zu ihm gebracht war, führte er es in eine Kammer, die ganz voll ... (*Gebrüder Grimm*)

Text 2

Ein Wort, ein Satz – aus Chiffren steigen
Erkanntes Leben, jäher Sinn,
die Sonne steht, die Sphären schweigen
und alles ballt sich zu ihm hin.

Ein Wort – ein Glanz, ein Flug, ein Feuer,
ein Flammenwurf, ein Sternenstrich –
und wieder Dunkel, ungeheuer,
im leeren Raum um Welt und Ich.
(*Gottfried Benn*)

Text 3

Stuttgart (dpa) – Mit offener Selbstkritik hat Trainer Armin Veh die sportliche Krise des VfB Stuttgart kommentiert. „Der entscheidende Punkt für unsere Situation ist die Personalpolitik, die wir nach der Meisterschaft 2007 gemacht haben. Dafür bluten wir heute noch", sagte der Fußballlehrer am Freitag vor der Presse. „Die sportliche Führung, also ich, Horst Heldt und auch Jochen Schneider, haben nicht die richtigen Leute geholt." Wegen der Fehlentscheidungen von damals seien auch die Transfermöglichkeiten vor dieser Saison begrenzt gewesen.

Text 4

Rekommandeur Bitte mich nicht zu unterbrechen! An dem Taucherhelm befinden sich runde Fenster, damit der Taucher hinausschauen kann ...

K.V. Wer schaut denn nacha nei?

Rekommandeur Ja, der andere Taucher.

K.V. Ja, is im Meeresgrund noch a anderer Taucher drunt?

Rekommandeur Nein, aber wenn halt grad einer drunten wär, dass der andere dann hineinschau en kann, ob da wirklich einer drin ist.

K.V. Ja, was tut nacha der drinnere, wenn der draußere von heraußen hineinschaut?

Rekommandeur Dann schaut der raus, ober der andere wirklich hineinschaut.

(*Karl Valentin*)

Text 5

Woyzeck *sieht sie starr an, schüttelt den Kopf.* Hm! Ich seh nichts, ich seh nichts. O, man müsst's sehen, man müsst's greifen können mit Fäusten.

Marie *verschüchtert* Was hast du Franz? Du bist hirnwütig Franz.

Woyzeck Eine Sünde so dick und so breit. Es stinkt, dass man Engelchen zum Himmel hinaus rauche könnt. Du hast einen roten Mund, Marie. Keine Blase drauf? Adieu, Marie, du bist so schön wie die Sünde –, kann die Todsünde so schön sein?

Marie Franz, du redst im Fieber.

(*Georg Büchner*)

Textfunktionen erkennen

Der Begriff Textfunktion bezeichnet die im Text angelegte Kommunikationsabsicht des Senders. Jeder Sender verfolgt mit seinem Text eine Absicht, und jeder Text hat auf den Empfänger eine Wirkung. Es muss also dem Sender gelingen, durch Inhalt, Aufbau und Sprache seines Textes eine beabsichtigte Wirkung beim Leser zu erzielen.
Wenn Texte eingeteilt werden müssen, sollte man sich fragen, welche Funktion (Absicht/Wirkung) ein Text besitzt. Der Sprachwissenschaftler Karl Bühler hat bei der Beobachtung der Verständigungssituationen festgestellt, dass die Menschen ihre Sprache in drei Grundfunktionen einsetzen:

TEXTFUNKTIONEN

Textfunktion (Absicht/Wirkung)	Erläuterung
Darstellung (referentielle Texte)	*Die Sache* steht im Mittelpunkt. Der Sender möchte sich objektiv, ohne Gefühle und Bewertung zu einer Sachlage äußern (z. B. Nachricht, Bericht, Fachaufsatz).
Ausdruck (expressive Texte)	Hier steht der Sender im Mittelpunkt. Seine Gefühle und Bewertungen sind der Grund, dass ein Text entstanden ist. Er drückt seine inneren Wertvorstellungen aus (z. B. Kommentar, Stellungnahme, Tagebuch ...).
Appell (direktive Texte)	Hierbei wird der Empfänger in den Mittelpunkt des Textes gestellt. Von ihm wird etwas verlangt, er wird zu einer Handlung angehalten (z. B. Aufforderung, Gesetz ...).

Text A

Mallorca ist eine Insel im Mittelmeer und als Urlaubsziel sehr beliebt.

Text B

Ich liebe Mallorca – da fühle ich mich immer so wohl – der Stand – die Leute – ich find' alles da Klasse!

Text C

Mallorca – das umwerfende Ferienparadies – wartet auf Sie! Kommen und genießen Sie!!

1 **Welchem Text ordnen Sie welche Textfunktion zu? Woran erkennen Sie dies?**

2 **Schreiben Sie die jeweiligen Texte in der entsprechenden Inhaltlichkeit und Sprachhaltung weiter.**

3 **Ordnen Sie Texte aus diesem Buch und/oder weitere Texte aus verschiedenen Medien (Zeitung, Zeitschriften, Internet) der jeweiligen Textfunktion zu. Begründen Sie Ihre Zuordnung durch Textbelege.**

4 Haben Sie manchmal Fernweh? Welche Erwartungen haben Sie an fremde Länder oder Landschaften? Formulieren Sie Ihre Vorstellungen z. B. in einem Brainstorming.

5 Beschreiben Sie Ihre Traumlandschaft nach der Art von Landschaftsbeschreibungen in Reiseberichten oder Reisekatalogen. Nutzen Sie Ihr Material aus Aufgabe 3. Entscheiden Sie vorher, ob Sie eher einen informativen Text mit Fakten oder eher einen emotional ansprechenden Text verfassen wollen.

Epische, lyrische und dramatische Texte untersuchen

Literarische Texte können grundsätzlich in **drei Kategorien** (Gattungen) unterteilt werden, die sich stark in ihrer Gestaltung, Wirkung und auch in ihrer „Nutzung" unterscheiden.
Epische Texte sind erzählende Texte, meist wird eine Handlung erzählt (z. B. Roman). Dagegen beschäftigen sich **lyrische Texte** vorwiegend in knapper, oft durch Strophen o. Ä. gestalteter Form mit den Gefühlen eines Menschen (Gedichte). Die sprachliche Ausdrucksweise ist hier häufig sehr ungewöhnlich, unterscheidet sich also oft in besonderem Maße von der Alltagssprache. Ein **Drama** wird häufig für eine Aufführung auf der Bühne geschrieben und besteht aus Szenen und Akten, aus Dialogen zwischen den Charakteren (Tragödie, Komödie). Weil sich die literarischen Texte je nach Gattungszugehörigkeit so stark unterscheiden, gibt es auch verschiedene Aspekte, die für das Verständnis wichtig sind und daher bei einer Untersuchung beachtet werden sollten.

EPIK

Handlung: Gibt es eine einzige Handlung oder laufen mehrere Handlungsstränge parallel?
Zeit/Zeitstruktur: Wird die Handlung in chronologischer Reihenfolge erzählt oder gibt es Zeitsprünge (Rückblende oder Vorschau in die Zukunft)? Deckt sich die Zeit, die für das Lesen der Geschichte benötigt wird, mit der Zeitdauer, über die sich die Handlung erstreckt? Welche der beiden Zeitspannen ist länger?
Raum: Welche Atmosphäre entsteht durch die Beschreibung des Schauplatzes? Ist sie düster, freundlich, heimatlich oder fremd? Auch ein realer Ort wird in der Literatur so dargestellt, dass er eine Aussage über die Figuren macht.
Motiv/Leitmotiv: Gibt es Elemente, die immer wiederkehren und die Figuren charakterisieren (z. B. eine bestimmte Farbe, Redewendung, ein Gegenstand)?
Figurengestaltung: Verändert sich eine Figur im Verlauf des Geschehens (dynamische Figur) oder bleibt sie statisch? Wie wird sie charakterisiert: von anderen (direkte Charakterisierung) oder durch ihr Handeln und ihre eigenen Äußerungen (indirekte Charakterisierung)? Welche Informationen erhalten wir über ihr Äußeres, ihren Charakter, ihre Einstellungen?
Figurenkonstellation: Wie verhalten sich die Figuren zueinander? Sind sie als Kontrastfiguren eingesetzt oder sind sie sich ähnlich? Herrscht Zu- oder Abneigung vor? Oft basiert die Handlung auf einem zentralen Konflikt zwischen zwei oder mehreren Figuren.
vgl. ➨ „Literatur", S. 171

LYRIK

Äußere Form: Wie viele **Strophen** gibt es? Wie viele **Verse** haben diese? Sind die Strophen gleich aufgebaut oder unterscheiden sie sich? Gibt es einen **Reim** und ein **Reimschema** (Paarreim, Kreuzreim, umarmender Reim)? Liegt ein regelmäßiges **Versmaß** vor (Jambus, Trochäus, Daktylus, Anapäst)?
Satzbau: Sind die **Sätze** lang oder kurz? Ist der Satzbau „normal" oder ungewöhnlich und auffällig? Wie kann die **Wortwahl** beschrieben werden: Aus welcher stilistischen Ebene stammen die Wörter? Gibt es vorherrschende **Wortfelder** (Natur, Liebe)? Kommen **Stilmittel** vor (Metaphern, Vergleiche, Wortneuschöpfungen, klangliche Mittel wie die Wiederholung desselben Lautes am Anfang mehrerer Wörter)?
Inhaltliche Aspekte/Aussage: Welche **Personen** sprechen im Gedicht, welche werden angesprochen? Was ist die **Kommunikationssituation?** Wie ist die Grundstimmung? In welcher Situation befindet sich das **lyrische Ich**/der Sprecher des Gedichts? Was ist das **Thema** des Gedichts? Wie beeinflussen **Form** und **sprachliche Gestaltung** die Aussage?
vgl. ➨ „Literatur", S. 187

DRAMA

Handlung: Gibt es eine einzige Handlung oder laufen mehrere Handlungsstränge parallel ab?
Einteilung des Dramas in **Akte/Szenen:** Wie gliedert sich die Handlung? Welche inhaltlichen Abschnitte ergibt diese Einteilung?
Figurengestaltung und -konstellation: s. Erläuterungen zur Epik
Dialogführung: Liegt ein **Dialog** oder ein **Monolog** vor? Wer „beherrscht" das Gespräch? Wer spricht mehr, wer hört mehr zu? Welche Absichten verfolgen die Gesprächspartner in einem Dialog: Überzeugen/Provozieren/Informieren/Manipulieren? Wie werden Gefühle und Gedanken vermittelt?
Regieanweisungen: Wie gestaltet der Schriftsteller die Szene durch Regieanweisungen? Wird der Raum beschrieben, das Auftreten der Figuren festgelegt (wütend/ruhig/lachend/in sich gekehrt), ihre Mimik und Gestik beschrieben?
vgl. ⇒ „Literatur", S. 178

1 **Analysieren Sie die folgenden Texte nach den obigen Kriterien so genau wie möglich. Gehen Sie auch darauf ein, warum die jeweilige Gattung vom Schriftsteller wohl gewählt wurde.**

Nachdem er durch Metzingen gegangen war Robert Gernhardt

Dich will ich loben, Hässliches,
Du hast was Verlässliches,
Das Schöne schwindet, scheidet, flieht,
fast tut es weh, wenn man es sieht.
Wer Schönes anschaut, spürt die Zeit,
und Zeit sagt stets: Gleich ist's so weit.
Die Schönheit gibt uns Grund zur Trauer,
die Hässlichkeit erfreut durch Dauer.

Gefährliches Spiel Theodor Fontane

Wir hatten in Swinemünde verschiedene Spielplätze. Der uns liebste war aber wohl der am Bollwerk, und zwar gerade da, wo die von unserem Hause abzweigende Seitenstraße einmündete. Die ganze Stelle war sehr malerisch, besonders auch im Winter, wo hier die festgelegten, ihrer Obermasten entkleideten Schiffe lagen, oft drei hintereinander, also bis ziemlich weit in den Strom hinein. Uns hier am Bollwerk herumzutummeln und auf den ausgespannten Tauen, soweit sie dicht über dem Erdboden hinliefen, unsere Seiltänzerkünste zu üben, war uns gestattet, und nur eines stand unter Verbot: Wir durften nicht auf die Schiffe gehen und am wenigsten die Strickleiter hinauf bis in den Mastkorb klettern. Ein sehr vernünftiges Verbot. Aber je vernünftiger es war, desto größer war unser Verlangen, es zu übertreten, und bei „Räuber und Wandersmann", das wir alle sehr liebten, verstand sich diese Übertretung beinahe von selbst. Entdeckung lag überdies außerhalb der Wahrscheinlichkeit; die Eltern waren entweder bei ihrer „Partie" oder zu Tisch eingeladen. „Also nur vorwärts. Und petzt einer, so kommt er noch schlimmer weg als wir."

So dachten wir auch eines Sonntags im April 1831. Er muss um diese Jahreszeit gewesen sein, weil mir noch der klare und kalte Luftstrom deutlich vor Augen steht. Auf dem Schiff war keine Spur von Leben und am Bollwerk keine Menschenseele zu sehen.

Ich, als der Älteste und Stärkste, war natürlich Räuber, und acht oder zehn kleinere Jungens – unter denen nur ein einziger, Fritz Ehrlich, es einigermaßen mit mir aufnehmen konnte – waren schon vom Kirchplatz her, wo die gewöhnliche Jagd begonnen hatte, dicht hinter mir her.

Erzähltechniken – Erzählperspektiven

AUKTORIALER ERZÄHLSTIL

Der Erzähler steht allwissend und souverän über dem erzählten Geschehen (außerhalb der Handlung). Er kennt alle Personen der Handlung, er weiß Bescheid über Anfang, Verlauf und Ende der erzählten Geschichte. Er kann sich wertend und kommentierend einmischen. Das Geschehen wird in der 3. Person mitgeteilt.
Sonderformen: Ich-Erzählungen, die auktorial sind (Geschehen aus der Sicht der 1. Person vermittelt), Autobiografien

PERSONALER ERZÄHLSTIL

Ein Erzähler ist nicht erkennbar. Das Geschehen ist aus der Sicht einer Person, die im Geschehen „gefangen" oder „verstrickt" ist, erzählt. Eine Distanz oder gar ein Überblickswissen über Personen und Handlung fehlen. Für den Leser gibt es keine Kommentare oder Orientierungssignale für die Handlung. Das Geschehen wird vom Leser aus der Figurenperspektive wahrgenommen.
Sonderformen: „Erlebte Rede" oder „Innerer Monolog": Technik, die dem Leser die inneren Vorgänge einer Person der Handlung vermittelt. Fantasievorstellungen und äußere Wirklichkeit stehen erzähltechnisch gleichwertig nebeneinander. Oft ist nicht eindeutig, ob das Erzählte sich im Innenleben oder tatsächlich in der äußeren Wirklichkeit abspielt.

Bewusstseinsstrom (stream of consciousness)
Äußere Eindrücke, innere Abläufe, Unterbewusstsein, Wachbewusstsein, Erinnerungen einer Person stehen unverbunden nebeneinander. Der Leser wird in das Chaos von Sinneseindrücken und Denkvorgängen hineingeworfen.

NEUTRALER ERZÄHLSTIL

Wie eine Filmkamera beobachtet der Erzähler das Geschehen, kann aber nicht ins Innere der Figuren schauen und so keine Gedanken und Gefühle wiedergeben.

1 **Untersuchen Sie die folgenden Beispieltexte in Bezug auf ihre Erzähltechniken bzw. Erzählperspektiven. Begründen Sie die Zuordnung ausführlich und belegen Sie sie mit Hilfe von Zitaten aus den Beispieltexten.**

Flucht in die Finsternis Arthur Schnitzler

Nun erst streckte sich Robert, den das Umherwandern in den unebenen und schlecht gepflasterten Straßen der alten Hafenstadt ermüdet hatte, auf sein Lager hin und suchte im Herzen nach dem frohen Vorgefühl, das ihn noch heute Morgen während seines Spazierganges bewegt und beinahe beglückt hatte. Aber was er fand, war nicht Freude mehr, sondern eine sonderbare Bangigkeit, als fahre er einer bedeutungsvollen, ernsten Entscheidung entgegen. Kündigte die Nähe der Heimat in so unerwünschter Weise sich an? Sollte es ihm bestimmt sein, ebenso bedrückt, wie er fortgereist war, wieder heimzukehren, und brach nun nach manchen guten und freien Stimmungen der letzten Monate jenes Unbegreifliche, kaum in Gedanken, nimmer in Worte zu Fassende über ihn herein, das dunkel drohend noch Schlimmeres anzumelden schien?

Berlin Alexanderplatz Alfred Döblin

Er stand vor dem Tor des Tegeler Gefängnisses und war frei. Gestern hatte er noch hinten auf den Äckern Kartoffeln geharkt mit den andern, in Sträflingskleidung, jetzt ging er im gelben Sommermantel, sie harkten hinten, er war frei. Er ließ Elektrische auf Elektrische vorbeifahren, drückte den Rücken an die rote Mauer und ging nicht. Der Aufseher am Tor spazierte einige Male an ihm vorbei, zeigte ihm seine Bahn, er ging nicht. Der schreckliche Augenblick war gekommen [schrecklich, Franze, warum schrecklich?], die vier Jahre waren um. Die schwarzen eisernen Torflügel, die er seit einem Jahre mit wachsendem Widerwillen betrachtet hatte [Widerwillen, warum Widerwillen], waren hinter ihm geschlossen. Man setzte ihn wieder aus. Drin saßen die andern, tischlerten, lackierten, sortierten, klebten, hatten noch zwei Jahre, fünf Jahre. Er stand an der Haltestelle.
Die Strafe beginnt.
Er schüttelte sich, schluckte. Er trat sich auf den Fuß. Dann nahm er einen Anlauf und saß in der Elektrischen. Mitten unter den Leuten. Das war zuerst, als wenn man beim Zahnarzt sitzt, der eine Wurzel mit der Zange gepackt hat und zieht, der Schmerz wächst, der Kopf will platzen. Er drehte den Kopf zurück nach der roten Mauer, aber die Elektrische sauste mit ihm auf den Schienen weg, dann stand nur noch sein Kopf in der Richtung des Gefängnisses. Der Wagen machte eine Biegung, Bäume, Häuser traten dazwischen. Lebhafte Straßen tauchten auf, die Seestraße, Leute stiegen ein und aus. In ihm schrie es entsetzt: Achtung, Achtung, es geht los. Seine Nasenspitze vereiste, über seine Backe schwirrte es. „Zwölf Uhr Mittagszeitung", „B. Z.", „Die neue Illustrierte", „Die Funkstunde neu", „Noch jemand zugestiegen?" Die Schupos haben jetzt blaue Uniformen. Er stieg unbeachtet wieder aus dem Wagen, war unter Menschen. Was war denn?

Der Zauberberg Thomas Mann

Die Geschichte Hans Castorps, die wir erzählen wollen, – nicht um seinetwillen (denn der Leser wird einen einfachen, wenn auch ansprechenden jungen Mann in ihm kennenlernen), sondern um der Geschichte willen, die uns in hohem Grade erzählenswert scheint (wobei zu Hans Castorps Gunsten denn doch erinnert werden soll, dass es seine Geschichte ist und daß nicht jedem jede Geschichte passiert): Diese Geschichte ist sehr lange her, sie ist sozusagen schon ganz mit historischem Edelrost überzogen und unbedingt in der Zeitform der tiefsten Vergangenheit vorzutragen. Das wäre kein Nachteil für eine Geschichte, sondern eher ein Vorteil; denn Geschichten müssen vergangen sein, und je vergangener, könnte man sagen, desto besser für sie in ihrer Eigenschaft als Geschichten und für den Erzähler, den raunenden Beschwörer des Imperfekts. [...]

Der Prozess Franz Kafka

Jemand musste Josef K. verleumdet haben, denn ohne dass er etwas Böses getan hätte, wurde er eines Morgens verhaftet. Die Köchin der Frau Grubach, seiner Zimmervermieterin, die ihm jeden Tag gegen acht Uhr früh das Frühstück brachte, kam diesmal nicht. Das war noch niemals geschehen. K. wartete noch ein Weilchen, sah von seinem Kopfkissen aus die alte Frau, die ihm gegenüber wohnte und die ihn mit einer an ihr ganz ungewöhnlichen Neugierde beobachtete, dann aber, gleichzeitig befremdet und hungrig, läutete er. Sofort klopfte es und ein Mann, den er in dieser Wohnung noch niemals gesehen hatte, trat ein. Er war schlank und doch fest gebaut, er trug ein anliegendes schwarzes Kleid, das, ähnlich den Reiseanzügen, mit verschiedenen Falten, Taschen, Schnallen, Knöpfen und einem Gürtel versehen war, und infolgedessen, ohne dass man sich darüber klar wurde, wozu es dienen sollte, besonders praktisch erschien.

Sachtexte verstehen und nutzen

ERSTE ORIENTIERUNG ÜBER DEN TEXT

- Text genau lesen, dabei Auffälligkeiten unterstreichen (z. B. unbekannte Wörter, auffällige oder ungewöhnliche Begriffe, wichtige Sätze oder Wendungen)
- Kurzbemerkungen oder Symbole am Textrand notieren (z. B. ! = wichtige Aussage, ? = fragliche Äußerung)
- unbekannte Begriffe mit Hilfe eines Lexikons klären

VORARBEIT FÜR DIE SCHRIFTLICHE AUSARBEITUNG AUF KONZEPT

- das Thema des Textes vorläufig möglichst exakt schriftlich formulieren (Dieser Versuch muss oft nach der weiteren Textarbeit nochmals präzisiert, ergänzt oder korrigiert werden.)
- den Sachtext in Sinnabschnitte gliedern (Fragestellung dazu: An welcher Stelle im Text beginnt ein neuer Gedanke?)
- Den einzelnen Sinnabschnitten Überschriften geben, die den Inhalt des Abschnitts möglichst exakt, aber möglichst mit eigenen Worten wiedergeben; sinnvoller als Stichworte sind dabei vollständige Sätze, da diese den logischen Zusammenhang deutlicher zum Ausdruck bringen können.
- Notizen über die Argumentation, über die gedankliche Struktur, über die Machart des Sachtextes machen
- Einleitungsfragen klären (VTT): Verfasser, Titel, Thema, (Erscheinungsdatum, Erscheinungsort)

Die Sachtextanalyse ist ein zusammenhängender dreiteiliger Aufsatz, der die Ergebnisse der Vorarbeit in einen Gesamttext einarbeitet. Die Analyse verfolgt das Ziel, über den Inhalt, den Gedankengang, die Logik und die Machart eines fremden Textes analytische Aussagen zu machen. Die Sachtextanalyse unterscheidet sich deutlich von der bloßen Inhaltswiedergabe (Paraphrase) eines Sachtextes.

SCHRIFTLICHE AUSARBEITUNG DER SACHTEXTANALYSE

1. Einleitung formulieren
- Angabe von Verfasser, Titel, Thema , wenn möglich Quelle und Erscheinungszeitpunkt

2. Hauptteil ausarbeiten

Gedankengang darstellen
- Welche Hauptthese wird aufgestellt?
- Wie ist der Text gegliedert/aufgebaut?
- Welchen Gedankengang kann man erkennen?

Argumentation beschreiben
- Wie ist die Argumentationsstrategie?
- Gibt es Thesen, Beispiele, Beweisführungen?
- Ist die Argumentation nachvollziehbar, verständlich, logisch, sachlich richtig oder gibt es Ungereimtheiten/Widersprüche, Unsachlichkeit, logische Brüche?

Das Ziel des Verfassers nennen
- Will der Verfasser informieren (Was?), provozieren (Wie? Wozu?), warnen (Wovor?), appellieren (An wen? Zu welcher Aktion?)?

3. Schluss formulieren
- die eigene Einstellung zu Thema, Hauptthese, Argumentation oder Machart des Textes in wenigen Sätzen darlegen

Neun von zehn Deutschen wollen selbst etwas fürs Klima tun

In einer neuen Umfrage geben die Deutschen dem Klimaschutz eine hohe Priorität. 92 % sagen, dass sie sich schon um klimaschonendes Verhalten bemühen – oder sich das zumindest vorgenommen haben.

Köln – Dies ergab der heute veröffentlichte ARD-Deutschland-Trend. Je 88 % wollen bei Strom und Heizung sparen, 80 % beim Autofahren und 57 % bei Flugreisen. 73 % der Befragten wollen klimafreundliche Produkte kaufen. Mehr als die Hälfte (58 %) findet, dass die Bundesregierung noch mehr für den Klimaschutz tun muss. 29 % sind der Ansicht, dass das Thema jetzt schon ernst genug genommen wird – zehn Prozent halten den Klimaschutz für übertrieben. Für die Meinungsstudie befragte Infratest-dimap im Auftrag der ARD-Tagesthemen und von acht Tageszeitungen am 26. und 27. Februar eintausend Wahlberechtigte.

1 **Nennen Sie das Thema der Meldung. Entnehmen Sie die statistischen Zahlen und visualisieren Sie sie. (→ „Schaubilder auswerten und gestalten", S. 262)**

Hotel Mama Susanne Arndt

Das Essen ist fertig, die Wäsche gebügelt und umsonst ist der Service auch noch. [...] Der 28-jährige Sohnemann denkt gar nicht daran, seinem bequemen Nest den Rücken zu kehren. Jetzt bestätigt die Statistik den Trend: Besonders Männer verlassen die „Eltern-Pension" immer später.

Home, sweet home: Schon 1996 hat der Soziologe Stefan Weick festgestellt, dass Männer im Schnitt fünf Jahre später ausziehen als Frauen. In den vorherigen Jahrzehnten habe der Unterschied noch bei drei Jahren gelegen. Wie das Statistische Bundesamt jetzt bekannt gab, setzt sich dieser Trend fort: Heute wohnen noch 82 % der 20-jährigen Männer zu Hause, bei den Frauen sind es nur 66 %. Mit steigendem Alter wird diese Diskrepanz immer größer. Während 14 % der 30-jährigen Männer bei ihren Eltern leben, sind es bei den gleichaltrigen Frauen nur noch fünf Prozent.

Aber nicht nur die Jungs, auch die Mädchen legen Nesthocker-Tendenzen an den Tag.

Ganz anders als noch in den 70er-Jahren, als es junge Menschen früh in die Unabhängigkeit zog. Das liegt zum einen an den längeren Ausbildungszeiten und an dem teuren Wohnungsmarkt. Aber auch die schlechte Wirtschaftslage führt dazu, dass Jugendliche oft erst spät eine feste Stelle finden, die ihnen finanzielle Unabhängigkeit gewährt. Die großzügige Wohnsituation vieler Familien – früher wuchsen oft mehrere Geschwister in beengten Wohnverhältnissen auf – verstärkt diese Tendenz. Die Liebe ist ebenfalls kein Grund mehr, den Eltern den Rücken zu kehren, da Paare heute nicht mehr gezwungen sind zu heiraten.

Die Psychologin Christiane Papastefanou hat außerdem beobachtet, dass Kinder wohlhabender Familien ihr Geld lieber für Reisen und andere Freizeitaktivitäten ausgeben als für die Miete. Papastefanou hat auch eine Erklärung dafür, dass Jungs länger das „Hotel Mama" in Anspruch nehmen als Mädchen: Sie genießen mehr Freiheiten im Elternhaus als ihre Schwestern. Während Söhne in der Regel kommen und gehen können, wann sie wollen, sehen sich Töchter aus Sorge einer größeren Kontrolle ausgesetzt, außerdem müssen sie mehr im Haushalt helfen. Sie absolvieren oft kürzere Ausbildungswege als ihre Brüder und haben so eher ein eigenes Einkommen. Auch in punkto Privatleben sind Frauen schneller: Sie gründen früher eine eigene Familie.

2 **Der Text „ Hotel Mama" ist in Sinneinheiten gegliedert. Finden Sie passende Überschriften.**

3 **Visualisieren Sie das Zahlenmaterial in geeigneter Weise.**

Werbetextanalyse

ASPEKTE ZUR BETRACHTUNG VON WERBEANZEIGEN

Äußere (formale) Beschreibung
- Erscheinungsort und -datum der Printwerbung
- Thema, Marke, Artikel
- Bild: Größe, Farbeinsatz, Platzierung, Anordnung ...
- Text: Schriftgröße, -type, Textmenge, Farbigkeit, Anordnung, Hervorhebungen/Headline, Firmenlogo, gewerblicher Gegenstand

Inhalt
- Was zeigt das Bild? Was sagt der Text?
- Gibt es einen Zusammenhang zwischen Bild und Text? Welchen?
- Ruft der Text, das Bild oder beides Gedanken an etwas anderes hervor (Konnotationen)?
- Werden durch Text und Bild besondere Gefühlswelten erschaffen?
- Wofür wird geworben?
- Was wird durch die Anzeige über den beworbenen Gegenstand gesagt?

Machart des Textes
- Gibt es sprachliche Besonderheiten durch Satzbau, Wortverwendung, Stilmittel?

Strategie
- Informiert die Werbeanzeige über den beworbenen Gegenstand?
- Ist die Anzeige suggestiv (manipulativ)?
- Welche Erwartungen werden im Zusammenhang mit dem Produkt geweckt?
- Werden diese Erwartungen über Bild, Text oder beides geweckt?
- Welche Wirkungen werden dem Produkt zugesprochen?
- Wodurch vermittelt die Werbung dem Betrachter, dass er das Produkt kaufen muss?

Zusammenfassende Bewertung
- Halten Sie die Werbung für gelungen (mit Begründung)?

Die Kaufbedürfnisse des Kunden

Käufer sind in ihrem Wesen verschieden: entschlossen, unentschlossen, eitel, arrogant, impulsiv, schüchtern, misstrauisch, leichtgläubig, bedächtig ...
Die Werbung versucht, verschiedenste Kaufbedürfnisse zu wecken.

WARUM KAUFE ICH EIN?

„Ich brauche etwas."	=	Bedarfskauf
„Mir ist langweilig."	=	Kauf als Zeitvertreib
„Keiner mag mich."	=	Frustkauf
„Ich war brav."	=	Belohnungskauf
„Ich will angeben."	=	Prestigekauf
„Ich will Spaß."	=	Lustkauf

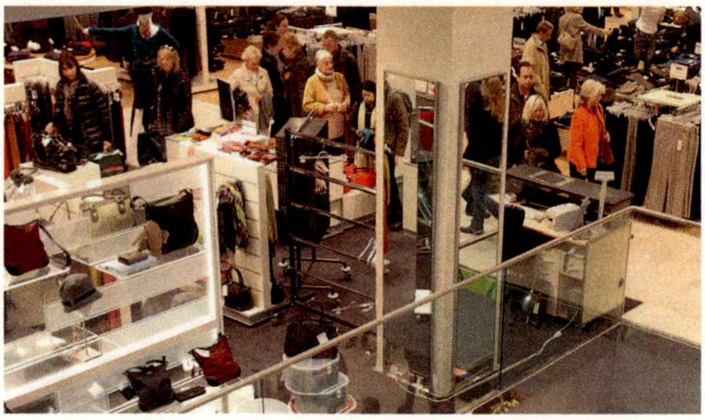

Maßstäbe der Selbstregulierung (Deutscher Werberat)

1. die allgemeinen Gesetze
2. die werberechtlichen Vorschriften; sie verbieten Unlauterkeit und Irreführung in der Werbung
3. die Verhaltensregeln des Deutschen Werberats; für die Werbung mit Kindern im Fernsehen und Hörfunk, für die Bewerbung von alkoholischen Getränken
4. die aktuell herrschende Auffassung in der Gesellschaft über Sitte, Anstand und Moral

Viele Hersteller von Produkten versuchen über Werbung, neue Zielgruppen zu erschließen. Dafür werden immer raffiniertere Methoden eingesetzt, sodass selbst einfachste Werbeanzeigen eine Vielzahl an Informationen und versteckten Botschaften enthalten.

1 **Führen Sie die Bestandteile der Werbeanzeige auf.**
- Welche Funktion hat der Text und welche das Bild?
- Überlegen Sie sich, welche Strategie der Hersteller mit dieser Anzeige verfolgt.
- Welche Zielgruppe(n) sollen erreicht werden?

2 **Wählen Sie eine eigene Werbeanzeige aus und analysieren Sie diese ausführlich.**

3 **Welche Kriterien müsste Werbung erfüllen, damit sie weibliche und männliche Konsumenten gleichermaßen anspricht?**

4 **Finden Sie zu den folgenden Werbeslogans die richtige Marke:**

Für die extra Portion Milch.
Quadratisch, praktisch, gut.
Die Beraterbank.
Die Milch macht's.
3, 2, 1 … meins.
Nichts ist unmöglich.
… macht Kinder froh …
Da weiß man, was man hat!
Wir machen den Weg frei.
Gute Preise. Gute Besserung.
Ich liebe es.
Mit dem Zweiten sieht man besser.

5 **Kundenauftrag: Entwerfen Sie eine Werbekampagne für einen der Gegenstände:**
Bleistift, Zündhölzer, Kugelschreiber, Maßband, Nagel, Feuerzeug, Schraube, Meterstab …
Wählen Sie das geeignete Werbemedium: a) Plakat DIN A3, b) Werbung für Radio, c) Fernsehwerbung.

6 **Finden Sie Beispiele für vergleichende Werbung.**

Schaubilder auswerten und gestalten

1 **Stellen Sie statistisches Zahlenmaterial von Ihrer Lerngruppe zusammen.**
- Wie viele Mitglieder sind weiblich/männlich, unter 18 Jahren/volljährig?
- Wie viele wohnen am Schulort, wie viele außerhalb? ...

2 **Erstellen Sie Schaubilder (Diagramme), die das statistische Material veranschaulichen.**

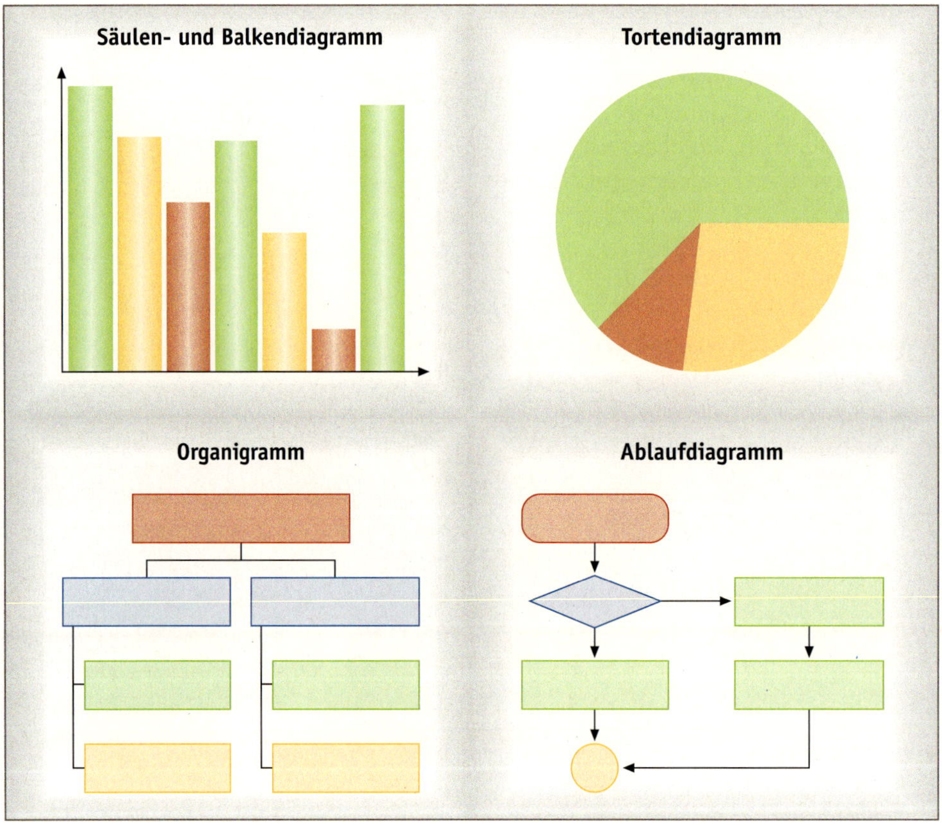

3 **Welche Diagrammform ist für welche Informationen geeignet?**

4 **Werten Sie folgende Schaubilder aus:**

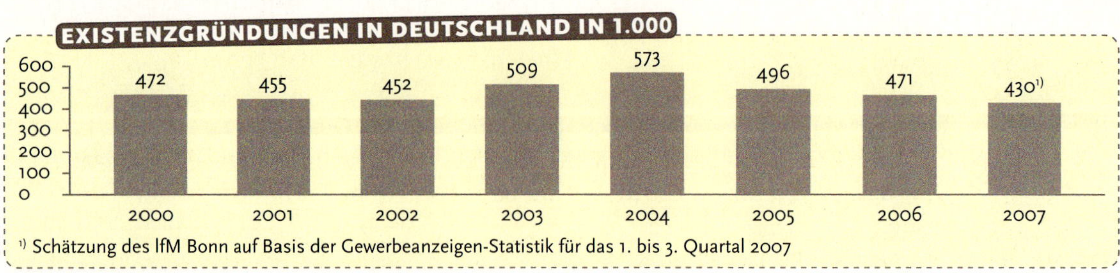

Quelle: Institut für Mittelstandsforschung Bonn 2008

DER WEG IM TAXI

Taxi-Fahrpreise für 5 Kilometer

International	Angaben in Euro
Zürich	17,60
London	16,90
Amsterdam	14,30
New York	9,60
Singapur	5,10
Vilnius	3,90
Buenos Aires	2,10
Manila	1,20
Lima	1,10
Dehli	0,70
National	Angaben in Euro
Stuttgart	17,60
Frankfurt	16,90
München	14,30
Bremen	9,60
Leipzig	5,10
Hannover	3,90
Hamburg	2,10
Berlin	1,20
Duisburg	1,10
Dresden	0,70

Quellen: taxiaktuell 09/2008, Taxi Magazin 2007

aus: FAZ, 15./16.11.2008, Nr. 268, C2

GEHÄLTER IM GESUNDHEITSWESEN

Jährliche durchschnittliche Vergügung in Euro (2007)

Mit Personalverantwortung	
Chefarzt/Niedergelassener Arzt	123 100
Oberarzt	91 800
Geschäftsführer	91 300
Apotheker	63 800
Heim-/Pflegedienstleister	48 300
Ohne Personalverantwortung	
Facharzt	67 800
Pharmareferent	57 700
Assistenzarzt	47 800
Krankenschwester	31 300
Med./Techn. Assistent	31 300
Laborkraft	30 100
Physiotherapeut	27 700
allg. Pflegepersonal	27 700
Arzthelfer	24 600

Quelle: www.personalmarkt.de
F.A.Z.-Grafik Walter

aus: FAZ, 15./16.11.2008, Nr. 268, C1

UMFRAGE

Merkel und die Krise ...
Sie macht ihre Arbeit: *in %*

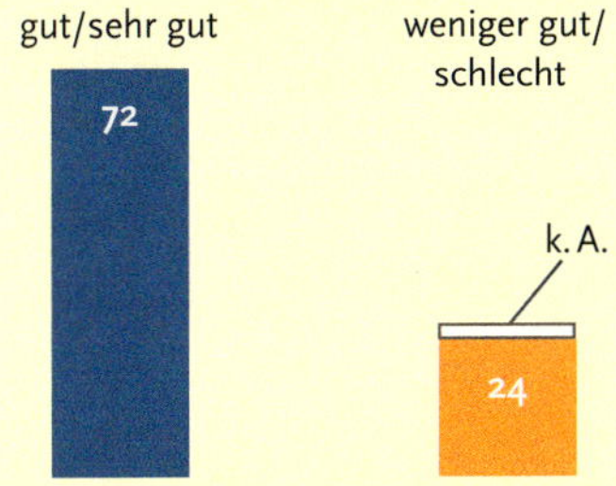

ARD-Deutschlandtrend/Infratech dimap

Steinbrück und die Krise ...
Er macht seine Arbeit: *in %*

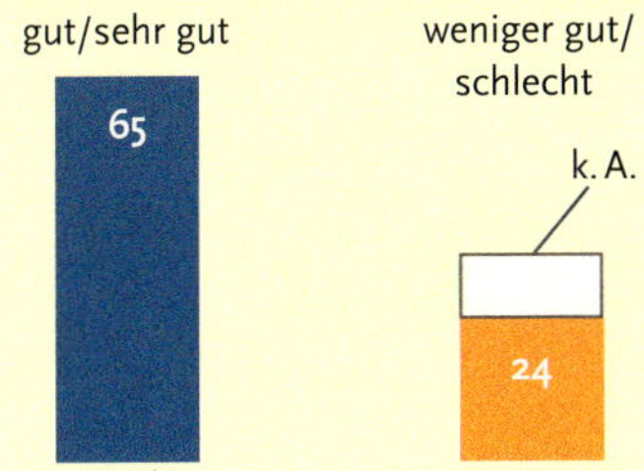

ARD-Deutschlandtrend/Infratech dimap

aus: FAZ, 09.11.2008, Nr. 45, S. 41

FOLGENDE FRAGEN GEBEN HILFESTELLUNG BEI DER AUSWERTUNG DES SCHAUBILDES

- Was ist das Thema des Schaubildes?
- Welche Form der Darstellung wurde gewählt?
- Welche ersten Ergebnisse kann ich aus der Darstellung ziehen (Darstellung eines Zustandes, einer Entwicklung, eines Prozesses, einer hierarchischen Struktur ...)?
- Welche Inhalte werden dargestellt, welche genauen Daten, Prozesse, Beziehungen, Widersprüche, Überschneidungen ... werden im Bild verdeutlicht?

ZUSÄTZLICHE FRAGEN BEI STATISTISCHEN SCHAUBILDERN

- Was genau kann miteinander verglichen werden?
- Welche Veränderung zeigen die Daten?
- Gibt es eine Entwicklung, einen Trend? In welche Richtung?
- Welche Messungen/Werte zeigen den Mittelwert an?
- Welche Werte stehen weit über/weit unter dem Mittelwert?

5 **Suchen Sie in der Presse oder im Internet nach Schaubildern zu verschiedenen Themenstellungen wie Klimaveränderung oder Hungerproblem der Menschheit.**

6 **Werten Sie die Schaubilder aus. Wählen Sie eines der Schaubilder und verfassen Sie dazu eine kurze Meldung für eine Tageszeitung.**

Umfragen durchführen und auswerten

Umfragen begegnen uns in Zeitungen, im Fernsehen oder auf der Straße. Die Formen der Befragung sind z. B. Interview, die Telefonumfrage oder die Umfrage mit Hilfe eines Fragebogens. Die Momentaufnahme einer Umfrage ist erst repräsentativ, wenn genügend Teilnehmer befragt wurden. Um aussagekräftige Ergebnisse zu bekommen, werden die Personen nach bestimmten Auswahlkriterien (Alter, Familienstand, Beruf, Einkommen ...) zu Gruppen zusammengefasst. Die richtige Fragestellung ist Grundlage für aussagekräftige Ergebnisse.

FRAGETYPEN

Offene Fragen
- Die Antwort des Befragten ist für alle Möglichkeiten offen.
- Wie schätzen Sie die Situation ein?; W-Fragen

Bewertungsfragen
- Was halten Sie von ...?

Mehrfachnennungen
- Der Befragte kann mehrere eigene Antworten geben.
- Welche Chancen sehen Sie für ...?

Skalierungsfragen
- Möglichkeit, innerhalb einer Skala zu antworten (z. B. ja/teilweise/kaum/gar nicht)

Mehrfachvorgaben
- Mehrere Antwortmöglichkeiten sind vorgegeben (Gründe für den Besuch einer weiterführenden Schule: Weiterbildung/Arbeitslosigkeit/Qualifizierung ...).

Multiple Choice
- Der Befragte soll sich zwischen mehreren Antwortmöglichkeiten entscheiden.

Alternativfragen
- ja/nein

KRITERIEN ZUR ERSTELLUNG EINES FRAGEBOGENS

- klar und präzise
- einfach verständlich
- eindeutig und kurz
- sich nicht überschneidend
- pro Frage nur einen Punkt abfragen
- evtl. Platz für Ergänzungen lassen

Meist geben anonyme Fragebögen ein ehrlicheres und damit genaueres Bild.

1 **Um ein demokratisches Meinungsbild zu bekommen, eignet sich eine Umfrage. Wann und wo wird man im täglichen Leben mit Umfragen konfrontiert?**

2 **Mit welchen Fragetypen erhält man präzise auswertbare Ergebnisse?**

3 **Werten Sie verschiedene Medien (Tageszeitung, Internet) nach den Fragetypen aus.**

4 **Erstellen Sie mit Hilfe eines Textverarbeitungsprogramms einen Fragebogen.**

5 **Um Daten besser auswerten zu können, verwendet man Diagramme. Werten Sie Ihre Umfrageergebnisse grafisch aus und heben Sie Auffälligkeiten hervor.**

6 **Welche Manipulationsmöglichkeiten gibt es bei der Darstellung von statistischen Erhebungen?**

UMFRAGE ZUM THEMA MEDIENVERHALTEN VON JUGENDLICHEN IN DER FREIZEIT

Die Angaben bleiben anonym.

Alter: ___?___ [?] weiblich [?] männlich

Mit wem verbringst du deine Freizeit?
[?] a) allein
[?] b) mit einem Freund/einer Freundin
[?] c) mit mehreren guten Freunden/Freundinnen in einer Clique
[?] d) mit Familienmitgliedern
[?] e) unterschiedlich

Spielst du ein Instrument?
[?] ja [?] nein

Wie viele Stunden deiner Freizeit verwendest du durchschnittlich pro Tag für die folgenden Medien?
a) Fernsehen/Filme: ___?___ Stunden
b) Radio/Musik: ___?___ Stunden
c) Bücher/Zeitschriften/Zeitungen: ___?___ Stunden
d) Computer/Internet/Spiele ___?___ Stunden

Wie oft beschäftigst du dich mit Musikhören?
[?] a) nie
[?] b) manchmal
[?] c) häufig

Wie oft beschäftigst du dich mit dem Lesen von Büchern?
[?] a) nie
[?] b) manchmal
[?] c) häufig

Welches Buch hast du zuletzt gelesen? ___?___

Mit welcher Schulnote bewertest du die Qualität des Nachmittagsprogramms im Fernsehen? [?]

Könntest du dir vorstellen, für eine Woche auf Bildschirme jeglicher Art zu verzichten?
[?] keinesfalls [?] vielleicht [?] ja

7 **Bewerten Sie die Aussage: Traue nie einer Statistik, die du nicht selbst gefälscht hast.**

Mit Filmen umgehen

Filme analysieren und interpretieren

Auch Filme lassen sich wie Texte analysieren und interpretieren. Dabei kann man beispielsweise folgende Kategorien in den Blick nehmen:

BILDANALYSE: EINSTELLUNGSGRÖSSEN – PERSPEKTIVEN – KAMERABEWEGUNGEN

Einstellung: kleinste filmische Einheit (shot), Zeitraum zwischen zwei Schnitten
Einstellungsgrößen: Abstand des abgebildeten Objekts zur Kamera
Panorama/Weit: Landschaftsaufnahme, der Einzelne verliert sich in der Landschaft, häufig Einführungs- oder Schlussbilder
Totale: Abbildung einer oder mehrerer Personen, wobei die Umgebung im Vordergrund steht. Ziel ist die räumliche Orientierung für den Zuschauer.
Halbtotale: Die Person ist ganz zu sehen, ausgewogenes Verhältnis von Person und Umgebung; die Person gewinnt Eigengewicht.
Halbnah: Die Person ist bis zu den Knien/Oberschenkeln sichtbar, Beziehung zu anderen Personen/Gegenständen wird aufgebaut, Betonung der Gestik der Person.
Amerikanisch: Die Person ist ab Hüfte aufwärts zu sehen (Entlehnung: amerikanischer Western).
Nah: Brustbild bzw. Darstellung der Person bis zum Bauch, Mimik und Gestik stehen im Vordergrund.
Groß: Darstellung eines Gesichts, innere Befindlichkeit der Person wird gezeigt
Detail: Abbildung eines Details, z. B. ein Auge, Finger etc.
Perspektiven: Die Kamera gibt die Perspektive vor, unter der der Zuschauer ein Geschehen wahrnimmt.
Normalsicht/Augenhöhe: Die Kamera ist auf Augenhöhe mit der Person, wie in der alltäglichen Wahrnehmung.
Untersicht/Froschperspektive: Die Kamera blickt von unten nach oben, die abgebildeten Personen/Gegenstände wirken häufig bedrohlich.
Aufsicht/Vogelperspektive: Die Kamera blickt von oben nach unten; die abgebildeten Personen/Gegenstände wirken häufig klein und hilflos.
Kamerabewegungen: Die Bewegung der Kamera nimmt die erzählende Funktion im Film ein. Dabei kann der Zuschauer in das Geschehen einbezogen oder nicht einbezogen werden. Bei einem Schwenk behält die Kamera während des Films einen festen Standpunkt. Bei der Fahrt wird auf einem Kamerawagen gefahren.

HANDLUNG UND FIGUR

Figuren und **Schauspieler** bilden zusammen den **Charakter** einer Rolle im Film. Schon bei der Entwicklung der Filmhandlung muss eine Vorstellung von den Gefühlen, Leidenschaften, Komplexen, Hoffnungen und Motivationen einer Figur vorhanden sein. Dabei können folgende Leitfragen helfen:

- Wann, wo und wie lebt die Figur?
- Wer ist die Familie?
- Wie ist die äußere Erscheinung?
- Wie ist ihre soziale Lage?
- Wie sind die persönlichen Charakterzüge? Ist sie eher introvertiert/extrovertiert, rational/emotional?
- Welche Wünsche, Ängste hat sie?
- Welche Bildung hat sie? Welchen Beruf?
- Welche Freunde bzw. Feinde hat sie?
- Wie verhält sie sich gegenüber anderen?

EINE FILMSZENE ANALYSIEREN

Im Film bedeutet „Szene" ein in sich geschlossener Handlungszusammenhang. Zur Analyse von Szenen können folgende Leitfragen helfen:

Handlung
- Wer ist beteiligt? Wer kommt hinzu?
- Wer ist Haupthandlungsträger? Wo war er vor der Szene, wohin wird er nachher gehen? Was will er?
- Welche Schwierigkeiten, welche Konflikte entstehen?

Ort
- Wo spielt die Szene? Draußen? Drinnen?
- Welche Bedeutung hat der Ort für die Handlung?

Zeit
- Wann spielt die Szene? Tag? Nacht?
- Wie ist das Verhältnis von Darstellungszeit (Zeit, in der man die Szene sieht) und dargestellter Zeit (Zeit, die die Szene umfasst)?
- Wird mehr gesprochen oder ist die Szene eher visuell?
- Welche Themen werden angedeutet?

TON

Sprache, Geräusche und Musik werden auf der Tonspur des Films gespeichert und wiedergegeben. Bei der Sprache stehen die Dialoge der Figuren sowie Kommentare aus dem Off (eines Erzählers oder einer Figur) im Vordergrund. Geräusche begleiten in der Regel die Handlung. Musik kann ebenfalls diese Funktion erfüllen oder die Handlung „kommentieren".

1 **Wählen Sie eine Szene aus Ihrem Lieblingsfilm. Bearbeiten Sie die folgenden Aufgaben zunächst für sich und stellen Sie Ihre Ergebnisse dann Ihren Mitschülern vor.**

Geben Sie in ein bis zwei Sätzen den Inhalt sowohl des Films als auch der betreffenden Szene wieder.
Nehmen Sie eine Bildanalyse vor, die so genau wie möglich aus dem Gedächtnis die Einstellungen beschreibt (Musik, Ort etc.). Gehen Sie dann darauf ein, welche Wirkung die von Ihnen beschriebenen filmischen Mittel auf die Atmosphäre haben.

2 **Wählen Sie einen Film, den Sie gerne als Buch lesen würden. Erklären Sie, was Ihnen am Film gut gefallen hat und worin Probleme bzw. Gewinn einer Umformung bestehen könnte**

Unterschiedliche Medien miteinander vergleichen

VERGLEICHSKRITERIEN

Inhalte
- identisch
- unterschiedlich

Form des Beitrags
- faktenorientiert, neutral
- reißerisch, subjektiv
- appellierend

Länge des Beitrags
- in Minuten
- in Zeilen
- in Seiten

Informationsgehalt
- vollständig beantwortet
- lückenhaft beantwortet, Fragen bleiben offen
- falsch/richtig beantwortet

Absicht
- Information
- Unterhaltung
- Manipulation

Sprache
- einfach, leicht verständlich
- kompliziert, schwer verständlich
- viele Fachbegriffe
- Umgangssprache

Berichterstatter
- Reporter, Journalist
- Experte
- Augenzeuge
- Betroffener

Bilder
- sachlich, veranschaulichend
- reißerisch
- farbig/schwarz-weiß
- Größe
- bewegt

Musik
- Auswahl
- Funktion
- Stimmung

EINFLUSSFAKTOREN

MEDIENAUSWAHL

- Welches Medium bietet die besten Chancen, an die benötigten Informationen zu kommen?
- Eignet sich die Form der Information?
- Welche Kosten entstehen bei der Informationsbeschaffung?
- Sind die Informationen regelmäßig verfügbar?

Alkoholkonsum W. Bartens

Der Preis des Saufens

Exzessiver Alkoholkonsum könnte schlimmere Folgen haben als bisher vermutet. Forscher warnen nun vor einem extremen Anstieg der Demenz-Erkrankungen.

Dass bei jedem Vollrausch Zehntausende Nervenzellen verloren gehen, wissen auch geübte Zecher. An ihrem Verhalten ändert das jedoch wenig. Entweder haben sie sich bereits so sehr um den Verstand getrunken, dass die Folgen nicht mehr beunruhigend wirken – oder sie halten den Verlust für nicht so gravierend. Schließlich verfügt sogar ein nur wenig beanspruchtes Gehirn vermutlich über mehr als 100 Milliarden Nervenzellen. Nach neueren Schätzungen sind es sogar bis zu einer Billion Neuronen.

Dass die Schäden durch exzessiven Alkoholkonsum schlimmer sein könnten als bisher vermutet, legen neue Untersuchungen aus Großbritannien nahe. Die Psychiater Susham Gupta und James Warner warnen davor, dass Alkohol zu weitaus mehr Demenz-Erkrankungen führt, als Forscher annehmen (British Journal of Psychiatry, Bd. 193, S. 351, 2008).

Zahl der Alkoholkonsumenten hat sich verdoppelt

Die beiden Ärzte aus London berichten, dass in Großbritannien die Menschen mittlerweile etwa doppelt so viel Alkohol trinken wie in den 1960er-Jahren. Ein ähnlicher Trend sei in anderen Industrienationen zu beobachten, was daran liegen könnte, dass Alkohol immer noch verhältnismäßig billig sei. Im Vergleich zum durchschnittlichen Haushaltseinkommen habe sich der Preis für Alkoholika in den vergangenen 40 Jahren sogar halbiert.

1 **Fassen Sie den Inhalt des Textes zusammen.**

2 **Bearbeiten Sie den Zeitungsartikel für ein anderes Medium:**
- Gestalten Sie eine Kurzmeldung eines Radiosenders.
- Tragen Sie Ihre Nachrichten als Sprecher im Fernsehstudio vor.

RASTER FÜR EINEN ZEITUNGSVERGLEICH

	überregionale Zeitung	Lokalzeitung	Wochenzeitschrift	Vergleich mit der jeweiligen Internetausgabe
Preis	?	?	?	?
Farbe	?	?	?	?
Titelseite	?	?	?	?
Zielgruppe	?	?	?	?
Aufbau	?	?	?	?
Bilder	?	?	?	?

3 **Suchen Sie Zeitungen der unterschiedlichen Kategorien und füllen Sie das Raster für einen Zeitungsvergleich aus.**

Fachbegriffe für den Sprachunterricht

GLOSSAR

Adjektiv	Eigenschaftswort, Wie-Wort Adjektive kennzeichnen die Eigenschaften von Personen, Sachen, Begriffen und Sachverhalten; sie drücken aus, **wie** etwas ist. *Beispiele: schön, klein, freundlich ...*
Adverb	Umstandswort Adverbien bestimmen die **näheren Umstände** eines Sachverhalts. *Beispiele: hier, morgen, nah ...*
Akkusativ	4. Fall, Wen-Fall Akkusativobjekt = Satzergänzung im 4. Fall, Ergänzung eines Verbs im 4. Fall *Beispiel: Du holst **den Schuh**.*
Aktiv	Tätigkeitsform Die Aktionsform Aktiv drückt aus, dass ein Vorgang aus der Sicht des Handelnden dargestellt wird. *Beispiele: Er weint. Sie schießt das Tor.*
Artikel	Geschlechtswort Artikel kennzeichnen als Begleiter eines Nomens dessen grammatisches Geschlecht. *Beispiele: bestimmter A. = **der** Mann, **die** Frau, **das** Kind* *unbestimmter A. = **ein** Mann, **eine** Frau, **ein** Kind*
Attribut	Beifügung, Begleiter Attribute begleiten andere Wörter. Ihr Inhalt bestimmt den Inhalt der Wörter, denen sie beigefügt sind, genauer. *Beispiele: ein **biegsamer** Stahl, der Fahrer **des roten Pkw***
Dativ	3. Fall, Wemfall Dativobjekt = Satzergänzung im 3. Fall, Ergänzung eines Verbs im 3. Fall *Beispiel: Das Buch gehört **der jungen Frau**.*
Deklination	Beugung Deklination ist die Formveränderung von Nomen, Artikeln, Adjektiven, Pronomen und Numeralien, damit sinnvolle Sätze entstehen. deklinieren = beugen, verändern, abwandeln
Femininum	weibliches Geschlecht Ein Femininum ist das grammatische weibliche Geschlecht eines Nomens. *Beispiele: die Sonne, die Frau*
Futur	Zukunft Die Zeitform Futur drückt eine in der Zukunft zu erwartende Handlung oder einen zu erwartenden Zustand aus. **Futur I** = Zukunft *Beispiel: Wir **werden** nächstes Jahr reich **sein**.* **Futur II** = vollendete Zukunft *Beispiel: Wenn ihr wiederkommt, dann **werden** wir schon **weggezogen sein**.*
Genitiv	2. Fall, Wes-Fall Genitivobjekt = Satzergänzung im 2. Fall *Beispiel: der Waldhüter **des Grafen*** Ergänzung eines Verbs im 2. Fall *Beispiel: Sie gedenken **der Toten**.*
Genus	Geschlecht Das Genus benennt das **grammatische Geschlecht** eines Nomens, eines Adjektivs und eines Pronomens. *maskulin – feminin – neutral = männlich – weiblich – sächlich*

GLOSSAR

Gliedsatz	Nebensatz Ein Gliedsatz ist ein Satz, der, um seinen Informationsgehalt verstehen zu können, von einem anderen Satz abhängig ist. *Beispiel: Das Haus,* ***das der Urgroßvater gebaut hatte****, stand immer noch.*
Grammatik	Sprachlehre Die Grammatik einer Sprache beschreibt den Bau und die Struktur dieser Sprache, ihre Form und ihre Regeln.
Grundform	Infinitiv, Nennform Mit Grundform bezeichnet man das ungebeugte Verb. *Beispiele: machen, lachen, krachen ...*
Hauptsatz	eine normal und inhaltlich abgeschlossene Aussage Der Hauptsatz besteht mindestens aus einem Subjekt und einem Prädikat. *Beispiel: Die Aufführung war wunderschön anzuschauen.*
Imperativ	Befehlsform Der Imperativ fordert zu einer Handlung auf. *Beispiele: Hilfe! Komm her!*
Imperfekt	Vergangenheit, auch: Präteritum Die Zeitform Imperfekt drückt aus, dass ein Geschehen oder Zustand der Vergangenheit angehört. *Beispiele: Ich* ***ging*** *in die Disco. Es* ***war*** *furchtbar.*
Indikativ	Wirklichkeitsform Der Indikativ drückt die Wirklichkeit einer Handlung oder eines Zustandes aus. *Beispiele: Sie hören gerade Musik. Der Autor liest sein Buch.*
Kanal	In der Kommunikationslehre eine vereinbarte Verständigungsebene zwischen einem Sender und einem Empfänger (Sprache, Schrift, Morsen, ...)
Kasus	Fall, 1.–4. Fall; Einzahl und Mehrzahl Der Kasus bezeichnet die Rolle, die ein Nomen, Pronomen oder Adjektiv in einem Satz spielt. Erkennbar ist ein Kasus oft an der Endung des gebeugten Wortes. *Beispiel: Das Schiff des Mannes sah so alt aus, wie sein grauer Bart lang war.*
Kode	Schlüssel der Verständigung Umsetzung von Vorstellungen, Gedanken und Gegenständen in Begriffe vgl.: semantische Kodierung
Konjugation	Beugung Konjugieren ist die Formveränderung eines Verbs innerhalb eines Satzes. *Beispiel: ich liebe, du liebst, sie liebt, wir lieben*
Konjunktion	Bindewort s. „Satzgefüge" und „Satzverbindung"
Konjunktiv	Möglichkeitsform Mit dem Konjunktiv drückt man aus, dass man sich einen Sachverhalt a) als Möglichkeit vorstellt. *Beispiel: Ich könnte sie küssen.* b) herbeiwünscht. *Beispiel: Wäre doch schon Feierabend!* c) nicht selbst sagt, sondern davon berichtet. *Beispiel: Er sagte, es sei nun zu spät.*
Konsonant	Mitlaut Konsonanten heißen die Buchstaben, die beim Aussprechen zum Klingen einen Vokal brauchen, also: *b,c,d,f,g,h,j,k,l,m,n,p,q,r,s,t,v,w,x,y,z*

GLOSSAR

maskulin	männlich Maskulinum = männliches Geschlecht Ein Maskulinum ist das grammatische männliche Geschlecht eines Nomens. *Beispiele: der Apfelbaum, der Eimer, der …*
neutral	sächlich Neutrum = sächliches Geschlecht Ein Neutrum ist das grammatische sächliche, neutrale Geschlecht eines Nomens. *Beispiele: das Kind, das Rad, das …*
Nomen	Nennwort, auch: Dingwort, Namenwort, Hauptwort, Substantiv Nomen sind Wörter, mit denen man Lebewesen, reale und abstrakte Dinge benennt. *Beispiele: Fritz, Hund, Brot, Freundschaft, Hass, …*
Nominativ	1. Fall, Wer-Fall, Nominativergänzung *Beispiel: Sie ist die beste Läuferin.*
Numerale	Zahlwort Das Numerale (bestimmtes und unbestimmtes) drückt eine Anzahl, eine Reihenfolge, eine Vervielfachung oder einen Teil aus. *Beispiele: drei, fünftens, einige, viertel*
Numerus	Einzahl und Mehrzahl Der Numerus drückt die Anzahl der durch Wörter in einem Satz bezeichneten Personen, Gegenstände und Handlungen aus.
Objekt	Satzergänzung Das Objekt ergänzt die Aussage des Prädikats in einem Satz. *Beispiel: Die Verkäuferin reicht der Kundin das Brot über den Ladentisch.*
Präposition	Verhältniswort Eine Präposition gibt die Beziehung, das Verhältnis zwischen Wörtern an. *Beispiele: zwischen, neben, seitwärts, unter, mit*
Prädikat	Satzaussage Das Prädikat sagt aus, was das Subjekt tut, was es macht. Es wird durch ein Verb gebildet.
Präsens	Gegenwart Die Zeitform Präsens drückt aus, dass ein Geschehen oder Zustand zur Zeit des Sprechens/Schreibens andauert. *Beispiele: Sie liest gerade einen Comic. Wir arbeiten.*
Präteritum	Vergangenheit, Imperfekt Die Zeitform Präteritum drückt aus, dass ein Geschehen oder Zustand der Vergangenheit angehört. *Beispiele: verschloss, fiel, schlief, verblühte*
Passiv	Leideform Die Aktionsform Passiv drückt aus, dass eine Handlung aus der Sicht des Betroffenen dargestellt wird. *Beispiele: Er wurde geschlagen. Ihr wird gratuliert.*
Perfekt	vollendete Gegenwart Die Zeitform Perfekt drückt ein zwar vollendetes Geschehen oder einen vollendeten Zustand aus, der aber noch nicht der Vergangenheit angehört, vielmehr in die Gegenwart hineinwirkt. *Beispiele: Meine Freundin **hat** mich **verlassen**.*
Person	Die grammatische Person unterscheidet durch unterschiedliche Pronomen und Beugen des Verbs den Sprecher vom Angesprochenen und vom Besprochenen. *Beispiele: ich, du, er, wir, ihr, sie*
Plural	Mehrzahl Der Plural drückt eine Mehrzahl von Wesen und Dingen durch beugbare Wörter aus. *Beispiele: drei Kinder, die Eltern …*

GLOSSAR

Plusquam-perfekt	vollendete Vergangenheit Die Zeitform Plusquamperfekt wird ausschließlich zur Herstellung einer zeitlichen Beziehung zwischen zwei Handlungen oder Zuständen benutzt. *Beispiel: Nachdem ich den Fußgänger* ***bemerkt hatte****, bremste ich.*
Pronomen	Fürwort Pronomen werden anstelle des Nomens gebraucht. *Beispiele: ich, du, er, sie – sein, euer, euch, …*
Satzgefüge	**Hypotaxe** In einem Satzgefüge sind Haupt- und Nebensätze verbunden. Die Nebensätze ergänzen die Information des Hauptsatzes und sind von ihm abhängig; sie beginnen mit einem untergeordneten Bindewort oder einem bezüglichen Pronomen oder einem Fragewort, werden durch Komma vom Hauptsatz getrennt und enden mit einem Verb. *Untergeordnete Bindewörter sind: weil, dass, als, während, da, nachdem, obwohl, falls, soweit, …*
Satzglied	Prädikat, Subjekt sowie Objekte und Umstandsbestimmungen eines Satzes bezeichnet man als Satzglieder. *Beispiel: Gerd (S) holt (P) den Wein (Akk.-Objekt) aus dem Keller. (U.-best d. Ortes)*
Satzverbindung	**Parataxe** Eine Satzverbindung besteht aus zwei oder mehreren Hauptsätzen mit je selbstständigen Aussagen, die aber sinngemäß zusammengehören. Sie werden durch gleichordnende Bindewörter verbunden. Gleichordnende Bindewörter sind: *und, denn, aber, oder, sondern, sowohl … als auch, außerdem, …* *Beispiel: Kommen Sie und schauen Sie diese Blumen.*
Semantische Kodierung	Bestimmung des inhaltlichen Gehaltes eines Wortes
Semiotik	Lehre der verwendeten Zeichen innerhalb einer Sprachgemeinschaft
Singular	Einzahl *Beispiel: Die Schnepfe ist ein Vogel.*
Subjekt	Satzgegenstand Das Subjekt eines Satzes bezeichnet die Person oder Sache, die handelt. Subjekt und Prädikat bilden die Grundeinheiten eines Satzes.
Tempus	Zeitform Das beugbare Verb lässt sich in die verschiedenen Zeitformen bringen und bestimmt damit, wie und wann das Geschehen abläuft *Zeitformen: Gegenwart/Vergangenheit/Zukunft*
Umlaut	auch: Diphthong Klangveränderung eines Vokals durch einen zusätzlichen Vokal *Beispiele: eu, au, oe, ü, ö, …*
Umstands-bestimmung	Satzergänzung Umstandsbestimmungen geben das Verhältnis eines Satzteiles zum Prädikat an. *Beispiel: Hagen tötete Siegfried* ***frühmorgens an der Quelle****.*
Verb	Tätigkeitswort, Zeitwort Verben drücken die Tätigkeit oder den Zustand aus, in dem sich eine Person oder Sache befindet. *Beispiele: lachen, krachen, machen, …*
Vokal	Selbstlaut Die Buchstaben, die die klangvolle Aussprache bestimmen, nennt man Vokale, also: *a, e, i, o, u*
Wortschatz	Anzahl der Worte, die Menschen nutzen und die zur absichtsvollen Verständigung notwendig ist.
Zeichenmenge	die Menge von Zeichen und Worten, deren sich eine Sprache zur Konstruktion oder Verständigung bedient Semiotik = Lehre der Zeichen einer Sprache

Sprachvarietät und Sprachwandel

Standardsprache
Die Standardsprache ist eine allgemein verbindliche (genormte) Sprachform einer Sprachgemeinschaft – im Gegensatz zu Mundarten und Umgangssprache.

Sprachvarietät
Sprachvarietät meint in der Sprachwissenschaft die Teilmenge einer Einzelsprache, die die Einzelsprache ergänzt oder modifiziert, aber nicht unabhängig von ihr existieren kann. Im Aufbau unserer und vieler anderer Sprachen lassen sich verschiedene Varietäten unterscheiden.

VARIETÄTEN

geografischer Bezug (diatopisch)
- Dialekte
- Regiolekte

In Bezug auf die Gesellschaftsschicht (diastratisch)
- Identität der Sprecher: Jugendsprache, Idiolekt, Frauensprache/Männersprache
- Zugehörigkeit zu einer Schicht oder Gruppe: Soziolekt, Gruppensprache

In Bezug auf die Kommunikationssituation (diaphasisch):
- Fachsprache
- Umgangssprache

Männersprache – Frauensprache

Zahlreiche Sprachwissenschaftler stimmen darin überein, dass es tatsächlich nachweisbare Unterschiede in der Sprache der Geschlechter gibt. Ein paar Beispiele:
- Sprachliche Einwürfe wie „mhm" und „ja" bedeuten für Frauen „ich höre dir zu, mach weiter", während Männer darunter „Ich bin einverstanden" verstehen;
- Männer stellen Fragen, um Informationen zu bekommen; Frauen, um Gespräche in Gang zu halten;
- Sprecherinnen beziehen sich explizit auf den Vorredner und signalisieren so Anerkennung und Solidarität; Männer ignorieren vorangegangene Beiträge häufiger;
- während Frauen offene Aggression und Konfrontation eher vermeiden, sehen Männer darin ein Instrument, die Konversation voranzutreiben;
- Männer wechseln Themen abrupt; Frauen entwickeln sie während des Sprechens und verändern sie nur graduell;
- Frauen diskutieren eher miteinander, um Erfahrungen auszutauschen und seelische Unterstützung anzubieten; Männer interpretieren Gespräche über Probleme als unausgesprochene Bitte um pragmatische Lösungsvorschläge;
- in öffentlichen Redesituationen beanspruchen Männer mehr Redezeit und unterbrechen häufiger, sie beziehen Frauen seltener mit ein als umgekehrt.

Nach Ansicht vieler werden Sprachbarrieren schon in der Kindheit errichtet. Vom Kindergartenalter an gehen die Geschlechter lieber getrennte Wege und entwickeln dabei Sprachkodes, die ihnen vor allem die Verständigung untereinander garantieren.

1 **Finden Sie konkrete Beispiele oder Gegenbeispiele zu den jeweiligen Aussagen. Überlegen Sie: Ist es nur nachteilig, dass Verstehens- und Wahrnehmungsunterschiede bestehen?**

Sprachwandel

Zu allen Zeiten war die deutsche Sprache Veränderungen unterzogen. Das mittelalterliche Deutsch unterscheidet sich aufgrund des jahrhundertelangen Sprachwandels so enorm, dass nur noch besonders ausgebildete Wissenschaftler es verstehen. Heute ist die Sprache durch die weltweite Vernetzung der Kommunikation Einflüssen ausgesetzt, die sich in einer auffälligen Veränderung der Sprache bemerkbar machen.

Begriffe aus dem Englischen prägen die Sprache in einem derartigen Ausmaß, dass manche bereits befürchten, dass man das Deutsche nur noch mit Fremdwörter-Lexikon verstehen kann. Nicht nur in der Jugendsprache („cool“ etwas „checken“, „chillen“) hält das Englische Einzug ins Deutsche, in fast allen technischen Bereichen werden die deutschen Begriffe von englischen ersetzt (Personal Computer, Website, Mailbox). Im Bereich des Geschäftslebens werden bisher gebräuchliche deutsche Begriffe zunehmend von englischen oder englisch lautenden Wörtern verdrängt. Manager laden nicht mehr zu einem Treffen oder einer Verabredung ein, sondern zu einem „Meeting“, um danach nicht Arbeitsgruppen zu bilden, sondern Teams, in denen die Basics oder Skills bearbeitet werden. Auch die Alltagssprache ist voll von englischen Wörtern. Ob in der Werbung, der Modebranche oder im Freizeit- und Sportbereich, keine Sparte ist davon ausgenommen.

Kritiker sehen die Gefahr, dass durch die Anglisierung ein dauerhafter Verfall der deutschen Kultur zu befürchten sei; im Übrigen würden durch den häufigen Gebrauch englischer Wörter im Deutschen bestimmte Teile der Bevölkerung (insbesondere ältere Menschen) überfordert und damit benachteiligt oder aus dem gesellschaftlichen Leben ausgeschlossen.

Jil Sander – Neuanfang mit 60 Jahren

Disziplin, Understatement und eine präzise Vision der Bedürfnisse moderner Menschen prägen das Leben der Designerin. Ihr Werk kann ohne Übertreibung mit den Leistungen einiger Bauhaus-Künstler in der Architektur verglichen werden. Neben Giorgio Armani hat maßgeblich Jil Sander der Mode zu einer klaren Formensprache verholfen. Handwerkliche Perfektion und zeitlose Ästhetik verbinden sich bei ihr zu einem Ganzen. „Queen of the Less“ heißt sie in der Modeszene. Ihre Philosophie, dass weniger mehr sei, wirkte zu Beginn ihrer Karriere revolutionär. […]

Heute ist Jil Sander AG ein Imperium mit Damen- und Herrenmode, Taschen, Schuhen, Brillen und Kosmetik. Trotz einiger Rückschläge setzt Jil Sander mit beispielloser Energie und großem Erfolg ihre Idee einer tragbaren und doch sinnlichen Mode um. Der Gipfelpunkt ihrer Laufbahn schien mit der 1997 herausgebrachten und hymnisch aufgenommenen Herrenlinie erreicht. Ihr Denken war damals offenbar derart in der internationalen Modewelt verankert, dass der Verein Deutsche Sprache ihr den Titel „Sprachschuster des Jahres“ für ihr haarsträubendes „Denglisch“ verlieh. Sander hatte in einem Interview mitgeteilt: „Allerdings geht unser voice auch auf bestimmte Zielgruppen. Wer Ladyisches will, searcht nicht bei Jil Sander. Man muss Sinn haben für das effortless, das magic meines Stils.“

1 **Formulieren Sie das Thema des Zeitungsartikels.**

2 **Beschreiben Sie die Bedeutung folgender Begriffe aus dem Text: Designerin, Damenkollektion, Triumph, Disziplin, Understatement, Vision, Perfektion, Ästhetik.**

3 **Schlagen Sie in einem Fremdwörterlexikon die Begriffe nach. Waren Ihre Beschreibungen treffend?**

4 **Erklären Sie den Begriff „Denglisch“.**

5 **Versuchen Sie, die Aussage des Satzes „Wer Ladyisches will …“ (Z. 28 f.) von Jil Sander zu erläutern.**

Umgehen mit dem Rechtschreiblexikon

Diese Informationen können Sie aus einem Eintrag in einem Rechtschreiblexikon gewinnen:

① **Creme**, ② die; ③ -, ④ *Plur.* -s, *schweiz. u. österr.* -n ⑤ [krɛ:mən], ⑥ Krem, Kreme ⑦ <franz.> ⑧ (Salbe zur Hautpflege; Süßspeise; Tortenfüllung; *nur Sing.*: gesellschaftl. Oberschicht);

⑨ **Ka|si|mir** ⑧ (m. Vorname)

① = (empfohlene) Schreibweise

② = Artikel (Geschlechtswort)

③ = Genitiv Singular (2. Fall Einzahl)

④ = Plural (Mehrzahl); evtl. national unterschiedliche Bildung

⑤ = Aussprache in internationaler Lautschrift

⑥ = Schreibvarianten; neue Schreibung nach der Rechtschreibreform in roter Farbe

⑦ = Wortherkunft

⑧ = Bedeutungserläuterung

⑨ = bei senkrechten Strichen Silbentrennung möglich; Unterstrich gibt die Betonung an

1 Ordnen Sie die folgenden Wörter in alphabetischer Reihenfolge:
Kaiseradler, Kaiserquartett, Kaiserslautern, Kaiman, Kalauer, Kaiser, Kaiserschmarren, Kaktee, Kaiserschnitt

Da ein Wörterbuch möglichst viel Information auf engstem Raum unterbringen will, bedient es sich unter anderem Abkürzungen und besonderer Zeichen.

2 Schreiben Sie mit Hilfe eines Wörterbuchs die folgenden Abkürzungen aus:
bes., Bez., dt., eigtl., ev., Ggs., Jh., jmd., m., o. Ä., u., u. a., u. Ä., vgl., Zus.

3 Welche Bedeutung haben folgende Wörter:
a) Bijou b) bilateral c) Biese

4 Wie werden nachstehende Wörter getrennt?
a) Bikarbonat b) bilateral c) bieten

5 Wie heißt der richtige Artikel?
a) Bilanz b) Bilch c) Bigamie

6 Welche Wörter sind falsch geschrieben?
a) bikonveks, bikonvex b) bigot, bigott, bikott c) Bikinie, Bikini

7 Wie heißt die jeweilige Mehrzahl?
a) Biese b) Bikini c) Bug (deutsches Wort)

8 Was bedeutet der umgangssprachliche Ausdruck „in die Binsen gehen"?

9 Schlagen Sie die Bedeutung der nachfolgenden Wörter nach:
a) Methode b) Journalist c) Bourgeoisie

10 Ermitteln Sie die Wortfamilien (also Wörter, die denselben Wortstamm haben) zu:
a) gehen b) fahren c) lehren

11 Machen Sie die fünf Rechtschreibfehler in dem nachfolgenden Text ausfindig.

Graffiti

Doch ob nun künstlerischer Anspruch der Antrieb ist, der Reiz des Verbotenen oder schlicht ein geistiger Defeckt: Wer das Eigentum anderer Leute beschmiert, sollte dafür bestraft werden, zudem die Kosten für die Beseitigung tragen oder selbst zum Schruber greifen müssen.
Doch selbst wenn die Sprayer erwischt werden: Sie können meist nicht wegen Sachbeschädigung belangt werden. Der Gesetzgeber sieht diese nämlich erst als gegeben an, wenn die Sache in ihrer Substantz beschädigt ist. Doch das sind die Gebäude durch Grafitti meist nicht. Keine Frage, dass da der Gesetzgeber nachbessern muss.
Die Politik darf das Thema nicht länger vor sich herschieben. Denn von alleine kommen die Sprayer nicht zur Vernunft.

Fachsprachen

Im Gegensatz zur Gemeinsprache, die allgemein gebräuchlich ist und verstanden wird, gibt es bei Fachsprachen einen speziellen Fachwortschatz, der für ein Fachgebiet oder einen Beruf typische Fachbegriffe benennt. Diese sind teilweise aus anderen Sprachen entlehnt, z. B. im Bankwesen aus dem Italienischen, in der Computerfachsprache aus dem Englischen, beim Kochen aus dem Französischen. In anderen Fällen werden Begriffe der Gemeinsprache in einer anderen Bedeutung verwendet, z. B. „Frosch“ und „Reiter“ in der Bürowirtschaft.

Das Erlernen und Beherrschen der für einen Beruf wichtigen Fachbegriffe gehört mit zur Berufsausbildung. Bei der Beschreibung von Arbeitsprozessen und beim Schreiben des Berichtsheftes kommt der Fachterminologie eine besondere Bedeutung zu.

In den Fachwortschatz haben auch viele Abkürzungen Einzug gehalten (z. B. AGB, BGB, CNC, SPS, SMS ...). Hier ist zu beachten, dass bereits ein geänderter Buchstabe meist eine vollkommen andere Bedeutung ergibt.

Die geläufigsten Fachbegriffe lassen sich bereits im klassischen Rechtschreiblexikon finden. Im Fremdwörterlexikon oder in einem Fachlexikon werden noch ungleich mehr aufgeführt.
Eine Hilfe bei der Erklärung von Fachbegriffen kann sein, dass nicht wenige Fachwörter lateinische oder griechische Vorsilben (Präfixe) enthalten. Kennt man deren Bedeutung, kann man sich den Begriff zumindest in der Zusammensetzung mit einem deutschen Wort gut erschließen.

Beispiele:
Mikro (gr.) = „sehr klein“ → Mikrowelle
Ultra (lat.) = „äußerst““ → Ultraschall

Fachsprache ist gekennzeichnet durch die gehäufte Verwendung von Substantiven (= Nominalstil). Der Gebrauch des Passivs herrscht vor (siehe Text).

Wie funktioniert die Durchschrift ohne Kohlepapier ?

Durchschriften von Schriftsätzen werden heute meist nicht mehr mit Kohlepapier erstellt, sondern das Durchschreibemedium ist bereits in das Papier integriert.
Unter der Papieroberseite sind winzige, mit zunächst farbloser Flüssigkeit gefüllte Kunststoffkügelchen aufgetragen. Ein Bindemittel beugt einer vorzeitigen Zerstörung vor.
Die Oberfläche des zweiten Blattes ist mit chemisch saurem Aluminiumsilikat beschichtet, welches leicht abspaltbare Protonen liefern kann.
Diese Abspaltung findet statt, wenn der Druck eines Kugelschreibers die Kügelchen zum Platzen bringt und die enthaltene Flüssigkeit mit der sauren Beschichtung deutlich sichtbar durch eine Farbveränderung reagiert.
Da die so erzeugte Schrift relativ schnell verblasst, ist den Kügelchen noch eine weitere Flüssigkeit beigemischt, die mit dem Sauerstoff der Umgebungsluft reagiert und nach einigen Tagen ihm volle Leuchtkraft entfaltet hat.
Beschichtet man ein Durchschlagpapier gleichzeitig mit den Farbbildnern und dem sauren Silikat, kann als Deckblatt gar gewöhnliches Schreibmaschinenpapier verwendet werden.

1 **Notieren Sie aus dem Text die verwendeten deutschen Fachbegriffe und formulieren Sie jeweils eine auch für Laien verständliche Erklärung.**
Nachschlagehilfen: Fremdwörterlexikon, Fachbuch, Fachlexikon, Internet ...

2 **Verfahren Sie ebenso mit den Fachbegriffen aus dem Bereich der Chemie.**

3 **Jedes Berufsfeld hat seine eigene Fachsprache. Ordnen Sie die folgenden Begriffe zu:**
Autismus – Riementrieb – Transformator – Sparren – Induktion – Joule – Stethoskop – Diskont – Legierung – Fasersättigungspunkt – Porree – Manometer – Nietverbindung – Wechselkurs – Jahresring – Ampere – Greyerzer – Sozialprodukt – Kontaktkorrosion – Furnierpresse – Schutzleiter – Kohlenhydrate – Gürtelrose – Rezession – Hochofen – Zinkung – Kurzschluss – Bräter – Marge – Kortison

Metall	Holz	Elektro	Nahrung	Gesundheit	Wirtschaft
?	?	?	?	?	?
?	?	?	?	?	?
?	?	?	?	?	?
?	?	?	?	?	?
?	?	?	?	?	?

4 **Markieren Sie die Begriffe, die in mehr als einem Berufsfeld verwendet werden.**

5 **Klären Sie die Sprachherkunft der nichtdeutschen Begriffe.**

6 **Erklären Sie die Begriffe aus Ihrem beruflichen Fachgebiet präzise. Falls kein Bereich für Sie zutrifft: Suchen Sie Spezialbegriffe aus Ihrem Ausbildungsberuf.**

7 **Finden Sie berufsspezifische Fachbegriffe mit dem Präfixen Makro-, Mega-, Semi-, Anti- ...**

8 **Zum Schluss ein Sprachspiel:**
Ein Schüler bekommt vor der Klasse eine Karteikarte. Er soll den fett gedruckten Begriff erklären, darf aber dabei die darunter aufgelisteten Wörter nicht verwenden.

Mikroskop	**Föhn**
VERGRÖSSERN	HAARE
KLEIN	FRISEUR
BAKTERIEN	TROCKNEN
LINSEN	DÜSE
ELEKTRONEN	STROM

9 **Fertigen Sie Karteikarten mit Begriffen aus Ihrem Berufsumfeld nach dem abgebildeten Muster an.**

Kommunikationsmodelle

Der Ton macht die Musik

Nicht nur die inhaltlichen Aspekte eines Gesprächs sind von entscheidender Bedeutung, auch die Art und Weise der Kommunikation muss berücksichtigt werden.

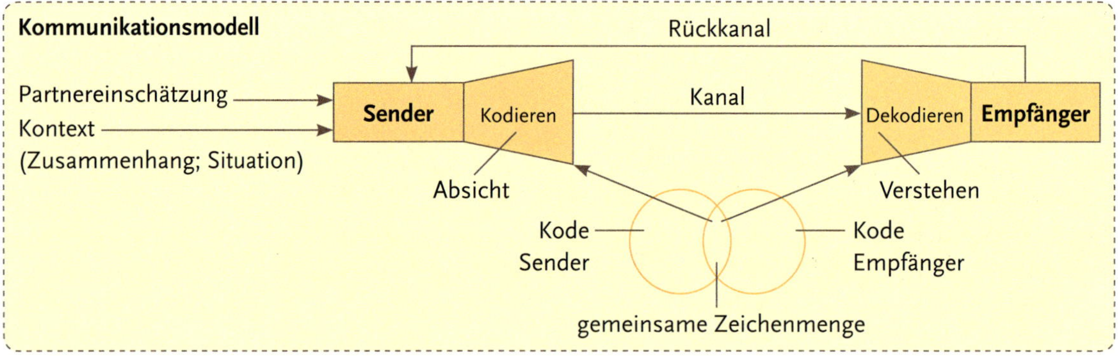

Wenn ich als Mensch etwas von mir gebe, bin ich auf vierfache Weise wirksam. Jede meiner Äußerungen enthält, ob ich will oder nicht, vier Botschaften gleichzeitig.

DIE VIER BOTSCHAFTEN EINER NACHRICHT

- eine Sachinformation (worüber ich informiere) – blau
- eine Selbstkundgabe (was ich von mir zu erkennen gebe) – grün
- einen Beziehungshinweis (was ich von dir halte und wie ich zu dir stehe) – gelb
- einen Appell (was ich bei dir erreichen möchte) – rot

Friedemann Schulz von Thun hat daher 1981 die **vier Seiten einer Äußerung** als Quadrat dargestellt und dementsprechend dem Sender „vier Schnäbel" und dem Empfänger „vier Ohren" zugeordnet. Psychologisch gesehen sind also, wenn wir miteinander reden, auf beiden Seiten vier Schnäbel und vier Ohren daran beteiligt, und die Qualität des Gespräches hängt davon ab, in welcher Weise diese zusammenspielen. Auf der Sachebene des Gesprächs steht die **Sachinformation** im Vordergrund, hier geht es um Daten, Fakten und Sachverhalte. Dabei gilt zum einen das **Wahrheitskriterium** wahr oder unwahr (zutreffend/nicht zutreffend), zum anderen das **Kriterium der Relevanz** (Sind die aufgeführten Sachverhalte für das anstehende Thema von Belang/nicht von Belang?) und zum Dritten erscheint das **Kriterium der Hinlänglichkeit** (Sind die angeführten Sachhinweise für das Thema ausreichend oder muss vieles andere auch bedacht sein?)
Für den Sender gilt es also, den Sachverhalt klar und verständlich zu vermitteln. Der Empfänger, der das Sachohr aufgesperrt hat, hört auf die Daten, Fakten und Sachverhalte und hat entsprechend der drei genannten Kriterien viele Möglichkeiten, einzuhaken.
Selbstkundgabe: Wenn jemand etwas von sich gibt, gibt er auch etwas von sich preis. Jede Äußerung enthält auch, ob ich will oder nicht, eine Selbstkundgabe, einen Hinweis darauf, was in mir vorgeht, wie mir ums Herz ist, wofür ich stehe und wie ich meine Rolle auffasse. Dies kann explizit („Ich-Botschaft") oder implizit geschehen. Dieser Umstand macht jede Nachricht zu einer kleinen Kostprobe der Persönlichkeit, was dem Sender nicht nur in Prüfungen und in der Begegnung mit Psychologen einige Besorgnis verursachen kann.

Während der Sender also mit dem **Selbstkundgabe-Schnabel**, implizit oder explizit, Informationen über sich preisgibt, nimmt der Empfänger diese mit dem **Selbstkundgabe-Ohr** auf: Was sagt mir das über den anderen? Was ist der für einer? Wie ist er gestimmt? etc ...

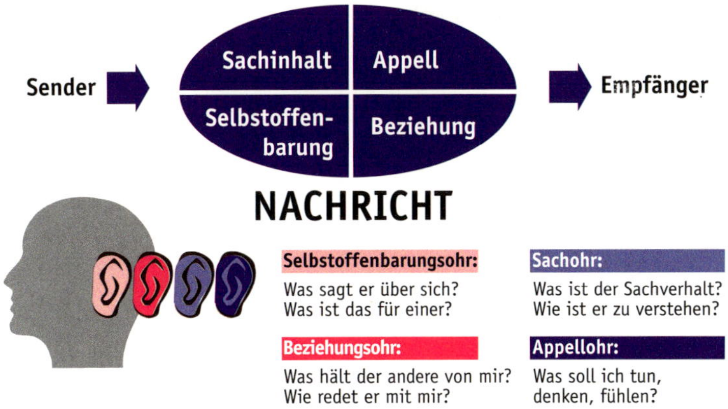

Die **Beziehungsseite:** Ob ich will oder nicht: Wenn ich jemanden anspreche, gebe ich (durch Formulierung, Tonfall, Begleitmimik) auch zu erkennen, wie ich zum anderen stehe und was ich von ihm halte – jedenfalls bezogen auf den aktuellen Gesprächsgegenstand. In jeder Äußerung steckt somit auch ein Beziehungshinweis, für welchen der Empfänger oft ein besonders sensibles, (über-)empfindliches **Beziehungs-Ohr** besitzt. Aufgrund dieses Ohres wird entschieden: „Wie fühle ich mich behandelt durch die Art, in der der andere mit mir spricht? Was hält der andere von mir und wie steht er zu mir?"

Appellseite: Wenn jemand das Wort ergreift und es an jemanden richtet, will er in der Regel auch etwas bewirken, Einfluss nehmen; den anderen nicht nur erreichen, sondern auch etwas bei ihm erreichen. Offen oder verdeckt geht es auf dieser Ebene um Wünsche, Appelle, Ratschläge, Handlungsanweisungen, Effekte etc. Das **Appell-Ohr** ist folglich besonders empfangsbereit für die Frage: Was soll ich jetzt machen, denken oder fühlen?

Die Mutter und die Tochter

Tochter, 16 Jahre, schickt sich an, die Wohnung zu verlassen, um sich mit Freunden zu treffen. Es ergibt sich folgender Dialog:

Mutter „Und zieh dir 'ne Jacke über, ja! – Es ist kalt draußen."

Tochter in etwas patzigem Tonfall „Warum denn? Ist doch gar nicht kalt!"

Mutter *ärgerlich* „Aber Moni, wir haben nicht einmal zehn Grad, und windig ist es auch."

Tochter *heftig* „Wenn du mal aufs Thermometer geguckt hättest, dann wüsstest du, dass es sehr wohl zehn Grad sind – es sind sogar elfeinhalb."

Mutter „Du hörst ja, was ich dir sage: Du ziehst jetzt die Jacke an!"

Tochter *verlässt empört und natürlich ohne Jacke die Wohnung.*

1 **Warum ist die Kommunikation zwischen Mutter und Tochter gescheitert?**

2 **Warum konnte sich in so kurzer Zeit eine derartige Klimavergiftung einstellen?**

3 **Analysieren Sie folgende Situationen mit dem Modell von Schulz von Thun:**

Der Ausbilder sagt zur Auszubildenden: „Ihr Ausbildungsziel ist gefährdet."
Der Vater sagt zu seiner 16-jährigen Tochter: „Du bist spätestens um 23:00 Uhr wieder zuhause."
Der Abteilungsleiter fragt seinen Mitarbeiter: „Wo haben Sie sich denn erkundigt?"
Ein Mann, Beifahrer im Auto, sagt zu seiner Frau: „Die Ampel ist grün."

Textsortenverzeichnis

Sachregister

Autoren- und Quellenverzeichnis

Arndt, Susanne: *Hotel Mama, S. 259.* Aus: http://www.spiegel.de/politik/deutschland/0,1518, 469452,00.html, aufgerufen am 17.11.08.

Bartens, W.: *Alkoholkonsum,* S. 269. Aus: Süddeutsche Zeitung, Wissen vom 04.11.2008.

Becker, Jürgen: *Natur-Gedicht, S. 187.* Aus: Gedichte 1965-1980. Frankfurt a.M.: Suhrkamp 1981. S. 62.

Biermann, Kai: *Netz voller Wahrheiten, S. 106.* Aus: Die Zeit Nr. 19 Internet Spezial Sonderbeilage, April 2008. S. 9.

Biermann, Wolf: *Größe des Menschen, S. 188.* Aus: Nachlass I. Noten, Schriften Beispiele. Köln: Kiepenheuer & Witsch 1977. S. 289.

Brandt, Anja: *Jugendliche über ihre Ausbildung, S. 15.* Aus: www.beiersdorf.de/Area-Job-Career/DE_Auszubildende/DE-Erfahrungsberichte.aspx?l=1 - 86k –, aufgerufen am 08.08.2007.

Bonstein, Julia: *Abschreiben 2.0, S. 109.* Aus: Spiegel Nr. 33/2009.

Borbonus, Rene: *Gute Miene zum bösen Wort, S. 57.* Aus: Die Industriekaufleute. Zeitschrift für Aus- und Weiterbildung 4/2008. Ludwigshafen: Kiehl Verlag 2008. S. 32.

Braun, Gesine: *Von der Mühsal, Wünsche zu wecken, S. 52.* Aus: www.zeit.de/2005/48/C-WB_tchibo?page=1, aufgerufen am 09.09.08.

Brecht, Bertolt: *Ich habe gehört, ihr wollt nichts lernen, S. 7.* Aus: Gesammelte Gedichte. Bd. 1. Frankfurt a. M.: Suhrkamp 1978. S. 385. [R]

Büchner, Georg: *Beim Doctor, S. 183.* Aus: Woyzeck. Stuttgart: Reclam 1998.

Döblin, Alfred: *Berlin Alexanderplatz, S. 257.* Aus: Berlin Alexanderplatz. München: dtv 1970. © Walter-Verlag, Olten

Dürrenmatt, Friedrich: *Die Physiker, S. 181.* Aus: Die Physiker. Zürich: Diogenes Verlag 1985. [R]

Fontane, Theodor: *Gefährliches Spiel, S. 253.* Aus: http://gutenberg.spiegel.de, aufgerufen am 01.02.2009.

Gernhardt, Robert: *Nachdem er durch Metzingen gegangen war, S. 253.* Aus: www.sk-kultur.de/poetmail/970509.htm, aufgerufen am 01.02.2009.

Goethe, Johann Wolfgang von: *Faust, S. 176, 177.* Aus: Faust. Hrsg. und kommentiert von Erich Trunz. München: C. H. Beck 1996.

Graf, Oskar Maria: *Ein bayerischer Bauernroman, S. 167.* Aus: Ein bayerischer Bauernroman. München/Leipzig: List 1994.

Hamann, Götz: *Sozialräume im Netz, S. 110.* Aus: Die Zeit Nr. 19 Internet Spezial Sonderbeilage, April 2008. S. 27.

Häuptling Seattle: *Wir sind ein Teil der Erde, S. 188.* Aus: http://www.i-bahmueller.de/seattle.htm, aufgerufen am 2.10.08.

Hebel, Johann Peter: *Der Barbierjunge von Segringen, S. 214.* Aus: Schatzkästlein des Rhein-ländischen Hausfreundes. In: Johann Peter Hebel. Werke in einem Band. München: Carl Hanser o. J. S. 54 f.

Hildebrandt, Sabine: *Der Konsumdruck ist zu groß, S. 37.* Aus: FASZ vom 18. Juli 2004.

Kafka, Franz: *Der Prozess, S. 257.* Aus: Sämtliche Erzählungen. Frankfurt a. M.: Fischer 1979.

Kassner, Dieter: *Teamentwicklungsuhr, S. 128.* Aus: Dieter Kassner: Projektkompetenz, Teamentwicklungsuhr. Braunschweig: Winklers. S. 76.

Kilb, Andreas: *Das Ende der Kindheit. S. 102.* Aus: Frankfurter Allgemeine Zeitung vom 12.08.2005. S. 35.

Lemke, Marie-Luise: *Mein Berichtsheft, S. 18.* Aus: http://www.ausbildung-im-bundestag.de/berichtsheft_woche5.html-8k, aufgerufen am 2.03.2008.

Lessing, Gotthold Ephraim: *Miss Sara Sampson, S. 179.* Aus: http://gutenberg.spiegel.de, aufgerufen am 01.02.2009.

Lichtenberger, Lutz: *Spuren währen ewig, S. 161.* Aus: Quelle: http://www.sueddeutsche.de/jobkarriere/185/300183/text/, aufgerufen am 03.10.2008.

Linker, Christian: *RaumZeit, S. 169, 170.* Aus: RaumZeit. München: dtv pocket 2007. S. 1, 46 ff.

Lumpi, Helmut: *Gegen Gewaltvideos, S. 96.* Aus: http://www.epochtimes.de/articles/ 2007/01/23/82395.html, aufgerufen am 27.01.2007

Magin, Felix: *Die Liste meines Lebens, S. 155.* Aus: Quelle: http://www.sueddeutsche.de/jobkarriere/531/311453/text/, aufgerufen am 03.10.2008.

Mann, Thomas: *Der Zauberberg, S. 257.* Aus: Sämtliche Erzählungen. Frankfurt a. M.: Fischer 1963. [R]

Nickelback: *Rockstar, S. 166.* Aus: http://magistrix.de/lyrics/Nickelback/Rockstar-43640.html, aufgerufen am 01.02.2009.

Novalis: *Wenn nicht mehr Zahlen und Figuren, S. 175.* Aus: Schriften. Die Werke Friedrich von Hardenbergs. Hrsg. von Paul Kluckhohn und Richard Samuel, 1. Band. Stuttgart: Kohlhammer 1960–1977. S. 195–197.

Olbert, Frank: *Ein Giftschrank voller Schweinevokabeln, S. 246.* Aus: Kölner Stadt Anzeiger vom 21.12.2007.

Ossowski, Leonie: *Die große Flatter, 202.* Aus: Die große Flatter. Frankfurt a. M.: Fischer Taschenbuchverlag 1989. S. 5 f. © Beltz & Gelberg, Weinheim 1977.

Rammstein: *Eifersucht, S. 180.* Aus. Sehnsucht, Universal Music 1997.

Schiller, Friedrich: *Die Räuber, S. 175.* Aus: Werke. Bd. I. München: Hanser 1976.
Schnitzler, Arthur: *Flucht in die Finsternis, S. 256.* Aus: http://gutenberg.spiegel.de, aufgerufen am 01.02.2009.
Sick, Bastian: *E-Mail for you, S. 79.* Aus: Der Dativ ist dem Genitiv sein Tod. Folge 2. Neues aus dem Irrgarten der deutschen Sprache. Köln: Kiepenheuer 2006. S. 230–246.
Stramm, August: *Patrouille, S. 175.* Aus: Menschheitsdämmerung. Ein Dokument des Expressionismus. Hrsg. von K. Pinthus. Reinbek: Rowohlt 1955. S. 87.
Stucht, Karl-Heinz: *„Geld macht glücklich!“, S. 36.* Aus: http://www.kircheundgesellschaft.de/jugendbildung/ Thema Verschuldung Jugendlicher - Jugendbildung - Institut für Kirche und Gesellschaft.htm, aufgerufen am 29.09.08.
Sywottek, Christian: *Von Mensch zu Mensch, S. 55.* Aus: http://www.brandeins.de/home/inhalt_detail.asp?id=1962&MenuID=130&MagID=72&sid=su931358429 4892530&umenuid=1, aufgerufen am 10.09.08.
Tucholsky, Kurt: *Ratschläge für einen schlechten Redner, S. 86.* Aus: Gesammelte Werke in 10 Bänden, Band 8. Herausgegeben von Mary Gerold-Tucholsky und Fritz J. Raddatz. Reinbek bei Hamburg: Rowohlt 1975, S. 290 ff. [R]
Uekötter, Carsten: *Tipps gegen die Schuldenfalle, S. xy.* Aus: http://kredite-schulden.suite101.de/article.cfm/mit_disziplin_schulden_verhindern, aufgerufen am 29.09.08.
Wallraff, Günter: *Im Callcenter, S. 185.* Aus: http://www.zeit.de/2007/22/Guenter-Wallraff, aufgerufen am 2.10.08.
Weck, Roger de: *Schafft PowerPoint ab!, S. 127.* Aus: DeutschlandRadio-Programmheft, März 2004, S. 14. © Roger de Weck Quelle: www.apgd.de
Wir sind Helden: *Guten Tag, S. 49.* Aus: http://www.wirsindhelden.com/txt_reklamation03.php, aufgerufen am 09.09.08.

Texte ohne Verfasserangabe und Texte unbekannter Verfasser

Abmahnung, S. 72. Aus: Ute Gräber-Seißinger: Recht A–Z. Fachlexikon für Studium und Beruf. Lizenzausgabe für die Bundeszentrale für politische Bildung. Bonn 2007. S. 11.
Allgemeines zum Dokumentationszentrum Reichsparteitagsgelände, S. 26. Aus: http://www.museen.nuernberg.de/dokuzentrum/index.html, aufgerufen am 28.09.08
Auf die „gelbe“ folgt häufig die „rote“ Karte, S. 74. Aus: http://www.focus.de/D/DB/DBX/DBX24/dbx24.htm, aufgerufen am 02.09.2008, gekürzt und bearbeitet.
Blogs, S. 112. Aus: Originalbeitrag.
Bremse, S. 223. Aus: Duden, Die deutsche Rechtschreibung, 24. Auflage, Band 1, S. 270, Mannheim, Leipzig, Wien, Zürich, Dudenverlag 2006; dtv-Lexikon in 20 Bänden, Band 2, 1995, S. 50 (Konversationslexikon) aus: Brockhausverlag, Mannheim 1982.
Bürgschaft, S. 39. Aus: http://finanzen.abacho.at/ratgeber/ratgeberrecht/eigentumbesitz_buergschaft.phtml.
Checkliste für die Erstellung eines Businessplans, S. 138. Aus: GründerZeiten Nr.17 “Gründungskonzept/Businessplan“; zitiert in: Was gehört in Ihren Businessplan“-Broschüre: Bundesministerium für Wirtschaft und Technologie –www.existenzgruender.de (gekürzt).
Das Mulitmedia-Lexikon, S. 222. Aus: www.wikipedia.de, aufgerufen am 11.11.08 (Onlinelexikon).
Der Brockhaus in 10 Bänden, S. 222. Aus: Werbebroschüre. Mannheim: Brockhausverlag 2004.
Der Große Brockhaus in einem Band, S. 222. Aus: Werbebroschüre. Mannheim: Brockhausverlag 2004.
Der „Tag der offenen Tür“, S. 88. Aus: Tipps für die Öffentlichkeitsarbeit. Faltblatt der Industrie- und Handelskammer. Münster: Pressestelle der IHK 2001.
Die etwas andere Bibliothek, S. 193. Aus: http://www.literaturhaus.at/buch/buch/rez/deutschbauer, aufgerufen am 2.10.08.
Die stabile Seitenlage, S. 63. Aus: www.wikipedia.de, aufgerufen am 18.09.2008 (gekürzt).
Einkaufen im Internet, S. 112. Aus: Aus: Die Zeit Nr. 19 Internet Spezial Sonderbeilage, April 2008. S. 12.
Erich Kästner, S. 244. Aus: Originalbeitrag
Fachbücher und Fachzeitschriften, S. 119. Aus: : Stiftung Lesen: Verband der Zeitschriftenverlage in Bayern e.V., Zeitschriftenprojekt: Themenvielfalt im Klassensatz, Zeitschriften in bayerischen Schulen. Mainz 2008.
Fernsehen macht dick, faul und gewalttätig, S. 201. Aus: Süddeutsche Zeitung vom 11.01.2008.
Foren, S. 112. Aus: Originalbeitrag.
Frauen gründen anders als Männer, S. 136. Aus: ZDF WISO – Existenzgründung. Frankfurt/Main: Campus-Verlag 2006.

Führen PC- und Konsolenspiele, Gameboy und Co zur Medienverwahrlosung?, S. 99. Aus:
Games-Convention, S. 111. Aus: Handelsblattt vom 20. August 2008. S. 16.
Genau betrachtet, S. 94. Aus: http://www.3sat.de/3sat.php?http://www.3sat.de/nano/news/44000/, aufgerufen am 26.03.08.
Generation Doof, S. 118. Aus: Stefan Bonner/Anne Weiß: Generation Doof. Bergisch Gladbach: Bastei Lübbe Verlag 2008. S. 164 f.
hallo ....S, 72. Aus: http://www2.dgb-jugend.de/ausbildung/online-beratung/drazubi/2008/08/21/abmahnung_gerechtfertigt, aufgerufen am 10.09.2008.
Hallo!, S. 229. Aus: http://forum.ulisses-spiele.de/viewtopic.php?p=511127&sid=93b5b03630d39e83655 6facb4da4d466, aufgerufen am 18.11.2008.
Hallo Nicole!, S. 78. Aus: http://wissen.spiegel.de/wissen/resultset.html?suchbegriff=e-mail+zwiebelfisch&cllabel=Der+kleine+E-Mail-Knigge&clsuchbegriff=%23sig_id_liste%3D7010450&clfilter=&quellen=&von=&bis=&attr=t&fo=SPIEGEL&vl=&cl=0, aufgerufen am 10.09.08.
Handelsgesetzbuch HGB, S. 142. Aus: http://dejure.org/gesetze/HGB/1.html und ....../2.html, aufgerufen am 28.01.2009
„Heimlicher Lehrplan" von Gewaltspielen, S. 97. Aus: http://www.jugendschutz.net/gewalt/Gewaltspiele/index.html, aufgerufen am 14.08.2008, aufgerufen am 14.08.08.
Ich kommuniziere mit Behörden, S. 140. Aus: BIHK Broschüre „Ich mache mich selbstständig", S. 24.
Jeder vierte Ausbildungsvertrag wird vorzeitig gelöst, S. 18. Aus: Stress mit dem Chef, S. 122 Aus: dpa/gms. http://rhein-zeitung.de/on/05/06/06/news/t/rz0156758.html?a. RZ-Online GmbH, Gusanusstraße 7, 56073 Koblenz. © RZ-Online GmbH 2006.
Jil Sander, S. 275. Aus: www.welt.de (dpa/AP). Artikel erschienen am 22.11.2003.
Männersprache – Frauensprache, S. 274. Aus: Originalbeitrag.
Mein kaputtes Dach, S.213. Aus: Begleitmaterial zur Schulfunksendung „Der schriftliche Bericht" des Bayerischen Rundfunks v. 9.2.1987.
Montageanleitung für einen Lastenträger, S. 67. Aus: Originalanleitung Fa. Thule für Produkt 1053-156, o. J.
Netzplan, S. 89. Aus: http://www.lehrer-online.de/630082.php?sid=73490501350643117322511481148 270, aufgerufen am 26.10.2008.
Neun von zehn Deutschen, S. 259. Aus: http://www.spiegel.de/politik/deutschland/0,1518,469452,00.html, aufgerufen am 17.11.08.
Öffentlichkeitsarbeit ist Imagepflege, S. 88. Aus: Tipps für die Öffentlichkeitsarbeit. Faltblatt der Industrie- und Handelskammer. Münster: Pressestelle der IHK 2001.
Pro & Kontra Killerspiele, S. 95. Aus: http://www.bechert-film.de/archiv-bechert-film-leipzig/singlenews-a/artikel/pro-contra-killerspiele.html?tx_ttnews%5BbackPid%5D=28&cHash=52d211e2e9, aufgerufen am 08.08.2008.
Second Life, S. 113. Aus: Süddeutsche Zeitung Nr. 237, Samstag, den 11. Oktober 2008. S. 22.
Sind Computerspiele Schuld an der steigenden Gewaltbereitschaft von Jugendlichen?, S. 97. Aus: http://www.epochtimes.de/articles/2008/06/12/296830.html, aufgerufen am 14.08.08
Stolz schwenkt das Amtsgericht, S. 239. Aus: Originalbeitrag.
Tipps zum Bewerbungsverfahren, S. 154. Aus: http://www.bmwgroup.com/bmwgroup_prod/d/nav/index.html?http://www.bmwgroup.com/bmwgroup_prod/d/0_0_www_bmwgroup_com/karriere/karriere.html, aufgerufen am 03.10.2008.
Welcher Geldtyp sind Sie? Der Geld-Test, S. 38. Aus: Originalbeitrag.
Wenn man nicht mehr aus dem Minus kommt, S. 40. Aus: http://www.sozialcourage.caritas.de/17582.html, aufgerufen am 1.10.08.
Wer ist verschuldet? Wer ist überschuldet?, S. 39. Aus: Peter Kopf. Überschuldet ins Leben – und keiner schaut hin?! In: ajs-infromationen. Stuttgart: Verlag Aktion Jugendschutz 1999. Nr. 4. Jahrgang 35. S. 12.
Wie funktioniert eine Computermaus?, S. 65. Aus: www.wikipedia.de (bearbeitet)

[R] Die so gekennzeichneten Autoren haben Einspruch gegen die Umsetzung ihrer Texte nach der Rechtschreibreform erhoben.

Trotz intensiver Nachforschungen ist es uns in einigen Fällen nicht gelungen, die Rechteinhaber zu ermitteln. Wir bitten diese, sich mit dem Verlag in Verbindung zu setzen.

Bildquellenverzeichnis

adpic Bildagentur, Bonn: 6.2 (K. Neudert), 53 (M. Schlutter);
akg-images, Berlin: 174.2, 175;
alamy, UK-Oxfordshire: 102 (Pictor International/ ImageState), 132 (Les Gibbon);
Bayerische Seenschifffahrt GmbH, Schönau am Königssee: 29.2;
Beiersdorf AG, Hamburg: 15;
bildagentur-online, Burgkunstadt: 187;
Börsenverein des deutschen Buchhandels, Frankfurt: 119;
bpk, Berlin: 168.2 (BSB);
Campina GmbH, Heilbronn: 261;
CASIO Europe GmbH, Norderstedt: 67.2;
Catprint Media GmbH, Langenhagen: 209.4 (Uli Stein);
CCC, www.c5.net: 104 (Horst Haitzinger), 193 (Jules Stauber), 249 (Klaus Puth);
Corbis, Düsseldorf: 93 (K. & H. Benser/zefa), 253.1 (Bruno Cossa/Grand Tour), 253.2 (Craig Aurness);
Deepol, Wiesbaden: 6.1 (Christof Mattes);
Wolfgang Deuter, Willich: 25.1;
Deutsches Rotes Kreuz e.V., Berlin: 62 (6);
defd, Hamburg: 133;
dfd, Hamburg: 49 (Volker Hartmann) 166 (Celebrity/ colorpress.com);
dtv, München: 169;
Europäische Zentralbank, Frankfurt: 69 (2);
Fotex, Hamburg: 58 (R. Zorin);
Kurt Fuchs Presse Foto Design, Erlangen: 27;
Google Inc., US-Mountain View: 149;
Graffiti, Stuttgart: 145 (Joachim E. Roettgers);
Walther Hiebl: 64 (6), 66 (4), 67.1, 67.3, 70, 71 (3), 215 (2);
Interfoto, München: 183 (Friedrich);
Landesanstalt für Kommunikation Baden-Württemberg, Stuttgart www.mpfs.de: 117;
Les Editions Albert René, F-Paris: 91;
LOOK-Foto, München: 25.3 (Franz Marc Frei);
mauritius images, Mittenwald: 85 (Uwe Umstätter);
OKAPIA KG, Frankfurt: 239 (Wilhelm Irsch);
photoplexus, Dortmund: 175 (Daniel Koelsche);
picture-alliance/dpa, Frankfurt: 74 (Pressefoto ULMER/Markus Ulmer), 129 (Manfred Kötter/ Sander), 160 (Jens Schierenbeck), 179 (Sören Stache/ dpa-Fotoreport);
Ravensburger Buchverlag Otto Maier GmbH, Ravensburg: 189;
Jens Schicke, Berlin: 260;
SPIEGEL Verlag, Hamburg: 109;
ullstein bild, Berlin: 25.2 (Sylent-Press), 29.1 (Imagebroker.net), 167, 168.1, 172.1 (Roger Viollet), 172.2 (Paul Hanke), 173.1 (Archiv Gerstenberg), 173.2, 173.3, 173.4, 174.1 (Imagno)174.3 (Imagno), 192 (Muhs/ CARO);
vario images, Bonn: 73 (Manija Kasalo);
wikipedia.org: 87;

Trotz intensiver Nachforschungen ist es uns in manchen Fällen nicht gelungen, die Rechteinhaber zu ermitteln. Wir bitten diese, sich mit dem Verlag in Verbindung zu setzen

Herstellung/Layout

Innenlayout: grafik design Vetter, Leipzig
Umschlaggestaltung: gud – Agentur für Kommunikation und Design GmbH, Braunschweig
Satz: Andersartig Werbung und Verlag GmbH, Braunschweig

Sprachanalyse: Stilmittel/rhetorische Figuren

Stilmittel oder rhetorische Figuren können – je nach Textzusammenhang – unterschiedliche Wirkung beim Leser erzielen (z. B. Anschaulichkeit, Eindringlichkeit, Spannung).
Der Satzbau und die Wortwahl sind weitere gestalterische Möglichkeiten des Verfassers, um eine Wirkung beim Leser zu erzielen. Sprachliche Mittel werden vor allem in literarischen Texten, Glossen und in appellativen Texten bzw. Reden verwendet.

Stilmittel	**Erläuterung**	**Beispiel**
Akkumulation	Anhäufen von Begriffen unter Weglassung des Oberbegriffs	*Buch, Zeitschrift, Zeitung, Radio, Fernsehen, Fax und Computer*
Allegorie	Verbildlichung eines abstrakten Begriffs	*Justitia* (Gerechtigkeit); *Amor* (Liebe)
Alliteration	gleicher Anlaut aufeinanderfolgender Wörter	*Haus und Hof; Kind und Kegel*
Anglizismus	aus der englischen Sprache übernommen	*Meeting, downloaden, 4U, ...*
Ellipse	unvollständiger Satz	*Ende gut, alles gut.*
Euphemismus	Beschönigung	*Minuswachstum* (statt Rezession)
Hyperbel	Übertreibung	*Er ist dümmer, als die Polizei erlaubt.*
Ironie	Das Gemeinte ist das Gegenteil des Gesagten. (Die bösartige Form der Ironie ist der Sarkasmus bzw. Zynismus.)	*Das ist ja eine schöne Bescherung. Du siehst heute aber gut aus.*
Klimax	Steigerung	*Am Anfang war der Verkehr lebhaft, später zähflüssig, am Ende standen wir im Stau.*
Metapher	ein Wort wird aus einem gewohnten Zusammenhang auf einen anderen übertragen; bildhafter Ausdruck	*der König der Tiere; am Fuße des Berges; sein Redefluss ist nicht zu stoppen*
Neologismus	Wortneuschöpfung	*Ossi, Wessi, zappen, ...*
Parenthese	Einschub	Das ist – wie gesagt – unwichtig.
Personifikation	leblose Dinge werden ohne das Vergleichswort „als ob" wie Lebewesen behandelt	*der lachende Himmel* (statt der Himmel wirkt so, als ob er lache); *Mutter Natur*
Rhetorische Frage	Scheinfrage; durch sie wird eine nachdrückliche Aussage erzielt	*Da sind wir uns doch einig?*
Symbol	bildliches Zeichen (Sinnbild), das sich in einem abstrakten Bereich deuten lässt	*Rose* (für die Liebe)*; Vogelflug* (für die Freiheit)
Vergleich	veranschaulichendes Stilmittel mit dem Vergleichswort „wie"	*stark wie ein Löwe; Zustände wie im alten Rom*
Wortspiel	Spiel mit Klang oder Bedeutung der Wörter	*Natürlich ist die Natur schon lange nicht mehr natürlich.*